Kohlhammer

Die Autorinnen

Andrea Beetz, Dipl.-Psych., Dr. phil. (Psychologie), Dr. phil. habil. (Sonderpädagogik im Schwerpunkt sozioemotionale Entwicklung), ist Professorin für Heilpädagogik und Inklusionspädagogik sowie Studiengangleiterin für B. A. Heilpädagogik an der IU Internationalen Hochschule.

Iris Aicher, Mag. rer. nat., PhD, ist Familienberaterin, entwicklungspsychologische Beraterin, SAFE®-Mentorin, Säuglings-, Kinder- und Elternberaterin mit dem Fokus Hochsensibilität, Stressbewältigung und bindungsorientierte Begleitung.

Andrea Beetz

Bindungstheorie und Neurobiologie in der Kindheitspädagogik

Kinder besser verstehen

Unter Mitarbeit von Iris Aicher

Verlag W. Kohlhammer

Dieses Werk einschließlich aller seiner Teile ist urheberrechtlich geschützt. Jede Verwendung außerhalb der engen Grenzen des Urheberrechts ist ohne Zustimmung des Verlags unzulässig und strafbar. Das gilt insbesondere für Vervielfältigungen, Übersetzungen, Mikroverfilmungen und für die Einspeicherung und Verarbeitung in elektronischen Systemen.

Die Wiedergabe von Warenbezeichnungen, Handelsnamen und sonstigen Kennzeichen in diesem Buch berechtigt nicht zu der Annahme, dass diese von jedermann frei benutzt werden dürfen. Vielmehr kann es sich auch dann um eingetragene Warenzeichen oder sonstige geschützte Kennzeichen handeln, wenn sie nicht eigens als solche gekennzeichnet sind.

Es konnten nicht alle Rechtsinhaber von Abbildungen ermittelt werden. Sollte dem Verlag gegenüber der Nachweis der Rechtsinhaberschaft geführt werden, wird das branchenübliche Honorar nachträglich gezahlt.

Dieses Werk enthält Hinweise/Links zu externen Websites Dritter, auf deren Inhalt der Verlag keinen Einfluss hat und die der Haftung der jeweiligen Seitenanbieter oder -betreiber unterliegen. Zum Zeitpunkt der Verlinkung wurden die externen Websites auf mögliche Rechtsverstöße überprüft und dabei keine Rechtsverletzung festgestellt. Ohne konkrete Hinweise auf eine solche Rechtsverletzung ist eine permanente inhaltliche Kontrolle der verlinkten Seiten nicht zumutbar. Sollten jedoch Rechtsverletzungen bekannt werden, werden die betroffenen externen Links soweit möglich unverzüglich entfernt.

1. Auflage 2026

Alle Rechte vorbehalten
© W. Kohlhammer GmbH, Stuttgart
Gesamtherstellung: W. Kohlhammer GmbH, Heßbrühlstr. 69, 70565 Stuttgart
produktsicherheit@kohlhammer.de

Print:
ISBN 978-3-17-044811-7

E-Book-Formate:
pdf: ISBN 978-3-17-044812-4
epub: ISBN 978-3-17-044813-1

Inhalt

1	Einleitung – Unser Anliegen: Kinder besser verstehen	9
1.1	Wieso ein Buch zu Bindung und Neurobiologie in der Frühpädagogik?	9
1.2	Zum Hintergrund der Autorinnen	12
1.3	Die Verbindung von Bindungstheorie, Neurobiologie und Frühpädagogik	15
1.4	Zum Aufbau dieses Buchs	19
1.5	Hinweise zum Text	22
1.6	Dank	23

Teil I – Bindungstheorie

2	Bindung	27
2.1	Die Anfänge der Bindungstheorie	28
2.2	Was ist Bindung?	32
2.3	Funktion und Ziel von Bindungsverhalten	33
2.4	Die Aktivierung des Bindungsverhaltenssystems	34
2.5	Die Deaktivierung des Bindungsverhaltenssystems	37
2.6	Sichere Basis und sicherer Hafen	38
2.7	Die Interaktion von Verhaltenssystemen	38
2.8	Die mentale Repräsentation von Bindung: das internale Arbeitsmodell	40
2.9	Primärstrategie und Sekundärstrategien des Bindungsverhaltenssystems	43
2.10	Sichere und unsichere Bindungsmuster	44
2.11	Desorganisation und Desorientierung des Bindungsverhaltens	49
2.12	Zur Häufigkeit der Bindungsmuster	57
2.13	Die Transmission von Bindungsrepräsentationen	58
2.14	Die Entwicklung der Bindung	63
2.15	Zusammenfassung	65

3	Fürsorge	66
3.1	Das Fürsorgeverhaltenssystem	67
3.2	Die Aktivierung des Fürsorgeverhaltenssystems	67

	3.3	Die Deaktivierung des Fürsorgeverhaltenssystems	69
	3.4	Stress durch das Fürsorgeverhaltenssystem	71
	3.5	Die Flexibilität des Fürsorgeverhaltenssystems	71
	3.6	Bindung im Erwachsenenalter	72
	3.7	Primär- und Sekundärstrategien des Fürsorgeverhaltenssystems	75
	3.8	Die Dysregulation von Fürsorge	81
	3.9	Fürsorge und konkurrierende Verhaltenssysteme	83
	3.10	Zielkorrigierte Partnerschaft und Synchronie	85
	3.11	Die Entwicklung des Fürsorgeverhaltens	86
	3.12	Die Transmission der Fürsorgeverhaltensrepräsentation in pädagogischen Beziehungen............................	87
	3.13	Zusammenfassung	89

Teil II – Neurobiologie

4	**Die Stresssysteme**	**95**
	4.1 Die zwei Stressachsen	96
	4.2 Stressempfinden und Stressmanagement	100
	4.3 Die Entwicklung der Stresssysteme.........................	105
	4.5 Zusammenfassung	108

5	**Das Oxytocinsystem**	**110**
	5.1 Was ist Oxytocin?	110
	5.2 Die Aktivierung des Oxytocinsystems	111
	5.3 Wirkungen des Oxytocins	113
	5.4 Der Start ins Leben – die Bedeutung von Stillen und Hautkontakt	118
	5.5 Zusammenfassung	119

6	**Die Verbindung von Bindung und Neurobiologie**	**121**
	6.1 Oxytocin und die Entwicklung von Bindung	121
	6.2 Bindung und Stressregulation	122
	6.3 Bindung, Misshandlung, Vernachlässigung und Stressreaktivität	125
	6.4 Bindung, Misshandlung, Vernachlässigung und basale Cortisolspiegel	126
	6.5 Fürsorge und Aktivität der Stresssysteme...................	127
	6.6 Bindung und das Oxytocinsystem	128
	6.7 Fürsorge und das Oxytocinsystem	131
	6.8 Zusammenfassung	132

Teil III – Die Integration von Bindungstheorie, Psychologie, Evolutionsbiologie und Neurobiologie für die Frühpädagogik

7 Psychologische und neurodidaktische Grundlagen für die Frühpädagogik **139**
    7.1 Die pädagogische Beziehung 139
    7.2 Neurodidaktische Grundlagen des Lernens 141
    7.3 Rogers' Grundhaltungen der personenzentrierten Gesprächspsychotherapie in der Pädagogik 146
    7.4 Verbindung herstellen in der pädagogischen Beziehung 148
    7.5 Die pädagogische Beziehung zu den Eltern 156
    7.6 Die Reflexion eigener Bindungserfahrungen 159

8 Verstehen und Handeln in der Frühpädagogik aus einer anderen Perspektive **162**
    8.1 Die Rolle der Eltern 163
    8.2 Pränatale Bindung, postpartale Depression und kindliche Regulation 173
    8.3 Kindliche Regulation – Schreien und Schlafen 179
    8.4 Eingewöhnung in Krippe und Kindergarten 191
    8.5 Auswirkungen des Kita-Besuchs auf Stress und Verhalten ... 202
    8.6 Beschämen in der Erziehung 214
    8.7 Diversität, Behinderung und Inklusion 222
    8.8 Hochsensibilität 226
    8.9 Traumatisierung 234
    8.10 Macht und Gewalt in der Frühpädagogik 242

9 Fazit für die frühpädagogische Praxis **250**

Teil IV

Literaturverzeichnis **259**

1 Einleitung – Unser Anliegen: Kinder besser verstehen

Üblicherweise würde hier zumindest bei einem Teil des Kapitels als Überschrift »Vorwort« stehen – doch unsere Erfahrungen mit Lesern von Fachbüchern zeigen, dass die Mehrheit das Vorwort einfach überblättert und gleich mit der Einleitung, also den »wichtigen Inhalten«, beginnt. Doch bereits der Beginn des Buches, warum und von wem dieses Buch geschrieben wurde, ist wichtig für Ihr Verständnis und Ihre Akzeptanz der Inhalte. Darüber hinaus möchten wir gleich zu Beginn des Buches anhand von zwei Fallbeispielen verdeutlichen, wie das hier berichtete Wissen aus Bindungstheorie und Neurobiologie frühpädagogische Sichtweisen verändern kann. Daher bitten wir Sie, diese Einleitung zu lesen. Der folgende Text wird Ihr Gehirn darauf vorbereiten die nachfolgenden Inhalte des Buches noch besser vernetzt einordnen zu können und die Impulse von uns als Autorinnen mit Expertise in Theorie und Praxis hoffentlich als Denkanstöße anzunehmen. Unser Anliegen ist es, dass Sie die Inhalte als Grundlage heranziehen, bestimmte Themen einmal aus einem anderen Blickwinkel zu betrachten und zu reflektieren. Dazu sollen die verschiedenen Daten, Theorien und Interpretationen, die wir hier präsentieren, dienen. Dann können Sie mögliche neue Erkenntnisse in Ihre eigene Arbeit in der frühpädagogischen Praxis einfließen lassen.

1.1 Wieso ein Buch zu Bindung und Neurobiologie in der Frühpädagogik?

In der Begleitung von Kindern von der Geburt bis zum Schuleintritt gibt es zahlreiche Handlungsfelder für Fachkräfte aus Pädagogik, Psychologie und benachbarten Disziplinen wie zum Beispiel Ergotherapie. Für alle steht im Vordergrund, das Kind bestmöglich individuell zu begleiten und in seiner Entwicklung zu unterstützen. Da hierbei die Eltern, Geschwister und weitere Bezugspersonen, die regelmäßig in die Betreuung des Kindes eingebunden werden, eine wichtige Rolle spielen, ist die Arbeit mit diesen ebenso Teil des frühpädagogischen Arbeitsspektrums. Der systemische Blick auf das Kind und entsprechend ausgerichtete Unterstützungsansätze sind unabdingbar für ein tiefergehendes Verständnis der Erlebens- und Verhaltenswelt eines Kindes.

1 Einleitung – Unser Anliegen: Kinder besser verstehen

Ein Thema, das heute wieder vermehrt im Fokus von Fachbüchern der Frühpädagogik steht, ist die Bindungstheorie. Die Art der Bindung, die ein Kind über Interaktionen mit den Eltern aufbaut, beeinflusst seine sozialen Interaktionen, Beziehungen und emotionalen Kompetenzen ein Leben lang. Je mehr das Kind von anderen Personen betreut wird, desto eher nehmen auch die Erfahrungen mit diesen Personen Einfluss auf die Art und Weise, wie das Kind in sozialen Situationen agiert und sich fühlt. Während in vielen Büchern der Fokus vorrangig auf der Bindung des Kindes und darauf, wie man diese möglicherweise »verbessern« kann, liegt, wollen wir hier darüber hinaus auf das Fürsorgesystem der beteiligten Erwachsenen eingehen. Denn das Fürsorgeverhalten der Bindungsfiguren, seien es Eltern oder pädagogische Fachkraft, prägt ebenso die Beziehung zwischen Erwachsenem und Kind. Das Fürsorgeverhalten entwickelt sich auf Basis der eigenen Bindungserfahrungen. Daher ist es hilfreich, diese zu reflektieren, ebenso wie das eigene Fürsorgeverhalten gegenüber eigenen oder anvertrauten Kindern. Gegebenenfalls ist es zielführend, das eigene Fürsorgeverhalten zu verändern, feinfühliger zu agieren, um eine gute Beziehung zum Kind aufzubauen. Denn wie der Kinder- und Familientherapeut Jesper Juul schreibt: Für die Qualität der Beziehung zu ihren Kindern sind immer die Erwachsenen verantwortlich, nicht die Kinder (Juul 2012). Dies bezieht Juul (ebd.) zwar auf die Eltern, gilt jedoch unserer Meinung nach ebenso für pädagogische Fachkräfte.

Oft findet sich in Lehrbüchern der Hinweis, dass die pädagogische Beziehung besonders wichtig für den Erfolg der Arbeit ist. Hier ist meist die Beziehung mit dem Kind gemeint. Aber auch die Beziehung mit seinen Bezugspersonen ist hochrelevant, vor allem für die pädagogische Arbeit mit belasteten Familiensystemen. Doch dazu, wie man diese gute Beziehung herstellt, gibt es in der Fachliteratur bisher wenig Anleitung. Auf Basis der Bindungstheorie wollen wir hier zumindest einige Punkte vorstellen, worauf bei der Gestaltung der Beziehung zum Kind und zu seinen Bezugspersonen geachtet werden kann, um eine vertrauensvolle Beziehung zu fördern.

Bindungsbeziehungen sind nicht nur für den Schutz und die Versorgung von Kindern überlebensnotwendig, sondern dienen der Regulation von Stress und negativen Emotionen. Die Interaktionen zwischen Kind und Bindungsfigur wirken sich auf die Stresssysteme im Körper aus – kurzfristig und langfristig – und ebenso auf das Oxytocinsystem. Oxytocin, als Bindungshormon bekannt, reguliert ein gesamtes System für Ruhe, Erholung und Verbundenheit auf körperlicher und psychischer Ebene. Interaktionen zwischen dem Kind und seiner Bindungsfigur stehen mit physischen Veränderungen bei beiden Interaktionspartnern in Verbindung. Sie wirken sich somit auf neurobiologische Prozesse, die Vorgänge im Nervensystem, und darüber auf den gesamten Körper der Personen aus.

Bei unserer Arbeit in der Lehre an Universitäten und Fachhochschulen haben wir immer wieder bemerkt, dass unsere Studierenden oder Auszubildenden Bedenken haben, dass Neurobiologie schwer zu verstehen sei. Manchmal führt dies auch zu Abwehrreaktionen und Kommentaren, dass es ja für die praktische Arbeit gar nicht wichtig sei, solche neurobiologischen Abläufe zu verstehen. Es wird argumentiert, die pädagogische Fachkraft könne die Kinder auch ohne dieses Wissen sehr gut auf der Beziehungsebene verstehen und entsprechend pädagogisch professionell handeln.

Hier möchten wir entschieden widersprechen! Intuitiv mögen viele pädagogische Fachkräfte in der Frühpädagogik zwar oft professionell sinnvoll handeln. Jedoch gerade bei Kindern und Eltern, mit denen sich der Beziehungsaufbau schwieriger gestaltet oder die kein Durchschnittsverhalten an den Tag legen und sich nicht in den üblichen Abläufen der Frühpädagogik zurechtfinden, ist das hier vermittelte Wissen hochrelevant. Es eröffnet eine andere Perspektive und ein neues Verständnis für Kind und Eltern.

Heute existieren so viele Erkenntnisse aus der Forschung zu Bindung, frühkindlicher außerfamiliärer Betreuung und Neurobiologie, dass es unprofessionell wäre, dieses Wissen in der Frühpädagogik zu vernachlässigen. Zudem ist die Neurobiologie unserer Erfahrung nach auch nicht schwieriger zu verstehen als andere fachliche Inhalte! Die Verbindung zwischen Pädagogik und Neurobiologie ist nur bisher sehr jung, es gibt wenige Autoren und Dozenten, welche über diese Zusammenhänge für das Feld der Pädagogik schreiben oder lehren. Als Disziplin hat sich die Pädagogik bisher wenig mit dem Gehirn und anderen Strukturen, die Voraussetzungen für Lernen und Entwicklung darstellen, auseinandergesetzt. Dies ist erstaunlich, wenn man bedenkt, dass es zum Allgemeinwissen zählt, dass das Gehirn die zentrale Rolle bei Lernvorgängen, Wahrnehmung, Gedächtnis, sozialen und emotionalen Kompetenzen und anderen psychischen Vorgängen spielt!

Daher ist es uns ein Anliegen, zumindest einige wichtige Aspekte der Neurobiologie und der Bindungstheorie im Hinblick auf die kindliche Entwicklung und frühpädagogische Handlungsfelder zu vermitteln. Natürlich gibt es viel relevantes neurobiologisches Wissen. Wir möchten uns hier jedoch auf zwei Strukturen und Funktionen fokussieren: Die Stresssysteme und das Oxytocinsystem.

Das Verständnis dieser neurobiologischen Systeme erlaubt es eine Verbindung herzustellen, nicht nur zur Bindungstheorie, sondern auch zum Lernen. Im schulischen Bereich gibt es hierzu den Begriff der Neurodidaktik, bei der die Frage im Vordergrund steht, wie man Lernvorgänge optimal gehirngerecht gestaltet. Doch auch im Schulbereich gibt es bisher nur wenige Lehrbücher, die sich der Neurodidaktik widmen. Wir sind jedoch überzeugt, dass pädagogische Fachkräfte, welche die Verbindung zwischen Bindung und Neurobiologie verstehen, auch die Familien besser verstehen und dadurch einfacher eine pädagogische Beziehung zu einem Kind und auch zu dessen Eltern herstellen können. Damit können sie ihre pädagogischen Zielsetzungen leichter erreichen. Zudem stellt das Verständnis der eigenen Bindungserfahrungen der pädagogischen Fachkraft und wie diese die eigene Stressregulation und Beziehungsgestaltung beeinflussen, eine wichtige Basis für die Reflexion der pädagogischen Arbeit dar.

Noch ein weiteres verbindendes Element möchten wir hier einbringen – die evolutionsbiologische Perspektive. Menschen haben sich im Laufe der Evolution über lange Zeiträume in Lebensumwelten entwickelt, die sich deutlich von der Lebensumwelt in heutigen westlichen Gesellschaften unterscheiden. Babys und Kleinkinder waren früher Teil einer umherwandernden, in verschiedenen natürlichen Umgebungen lebenden Menschengruppe, mit möglichen Umwelteinflüssen wie Kälte, Nahrungsmangel, Raubtieren, wodurch die Nähe zur Bindungsfigur überlebenswichtig war. Dies steht in starkem Kontrast zum heutigen Umfeld vieler Babys und Kleinkinder, die in einer Überflussgesellschaft ohne solche Gefahren und mit auswärts arbeitenden Eltern aufwachsen. Dennoch prägt dieses evolutionäre Erbe, die Ausrichtung auf ein Überleben in einer potenziell gefährlichen Umwelt, auch heute noch die Erlebens- und Verhaltenswelt von Kindern. Dies wird allzu oft vergessen oder vernachlässigt. Erfreulicherweise werden diese Erkenntnisse bereits in einigen Elternratgebern aufgegriffen, wenngleich noch kaum in der Fachliteratur zur Frühpädagogik. Wir sind überzeugt, dass die evolutionäre und verhaltensbiologische Perspektive, die eng mit Bindung und Neurobiologie verknüpft ist, zum umfassenderen Verständnis von Bedürfnissen von kleinen Kindern beiträgt. Daher lassen wir sie hier immer wieder mit einfließen.

Viele Themen, die wir in diesem Buch ansprechen, sind insbesondere in der Frühpädagogik relevant. Andere Themen wie beispielsweise die Neurodidaktik, Hochsensibilität, Scham und Beschämen, Macht und Gewalt betreffen ebenso Kinder im Grundschulalter (sowie Jugendliche und Erwachsene). Das Verständnis der Grundlagen zu Bindung und neurobiologischen Systemen, die vor allem in der frühen Kindheit in ihrer Ausformung geprägt werden, stellt unserer Meinung nach eine wichtige Basis für die gesamte Kindheitspädagogik, nicht nur die Frühpädagogik, dar.

1.2 Zum Hintergrund der Autorinnen

Damit Sie als Leser oder Leserin nachvollziehen können, wie wir zu dieser Integration von Wissen aus verschiedenen Disziplinen gekommen sind, möchten wir uns kurz vorstellen. Geschrieben wurde das Buch von Andrea Beetz, es sind jedoch viel Fachwissen und Praxiserfahrungen von Iris Aicher (ehem. Schöberl) und von uns beiden geteilte Schlussfolgerungen aus Diskussionen und gemeinsamen Publikationen in das Buch eingeflossen.

Andrea Beetz
Ich habe Psychologie studiert und nach Studien in den USA (University of California Davis, CA) mit dem Fokus auf Mensch-Tier-Beziehung und vergleichende Verhaltensbiologie, einem interdisziplinären Thema aus Humanpsychologie und Verhaltensbiologie, in Psychologie promoviert. In meinen folgenden Forschungsaufenthalten als Postdoc in den USA (Utah State University, Department Psychologie) und UK (University of Cambridge, Veterinärmedizinische Fakultät) widmete ich mich verstärkt der Bindungstheorie, erlernte Instrumente zur Bestimmung der Bindungsqualität bei Erwachsenen (Adult Attachment Projective, Prof. Dr. Carol George) und Kleinkindern (die »fremde Situation«, Dr. Judith Solomon).

Während meiner Lehre in der Pädagogik an der Universität Erlangen-Nürnberg (2005–2007) wurde mir klar, wie wenig Wissen über das Gehirn und seine Funktionen bisher Eingang in die Pädagogik gefunden hatte. Wie das Gehirn optimal lernt oder auch Erinnerungen abruft, war dabei nicht nur in meiner Forschung und Lehre relevant, sondern auch in meiner psychotherapeutischen Arbeit. Mit einem Fokus auf Hypnose und Hypnotherapie (Ausbildung bei der Deutschen Gesellschaft für Hypnose, https://www.dgh-hypnose.de) arbeite ich seit 2005 mit Klienten, unter anderem an Problemen wie Prüfungsangst, Traumafolgestörungen, Angststörungen, Schlafproblemen, unsicherer Bindung und Bindungstrauma, Geburtsvorbereitung, schwangerschaftsbedingten Symptomen und Ängsten sowie postpartaler Depression. Aufgrund meines Wissens zur Bindungstheorie habe ich seit 2014 auch immer mehr Mütter, die in verschiedenen Bereichen Probleme in der Mutter-Kind-Beziehung haben oder deren Kinder Schwierigkeiten im Kita-Setting haben, beraten. Bei bindungsbezogenen Problematiken ermittle ich über das Adult Attachment Projective bei den erwachsenen Klienten die aktuelle Bindungsrepräsentation und nutze die Ergebnisse in Beratung und Coaching (https://www.bindungsassessment.de). Zudem führe ich seit 2006 mehrmals jährlich forensische Hypnosen für die Polizei durch, um die Erinnerung der Zeugen an tatrelevante Informationen, meist bei Kapitalverbrechen, zu verbessern. Daher habe ich mich schon lange mit der Verbindung von Stress, Lernen, und Erinnerung auseinandergesetzt. Zudem war es in meiner Arbeit überaus wichtig, gezielt schnell eine vertrauensvolle Verbindung zu den Zeugen wie auch zu meinen Psychotherapieklienten herstellen zu können. Einiges von diesem Wissen fließt in dieses Buch mit ein.

Über weitere interdisziplinäre Forschung in Kooperation mit der Verhaltensbiologie der Universität Wien (Prof. Dr. Kurt Kotrschal), der Sonderpädagogik mit dem Schwerpunkt soziale und emotionale Entwicklung an der Universität Rostock (Prof. Dr. Henri Julius) und einer Expertin der Neurobiologie/Physiologie an der Swedish University of Agricultural Sciences (SLU) aus Schweden (Prof. Dr. Kerstin Uvnäs-Moberg) habe ich mein Wissen um die Bindungstheorie und ihre Verbindungen mit der Neurobiologie, Verhaltens- und Evolutionsbiologie vertieft. Zahlreiche Studien, welche durch den Rahmen der Bindungstheorie und Neurobiologie thematisch verbunden wurden, habe ich für meine Habilitation im Bereich Sonderpädagogik der sozialen und emotionalen Entwicklung an der Universität Rostock durchgeführt und integriert. Das Thema der Begleitung von Eltern in Schwangerschaft und den ersten Kinderjahren sowie auch die Fragen der frühkindlichen Betreuung durch Eltern, Familie oder Kitas betrachte ich vor dem aktuellen wissenschaftlichen Hintergrund, erweitert durch eigene Erfahrungen als Mutter von zwei Kindern. Neben Erkenntnissen aus meinen Studien, unter anderem zur pränatalen Bindung, postpartalen Depression und Mutter-Kind-Bindung, meiner Beratungstätigkeit für Eltern mit Problematiken in der Eltern-Kind-Interaktion und psychotherapeutischen Tätigkeit bringe ich diese Alltagserfahrungen mit Kindern, anderen Müttern und pädagogischen Fachkräften hier mit ein.

Iris Aicher (ehem. Schöberl)
Ich habe an der Universität Wien Biologie mit dem Schwerpunkt Verhaltensbiologie bei Mensch und Tier studiert. Das Thema Bindung fand ich bereits in meinem Grundstudium faszinierend. Daher habe ich im Rahmen des Doktoratsprogramms Kognition und Kommunikation mit Spezialisierung auf Verhaltensbiologie, Bin-

dung und Stressmanagement über die Mensch-Hund-Beziehung promoviert (2011–2017). Im Biologiestudium habe ich erkannt, dass wir Menschen auch nur Tiere sind. Wir teilen die gleichen neurophysiologischen Strukturen wie andere Säugetiere und unterscheiden uns bezüglich Bindung, Stressverarbeitung, Gedächtnis, Lernen, Entstehung von Trauma, Entstehung und Verarbeitung von Emotionen kaum von anderen Säugetieren bzw. Wirbeltieren generell.

Nach meinem Magister habe ich eine Ausbildung zur psychologischen Beraterin und systemischen Familienberaterin absolviert und bin seit 2011 in diesem Feld tätig. Zudem habe ich Aus- und Weiterbildungen in Säuglings-, Kinder-, und Elternberatung, Säuglingspsychotherapie, im SAFE®-Programm (sichere Ausbildung für Eltern) und in EPB – Entwicklungspsychologischer Beratung für Familien mit Säuglingen und Kleinkindern. Seit 2009 lehre ich an verschiedenen Hochschulen und bei Organisationen zu Bindung, Stress, Trauma, Hochsensibilität und biologischen Grundlagen wie Neuropsychologie und Ethologie. Im Fokus steht dabei immer, Kinder zu sehen und zu verstehen. Ebenso biete ich schulinterne Weiterbildungen und Abendvorträge in Kitas an und bin in der Elternbildung aktiv.

Beim Unterrichten für Pädagogen fällt mir immer wieder auf, dass die Grundlagen der Bindung zwar schon einmal gehört worden sind, aber die Umsetzung in der Praxis, das Erkennen von Bindungsbedürfnissen und vor allem die Fähigkeit, entsprechend zu handeln, oftmals fehlen. Das liegt einerseits an den Rahmenbedingungen, anderseits spielen Zuschreibungen gegenüber dem Kind wie »Das ist so schwierig, anstrengend, fordernd! Das Kind macht das, weil es frech ist …« eine große Rolle. Diese Zuschreibungen hängen stark mit dem Fürsorgeverhalten der pädagogischen Fachkräfte zusammen.

In meiner privaten Praxis als psychologische Beraterin und Familienberaterin arbeite ich unter einem systemischen Blickwinkel mit Familien und ihren Kindern im Alter von null bis zwölf Jahren (https://www.beratungundtraining.at) mit den Schwerpunkten Bindungsförderung und Stressbewältigung, Traumabegleitung sowie Hochsensibilität.

Als Biologin in einer Welt voller Pädagoginnen und Pädagogen sehe ich es als meine Aufgabe, einen neuen Blickwinkel einzubringen, die Neurobiologie hinter unserem Handeln greifbar zu machen und eine Schnittstelle zwischen pädagogischen Fachkräften, Eltern und ihren Kindern zu bieten. Als Mutter einer Tochter habe ich zudem viele Themen auch nochmals aus einem anderen Blickwinkel kennengelernt und lasse dieses Verständnis neben meinem Hintergrund aus Wissenschaft, Lehre und Beratung hier mit einfließen.

1.3 Die Verbindung von Bindungstheorie, Neurobiologie und Frühpädagogik

Die folgenden zwei Fallbeispiele sollen veranschaulichen, wie eine neurobiologische und bindungstheoretische Perspektive zu einer anderen Interpretation kindlichen Verhaltens führt. Die Fallbeispiele in diesem Buch entstammen, natürlich deutlich verfremdet, um die Anonymität der Betroffenen zu wahren, unserer Beratungspraxis und Gesprächen mit anderen Eltern.

Fallbeispiel: »Voll daneben, diese Interpretation!«

Der gerade drei Jahre alt gewordene Simon beginnt im Herbst, vormittags den Kindergarten zu besuchen, nachdem er zuvor innerhalb der Familie betreut wurde. Die Kita hat drei Gruppen mit jeweils 28 Kindern im Alter von drei bis sechs Jahren. Jede Gruppe hat einen für diese Gruppengröße sehr kleinen Gruppenraum und einen noch kleineren Nebenraum. Die Gemeinschaftsgarderobe für alle 84 Kinder ist im Vorraum, durch den die Kinder auch gehen müssen, um zu den Toiletten zu gelangen. Simons Gruppe wird von einer Erzieherin, Britta, und einer Kinderpflegerin geführt. Zusammen mit Simon werden zehn weitere neue Dreijährige im Zeitraum der ersten beiden Schuljahreswochen »eingewöhnt«.

Die Eingewöhnung ist in diesem Kindergarten so gestaltet, dass die Eltern zwei Tage mit in die Gruppe gehen können. Simons Mutter Verena nutzt diese zwei Tage, auch um zu erleben, wie der Tag dort verläuft und um Simon den Übergang zu erleichtern. In den darauf folgenden zwei Tagen soll sie Simon nur noch morgens in den Gruppenraum bringen und dann nach zehn Minuten in einen kleinen Raum beim Eingang gehen. Dies funktioniert, Simon bemüht sich, und teilt Verena nach vier Tagen mit, dass sie auch gehen darf und ihn mittags abholen kann. Zu Hause berichtet er wenig von der Kita, aber vor allem, dass es sehr laut ist, was Verena aufgrund ihrer eigenen Erfahrung dort nachvollziehen kann. Am Ende der zweiten Kita-Woche gibt die Erzieherin Britta Verena folgende Rückmeldung: Simon suche so stark ihre Aufmerksamkeit. Das sei auffällig, er wirke so unselbstständig und bedürftig. Auf Nachfragen von Verena, wie sich das bemerkbar mache, berichtet Britta, dass Simon während des Vormittags ungefähr viermal darum bittet, dass sie mit ihm auf die Toilette geht.

Interpretation der Erzieherin
Simon ist ein unselbstständiges Kind, das zu sehr nach Aufmerksamkeit sucht und den häufigen Toilettengang als Vorwand nimmt, um diese Aufmerksamkeit zu bekommen. Es wird der Mutter auch mitgeteilt, dass es bei zwei pädagogischen Fachkräften für 28 Kinder nicht möglich ist, mit jedem Kind so oft auf die Toilette zu gehen. Verena müsse hier als Mutter schnell an der Selbstständigkeit von Simon arbeiten. Wie das geschehen soll, wird nicht erläutert.

Bindungsorientierte Interpretation unter Berücksichtigung neurobiologischer Aspekte

Der Übergang (Transition) in die Fremdbetreuung bedarf einer großen Anpassungsleistung seitens des Kindes (und auch der Eltern). Es gibt viele neue Menschen, neue Räume, erheblichen Lärm, neue Aufgaben, aber insbesondere hat das Kind keinen Zugriff auf die Eltern als wichtigste Bindungsfiguren mehr. Es ist plötzlich abhängig von völlig fremden Personen, um die Bindungsfigur im Notfall erreichen zu können – all dies führt beim Kind zu Stress und zur Aktivierung seines Bindungssystems. Kann kein Kontakt zur Bindungsfigur hergestellt werden, steigt der Stress und es kommt Angst hinzu. Das Stresshormon Cortisol, das bei Belastungen ausgeschüttet wird, die länger als ein paar Minuten anhalten, hat bei höherer Konzentration eine diuretische Wirkung (Parker et al. 2003). Dies heißt, dass sich mehr Urin in der Blase sammelt, und es verstärkt zudem das Gefühl, auf die Toilette gehen zu müssen, selbst bei geringer Füllung der Blase. Denn Stress führt auch zur Anspannung von Muskeln im Bauchbereich, und dieser Druck, der an die Blase weitergegeben wird, verstärkt das Gefühl, auf die Toilette zu müssen.

Für Simon stellt die neue Situation mit der Trennung von seiner Mutter einen starken Stressor dar, insbesondere auch, weil er zu seiner Bezugserzieherin noch keine Beziehung aufbauen konnte, denn das ist innerhalb von vier Tagen nahezu unmöglich. Zu Hause berichtet er, dass er in der Kita oft sagt, dass es ihm zu laut ist. Dann darf er teils in den Nebenraum, teils in den Gang mit den Garderoben. Allerdings schickt dort auch eine andere Gruppe einen sechsjährigen Jungen hin, der in der Gruppe andere Kinder schlägt. Die Kinder im Gang sind unbeaufsichtigt. Simon steht definitiv unter Stress. Daher muss er öfter auf die Toilette gehen. Noch dazu hat er Angst davor, in die Hose zu machen. Er ist erst seit drei Monaten trocken. Nun könnte er ja, wie zu Hause, einfach selbst auf die Toilette gehen, wäre da nicht folgendes Problem: Die Toiletten sind so hoch angebracht, dass er hinaufklettern muss. Das mag er nicht. Er will lieber, wie zu Hause, einfach einen kleinen Schemel zu Hilfe nehmen. Die Kita hat für alle Toiletten jedoch nur einen Schemel, und fast nie ist dieser in der zugehörigen Gruppentoilette zu finden. Daher bittet Simon die Erzieherin, mit ihm zu gehen und ihm zu helfen oder den Schemel zu holen. Die Mutter geht, nachdem Simon ihr das Problem erklärt hat, jeden Morgen mit ihm auf seinen Wunsch in der Kita auf die Toilette und sucht den Schemel. Bereits nach zwei Tagen spricht sie die Erzieherin auf fehlende Schemel an und bietet an, einen solchen Zehn-Euro-Artikel selbst anzuschaffen. Dies wird abgelehnt, man kümmere sich schon darum.

Die passendere Interpretation des Geschehens rund um die mehrmalige Bitte des dreijährigen Simon, dass jemand mit ihm zur Toilette geht, ist also:

1. Das Kind steht unter Stress und muss daher wirklich häufiger auf die Toilette – dies ist ein physiologisch einfach nachvollziehbarer Mechanismus. Rechtzeitig zu bemerken, dass er muss, und die Toilette aufsuchen zu wollen, ist also ein altersangemessenes und kompetentes Verhalten.

2. Das angeblich ungewöhnlich stark ausgeprägte Heischen nach Aufmerksamkeit der Erzieherinnen ist kompetentes Bitten um Hilfe, bei fast noch völlig fremden Personen, weil einfachste Hilfsmittel, damit Simon gut selbstständig den Toilettengang bewältigen kann, (sonst) nicht zur Verfügung stehen. An wen soll sich ein Kind in dieser Situation denn sonst auch wenden? Und wer könnte ihm sonst helfen, wenn der Schemel nicht zu finden ist? Darüber hinaus ist es nicht Aufgabe eines Dreijährigen, diese organisatorischen Probleme selbst zu lösen.
3. Der praktische Unterstützungsversuch (Schemel-Kauf) der Mutter, der zur Entlastung der Erzieherinnen beitragen soll und ihr erlauben würde, indirekt Fürsorge für ihr Kind zu zeigen, wird abgelehnt. Ihr Fürsorgesystem wird durch die Ablehnung der Erzieherinnern behindert, während diese selbst jedoch nicht feinfühlig die Fürsorge für Simon übernehmen. Dies führt zu Stress bei der Mutter und einem gestörten Vertrauensverhältnis zu den Erzieherinnen.

Insgesamt ist die laienpsychologische und voreilige Interpretation der Erzieherin nach zwei Wochen mit den Worten der Mutter »voll daneben«. Hierbei sind sich Mutter und die Beraterin, die sie aufsuchte, einig. Die Interpretation vor einem neurobiologischen und entwicklungspsychologischen Hintergrund ist deutlich wertschätzender gegenüber Mutter und Kind und auch zielführender. Abhilfe könnte geschaffen werden, indem die Kita den Alltag für Simon stressfreier gestaltet und mehr Schemel für die kleineren Kinder anschafft. Die Mutter hat sich nach weiteren vier Wochen für eine andere Lösung entschieden und meldet Simon ab, weil sie das Vertrauen in die Erzieherinnen verloren hat. Nach einem Monat hat sie einen Platz in einer anderen Kita – dort sind die Toiletten niedriger angebracht. Simon geht völlig selbstständig auf die Toilette und wird von den Erzieherinnen als Kind mit einem ganz normalen, durchschnittlichen Kontaktbedürfnis wahrgenommen. Auch ist es dort deutlich leiser, es gibt eine richtige Eingewöhnung über längere Zeit, damit Simon auch zu den Erzieherinnen eine Beziehung aufbauen kann, und viele Tür-und-Angel-Gespräche zwischen Erzieherinnen und Eltern.

Fallbeispiel: »Eva ist schon sehr selbstständig«

Eva ist schon eine Kita-Expertin. Sie geht mit ihren viereinhalb Jahren bereits drei Jahre lang in die Kita. Schon von Beginn an hat sie sich aus der Sicht des pädagogischen Teams als unkompliziert erwiesen. Ihre Eingewöhnungsphase verlief problemlos und zügig, auch der Übergang von Krippe zu Kindergarten gelang gut. Im Umgang mit anderen Kindern und dem pädagogischen Personal zeigt sie sich meist zurückhaltend. In herausfordernden Situationen sucht Eva zwar Blickkontakt zu den Erzieherinnen, jedoch wirkt es so, als ob sie nicht mehr benötigt als ein zustimmendes Nicken. Nähe zu den Erzieherinnen sucht Eva in diesen Situationen nicht.

Interpretation der Erzieherinnen
Eva ist ein sehr selbstständiges Kind, weint nie nach ihren Eltern, und scheint sehr selbstsicher in der Kita-Situation. Eine Erzieherin mutmaßt, dass sie wohl eine sichere Bindung haben müsse. Da Eva so unkompliziert im Alltag ist, beschäftigen sich die beiden Erzieherinnen, die sich um eine große Gruppe kümmern müssen, wenig mit ihr, denn sie spielt ja auch so gut allein.

Bindungsorientierte Interpretation unter Berücksichtigung neurobiologischer Aspekte
Eva ist ein Kind, das im fordernden Kita-Alltag leider zu oft übersehen wird, selbst wenn sie Stress empfindet. Denn je nach Bindungsmuster reagieren Kinder unterschiedlich in stressauslösenden Situationen. Eva hat zu Hause gelernt, dass sowohl Mutter als auch Vater auf ihr Bindungsverhalten, wie Suchen nach Nähe, Weinen, nicht sofort und teils auch genervt oder sogar ablehnend reagieren. Es gibt wenig Körperkontakt. Wenn Eva weint, wird ihr nahegelegt, doch aufzuhören, es sei ja nicht so schlimm. Auch wenn sie ängstlich ist und nach Sicherheit sucht, bekommt sie kaum feinfühlige Unterstützung. Daher vermeidet Eva bei Stress eher den Kontakt zu den Eltern. Wenn alles entspannt ist, spielen sie jedoch durchaus nett miteinander. Dieses Muster überträgt sie in die Kita. Das hat zur Folge, dass sie nach außen hin oft so wirkt, als fühle sie sich wohl und als bräuchte sie keine besondere Zuwendung, selbst wenn sie durch etwas gestresst ist, wie Streit anderer Kinder, Lärm oder Krankheit.

Doch betrachtet man Evas neurobiologische Daten, wie dies im Rahmen einer Studie erfolgt ist, zeigt sich ein anderes Bild. Ihre Stressindikatoren, wie Herzfrequenz und Cortisolspiegel, sind erhöht. Dieser hohe Stresslevel spiegelt sich in ihrem Verhalten jedoch kaum wider: Sie weint nicht und sucht keine Nähe oder Unterstützung bei den Erzieherinnen. Sie sitzt ruhig da und beschäftigt sich mit einem Spielzeug. Daher wird ihr Bedürfnis nach Zuwendung, das dennoch vorhanden ist, übersehen. Kinder wie Eva zeigen ihr Bindungsbedürfnis subtiler als andere Kinder. Ein suchender Blick oder monotones Spiel können solche Anzeichen sein. Sie ziehen sich zurück und lenken sich über die Beschäftigung mit einem Objekt ab. Eva braucht genauso Unterstützung und Zuwendung wie Kinder, zum Beispiel mit einer sicheren Bindung, die bei Stress offen Nähe suchen oder weinen. Vielleicht findet sie aber direkten Körperkontakt eher unangenehm und bräuchte stattdessen eine liebevolle direkte Ansprache oder ein anderweitiges Umsorgen. Sie wirkt selbstständiger als andere Kinder. In manchen Fällen können diese Kinder auch praktische Dinge wie das selbstständige Anziehen von Kleidung frühzeitiger, weil ihre Eltern mehr Wert auf eine frühe Selbstständigkeit und Unabhängigkeit von ihnen als Bezugsperson legen. Auf physiologischer Ebene haben Kinder mit einer unsicher-vermeidenden Bindung wie Eva, häufiger und vermehrt Stress, den sie kaum selbst regulieren können.

1.4 Zum Aufbau dieses Buchs

Wie die obigen Fallbeispiele zeigen, führt eine Betrachtung des kindlichen Verhaltens vor dem Hintergrund des Wissens zu Stress, dessen körperlichen Begleiterscheinungen sowie Bindung und Fürsorge zu einer völlig neuen Sicht des angeblichen Problemverhaltens oder der anscheinenden Selbstständigkeit. Ziel dieses Buches ist es, genau diese Grundlagen der Bindungstheorie und Neurobiologie unter Berücksichtigung evolutionsbiologischer Aspekte zu vermitteln, die im Rahmen der Betreuung von Kindern im Alter von null Jahren bis zum Schuleintritt in verschiedensten pädagogischen Situationen relevant sind. Daher bauen die Inhalte des Buches, im Anschluss an diese Einleitung, wie folgt aufeinander auf:

In Teil I – Bindungstheorie – werden in zwei Kapiteln die Grundlagen des kindlichen Bindungsverhaltenssystems und des Fürsorgeverhaltenssystem vorgestellt.

In Kapitel 2 werden die Grundlagen der Bindungstheorie beschrieben. Es wird erklärt, wie Bindung sich entwickelt und welche Bindungsmuster in der Kindheit und im Erwachsenenalter unterschieden werden. Zudem wird auf Bindungstraumata und möglicherweise daraus resultierende Desorganisation der Bindung eingegangen. Während Bindung in anderen Werken häufig nur aus psychologischer Perspektive betrachtet wird, fokussieren wir hier ebenso auf die verhaltens- und evolutionsbiologischen Perspektiven. Abschließend werden die pädagogischen Herausforderungen durch die Bindung der Kinder sowie der pädagogischen Fachkräfte diskutiert, insbesondere in Bezug auf die Transmission von Bindungsstrategien auf die pädagogische Beziehung und die Problematik kontrollierenden Verhaltens.

Die eigenen Bindungserfahrungen und Bindungsrepräsentation beeinflussen im Erwachsenenalter das Fürsorgeverhalten. Das Fürsorgeverhalten, als komplementäres Verhaltenssystem zum Bindungsverhaltenssystem, und dessen Ausprägungen werden in Kapitel 3 thematisiert. Hier wird dargestellt, wie das Fürsorgeverhaltenssystem von Eltern und pädagogischen Fachkräften die Beziehung zum Kind und die pädagogische Beziehung in der Elternarbeit beeinflussen kann. Dabei wird neben der Bedeutung der Feinfühligkeit auf die Unterscheidung funktionaler und emotionaler Fürsorge eingegangen. Der Aspekt des Fürsorgeverhaltens in der pädagogischen Arbeit ist bisher noch wenig diskutiert worden. Meist findet sich eine Erläuterung der Bedeutung von Feinfühligkeit im Umgang mit den Kindern und von einer »guten« pädagogischen Beziehung, überwiegend jedoch ohne Erklärung, was eine solche Beziehung ausmacht. Viele pädagogische Ansätze zielen direkt auf die Veränderung kindlichen Erlebens und Verhaltens ab. In diesem Kapitel werden dagegen die Grundlagen dafür gelegt, wie die pädagogische Fachkraft durch Reflexion der eigenen Bindungsgeschichte und des damit zusammenhängenden Fürsorgeverhaltens ihr Verhalten feinfühliger gestalten kann. Dies ist Voraussetzung für den Aufbau einer vertrauensvollen Beziehung, die einige Funktionen einer sicheren Bindungs-Fürsorge-Beziehung erfüllt.

In Teil II – Neurobiologie – werden Grundlagen der Neurobiologie in drei Kapiteln vorgestellt. Eine bindungsorientierte Arbeit profitiert immens von einem

Basiswissen um einige neurobiologische Vorgänge in der eigenen Person und im Gegenüber, sei es Kind, Elternteil oder Kollegin. Die Systeme, die in diesem Buch vorgestellt werden, sind die Stresssysteme und das Oxytocinsystem. Dies ist zum einen darin begründet, dass eine Funktion von Bindung die Regulation von Stress durch soziale und emotionale Unterstützung der Bindungsfigur ist. Zum anderen fördert das Bindungshormon Oxytocin Bindungen, indem es Vertrauen und physische Entspannung fördert. Auch wie Bindung mit den Stresssystemen und dem Oxytocinsystem in Zusammenhang steht, wird dargelegt.

Daher werden in Kapitel 4 die Stresssysteme, also die zwei Stressachsen, sympathiko-adrenomedulläre Achse (SAM-Achse) und Hypothalamus-Hypophysen-Nebennierenrinden-Achse (HHN-Achse), beschrieben sowie einige Stresstheorien, welche die Ableitung pädagogischer Handlungsempfehlungen erlauben.

Kapitel 5 behandelt das Bindungshormon Oxytocin. Es wird erläutert, was das Oxytocinsystem aktiviert und welche Wirkungen es entfaltet. Zudem wird der Zusammenhang des Oxytocinsystems mit Mutter-Kind-Interaktionen beschrieben.

In Kapitel 6 erfolgt eine Übersicht über Forschungsergebnisse zum Zusammenhang von Bindungserfahrungen und Regulation der Stresssysteme und des Oxytocinsystems. Hierbei wird auf Erfahrungen wie familiären Missbrauch und Vernachlässigung eingegangen, da diese negativen Erfahrungen mit den Eltern mit einer sogenannten Bindungsdesorganisation assoziiert sind. Bindungsdesorganisation entwickelt sich aufgrund eines Bindungstraumas, das nicht verarbeitet werden konnte, und stellt einen Risikofaktor für die emotionale und soziale Entwicklung des Kindes dar.

In Teil III – Die Integration von Bindungstheorie, Psychologie, Evolutionsbiologie und Neurobiologie für die Frühpädagogik – werden dann das Wissen aus Bindungstheorie, Neurobiologie und einige zu Beginn dort vorgestellte Aspekte aus der Psychologie im Hinblick auf die Entwicklung von Kindern und frühpädagogisches Handeln integriert.

Kapitel 7 führt weitere Informationen aus dem Gebiet der Neurodidaktik ein. Die Neurodidaktik ist ein Feld, das Erkenntnisse aus Psychologie, Neurobiologie und Pädagogik zusammenführt und Wissen um wichtige Voraussetzungen für Lernen, wie die Abwesenheit von Stress und Angst und positive soziale Beziehungen, vermittelt. Aus der Psychotherapieforschung werden die Variablen für eine gute therapeutische Beziehung, wie sie Carl Rogers formuliert hat, vorgestellt, da diese auch für die Pädagogik hochrelevant sind. Darauf aufbauend werden Wege aufgezeigt, wie eine gute pädagogische Beziehung zu Kindern und Eltern hergestellt werden kann, indem Sicherheit vermittelt und Synchronisation gefördert wird. Zuletzt wird noch auf die Bedeutung der Reflexion eigener Bindungserfahrungen für die Frühpädagogik eingegangen.

Kapitel 8 betrachtet Aufgaben der Frühpädagogik vor dem Hintergrund von Bindungstheorie, Neurobiologie, Evolutionsbiologie und Psychologie und zeigt alternative Sichtweisen und Handlungsmöglichkeiten auf. Hierbei werden verschiedene Themen aufgegriffen, die für pädagogische Fachkräfte in der Elternberatung, den Frühen Hilfen oder in der Kita relevant sind. Es wird auf die Rolle der Eltern in diesen pädagogischen Kontexten eingegangen und thematisiert, worauf man hierbei besonders, gerade hinsichtlich der Bindungsgeschichte achten kann.

Auch das Wissen um Befinden und Verhalten der Mutter in der Schwangerschaft, ihre pränatale Bindung zum Kind und potenziell negative Einflüsse wie postpartale Depressivität werden berücksichtigt. Weitere Themen, die vor allem Eltern in der Beratung immer wieder vorbringen, werden betrachtet, wie Schlafen im Elternbett oder langanhaltendes Weinen und Schreien. Ausführlicher wird die Betreuung in Kitas hinsichtlich möglicher Stressreaktionen von Kindern betrachtet, da dies ein wichtiger neurobiologischer Aspekt ist. Adressiert werden die Vor- und Nachteile einiger Herangehensweisen in der Kita-Betreuung, die verschiedenen Wahrnehmungen von Eltern, Kindern und Experten, sowie die Bedeutung von Routinen und Ritualen. Die Eingewöhnung in Krippe, Kindergarten und entsprechende Modelle dafür wie das Berliner Modell werden vorgestellt und Herausforderungen durch die Transition in die Schule behandelt. Ein weiteres Thema stellt das Beschämen in der Erziehung dar, das in der Praxis häufig anzutreffen ist, jedoch in der Fachliteratur bisher selten kritische Erwähnung findet. Im Anschluss werden weitere Herausforderungen im Kita-Kontext angesprochen, wie Diversität und Inklusion, Hochsensibilität, und Traumatisierung, da diese potenziell mit erhöhter Stressbelastung assoziiert sind. Abschließend werden die Aspekte Macht und Gewalt in der Frühpädagogik angesprochen und wie wichtig deren Reflexion für einen wertschätzenden und unterstützenden Umgang mit Kindern und Eltern ist.

Das Fazit des Buches in Kapitel 9 plädiert für eine feinfühligere Frühpädagogik auf Basis der vorgestellten Information aus Bindungstheorie, Neurobiologie und Evolutionsbiologie. Mögliche Änderungen traditioneller pädagogischer Praxis hin zu einem tiefergehenden Verständnis für Kinder und deren Bindungsfiguren sind die logische Folge der Anwendung dieses Fachwissens in der frühpädagogischen Praxis.

Ein Fazit aus dem Feedback von Studierenden und anderen Teilnehmern unserer Fortbildungen ist, dass die Inhalte dieses Buches für die tägliche Arbeit mit Kindern und Eltern hochrelevant sind. Sie eröffnen ein anderes Verständnis von Situationen und vom Verhalten der Kinder, der Eltern und der pädagogischen Fachkräfte. Nicht selten werden dann plötzlich Handlungsansätze und Routinen infrage gestellt, die über Jahrzehnte hinweg als selbstverständlich galten. Genau dies wollen wir mit unserem Buch erreichen – die Verbindung von Wissen aus Bindungstheorie, Neurobiologie und Evolutionsbiologie zum Wohle der Kinder, der Eltern und der pädagogischen Fachkräfte selbst!

Es ist uns wichtig, hier zu erwähnen, dass die Handlungsentscheidungen, die pädagogische Fachkräfte oder Eltern aufgrund der hier gegebenen Informationen treffen, durchaus verschieden sein können. Viele Faktoren sind in der Betreuung, Bildung und Erziehung von Kindern relevant – wir können hier nur einen Ausschnitt davon darstellen. Es ist jedoch wichtig, aktuelle wissenschaftliche Erkenntnisse in die Entscheidungen einfließen lassen zu können. Dies gilt für Eltern ebenso wie für pädagogische Fachkräfte, die sowohl Eltern beratend zur Seite stehen als auch in direkter Interaktion mit den Kindern sind. Das Wohlergehen des individuellen Kindes mit seiner Familie sollte im Fokus stehen, nicht persönliche Einstellungen der pädagogischen Fachkraft für oder gegen bestimmte Entscheidungen wie zum Beispiel Besuch einer Krippe, einer Kita, ganztags oder halbtags, mit einem Jahr oder drei Jahren, Schlafarrangements bei den Eltern oder im eigenen Zimmer, Umgang mit Erkrankungen, Behinderungen oder Besonderheiten etc. Den Kindern und Eltern offen und unvoreingenommen zuzuhören, immer wieder faktenbasiert zu diskutieren und sich auch mit Fachkräften mit anderen Meinungen auszutauschen ist Teil lebenslangen Lernens. Dazu gehört auch, Problemlagen neutral anhand aktueller Datenlagen zu diskutieren und Alternativen aufzeigen zu können. Eltern sollten so beraten und informiert werden, dass sie unabhängig von gesellschaftlichen Erwartungshaltungen und aktuellen Gepflogenheiten für sich und ihr Kind die individuell beste Option wählen können. Dabei soll dieses Buch unterstützen.

1.5 Hinweise zum Text

Gendergerechte Sprache: Aus Gründen der besseren Lesbarkeit wird überwiegend das generische Maskulinum verwendet und auf übliche gendergerechte Formulierungen verzichtet. Für den Kita-Bereich haben wir uns aufgrund der in der Praxis noch weit überwiegenden weiblichen Mehrheit für die Begriffe »Erzieherin« oder »pädagogische Fachkraft« entschieden, wobei diese auch männliche Erzieher und andere in der Kita tätige Fachkräfte einschließen.

Häufig beziehen wir uns im Text auf die Mutter als primäre Bindungsfigur. In allen von der Biologie unabhängigen psychologischen Aspekten sind hiermit auch Väter oder andere Bezugspersonen inkludiert, die das Kind »bemuttern« und versorgen und zu denen natürlich auch Bindungen und Fürsorgebeziehungen aufgebaut werden. Allerdings gibt es meist deutlich weniger wissenschaftliche Erkenntnisse zur Beziehung zu den Vätern als zu den Müttern. Im Hinblick auf Schwangerschaft, Stillzeit und hormonelle Veränderungen, die spezifisch für Mütter sind, beziehen wir uns auf die biologische Mutter. Einige hormonelle Reaktionen und Anpassungsprozesse sind auch bei Männern zu finden, darauf wird hier aber nicht eingegangen.

Der Ausdruck in den Fallbeispielen oder auch Übungen ist bewusst umgangssprachlich gehalten, um den Leser dabei zu unterstützen, sich besser in die Situationen hineinzuversetzen. Teils werden dafür Aussagen von Eltern oder pädagogischen Fachkräften wortwörtlich aus unserer Praxis übernommen. Die Beispiele sind meist so gewählt, dass ein aus bindungstheoretischer, neurobiologischer oder evolutionsbiologischer Sicht ungünstiges Verhalten oder eine ungünstige Interpretation einer pädagogischen Fachkraft aufgegriffen wird. Unsere Intention ist es damit neue Perspektiven aufzuzeigen für eine Situation, die für Kind oder Eltern problematisch ist. Die vielen negativen Beispiele sollen nicht den Eindruck erwecken, dass wir davon ausgehen, dass sich pädagogische Fachkräfte in solchen relevanten Situationen generell ungünstig verhalten. Auch sind wir uns bewusst, dass viele Interaktionen mit Kindern und Eltern auch negative Auswirkungen auf die pädagogische Fachkraft haben können. Diese Seite wird hier jedoch nur gelegentlich angesprochen, insbesondere bei Themen wie Fürsorgeverhalten, Reflexion der eigenen Bindungsgeschichte oder Hochsensibilität. Zum Thema verschiedenster Stressoren, die auf pädagogische Fachkräfte einwirken, liegen zahlreiche Veröffentlichungen vor. Zu große Gruppen bzw. ungünstige Betreuungsverhältnisse, unzureichende gesellschaftliche und finanzielle Anerkennung, Lärm, Platzmangel, schwierige Interaktionen mit Eltern und Kindern zählen hier unter anderem dazu. Trotz der vielen kritischen Beispiele möchten wir an dieser Stelle betonen, dass wir die Arbeit der Fachkräfte in der Frühpädagogik als wichtigen Beitrag zur frühkindlichen Betreuung und Bildung sowie zur Unterstützung von Familien überaus schätzen.

Zu den hier vorgestellten Themen Bindungstheorie, Oxytocin, Stresssysteme, und Betreuung in Kitas existieren heute ein immenses Wissen und eine große Bandbreite an Literatur. In diesem Werk kann im Kontrast dazu immer nur eine Einführung gegeben werden, um aufzuzeigen, wieso und inwiefern dieses Wissen für die Arbeit mit kleinen Kindern relevant ist. Am Ende jedes Kapitels bzw. auch Unterkapitels werden Literaturempfehlungen gegeben, die es erlauben, sich intensiver mit einem der angesprochenen Themen auseinanderzusetzen. Wo möglich, haben wir deutschsprachige Übersichtswerke angegeben, da die Originalquellen zahlreich und überwiegend englisch sind.

1.6   Dank

Unser Dank gilt allen Eltern und ihren Kindern, die uns über ihre Beziehung, ihre Sorgen und Probleme sowie ihre Erfahrungen aus ihrem Kontakt mit der Frühpädagogik, sei es in den Frühen Hilfen, Beratung, Kindertagespflege oder Kitas, berichtet haben. Ebenso danken wir den pädagogischen Fachkräften aus der Frühpädagogik, die uns in der Beratung und Praxis Einblicke in ihre Arbeit und die dortigen Herausforderungen gewährt haben. Dieses Vertrauen hat es uns ermöglicht, ihre Erfahrungen, neben unseren eigenen Erfahrungen, in das vorliegende Buch einfließen zu lassen und somit eine Brücke zwischen bindungstheoretischen und neurobiologischen Erkenntnissen und der frühpädagogischen Praxis zu schlagen.

Teil I – Bindungstheorie

Menschliche Entwicklung vollzieht sich vorrangig in sozialen Beziehungen. Die erste Beziehung entsteht schon während der Schwangerschaft – das Kind lernt die Stimme der Mutter kennen, ihre körperlichen Reaktionen und über den Geschmack des Fruchtwassers ihre Ernährung. Gesundheitsbezogene Verhaltensweisen beeinflussen das Befinden und die Entwicklung des Kindes. So wirkt sich Entspannung positiv aus und negative bis schädigende Verhaltensweisen wie Rauchen oder Alkoholaufnahme dagegen negativ.

Unmittelbar nach der Geburt wird die Beziehung zwischen Mutter und Kind in der direkten Interaktion weitergeführt. Auch Interaktionen mit weiteren Bezugspersonen können von Bedeutung sein. Die Bindungstheorie beschreibt, wie sich die Bindung des Kindes an Mutter bzw. Eltern in der Kindheit und Jugend entwickelt und wie Bindungsbeziehungen auch im Erwachsenenalter relevant sind. Dabei prägen die ersten Bindungen das Beziehungs- und Sozialverhalten nachhaltig. Auch die Entwicklung der Verbindung der Mutter zu ihrem Kind wird in der Bindungstheorie thematisiert. Ganzheitlich betrachtet geht es immer um die Bindungs-Fürsorge-Beziehung zwischen Kind und Mutter bzw. weiteren primären Bezugspersonen. Einige Grundlagen der Bindungstheorie, die im Rahmen der frühpädagogischen Arbeit relevant sind, werden im Folgenden vorgestellt. Im Folgekapitel wird auf die Seite der Mutter und anderer Bindungsfiguren, auch sekundärer Bindungsfiguren wie pädagogischer Fachkräfte, eingegangen. Deren Fürsorgeverhaltenssystem entwickelt sich unter dem Einfluss der eigenen Bindungserfahrungen und leitet und organisiert das Fürsorgeverhalten gegenüber eigenen und anvertrauten fremden Kindern. Bindung und Fürsorge spielen im Erwachsenenalter auch in Partnerbeziehungen und kollegialen Beziehungen sowie in der Frühpädagogik im Umgang mit Eltern eine wichtige Rolle.

2　Bindung

Bindungsbeziehungen sind allgegenwärtig und sie beeinflussen das menschliche Befinden immens. Offensichtlich sind Bindungsbeziehung wichtig für die Entwicklung des Kindes. Doch auch im Erwachsenenalter beeinflussen Partnerschaften und die Beziehung zu den eigenen Kindern, die ebenso Bindungs-Fürsorge-Beziehungen darstellen, die Lebenszufriedenheit. Bindung ist ein natürlicher Bestandteil menschlichen Lebens, wie das Zitat von Bowlby nahelegt: »Die Neigung, starke emotionale Bindungen zu bestimmten Individuen herzustellen ist ein grundlegender Bestandteil der menschlichen Natur« (Bowlbly 1988, S. 3; Übers. d. A.).

Die Bindungstheorie wird seit einigen Jahren in der pädagogischen Literatur verstärkt aufgegriffen. Es gibt zahlreiche Bücher, die sich deren Bedeutung für die Arbeit mit Kindern in der Kita, gerade hinsichtlich der Eingewöhnung, in der Schule, aber auch in der Elternberatung, widmen (z. B. Dreyer 2017; Glüer 2017; Zemp, Bodenmann & Zimmermann 2019). Ebenso erlebt die Bindungstheorie in der Literatur zur Entwicklungspsychologie des Kindesalters ein verstärktes Interesse und wird in vielen Elternratgebern thematisiert (z. B. Bechmann & Reimer 2022; Becker-Stoll, Beckh & Berkic 2018; Strüber 2016). Selbst die Originalwerke von John Bowlby, der zusammen mit Mary Ainsworth die Bindungstheorie begründet hat, werden nach wie vor verkauft, obwohl sie teils bereits über 70 Jahre alt sind. Viele der dort erstmals so beschriebenen grundlegenden Erkenntnisse haben heute noch Gültigkeit. Die Bindungstheorie ist aktuell und entwickelt sich durch darauf bezugnehmende Forschung in Entwicklungspsychologie, Psychiatrie, Neurobiologie, Evolutionsbiologie und Anthropologie stetig weiter. Jeder, der Menschen in ihrer Entwicklung oder bei sozialen, emotionalen und psychischen Fragestellungen begleitet, wird mit Fragen zu Beziehungen in Kindheit und in der aktuellen Lebenssituation konfrontiert. Die Bindungstheorie ermöglicht ein tiefgreifendes Verständnis dafür, wie Menschen durch ihre frühen Beziehungen geprägt werden, was wohl ihre Aktualität in Pädagogik und Psychotherapie erklärt.

In diesem Kapitel stellen wir die Grundlagen der Bindungstheorie vor. Dabei beziehen wir uns auf die evolutionäre Basis von Bindung, da diese gut verdeutlicht, wie zentral der Aufbau einer Bindung zu einer schützenden und versorgenden Bindungsfigur für das Überleben und die Entwicklung eines Kindes ist. Starke emotionale Bindungen herzustellen ist grundlegender Bestandteil der menschlichen Natur und war im Laufe der Entwicklungsgeschichte des Menschen für Säuglinge und Kleinkinder überlebenswichtig. In freier Wildbahn hätte ein Säugling oder Kleinkind allein keine Überlebenschancen. Die Nähe zur Mutter sicherte das Überleben und ermöglichte darüber hinaus eine gesunde Entwicklung des

Kindes. Bindung ist somit als eine Anpassung an die Umwelt zu verstehen. Im Laufe der Evolution, in der sich Merkmale über Generationen hinweg in Anpassung an die Umwelt verändern, stellte sich Bindung als sinnvoll und essenziell für das Weiterbestehen von Säugetieren allgemein und des Menschen im Speziellen heraus.

2.1 Die Anfänge der Bindungstheorie

John Bowlby (1907–1990) war Entwicklungspsychologe, Psychiater und Psychoanalytiker in England und untersuchte die Auswirkungen von Trennungen von der Mutter auf die Entwicklung von Kindern. Eine seiner ersten Veröffentlichungen beschäftigte sich mit der Bedeutung von Trennungen von der Mutter bei jugendlichen Dieben (Bowlby 1944). Im Vergleich zu nicht-straffälligen Jugendlichen hatten viele dieser Jugendlichen, die Eigentumsdelikte begangen hatten, vor dem Alter von fünf Jahren eine längere Trennung von der Mutter erlebt. Zudem zeigten 15 von diesen 17 Jugendlichen Züge von sogenannten »affektlosen Psychopathen ohne schlechtes Gewissen«. Bowlby stellte daher seine Hypothese auf, dass die mütterliche Deprivation, also die lange Trennung von der Mutter in einer kritischen Entwicklungsphase vor dem Alter von fünf Jahren, negative Effekte auf die psychische Entwicklung von Kindern hat. Die Kinder haben nach Bowlby ein höheres Risiko, auch später keine Bindungsbeziehungen aufbauen zu können, delinquent zu werden, kognitive Probleme zu zeigen und sich zu affektlosen Psychopathen zu entwickeln. Dies entspricht einer dissozialen Persönlichkeitsstörung in aktuellen Diagnosemanualen. Mutterliebe in der frühen Kindheit ist nach Bowlby genauso wichtig für die psychische Gesundheit wie Proteine und Vitamine für die physische Gesundheit.

Auch in seiner psychotherapeutischen Arbeit mit Erwachsenen wurde Bowlby deutlich, welchen bedeutenden Einfluss frühe Erfahrungen in der Familie auf die Psyche der Patienten hatten. Zusammen mit Mary Salter Ainsworth (1913–1999), einer amerikanisch-kanadischen Entwicklungspsychologin, die unter anderem Mutter-Kind-Beziehungen in Afrika untersuchte, entwickelte er die Bindungstheorie, die er bis in die 1980er in verschiedenen Werken beschrieb (Bowlby 1951; 1953; 1958; 1969; 1973; 2006). Dabei stellte Bowlby die Bedeutung von Bindung für das physische und psychische Überleben von Kindern heraus. Er bezog sich dabei auf damals aktuelle Forschung aus Verhaltensbiologie und Evolutionsbiologie, insbesondere die Studien an Rhesusaffen von Harlow (Harlow 1958; Harlow, Dodsworth & Harlow 1965) und das Konzept der Verhaltenssysteme von Hinde (Hinde 1982; Hinde & Stevenson-Hinde 1991). Zudem flossen Erkenntnisse der Forschung zu Trennungen junger Kinder von der Mutter ein, die er mit Joyce und James Robertson (Robertson & Robertson 1971) sowie Ilse Westheimer und Christoph Heinicke (Heinicke & Westheimer 1965) durchführte.

Exkurs: Harry Harlow und die Natur der Liebe – Isolationsexperimente mit neugeborenen Rhesusaffen

Harry Harlow und sein Forschungsteam führten in seinem Labor eine Reihe von Experimenten mit neugeborenen Rhesusaffen durch, die im Alter von wenigen Stunden von der Mutter getrennt und mit der Flasche aufgezogen wurden. Die Affenbabys wurden einzeln in Käfigen gehalten. Je nach Experiment hatten sie verschiedene Surrogatmütter zur Verfügung. So gab es zum Beispiel einen Käfig, in dem das Affenbaby auf der einen Seite eine Drahtattrappe mit nur wenigen Gesichtsmerkmalen mit einer Milchflasche, die sogenannte Drahtmutter, zur Verfügung hatte, und auf der anderen Seite eine weiche Stoffattrappe mit freundlicherem Gesicht, die sogenannte Kuschelmutter.

Das Verhalten der Affenbabys wurde unter verschiedenen Bedingungen beobachtet, zum Beispiel in Ruhe oder bei Konfrontation mit einem angstauslösenden Automaten, der vor den Käfig gestellt wurde. Harlow wollte die damals verbreitete Annahme untersuchen, dass ein Jungtier sich der Mutter nur zuwendet, weil diese seinen Hunger stillt. In seinen Versuchen belegte er jedoch eindrücklich, dass der Körperkontakt zur Mutter ein Grundbedürfnis der Affenbabys war. Nur bei Hunger wurde die Drahtmutter mit der Milchflasche aufgesucht. Das Stillen des Hungers wurde aber nicht mit »Liebe« und genereller Kontaktsuche zur Drahtmutter assoziiert. Die meiste Zeit des Tages, bis zu 18 Stunden, verbrachten die Affenbabys im Kontakt mit der Kuschelmutter. Selbst wenn sie sich zum Trinken zur Drahtmutter hinüberlehnten, versuchten sie oft mit einem Fuß Kontakt zur Kuschelmutter zu halten. Auch wenn sie im Experiment geängstigt wurden, flüchteten sie zur kuscheligen Stoffattrappe. Der Kontakt mit der Kuschelmutter trug zur Beruhigung, körperlichen Entspannung und einem Gefühl der Sicherheit bei. Teils bedrohten die Affenbabys den angstauslösenden Apparat sogar, wobei sie im Kontakt zur Kuschelmutter blieben. Wuchsen die Affenbabys nur mit einer Drahtattrappe auf, so erstarrten sie bei Angst und umklammerten sich selbst. Exploration, also Erkundung der Umwelt, zeigten diese isolierten, Mutter-deprivierten Affenbabys nur zögerlich und meist zu Beginn in weiterem Kontakt mit der Kuschelmutter. Alle Affenbabys, die mit diesen Attrappen als Mutterersatz aufwuchsen, hatten Verhaltensauffälligkeiten im Kontakt zu Gleichaltrigen, Sexualpartnern ebenso wie später als Mütter eigenen Nachwuchses. Wenn nur eine Drahtmutter als Mutterersatz zur Verfügung stand, waren die Verhaltensauffälligkeiten umso ausgeprägter, je länger die Isolation andauerte. Harlow hatte nicht erwartet, dass das Bedürfnis nach Kontakt mit der Mutter und nach Sicherheit durch die Mutter das Bedürfnis nach Nahrung so weit in den Schatten stellt. Obwohl damals der Begriff der »Bindung« in der Verhaltensbiologie etabliert war, um die Beziehung des Nachwuchses zur Mutter zu beschreiben, wählte er in seinen Publikationen provokant den Begriff der »Liebe« des Kindes zur Mutter. Des Weiteren prägte er den Begriff des »Kontakt-Trostes« (»contact comfort«), der Herstellung von Wohlbefinden durch Körperkontakt. Die Affenbabys kuschelten aktiv mit der Stoffmutter, klammerten sich an diese, streichelten sie, und rieben sich an ihr, in der Suche nach maximalem Körperkontakt. Harlow ging davon aus, dass seine Befunde an Rhesusaffen auch auf menschliche Babys übertragbar seien.

Wie später im Buch beschrieben wird, haben auch Menschen nicht nur ein ausgeprägtes Bedürfnis nach Körperkontakt, sondern Körperkontakt führt auf physiologischer Ebene auch zur Ausschüttung des Bindungshormons Oxytocin. Dieses Hormon fördert Ruhe, Entspannung und Wohlbefinden und reduziert Stress und Angst. Zudem ist angenehmer Körperkontakt, der von Mutter und Kind genossen wird, ein Merkmal sicherer Bindungs-Fürsorge-Beziehungen.

Exkurs: Joyce und James Robertson: Kurze Trennungen von der Mutter in der frühen Kindheit

James und Joyce Robertson beschäftigten sich mit den Auswirkungen mehrtägiger Trennungen (neun bis 28 Tage) kleiner Kinder von ihren Müttern. Sie veröffentlichten dazu nicht nur Fachartikel, sondern auch Filme, die Kinder bei diesen Trennungen begleiteten. Die meisten Trennungen, die damals untersucht wurden, bezogen sich auf Krankenhausaufenthalte, kurze Unterbringungen in einem Kinderheim oder im Zuge des Experiments eine Unterbringung bei den Robertsons, während der Joyce Robertson als Surrogatmutter fungierte. In den 1950ern bis -70er Jahren und teils darüber hinaus war es üblich, dass Kinder bei Krankenhausaufenthalten ohne ihre Eltern waren. Elterliche Begleitung, wie sie heute selbstverständlich ist, war die Ausnahme. Die Kinder waren krank und hatten möglicherweise Schmerzen, waren aber in dieser angst- und stressauslösenden Situation allein mit völlig unbekannten Ärzten und Pflegepersonal. Auch brachten Familien, die sich das leisten konnten, ihre Kleinkinder in einem Kinderheim unter, während die Mutter für die Geburt eines weiteren Kindes und im Wochenbett im Krankenhaus war. Väter waren damals wenig in die Versorgung der Kinder eingebunden, zudem mussten diese meist arbeiten. Im Kontrast zu Kindern, die langfristig im Kinderheim untergebracht waren, waren die Kinder, die die Robertsons untersuchten, durchweg von ihren Müttern zu Hause betreut worden und vor der Trennung im Sozialverhalten unauffällig gewesen. Zwei ihrer bekannten Dokumentation werden hier kurz beschrieben.

Eine Zweijährige geht ins Krankenhaus

Die zweijährige Laura wird im Zuge eines Krankenhausaufenthalts acht Tage von ihrer Mutter getrennt. Sie sitzt tagsüber in ihrem vergitterten Bettchen und hält ihren Teddy und ihre Babypuppe im Arm. Sie ist zu jung, um die Trennung von ihrer Mutter und die Gründe dafür zu verstehen. Anders als viele andere Zweijährige in dieser Situation ist sie sehr kontrolliert. Sie weint nur selten und sitzt still in ihrem Bett. Wenn die Krankenschwester das Bettchen öffnet, um mit ihr zu spielen, dauert es meist etwas, bis Kontakt hergestellt ist. Doch wenn andere Kinder weinen, bricht auch Laura in Tränen aus, und sagt »Ich will meine Mama!« Als sie ihre Mutter dann wiedersieht, ist ihr Vertrauen in die Mutter erschüttert. In der Interaktion mit der Mutter ist sie zu Hause für einige Zeit schwierig, lässt die Mutter nicht aus den Augen, macht wieder in die Windel, spricht in einer hohen, babyhaften Stimme und schläft schlecht. Über das Krankenhaus spricht sie nicht und vermeidet das Thema. Der Film dokumentiert deutlich den Stress, die Verwirrung und die Angst von Laura sowie das zerbrochene Vertrauen durch die ihr unverständliche Trennung von ihrer Mutter.

Der kleine John
John ist ein Jahr und fünf Monate alt, als seine Mutter zur Geburt des zweiten Kindes für neun Tage ins Krankenhaus geht und John in dieser Zeit in einem Kinderheim untergebracht wird. Der Vater besucht ihn abends, doch dies ist kein Ersatz für die Abwesenheit der Mutter, die ihn zuvor ständig betreut hatte. In diesen neun Tagen sind die im Folgenden beschriebenen Veränderungen – Protest, Verzweiflung und Ablösung (detachment) – bei John zu beobachten, die sich auch bei anderen Kindern zeigen, die keine adäquate Ersatzmutter für diese Zeit haben.

Zu Beginn der Trennung protestiert John und zeigt seine Angst angesichts der Trennung offen über Weinen und Suchen nach der Mutter. Immer wenn die Tür aufgeht, blickt er zu ihr oder läuft auf sie zu, in der Hoffnung, dass nun endlich seine Mutter kommt und ihn holt. In wiederholter Enttäuschung protestiert er laut, insbesondere auch wenn der Vater nach seinen Besuchen geht. Oft kann er vor Weinen nicht essen, obwohl er hungrig ist (Protest). Nach einigen Tagen ist John verzweifelt und weint viel und fällt nur aus Erschöpfung in den Schlaf. Auch die Besuche des Vaters können ihn nicht wirklich trösten, ebenso wie die Zuwendung der Kinderpflegerinnen (Verzweiflung).

Irgendwann schaut John nicht mehr zur Tür, wenn jemand hereinkommt. Auch wenn sein Vater versucht, sich liebevoll um ihn zu kümmern, ihn zu halten und zu füttern, wehrt er ab und weint. Am neunten Tag weint John durchgehend. Als seine Mutter kommt, um ihn abzuholen, weint John laut auf und wirft sich auf dem Schoß der Kinderpflegerin unkontrolliert umher. Als ihn seine Mutter in den Arm nimmt, blickt er sie an und dann schnell weg und will weg von ihr. Bei einem wiederholten Versuch, ihn zu halten, ist er immer noch deutlich verwirrt, verzweifelt. Nach einem kurzen Moment schreit er und drückt sich weg von ihr und flüchtet zu einer Pflegerin. Für die Mutter ist dies genauso schmerzlich. Sie kann sehen, wie sehr John sie eigentlich braucht. Sie will ihn trösten, so wie sie das immer getan hatte. Aber John will sie nicht in seiner Nähe. Nach einem Kampf kuschelt er sich an seine Mutter. Als der Vater jedoch hereinkommt, will er zu ihm. Auf dem Schoß des Vaters schaut er das erste Mal seine Mutter direkt an. Diesen Ausdruck hatte seine Mutter zuvor noch nie bei John gesehen. Er hat das Vertrauen in sie verloren (detachment).

Bowlby ging davon aus, dass diese Phasen bei jeder Trennung von der Mutter auftreten. Das Ehepaar Robertson konnte jedoch in seinen Versuchen zeigen, dass dies nicht der Fall ist, wenn folgende Bedingung erfüllt ist: dass in der Trennungszeit eine Ersatzmutter zur Verfügung steht, die das Kind schon zuvor kennengelernt hat und die sich individuell um das Kind kümmert. Die Zu-

> sammenführung mit der Mutter gelingt dann zumeist ohne große Probleme. Bei einer Trennung ohne solch eine Betreuung zeigen sich die Folgen jedoch über einen längeren Zeitraum. Es braucht Zeit, bis das Kind wieder Vertrauen zur Mutter fasst, sich trösten lässt und nicht mit Panik auf kurze Trennungen (Minuten, Stunden) reagiert.

2.2   Was ist Bindung?

Bowlby (1969) beschreibt als Begründer der Bindungstheorie, wie wichtig die Bindung zwischen Kind und Mutter oder auch einer anderen primären Bindungsfigur, welche die Mutterrolle übernimmt, ist. Diese sogenannte Allomutter kümmert sich wie die biologische Mutter um das Kind und kann durchaus auch männlich sein, da immer mehr Väter auch die primäre Versorgung des Kindes übernehmen. Wenn im Folgenden von der Mutter die Rede ist, kann es sich dementsprechend auch um eine andere erwachsene primäre Bindungsfigur handeln, die sich um das Kind kümmert.

Oft wird Bindung in Pädagogik, Psychologie und Psychiatrie folgendermaßen beschrieben: »ein unsichtbares, aber fühlbares emotionales Band [...], das eine Person zu einer anderen Person anknüpft und das diese zwei Menschen über Raum und Zeit sehr spezifisch miteinander verbindet« »Brisch 2008, S. 89).

In der Bindungstheorie geht es dabei überwiegend um die Verbindung zwischen Kind und Elternteil oder zwischen zwei erwachsenen Partnern. Dieses emotionale Band besteht zwischen einem Kind und einem ganz bestimmten Erwachsenen, der nicht austauschbar und üblicherweise stärker und weiser ist.

Bowlby bezieht sich in seiner Beschreibung der Bindung von Kindern zu ihren Eltern auf das Konzept des Verhaltenssystems aus der Verhaltensbiologie. Im Tierreich gibt es zahlreiche Verhaltenssysteme – wie das Bindungsverhaltenssystem, das Fürsorgeverhaltenssystem und das Explorationsverhaltenssystem –, die Verhalten bezogen auf ein bestimmtes Ziel organisieren und steuern. Solche Systeme sind im Laufe der Evolution als Anpassung an Umweltanforderungen entstanden und ihre Funktion ist es, die evolutionäre Fitness des Individuums zu erhöhen. Das bedeutet, sie tragen dazu bei, dass mehr Nachkommen erfolgreich aufgezogen werden, die wiederum ihre Gene an die nächste Generation weitergeben können.

Die Funktion des Bindungsverhaltenssystem ist es, alle Verhaltensweisen des Kindes zu organisieren und zu steuern, die dem folgenden Ziel dienen:

- die Nähe zur Mutter herstellen und aufrechterhalten, vor allem wenn das Kind Gefahr oder Stress ausgesetzt ist
- Schutz, Sicherheit sowie Versorgung durch die Bindungsfigur erhalten
- Angst und Stress beim Kind durch die körperliche Nähe zur Mutter und ihr adäquates Fürsorgeverhalten reduzieren

Auch das Fürsorgeverhalten der Mutter ist in einem eigenständigen Verhaltenssystem organisiert (George & Solomon 2008a; ▶ Kap. 3). Dieses ist eng mit dem Bindungsverhaltenssystem des Kindes verknüpft, dem es als Komplementärsystem gegenübersteht. Es entwickelt sich aufgrund eigener Bindungserfahrungen und wird in aktuellen Bindungs-Fürsorge-Beziehungen mit einem spezifischen Kind weiter ausgeformt. Wie feinfühlig Fürsorgeverhalten gezeigt wird, wie passend es zu Bedürfnissen und Entwicklungsstand des Kindes ist, beeinflusst maßgeblich die Qualität der Bindung des Kindes. Fürsorgeverhalten umfasst alle Verhaltensweisen, die die Nähe zum Kind herstellen oder aufrechterhalten, und dient dem Schutz und der Versorgung.

Bowlbys Ausführungen beschäftigten sich vorrangig mit der Bindung zwischen Kind und Mutter, beschränken sich jedoch nicht auf diese Personenkonstellation. Nach Bowlby ist Bindung ein grundlegendes menschliches Bedürfnis, das ein Leben lang – von der Wiege bis zum Grab (Bowlby 1979, S. 129) – in allen emotionalen Beziehungen eine Rolle spielt. Bindung umfasst

> »jegliches Verhalten (z. B. schreien, rufen, folgen, Augenkontakt suchen, die Arme ausstrecken), in dessen Folge ein Individuum die Nähe zu einer anderen Person herstellt bzw. aufrechterhält, die eindeutig als kompetent wahrgenommen wird, Situationen zu bewältigen. Bindungsbedürfnisse sind am offensichtlichsten, wenn ein Individuum verängstigt, müde oder krank ist, und werden durch Trost und Fürsorge befriedigt« (Bowlby 1988, S. 26 f.; Übers. d. A.).

Bindungsverhalten wird vom Kind gegenüber dem Erwachsenen gezeigt. Ausnahmen stellen pathologische Beziehungen dar, in denen auch Eltern regelmäßig Bindungsverhalten, nicht Fürsorgeverhalten, gegenüber nicht-erwachsenen Kindern ausdrücken. Gelegentlich zeigen Kinder fürsorgliches Verhalten gegenüber ihren Eltern, kochen zum Beispiel einen Tee, wenn ein Elternteil krank ist, oder sorgen für eine gute Stimmung. In einer gesunden Eltern-Kind-Beziehung wird dieses Verhalten aber nicht zu einem stabilen Interaktionsmuster, sondern stellt eher die Ausnahme dar. Es ist jedoch Teil der normalen Entwicklung, wenn Kinder Fürsorgeverhalten gegenüber jüngeren Geschwistern oder Heimtieren zeigen.

In gesunden Paarbeziehungen wechseln die Partner ihre Rollen flexibel, je nachdem, wer gerade Unterstützung und Schutz braucht. Ein Partner zeigt Bindungsverhalten, der andere Partner reagiert mit Fürsorgeverhalten. In der nächsten Situation kann es genau umgekehrt sein. So spielen sowohl Fürsorge als auch Bindung eine wichtige Rolle in engen, emotionalen Beziehungen im Erwachsenenalter (Carnelley, Pietromonaco & Jaffe 1996).

2.3   Funktion und Ziel von Bindungsverhalten

Ultimativ zielt das Bindungsverhaltenssystems auf den Schutz der Nachkommen ab, um die reproduktive Fitness dieser Individuen, also die Wahrscheinlichkeit zu überleben und eigene Nachkommen aufzuziehen, zu erhöhen. Nach Bowlby

(1969) sorgt das Bindungsverhaltenssystem des Kindes dafür, dass es durch die Fürsorge der Mutter vor Gefahren und Stress geschützt wird. Die Regulation von Stressreaktionen beim Kind ist neben der Schutzfunktion ebenso hochrelevant. Denn eine chronische Erhöhung der Stresshormone stellt eines der größten Risiken sowohl für die emotionale, soziale und kognitive als auch für die körperliche Entwicklung des Kindes dar. Nur mütterliches Fürsorgeverhalten, das effektiv auch Stress beim Kind regulieren kann, schafft optimale Entwicklungsbedingungen. Voraussetzung dafür ist das Herstellen oder, bei bestehendem Kontakt, die Aufrechterhaltung der Nähe zur Mutter (ebd.) durch Bindungsverhalten seitens des Kindes. Daher wird bei Gefahr oder Stress das kindliche Bindungsverhaltenssystem aktiviert. Das Kind zeigt dann idealerweise offen Bindungsverhalten, es signalisiert, dass es Nähe und Fürsorge der Mutter braucht oder stellt selbst die Nähe zu ihr her.

Zum Bindungsverhalten zählen:

- alle Verhaltensweisen, die darauf abzielen, die Aufmerksamkeit der Mutter zu erlangen, damit diese Nähe herstellt und das Kind umsorgt, wie zum Beispiel weinen, schreien, rufen, Blickkontakt suchen, je nach Entwicklungsstand des Kindes
- alle Verhaltensweisen, mit denen das Kind selbst aktiv Nähe zur Mutter herstellt, wie zum Beispiel hinkrabbeln, Arme zu ihr ausstrecken, hinlaufen
- alle Verhaltensweisen, die darauf abzielen, die Nähe zur Mutter aufrechtzuerhalten, wie zum Beispiel anklammern auf dem Arm, nachfolgen, Weigerung, sich absetzen zu lassen. Letzteres ist zu beobachten, wenn Kontakt zwar schon hergestellt ist, das Bindungsverhaltenssystem aber noch aktiviert ist, da Stress oder Angst noch nicht herunterreguliert wurden, also noch kein Gefühl von Sicherheit hergestellt wurde.

Im Idealfall wird das kindliche Bindungsverhalten durch feinfühliges Fürsorgeverhalten der Mutter beantwortet. Es wird von beiden Seiten aus Nähe und Kontakt hergestellt, die Gefahr abgewehrt und Stress und Angst werden herunterreguliert, bis das Bindungsverhaltenssystem wieder deaktiviert ist.

2.4 Die Aktivierung des Bindungsverhaltenssystems

Internale und externale Reize können das Bindungsverhaltenssystem aktivieren. Beide Reizarten sind entweder mit erhöhtem Stress beim Kind oder mit Gefahr für sein Leben oder seine körperliche oder psychische Unversehrtheit verknüpft.

Internale Reize kommen aus dem Kind selbst. Dies können Emotionen wie Angst oder Traurigkeit sein, die jedoch oft selbst durch externale Reize wie Gefahr oder Verlust entstehen. Andere internale Zustände, die auf psychischer wie auf körperlicher Ebene entstehen, können ebenso Auslöser sein. Dazu zählen zum

Beispiel Hunger, Durst, Müdigkeit, Krankheit, Frieren oder Überhitzen, körperliches Unwohlsein durch volle Windeln oder kratzige Kleidung, unbequeme Körperhaltungen oder Schmerzen. Alle diese körperlichen Zustände sind mit hormonellen Veränderungen verknüpft, vor allem in den Stresssystemen, die bei negativen Zuständen aktiviert werden. Ziel der Aktivierung des Bindungsverhaltenssystems ist hierbei, über den Kontakt zur Mutter diese negativen Zustände zu beheben, Stress zu reduzieren und wieder ein Gefühl der Sicherheit und Wohlbefinden herzustellen.

Externale Auslöser für Bindungsverhalten sind Situationen, die Stress oder Angst beim Kind hervorrufen, und potenziell gefährliche Situationen. Darunter fallen nicht nur objektive Gefahren wie Naturphänomene, zum Beispiel Gewitter mit Blitz und Donner, Erdbeben, gefährliche Tiere, sondern auch soziale Stressoren wie die Anwesenheit fremder Personen, Aggression, Ablehnung oder übergriffiges Verhalten anderer Personen. Häufig wird im Umgang mit Kindern vergessen, dass auch Situationen das Bindungsverhaltenssystem aktivieren, die zwar objektiv harmlos scheinen, aber für das Kind potenziell gefährlich sind, weil die Mutter nicht zum Schutz oder zur Versorgung verfügbar ist. Das umfasst alle Situationen, in denen das Kind von der Mutter getrennt ist, ohne dass eine andere Bindungsfigur deren Platz einnimmt. Auch Alleinsein in fremder Umgebung zählt dazu. Je nach Temperament, Sensibilität und möglicherweise negativen Vorerfahrungen des Kindes können auch Geräusche und andere Reize, die mit Trennung von der Mutter assoziiert wurden, das Bindungsverhalten aktivieren. Die subjektive Wahrnehmung des Kindes, ob eine Situation oder ein Reiz gefährlich und angstauslösend ist, bestimmt über die Aktivierung des Bindungsverhaltenssystems (Julius et al. 2014).

Tab. 2.1: Reize, die das Bindungsverhaltenssystem aktivieren

internal, psychisch	internal, physisch	external
• Emotionen wie Angst oder Trauer • psychisches Unwohlsein	• Stress • Müdigkeit • Krankheit • Hunger/Durst • Frieren/Hitze • körperliches Unwohlsein	• empfundene Gefahr wie Gewitter, Dunkelheit, laute Geräusche, fremde Personen, ängstigendes Verhalten von Personen • Trennung von Bindungsfigur

> **Exkurs: Evolutionäres Erbe im Kontrast zu heutigen Lebensbedingungen**
>
> Ganz objektiv sind Babys in westlichen Gesellschaften heute mit Lebensbedingungen konfrontiert, die sich doch erheblich von denen unterscheiden, die während der längsten Zeit der Menschheitsentwicklung vorherrschten. Als sich das Bindungsverhaltenssystem im Laufe der Menschheitsgeschichte entwickelte, waren Babys und Kleinkinder zahlreichen Gefahren ausgesetzt: Kälte, da es keine Zentralheizung in den Höhlen oder frühen Bauten gab; Hunger und Durst, da

nicht immer ausreichend Nahrung und sauberes Wasser zur Verfügung standen; viele Krankheiten, die ohne Medikamente oder Fiebersäfte bewältigt werden mussten und die viel häufiger tödlich verliefen; Raubtiere, die in Behausungen eindringen oder einem draußen auflauern konnten. Für Menschen, die sich stark mit dem Sehsinn orientieren, um Gefahren zu erkennen, stellt auch die Nacht bzw. Dunkelheit eine Gefahr dar, da hier Fressfeinde oder andere Tiere wie Ratten zumindest kleinen Kindern gefährlich werden konnten. Daher war es zentral für das Überleben, die Nähe und den Kontakt zur Mutter verfügbar zu haben. Sie schützte, wärmte, nährte und umsorgte das Kind.

Zu häufig wird heute zum Beispiel damit argumentiert, dass das Baby in seinem eigenen Zimmer, eigenen Bettchen doch sicher sei, allein in der Dunkelheit, möglichst ohne Störung durch Geräusche. Objektiv mag das stimmen. Doch der Protest der meisten Babys, wenn sie allein im Dunkeln gelassen werden, zeigt, dass sie immer noch gemäß ihrem evolutionären Erbe funktionieren und diese Situation unbewusst als hochgefährlich einstufen. Sie verstehen nicht, dass ihre Mutter über ein Babyphone zuhört, dass es nicht den direkten Körperkontakt oder ihre Nähe braucht, um nicht zu erfrieren oder zu verhungern, gerade in der Nacht.

Ähnlich ist es mit der Betreuung durch fremde Personen. Viele Babys und Kleinkinder sind misstrauisch gegenüber Fremden, gerade gegenüber fremden Männern. In der Menschheitsgeschichte stellten fremde Personen eine potenzielle Gefahr dar, da sie kein Interesse am Überleben des Kindes hatten oder sogar aktiv das Leben des Kindes bedrohten. Bei vielen Primaten tötet zum Beispiel ein neues Alphamännchen den jungen Nachwuchs der Weibchen, damit diese schneller wieder paarungsbereit werden und seine Nachkommen ohne Konkurrenz zu den Nachkommen des Vorgängers versorgen (Lukas & Huchard 2014). Diese Strategie des Infantizids wurde auch bei anderen sozial lebenden Säugetierarten beobachtet, wie Löwen oder Ratten. Daher ist es nicht verwunderlich, dass oft auch noch Drei- bis Fünfjährige protestieren, wenn sie auf einmal im Schwimmkurs oder beim Sport bei einer völlig fremden Person, ohne Zugang zur Mutter, bleiben sollen, denn subjektiv scheint diese Situation gefährlich.

Auch heute noch gilt: Beim Bindungsverhalten und dem Bedürfnis nach Kontakt zur Mutter geht es nicht um Quengeln aufgrund von ein wenig Unbehagen – aus Sicht des Kindes geht es ums Überleben! Treffend hat dies die Anthropologin Blaffer Hrdy formuliert:

»Die Aufrechterhaltung mütterlicher Zuwendung war einst für das Überleben eines Säuglings genau so wichtig wie die Luft zum Atmen, und daran hat sich bis heute nichts geändert« (Blaffer Hrdy 2000, S. 436).

2.5 Die Deaktivierung des Bindungsverhaltenssystems

Generell wird das Bindungsverhaltenssystem des Kindes deaktiviert, wenn körperliche und/oder psychische Nähe zur Mutter hergestellt wurde oder aufrechterhalten werden kann. Der Körperkontakt, das Gehaltenwerden, hat hier eine zentrale Bedeutung. Insbesondere Hautkontakt, der das Oxytocinsystem, ein System für Entspannung und Verbundenheit steuert, ist dabei effektiv (▶ Kap. 5). Je nach Auslöser – Gefahr oder internaler Stressor – bedarf es weiteren Fürsorgeverhaltens, um die aktuellen Bedürfnisse des Kindes zu befriedigen. Das Kind muss gehalten werden, bis es eingeschlafen ist, gestillt oder gefüttert oder bei Krankheit getröstet werden. Die erfolgreiche Deaktivierung des Bindungsverhaltenssystems ist mit positiven Gefühlen wie Freude, Befriedigung, Wohlbefinden und einem Gefühl der Sicherheit assoziiert. Schafft es die Mutter über Kontakt und Fürsorge nicht, den Stress des Kindes zu regulieren, und das Kind weint weiter, klammert oder Ähnliches, steigert sich der Stress bei Kind und Mutter. Dies ist oft begleitet von Verzweiflung, Angst, Ärger, Trauer oder Frustration bei beiden.

Wichtig anzumerken ist, dass sich Fürsorge- und Bindungsverhalten auch in entspannten Situationen zeigen, die frei von Stress oder Gefahren sind. So kann die Bindungsfigur Nähe und Kontakt herstellen, bevor Situationen eintreten, die sie aufgrund ihrer eigenen Erfahrung als potenziell stress- und angstauslösend für das Kind einschätzt. Sie versucht damit, die Aktivierung des kindlichen Bindungsverhaltenssystems zu unterbinden, indem sie proaktiv mögliche Stressoren vom Kind fernhält oder Stress abpuffert, etwa indem sie ihm bei Kälte eine Jacke anzieht oder es bei potenziell angstauslösenden Situationen auf dem Arm nimmt. Auch Kinder suchen unabhängig von der Aktivierung des Bindungsverhaltenssystem spontan die Nähe der Mutter und Kontakt zu ihr. Das Genießen des Kontakts in entspannten Situationen ist ein Ausdruck von Verbundenheit und Liebe. Gemeinsame Erfahrungen, geteilte Freude und der Kontakt dabei stärken und stabilisieren die Bindungsbeziehung. Dies gilt ebenso, wenn die Mutter diesen Kontakt initiiert.

Dieser Aspekt spontanen Kontakts, den Mutter und Kind genießen und der unter anderem auch das Oxytocinsystem aktiviert (▶ Kap. 5), wird in der Fachliteratur zur Bindungstheorie oft vernachlässigt. Dabei beschreibt schon Mary Ainsworth diese Form der Nähe und gegenseitiger Freude aneinander als ein Element von Bindung, in der die Bindungsfigur als »sichere Basis« dient, von der aus die Welt erkundet werden kann. Dies geschieht unabhängig von Stress und Gefahr (Ainsworth 1967; 1991). Diese Interaktionen fördern ein Gefühl der Sicherheit beim Kind, das die Basis für eine lerneffektive Exploration ist, also für die Erkundung der Umwelt in der Abwesenheit von Stress und Angst (▶ Kap. 7.2).

2.6 Sichere Basis und sicherer Hafen

Die Mutter erfüllt eine Doppelfunktion für ihr Kind (George & West 2021):
Wenn die Lage entspannt und keine Bedrohung vorhanden ist, kann das Kind in Kontakt mit der Mutter seine Umwelt erkunden. Das können Spielsachen oder auch neue Kinder, Tiere, Spielplätze, ein Wald oder Garten u. v. m. sein. Die Mutter fungiert als »sichere Basis« (secure base) für ihr Kind. Von dieser aus erfolgt die Erkundung der Umwelt (Exploration) oder die Mutter wird als »mobile sichere Basis« einfach mitgenommen. So exploriert das Kind oft an der Hand der Mutter oder signalisiert ihr, dass es nur mit ihr zusammen die neue Rutsche probieren will. Die Anwesenheit und auch aktive Unterstützung der Mutter fördert dabei die Exploration des Kindes.

Dagegen wird die Mutter als »sicherer Hafen« (haven of safety) aufgesucht, wenn das Bindungsverhaltenssystem aktiviert wird und deaktiviert werden soll. Es erfolgt ein Rückzug des Kindes in den sicheren Hafen, um das verlorene oder bedrohte »Gefühl der Sicherheit« wiederherzustellen, wobei Explorationsverhalten unterdrückt wird.

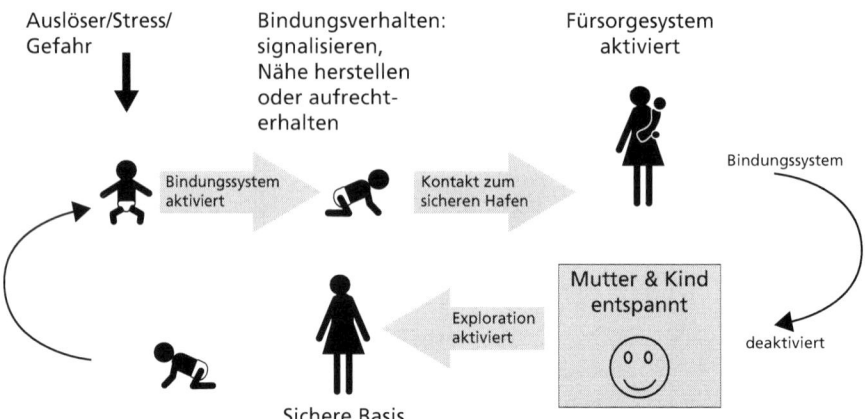

Abb. 2.1: Der Kreislauf von Bindung, Fürsorge und Exploration (eigene Darstellung in Anlehnung an Cooper et al. 1999)

2.7 Die Interaktion von Verhaltenssystemen

Aus dem Wechsel von Bindungsverhalten und Explorationsverhalten lässt sich ersehen, dass verschiedene Verhaltenssysteme in Konkurrenz miteinander stehen können. Auch das Explorationsverhalten ist als Verhaltenssystem organisiert. Aus verhaltensbiologischer Sicht ist das Verhalten eines Individuums immer das Ergebnis der Abfolge und Interaktion verschiedener Verhaltenssysteme (Hinde 1982). Für eine optimale Entwicklung muss das Kind ein dynamisches Gleichgewicht zwischen seinem Bindungsverhaltenssystem und seinem Explorationsverhaltenssystem etablieren (Cassidy 2008; Ainsworth 1963). Denn Exploration ist die Voraussetzung dafür, dass das Kind wichtige Informationen aus seiner Umwelt aufnimmt und lernt. Dabei kann es auch in gefährliche Situationen kommen. Dann wird das Bindungsverhaltenssystem aktiviert, die Nähe zur Bindungsfigur gesucht und Exploration eingestellt. Durch Nähe und Fürsorge der Mutter reduzieren sich Angst und Stress, es wird wieder ein Gefühl der Sicherheit hergestellt. Dann ist das Kind wieder für Exploration bereit.

Bindung und Exploration sind wie zwei Personen auf einer Wippe – ist eine unten (aktiviert), ist die andere zwangsläufig oben in der Luft (deaktiviert). Um ein dynamisches Gleichgewicht zu erreichen, das sowohl Bindungs- als auch Explorationsbedürfnisse ausreichend berücksichtigt, ist feinfühliges Fürsorgeverhalten der Mutter erforderlich (▶ Kap. 3).

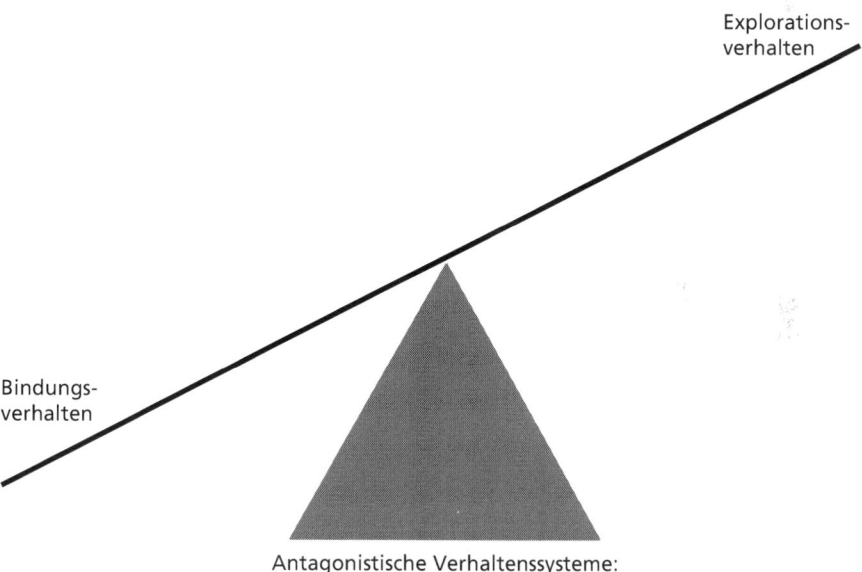

Abb. 2.2: Das Zusammenspiel von Bindungs- und Explorationssystem (Buchheim 2016, S. 26)

Gelegentlich gerät das Explorationsverhaltenssystem des Kindes mit dem Fürsorgeverhaltenssystem der Mutter in Konflikt. Will das Kind zum Beispiel auf ein hohes Klettergerüst hinauf, bedarf es dabei der Hilfe der Mutter, die dies jedoch für zu gefährlich erachtet – so kommt es zu Frustration, meist auf beiden Seiten. Ein gut abgestimmtes Zusammenspiel mütterlichen Fürsorgeverhaltens mit kindlichem Bindungs- und Explorationsverhalten wird mit dem Konzept der »Synchronie« beschrieben. Interagieren Kind und Mutter zeitlich und inhaltlich gut aufeinander abgestimmt und sind ihre Interaktionen für beide Seiten belohnend, liegt im positiven Sinne Synchronie vor (Isabella & Belsky 1991). Reagiert die Mutter jedoch nicht, kaum oder nicht fein abgestimmt auf Bindungssignale des Kindes und seine Explorationswünsche, sind die Interaktionen asynchron. Ältere Kinder, die bereits über gewisse Selbstregulationsfähigkeiten verfügen, können auch ihr Verhalten auf das der Mutter abstimmen und so zur Synchronie beitragen. Ebenso kann es sein, dass das Kind nicht konsistent oder positiv auf die Fürsorgeangebote der Mutter reagiert. Häufige Asynchronien zwischen kindlichem Bindungsverhalten und mütterlichem Fürsorgeverhalten führen mit einer hohen Wahrscheinlichkeit zu einer unsicheren Bindung des Kindes zur Mutter (Julius et al. 2014).

2.8 Die mentale Repräsentation von Bindung: das internale Arbeitsmodell

Vor allem die Beziehungserfahrungen des Kindes mit der primären Bindungsfigur, meist der Mutter, bestimmen, wie sich die Qualität der kindlichen Bindung zu ihr entwickelt (Bakermans-Kranenburg, van Ijzendoorn & Juffer 2003). Auf Basis der bindungsbezogenen Beziehungserfahrungen des Kindes wird nach und nach ein sogenanntes »internales Arbeitsmodell« von Bindung zur Bindungsfigur entwickelt. Diese kognitive und affektive mentale Abbildung (Repräsentation) ist dem Kind nicht bewusst. Auch bei Erwachsenen ist das internale Arbeitsmodell von Bindung überwiegend unbewusst und nicht einfach zugänglich.

Das internale Arbeitsmodell von Bindung organisiert und steuert das bindungsbezogene Verhalten des Kindes. Dies gilt auch für das Jugend- und Erwachsenenalter. Über diese innere mentale Repräsentation ist es dem Kind möglich, das Verhalten der Mutter und Auswirkungen eigenen Verhaltens in bindungsrelevanten Situationen vorherzusagen (Bowlby 1979; Bretherton 1987; Bretherton & Munholland 1999). Das heißt, auf einer unbewussten Ebene trifft das Kind eine Vorhersage, wie die Mutter auf Bindungsverhalten reagieren wird, und passt sein eigenes Verhalten entsprechend vorausschauend an. Auch das Selbstbild hinsichtlich Bindungsbeziehungen und der Selbstwert sind im internalen Arbeitsmodell gespeichert. Unbewusst repräsentierte Überzeugungen, ob man es als Kind wert ist, dass andere einen lieben oder die eigenen Bedürfnisse Vorrang vor elterlichen Bedürfnissen haben, sind Teil des internalen Arbeitsmodells von Bindung.

Das internale Arbeitsmodell von Bindung ermöglicht aufgrund eigener Erfahrungen mit der Bezugsperson eine innere Erwartungshaltung hinsichtlich der sozialen Umwelt. Was kann das Kind von seiner Bezugsperson erwarten, wenn es ein Bedürfnis hat? Das internale Arbeitsmodell

- organisiert und steuert das kindliche Bindungsverhalten
- erzeugt je nach Erfahrung unterschiedliches Bindungsverhalten

- ermöglicht eine Vorhersage über das Verhalten der Bindungsfigur
- organisiert Erwartungen und damit verbundene Emotionen in bindungsrelevanten Situationen.

Wie oben bereits erwähnt, entwickeln sich je nach unterschiedlichen Bindungserfahrungen mit mehr oder weniger feinfühligen Bindungsfiguren unterschiedliche Arbeitsmodelle von Bindung. Üblicherweise unterscheidet man sichere von unsicheren Bindungsrepräsentationen. Bindungsrepräsentationen sind kaum ohne psychotherapeutische Unterstützung oder intensive Auseinandersetzung mit der Bindungstheorie und Reflexion eigener Bindungserfahrungen bewusstseinsfähig. Sie können nicht einfach von Personen erfragt werden. Babys und Kleinkinder könnten sich ohnehin verbal nicht differenziert genug ausdrücken. Daher haben Wissenschaftler verschiedene Methoden entwickelt, wie die Unterschiede in der Qualität der Bindung festgestellt werden können. Voraussetzung dafür ist immer, dass das Bindungsverhaltenssystem der Person in einem standardisierten Setting und mit standardisierten Methoden aktiviert wird. Dazu werden im Kleinkindalter Trennungssituationen, im Kindesalter Puppenspielverfahren und im Jugend- und Erwachsenenalter projektive Verfahren und Interviews eingesetzt. Im Übrigen geht es hierbei nicht um die Bestimmung einer »Stärke« der Bindung, wie das gelegentlich falsch in halbwissenschaftlicher Literatur bezeichnet wird (z. B. »das Kind hat eine starke Bindung oder eine schlechte Bindung an die Mutter«). Sondern es gibt unterschiedliche Qualitäten und damit verbunden unterschiedliche Strategien, die Personen verfolgen, wenn ihr Bindungsverhaltenssystem aktiviert wird. Die Basis für die Beurteilung dieser Verhaltensstrategien im Kleinkindalter ab zehn Monaten bis ungefähr 18 Monaten stellt der Fremde-Situation-Test dar, der von Mary Ainsworth entwickelt wurde.

> **Exkurs: Der Fremde-Situation-Test von Mary Ainsworth (Ainsworth, Blehar, Waters & Wall 1978, Ainsworth & Wittig 1969)**
>
> Beim Fremde-Situation-Test (Ainsworth et al. 2015 [1978]; Ainsworth & Wittig 1969) – englisch: Ainsworth Strange Situation Procedure (ASSP) – handelt es sich um ein standardisiertes Verfahren, das von speziell ausgebildeten Experten in einem Laborsetting durchgeführt wird und ungefähr 20 Minuten dauert. Dieses Verfahren wird üblicherweise mit dem Kind und der primären Bindungsfigur, Mutter oder Vater, in einem für beide neuen Raum durchgeführt. Dabei werden Kinder im Alter von zehn bis 18 Monaten hinsichtlich ihrer Bindung beurteilt; einige Literatur weitet den Zeitraum auf ein Alter von bis zu 24 Monaten aus.
>
> In dem neuen Raum, der durch seine Unbekanntheit das Bindungsverhaltenssystem anregen soll, befinden sich verschiedene Spielsachen, um ebenso das Explorationssystem des Kindes zu aktivieren.
>
> Das Verfahren setzt sich aus acht kurzen Phasen zusammen:

1. Die Versuchsleitung zeigt Mutter und Kind den Raum mit den Spielsachen (Phase 1).
2. Bindungsfigur und Kind erkunden den Raum (Phase 2).
3. Eine fremde Person betritt den Raum, unterhält sich kurz mit der Mutter und spielt dann mit dem Kind (Phase 3).
4. Die Bindungsfigur verlässt auf ein Signal hin den Raum, Kind und Fremde sind allein – Trennung 1 (Phase 4; maximal drei Minuten, bei Weinen verkürzt auf bis zu mindestens 20 Sekunden).
5. Die Bindungsfigur kommt zurück und die Fremde geht – Wiedervereinigung 1 (Phase 5). Die Mutter soll versuchen, das Kind zu beruhigen, falls nötig, und es wieder für die Spielsachen bzw. Exploration zu interessieren
6. Die Bindungsfigur verlässt den Raum auf ein Signal hin und das Kind bleibt allein (im kindersicheren Raum, videoüberwacht); Trennung 2 (Phase 6; drei Minuten, außer das Kind weint, dann verkürzt auf 20 Sekunden).
7. Die Fremde kehrt zurück und tröstet das Kind, wenn nötig (Phase 7; drei Minuten, außer das Kind weint weiter, dann verkürzt auf 20 Sekunden).
8. Die Bindungsfigur kehrt zurück – Wiedervereinigung 2 (Phase 8; drei Minuten). Die Mutter soll in dieser Zeit das Kind wieder beruhigen, falls nötig, und wieder zu Spiel und Exploration animieren.

Durch die Abfolge dieser Phasen, mit der Konfrontation mit einer fremden Person und zweimaliger Trennung von der Mutter, nimmt der Stress beim Kind stetig zu. Somit wird das Bindungsverhaltenssystem des Kindes aktiviert. Der gesamte Ablauf wird mittels Videoaufzeichnung festgehalten. Im Anschluss wird das kindliche Verhalten von einem reliablen Coder hinsichtlich des Bindungsmusters ausgewertet. Reliable Coder verfügen meist über einen Hintergrund in Entwicklungspsychologie oder Psychotherapie und haben ein intensives Training im Fremde-Situation-Test durchlaufen, wobei sie eine hohe Übereinstimmung mit der Expertenbeurteilung in einem Test-Set von mindestens 30 solcher Videos nachweisen können. Es wird insbesondere beurteilt, wie das Kind bei der Wiedervereinigung auf die Bindungsfigur reagiert. Daraus kann auf das Bindungsmuster des Kindes geschlossen werden. Es werden die Bindungsmuster »sicher« (Kürzel B), »unsicher-vermeidend« (A), »unsicher-ambivalent« (C) und »desorganisiert/desorientiert« (D) (Main & Solomon 1986; 1990) unterschieden. Dabei werden Verhaltensweisen hinsichtlich der Suche nach Nähe und Kontakt, dem Aufrechterhalten von Kontakt, dem Widerstand gegen Nähe und Kontakt sowie der Vermeidung von Nähe und Kontakt beurteilt. Zusätzlich werden Anzeichen für eine Desorganisation im Bindungsverhalten bewertet.

2.9 Primärstrategie und Sekundärstrategien des Bindungsverhaltenssystems

Unter idealen Entwicklungsbedingungen folgt das Bindungsverhaltenssystems seiner Primärstrategie, der sicheren Bindungsstrategie. Dies ist die Strategie, die eigentlich von Natur aus bei Idealbedingungen vorgesehen ist. Zu solchen Umweltbedingungen zählt vorrangig die feinfühlige Fürsorge und der Schutz durch die Bindungsfigur. Sind die Bedingungen nicht ideal und gestalten sich die Interaktionen in der Bindungs-Fürsorge-Beziehung schwierig (▶ Kap. 3), kann die Primärstrategie nicht mehr aufrechterhalten werden. Das Bindungsverhaltenssystem ist jedoch flexibel und passt sich mit Sekundärstrategien, den unsicheren Bindungsstrategien, an diese Bedingungen an (Kermoian & Liedermann 1986). Diese Sekundärstrategien gewährleisten noch genügend Schutz und Versorgung für das Kind, allerdings funktionieren sie deutlich schlechter hinsichtlich der Regulation von Stress und Angst beim Kind.

> **Exkurs: Definition der Feinfühligkeit im Fürsorgeverhalten**
>
> Um das Bindungsverhalten eines Babys oder Kleinkindes einschätzen zu können, müssen auch die Erfahrungen mit seinen Bindungsfiguren berücksichtigt werden. Diese variieren hinsichtlich der Feinfühligkeit und beeinflussen, ob das Kind Vertrauen in die Verfügbarkeit und Fürsorge entwickelt oder nicht. Nach Ainsworth ist die elterliche Feinfühligkeit
>
>> »die notwendige und angemessene externe Regulierung des Befindens eines Schwächeren durch einen Stärkeren. Feinfühligkeit beschreibt die Fähigkeit der stärkeren und weiseren Person, die Signale und Kommunikationen des Kindes im Bindungs- und Explorationsbereich
>>
>> - bewusst wahrzunehmen,
>> - richtig zu interpretieren und
>> - auf sie angemessen und
>> - prompt zu reagieren«
>>
>> (Grossmann 2014).
>
> Feinfühligkeit wird nicht nur von primären Bindungsfiguren erwartet oder erhofft, sondern von allen »Stärkeren« bzw. auch sekundären Bindungsfiguren wie Lehrern, Erziehern und Therapeuten.

Die Primärstrategie ist durch das Vertrauen des Kindes darin gekennzeichnet, dass seine Mutter in einer belastenden Situation verfügbar ist und auf seine Bedürfnisse nach Nähe, Schutz und Versorgung angemessen, das heißt feinfühlig, reagiert. Erlebt das Kind Angst oder Stress, äußert es seine Bedürfnisse nach Nähe spontan und offen, in dem Vertrauen darauf, dass sich die Mutter kümmern wird. Es weint, streckt die Arme nach der Mutter aus und bemüht sich, diese auf sich aufmerksam zu machen und Nähe herzustellen. Unsicher gebundene Kinder dagegen haben aufgrund ihrer bisherigen Erfahrungen mit der Mutter kein Vertrauen in deren

Verfügbarkeit oder feinfühlige Unterstützung. Sie haben eine der Sekundärstrategien der unsicheren Bindung entwickelt. Entweder signalisieren sie daher nicht mit beobachtbarem Bindungsverhalten, dass sie Kontakt und Fürsorge benötigen, oder sie zeigen zwar Bindungsverhalten, das Nähe herstellt, können den Kontakt aber nicht gut zur Beruhigung nutzen.

Es zeigt sich auch bei der Bindung, dass Verhaltenssysteme nicht einfach angeboren sind, wie an sich jedes im Laufe der Evolution entstandene Merkmal. Es gibt jedoch eine starke, genetische Prädisposition, eine Bindung zu einer Bindungsfigur aufzubauen. Über Lernvorgänge passt sich das Verhaltenssystem in der Individualentwicklung den vorherrschenden Umweltbedingungen an. Zu den Umweltbedingungen zählen vorrangig die Feinfühligkeit der Eltern, aber auch die Unterstützung der Mutter durch den Partner, Großeltern oder weitere Familienmitglieder und Freunde, die finanzielle Situation und viele weitere Faktoren. Verhaltenssysteme sind zielkorrigiert und anpassungsfähig, da diese Flexibilität im Laufe der Evolution zum Überleben des Kindes in seiner jeweiligen Umwelt beitrug. Somit bietet die evolutionäre Entwicklung des Bindungsverhaltenssystems zwar den Rahmen dafür, Bindung entwickeln zu können; ob und wie diese dann aber genau aussieht, ergibt sich vorrangig durch die soziale Umwelt.

2.10 Sichere und unsichere Bindungsmuster

Die verschiedenen Bindungsmuster, also die Primärstrategie und die Sekundärstrategien, wurden in Bezug auf das kindliche Verhalten erstmals in der Darstellung des Fremde-Situation-Tests beschrieben. In Abhängigkeit von der Feinfühligkeit in der elterlichen Fürsorge entwickeln Kinder entweder ein sicheres (B), ein unsicher-vermeidendes (A), oder ein unsicher-ambivalentes (C) Verhaltensmuster. Diese Bindungsmuster sind ein Abbild des entsprechenden Arbeitsmodells von Bindung zur Bindungsfigur, das sich in der »fremden Situation« durch unterschiedliches Bindungsverhalten widerspiegelt. Zusätzlich wurde bei Fällen, die hier nicht eingeordnet werden konnten, später von Main und Solomon ein Arbeitsmodell von Bindung beschrieben, das Desorganisation oder Desorientierung aufweist (Main & Solomon 1990). Main und Solomon (ebd., S. 121 f.) charakterisieren die verschiedenen Bindungsmuster wie im Folgenden beschrieben.

2.10.1 Sichere Bindung

Kinder mit einer sicheren Bindung haben ein Arbeitsmodell, in dem ihre primäre Bindungsfigur als feinfühlig, zuverlässig, verfügbar und unterstützend abgebildet ist. Daher zeigen sie bei Aktivierung des Bindungsverhaltenssystems durch Stressoren oder Gefahr offen Bindungsverhalten und suchen Nähe, Kontakt und Unterstützung bei ihrer Bindungsfigur. Sicher gebundene Kinder vertrauen in die

Fürsorge ihrer Bindungsfigur. Sie explorieren daher in entspannten Situationen frei und stressfrei und schränken ihren Aktionsradius nicht auf direkte Nähe zur Bezugsperson ein. Sie drücken negative Emotionen wie Angst, Ärger oder Traurigkeit ebenso offen aus, da sie erfahren haben, dass ihre Bindungsfigur feinfühlig darauf reagiert und ihnen hilft, diese emotionalen Zustände zu regulieren.

Sicher gebundene Kinder haben eine gute »Bindungs-Explorations-Balance« (Ainsworth, Bell & Stayton 1971), im Kontrast zu Kindern mit unsicheren Bindungen. Mit dem Fürsorgeverhaltenssystem der Bindungsfigur ist das Bindungsverhaltenssystem sicher gebundener Kinder in hohem Ausmaß synchron.

Im Fremde-Situation-Test mit der Mutter präsentieren sich sicher gebundene Kinder oft wie folgt: Im neuen Raum explorieren sie gemeinsam oder in wiederholtem Kontakt mit der Mutter zum Beispiel beim Bringen und Zeigen von Gegenständen. Der Fremden begegnen sie teils freundlich, teils reserviert, und suchen die Unterstützung der Mutter. Bei der Trennung, auch wenn möglicherweise nicht gleich in der ersten Trennung, jedoch spätestens während der zweiten Trennung, zeigen sie offen, dass sie die Mutter vermissen. Sie suchen sie, krabbeln oder gehen zur Tür, rufen, weinen, und lassen sich durch die Fremde auch nicht wirklich beruhigen oder ablenken. Bei der Wiedervereinigung suchen sie aktiv Kontakt zur Mutter, strecken die Hände hoch, um auf den Arm genommen zu werden, krabbeln oder laufen ihr entgegen. Im Kontakt auf dem Arm kuscheln sie sich an und beruhigen sich relativ schnell. Im Laufe der drei Minuten schafft es die Mutter, ihr Kind wieder für die Spielzeuge oder die Umwelt zu interessieren, oft lässt sich das Kind dazu auch wieder auf dem Boden absetzen und spielt.

Insgesamt puffert bei einem sicher gebundenen Kind die feinfühlige Fürsorge der Bindungsfigur schädliche Mengen von Stress ab, indem eine langanhaltende Aktivierung des Bindungsverhaltenssystems verhindert (oder vermieden) wird. Das ist zentral in der Entwicklung neurobiologischer Prozesse im Zuge der Selbstregulation des Kindes (Ainsworth et al. 2015 [1978]; Nachmias et al. 1996; Schore 2000). Kinder mit sicherer Bindung haben ein Selbstbild, in dem sie sich selbst als der Aufmerksamkeit ihrer Bindungsfigur wert (liebenswert) sehen. Sie zeigen im Vergleich zu den anderen Bindungsmustern besser ausgeprägte soziale und emotionale Kompetenzen, und haben Vertrauen in andere Personen.

2.10.2 Unsicher-vermeidende Bindung

Im Arbeitsmodell unsicher-vermeidend gebundener Kinder ist die Bindungsfigur als zurückweisend und nicht unterstützend abgebildet. Das Kind hat häufig nicht nur wenig Unterstützung, sondern sogar Ablehnung erfahren, wenn es Bindungsverhalten und Bindungsbedürfnisse offen gezeigt hat. Um weitere Zurückweisung zu vermeiden, die beim Kind noch zusätzlich Stress auslösen würde, vermeiden Kinder mit unsicherer-vermeidender Bindung bei Aktivierung ihres Bindungsverhaltenssystems den Kontakt zur Bindungsfigur. Sie suchen in belastenden Situationen keine Nähe und Unterstützung bei ihrer Bindungsfigur mehr. Ausnahmen zeigen sich zum Beispiel bei großen Gefahren oder Verletzungen, bei denen die Bindungsfigur doch noch Schutz und funktionale Fürsorge im Sinne einer Versorgung gewährleistet (▶ Kap. 3). Statt Bindungsverhalten zeigen vermeidend gebundene Kinder bei Aktivierung ihres Bindungsverhaltenssystems durch Stressoren erhöhtes Explorationsverhalten. Sie wenden sich Spielsachen oder anderen Objekten zu und verschieben so ihre Aufmerksamkeit weg von der emotional belastenden oder gar angstauslösenden Situation hin zu anderen Objekten. Sie versuchen, ihr Bindungsverhalten zu unterdrücken und selbst, ohne Unterstützung ihrer Bindungsfigur, ihren Stress zu regulieren, was nachweislich nur schlecht gelingt. Vermeidendes Bindungsverhalten ist Ausdruck einer Anpassung des Bindungsverhaltenssystems an zurückweisende und wenig feinfühlige Bindungsfiguren. Kinder mit vermeidender Bindung zeigen ihre negativen Gefühle wie Angst, Ärger und negatives Befinden wie Schmerzen, Hunger oder Müdigkeit nicht mehr offen. Sie suchen keinen Kontakt zur Unterstützung, da ihre Erfahrung ihnen gezeigt, hat, dass sie keine oder kaum Unterstützung bekommen werden bzw. sogar noch darüber hinaus Ablehnung wegen ihres Bindungsbedürfnisses erfahren. Vermeidend gebundene Kinder entwickeln aufgrund dieser Dynamik nur eine eingeschränkte affektive Erlebnisfähigkeit, das heißt, sie haben keinen guten Zugang zu den eigenen Emotionen und können diese auch selbst später nicht angepasst regulieren, sondern eher nur unterdrücken.

Im Fremde-Situation-Test explorieren vermeidend gebundene Kinder selbstständig den Raum und wenden sich meist nach Spielaufforderung durch die Fremde dieser zu und spielen mit ihr. Wenn die Mutter den Raum verlässt, tun sie oft so, als bemerkten sie dies gar nicht, oder schauen ihr nur kurz nach und spielen dann weiter. Sie zeigen bei keiner der Trennungen ausgeprägtes Bindungsverhalten, beschäftigen sich, wenn auch meist eher oberflächlich, mit dem Raum, den Spielsachen und der Fremden. Bei den Wiedervereinigungen suchen sie nicht den Kontakt zur Mutter, ignorieren sie teils. Wenn die Mutter sie auf den Arm nimmt, wenden sie sich oft ab und erdulden den Kontakt eher, als dass sie ihn genießen. Die Interaktionen mit der Mutter sind meist asynchron: Die Mutter begrüßt das Kind, es erwidert die Begrüßung nicht, sie nimmt es hoch, es hält sich kaum an ihr fest. Oder es wird von beiden Seiten kaum Kontakt hergestellt – etwa, wenn auch die Mutter das Kind nicht begrüßt und keinen Kontakt zu ihm aufnimmt.

Vermeidend gebundene Kinder haben natürlich Bindungsbedürfnisse, jedoch zeigen sie kaum von sich aus den Wunsch nach Kontakt, sondern vermeiden Kontakt zu Bindungsfiguren, nicht aber unbedingt zu freundlichen Fremden. Sie wirken und sind selbstständig, explorieren viel, aber nicht so tiefgreifend wie sicher gebundene Kinder, und orientieren sich oft an Leistung und Sachbelohnungen. In entspannten Situationen lassen sich zwischen vermeidend gebundenen Kindern und ihren Eltern durchaus liebevolle Interaktionen wie gemeinsames Spiel beobachten.

2.10.3 Unsicher-ambivalente Bindung

Kinder mit einer unsicher-ambivalenten Bindung haben ihre Bindungsfigur als unzuverlässig in der Beantwortung ihrer Bindungssignale erlebt und sie entsprechend im Arbeitsmodell repräsentiert (Cassidy & Berlin 1994). Daher sind sie sich der Verfügbarkeit ihrer Bindungsfigur in emotional belastenden oder bedrohlichen Situationen nicht sicher. Wenn ihr Bindungsverhaltenssystem aktiviert wird, zeigen sie deutlich Bindungsverhalten. Doch auch schon ohne äußere Stressoren suchen sie häufig bis ständig die Nähe der Bindungsfigur, ihr Bindungsverhaltenssystem ist sehr oft aktiviert. Doch aufgrund der Unzuverlässigkeit der Bindungsfigur – mal ist diese responsiv, mal eher nicht, mal ist sie relativ fürsorglich und schützend, dann wieder nicht – können ambivalent gebundene Kinder den Kontakt zur Bindungsfigur kaum oder gar nicht zur Deaktivierung des Bindungsverhaltenssystems nutzen. Wiederum handelt es sich um eine Anpassung des kindlichen Bindungsverhaltenssystems an eine nicht-feinfühlige und in diesem Fall inkonsistente Fürsorge. Aufgrund der häufigen Aktivierung des Bindungsverhaltenssystems und der Suche nach Nähe zur Bindungsfigur explorieren Kinder mit ambivalenter Bindung wenig. Es besteht ein starkes Ungleichgewicht zwischen Bindungs- und Explorationsverhaltenssystem zugunsten des Bindungsverhaltenssystems. Ein weiteres Zeichen der Ambivalenz ist der teils massive Ärger, den die Kinder gegenüber der Bindungsfigur ausdrücken, wahrscheinlich aufgrund der Nichterfüllung ihrer Bindungsbedürfnisse.

Im Fremde-Situation-Test bleiben die Kinder mit ambivalenter Bindung schon beim Betreten des Raumes in der Nähe der Mutter. Sie explorieren wenig und wenn die Fremde hereinkommt, suchen sie Kontakt zur Mutter. Sie spielen kaum mit der Fremden und protestieren laut, wenn die Mutter geht. Sie weinen, rufen, bewegen sich Richtung Tür und einige zeigen hier schon aggressives Verhalten, zum Beispiel treten oder schlagen sie wütend gegen die Tür. Sie lassen sich von der Fremden nicht beruhigen. Bei der Wiedervereinigung suchen sie einerseits den Kontakt, teils sind sie passiv. Gelegentlich zeigen sie im Kontakt Ärger gegenüber der Mutter, zum Beispiel fassen sie ihr mit den Fingern in die Augen oder drücken sie weg, wobei sie auch dagegen protestieren, abgesetzt zu werden. Sie beruhigen sich nicht so weit, dass sie sich wieder entspannt den Spielsachen zuwenden können. Teils ist die Ambivalenz nur subtiler zu beobachten – die Kinder weinen und schreien zwar nicht, sind jedoch die gesamte Zeit ab der Trennung »quengelig und weinerlich« und können durch die Fürsorge der Mutter nicht aus diesem Zustand herausgeholt werden.

Auch über das Kleinkindalter hinaus haben Kinder mit unsicher-ambivalenter Bindung den stark ausgeprägten Wunsch nach Aufmerksamkeit und Nähe. Oft wirken sie altersunangemessen unselbstständig und klammernd. Daher werden ihre als übermäßig empfundenen Bindungsbedürfnisse oft nicht ausreichend beantwortet, was wiederum zu Ärger und Frustration führt. Doch auch bei Nähe können sie nicht entspannen und vertrauen, sondern zeigen Verstimmung und Ärger.

2.10.4 Organisierte Strategien von Bindung und Desorganisation

Sichere, unsicher-vermeidende und unsicher-ambivalente Bindung zählen zu den organisierten Bindungsstrategien. Das bedeutet, dass das Kind einer bestimmten

Strategie in seinem Bindungsverhalten folgt und diese konstant beibehält. Diese organisierten Strategien sind adaptiv, sie stellen eine Anpassungsleistung an die Umwelt inklusive der verfügbaren Bindungsfiguren und deren Fürsorge dar. Innerhalb der oben beschriebenen Verhaltensmuster werden weitere Unterformen unterschieden: Die sichere Bindung wird bei der Beurteilung im Fremde-Situation-Test in vier verschiedene Muster eingeteilt (Abkürzung B–B4, wobei B3 die optimal sichere Bindung darstellt), die vermeidende und die ambivalente Bindung in jeweils zwei Unterformen. Auch wenn man eine Einteilung in eines der Bindungsmuster vornimmt, liegen die verschiedenen Muster auf einem Kontinuum und gehen fließend ineinander über. Auf der einen Seite liegt der Pol der vermeidenden Bindungsstrategie mit einer ausgeprägt unsicheren Bindung (A1), mittig die sichere Bindung mit hoher Sicherheit (B3) und auf der anderen Seite des Kontinuums die ambivalente Bindung, wieder mit ausgeprägter Unsicherheit in der Bindung (C1).

Daneben gibt es noch die Klassifikation der desorganisierten oder desorientierten Bindung (D), die auf ein unverarbeitetes Bindungstrauma hinweist (s. u.). Diese Art der Bindung ist eine Kategorie für sich. Allerdings kann oft noch eine zugrunde liegende organisierte Bindungsstrategie identifiziert werden, die verfolgt wird, solange dieses Trauma, welches in einem separaten System abgespeichert ist, nicht angetriggert wird. Kommt es zu einer Aktivierung des Bindungstraumas zerfällt die organisierte Bindungsstrategie, das Kind wirkt desorientiert oder desorganisiert hinsichtlich seines Bindungsverhaltens.

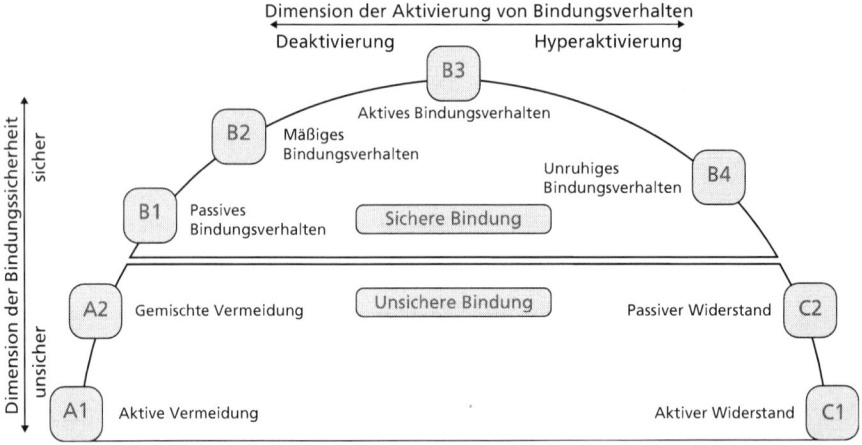

Abb. 2.3: Das Kontinuum der Bindungsrepräsentationen nebst deren Subklassifikationen (nach Grossmann & Grossmann 2014, S. 142). A = vermeidend, B = sicher, C = ambivalent, D = desorganisiert; mit den jeweiligen Unterklassifikationen A1–A2, B1–B4, C1–C2

Fallbeispiel: Leni hat sich schon toll eingewöhnt und ist bestimmt sicher gebunden

Die einjährige Leni wird von ihrer Mutter Klara, die endlich wieder arbeiten möchte, in die Krippe gebracht. Nach einer Woche Eingewöhnung schlägt Klara der Erzieherin vor, dass sie Leni jetzt nur noch bringt und abholt, denn Leni hat bei den bisherigen Trennungen überhaupt nicht geweint. Die Erzieherin kommt dem Wunsch der Mutter nach – denn für sie ist es auch einfacher, wenn sie schnellstmöglich wieder die übliche Routine mit den Kindern, ohne eine in der Ecke aufs Handy starrende Mutter, durchführen kann. Leni weint nicht wenn ihre Mutter geht, scheint sich aber auch kaum zu freuen, wenn sie sie nachmittags abholt. Mit den anderen Kindern beschäftigt sie sich kaum, jedoch mit Spielsachen allein für sich.

Dann gibt es noch eine andere Mutter, Melanie, deren Sohn Jakob beim Abschied immer weint und seine Mama während des Vormittags oft vermisst. Im Gespräch mit ihr stellt Klara stolz heraus, was für eine sichere Bindung Leni doch habe und wie entspannt sie in der Krippe sei – das habe auch die Erzieherin gesagt. Wie wenig wissen die beiden doch über die Bindungstheorie! Lenis Bindung kann am ehesten als unsicher-vermeidend beschrieben werden, und Leni hat mit hoher Wahrscheinlichkeit ein erhöhtes Stressniveau. Sie versucht, sich über Exploration von der Aktivierung ihres Bindungsverhaltenssystems abzulenken. Jakob dagegen könnte sicher gebunden sein, und hat wohl noch keine ausreichende Vertrauensbeziehung zur Bezugserzieherin aufgebaut.

Definitive Aussagen über die Bindung von Kindern können ohne eine exakte Verhaltensbeobachtung wie im Fremde-Situation-Test nicht getroffen werden, auch wenn selbst ernannte Kita-Experten solche Bewertungen oft spontan äußern und Mütter mit ihren Fehleinschätzungen verunsichern.

2.11 Desorganisation und Desorientierung des Bindungsverhaltens

Das sogenannte desorganisierte Bindungsmuster (D; Main & Solomon 1986; 1990) ist durch einen Zusammenbruch organisierter Strategien in bindungsrelevanten Situationen gekennzeichnet. Nach Solomon und George (1999) ist das Kind in seinem internalen Arbeitsmodell von Bindung selbst als verletzlich und hilflos im Angesicht angstauslösender Situationen repräsentiert. Die Bindungsfigur dagegen ist als Person abgebildet, die keine Sicherheit in solchen Situationen bietet (Lyons-Ruth & Jacobvitz 2008). Gänzlich zu verstehen ist Bindung, insbesondere auch Bindungsdesorganisation, nur in Verbindung mit dem Fürsorgeverhaltenssystem der Bindungsfigur. Solomon und George (2011) sprechen daher auch von einer Desorganisation bzw. einer Dysregulation im Bindungs-Fürsorge-System.

Im Fremde-Situation-Test galten einige Kinder zu Beginn der Forschung als »nicht klassifizierbar«. Von diesen wurde später ein Großteil der von Main und Solomon (1986; 1990) neu geschaffenen Klassifikation »desorganisiert« oder »desorientiert« zugeordnet. Üblicherweise fallen ca. 15 % der Fälle im Fremde-Situation-Test in die Gruppe »nicht klassifizierbar/desorganisiert/desorientiert« (Lyons-Ruth & Jacobvitz 2008). Im Kontrast zum Verhalten von Kindern mit organisierten Bindungsmustern zeigt sich die Desorganisation oft in bizarrem oder unerklärlichem Verhalten. Darunter fällt Annäherungs- oder Vermeidungsverhalten oder auch ärgerliches Verhalten gegenüber der Bindungsfigur, das gefolgt oder unterbrochen wird von genau gegensätzlichem Verhalten oder einer plötzlichen Begrenzung des Verhaltens. Ein Beispiel für gegensätzliches Verhalten wäre ein Kind, das bei der Wiedervereinigung auf seine Mutter zukrabbelt, auf halbem Weg jedoch plötzlich die Richtung wechselt und Richtung Wand weiterkrabbelt. Oder ein Kind, das den Kontakt bei der Wiedervereinigung meidet, weiterspielt, dann aber plötzlich weint und in sich zusammensinkt. Oder ein Kind, das weinend an der Tür die Hände zur Mutter hochstreckt, den Kopf aber weit zur Seite gedreht hat und Blickkontakt vermeidet. Oft zeigt sich die Desorganisation in einem Annäherungs-Vermeidungs-Konflikt. Sie kann sich auch in Verhalten äußern, das desorientiert, zum Beispiel nicht auf die Bindungsfigur ausgerichtet ist, etwa wenn das Kind weinend in Richtung Mutter krabbelt, dann aber an ihr vorbei aus der Tür hinaus. Eine Begrenzung des Verhaltens wäre beispielsweise der spontane Beginn einer Begrüßung, wobei sofort innegehalten bzw. abgebrochen, jedoch nicht direkt gegensätzliches Verhalten gezeigt wird. Auch Angst vor der Bindungsfigur, Verwirrung oder Dissoziation sind Anzeichen einer Desorganisation der Bindung. In einem dissoziativen Zustand sind die integrativen Funktionen des Bewusstseins, des Gedächtnisses, der Identität oder Wahrnehmung der Umwelt unterbrochen (Stangl 2023). Die Person wirkt abwesend, hat einen leeren Blick, und reagiert in diesem Zustand kaum auf Ansprache. Im Verhalten sind als Anzeichen von Bindungsdesorganisation auch das Einfrieren (freezing) innerhalb einer Bewegung, Ruhighalten (stilling) in einer normalen Position oder zielloses Umherwandern zu beobachten.

Es gibt verschiedene Erfahrungen, die mit der Entwicklung einer desorganisierten oder desorientierten Bindung in Zusammenhang stehen. Dazu zählen unter anderem

- physischer, psychischer oder sexueller Missbrauch durch eine primäre Bindungsfigur
- Vernachlässigung
- psychische Erkrankung einer primären Bindungsfigur (z. B. Depression, postpartale Depression, Sucht, Schizophrenie) oder Neuro-Atypie wie beim Autismus-Spektrum
- Verlust oder Trennung von einer primären Bindungsfigur, ohne dass eine weitere Bindungsfigur das Kind in dieser Zeit unterstützt
- Bindungsdesorganisation einer primären Bindungsfigur (intergenerationale Transmission)
- Familien, in denen Gewalt vorkommt oder viele Stressoren zusammenkommen (Cyr et al. 2010)

- Verhalten der Bindungsfigur, das plötzlich außer Kontrolle scheint, wie plötzliche Wutanfälle. Diese werden direkt oder eher maskiert gezeigt. Ein wichtiger Aspekt ist hierbei die Unvorhersehbarkeit.

Main (Main & Hesse 1990; Main & Morgan 1996) stellt in Anlehnung an Bowlby heraus, dass jegliches furchteinflößendes Verhalten der Bindungsfigur zu einer Bindungsdesorganisation führen kann. Das Kind wird in einen »unlösbaren Konflikt« gebracht – die Bindungsfigur löst Angst aus und genau zu dieser soll das Kind in seiner Angst gehen, um sich wieder sicher zu fühlen. Das Bindungsverhaltenssystem wird aktiviert und kann nicht deaktiviert werden. Die Bindungsfigur ist anwesend, kann aber nicht als sicherer Hafen genutzt werden, um wieder ein Gefühl der Sicherheit herzustellen und negative Emotionen zu regulieren. Die Bindungsfigur ist selbst die Quelle für Stress und Angst und somit für die Aktivierung des Bindungsverhaltenssystems.

Das Kind muss in diesen Bindungs-Fürsorge-Beziehungen immer wachsam sein und hat ständig Angst, da die Bindungsfigur entweder selbst Angst bei ihm auslöst oder weil sie in bedrohlichen Situationen keinen Schutz spendet (George & Solomon 1996; 2008a; Solomon & George 1996).

Zusammenfassend sind folgende Gründe für eine Bindungsdesorganisation oder Bindungsdesorientierung beim Kind zu nennen: Die Bindungsfigur löst entweder Angst beim Kind aus oder ist unfähig, das Kind in bedrohlichen Situationen zu schützen und zu unterstützen, oft, weil die Bindungsfigur selbst in diesen Situationen Angst hat und sich hilflos fühlt. Das Kind hat also die Bindungsfigur als ängstigend oder verängstigt verinnerlicht (Main & Hesse 1990).

Während es offensichtlich ist, dass Misshandlung und Missbrauch innerhalb der Familie zu einer Bindungsdesorganisation führen, findet sich eine desorganisierte/desorientierte Bindung auch bei ca. 15% der Babys in der unauffälligen Durchschnittsbevölkerung. Beobachtungen dokumentieren, dass die Mütter dieser Babys sich kaum anders verhalten als Mütter von Kindern mit organisierten Bindungsmustern (Spangler, Fremmer-Bombik & Grossmann 1996; Stevenson-Hinde & Shouldice 1995). Nur sehr subtile und verdeckte Verhaltensweisen in der Interaktion zwischen und Mutter und Baby lassen sich im Labor-Setting identifizieren (Main & Hesse 1990). Mütter von Kindern mit Desorganisation/Desorientierung zeigen entweder direkt ängstigendes Verhalten, wie plötzliches Drohen vor dem Gesicht des Kindes oder Bewegungen und Haltungen, die eher mit Jagen und Gejagt-Werden assoziiert sind. Andere Verhaltensweisen entstammen der Angst der Mutter vor dem Kind, wie plötzliches Wegziehen der Hand, Zucken bei Interaktion mit dem Kind. Darüber hinaus finden sich verstörende oder unerklärliche Verhaltensweisen, wie Dissoziation der Mutter oder ungewöhnliche Vokalisierungen. Traumatisch für das Kind ist dabei nicht unbedingt nur das Verhalten der Mutter an sich, sondern indirekt auch die Erfahrung, dass die Mutter permanent nicht auf den Bindungsstress des Kindes eingeht oder genau in diesen Situationen, wenn das Kind sie braucht, ihre Fürsorge unterlässt (George & Solomon 2008a; Solomon & George 2011b). Daher ist es auch nicht überraschend, dass es in Familien, in denen die Mutter depressiv oder alkoholabhängig ist oder in denen die Partner vermehrt streiten, mehr Kinder mit Bindungsdesorganisation gibt (Solomon & George

1999). Hier bleibt der Bindungsstress des Kindes eher von der Mutter unbeantwortet und auch Drohungen, das Kind zu verlassen, sind nicht selten.

Nach George und West (2012) sind Bindungstraumata durch die Bedrohung der Bindungs-Fürsorge-Beziehung oder des Selbst des Kindes, wie dies bei Verlusten von Bindungsfiguren oder Missbrauch zu finden ist, charakterisiert. Nicht jede einzelne solche Bedrohung führt automatisch auch zu einer Desorganisation oder Desorientierung in der Bindung. Solche Erfahrungen, Erinnerungen und begleitende Emotionen wie Trauer und Angst können durchaus reguliert und integriert werden. Ein wichtiger Punkt hierbei ist das »Reparieren der Bindungs-Fürsorge-Beziehung«, die durch die Bedrohung einen Bruch erlitten hat. Dazu gehören Rückversicherung und Zuwendung, auch auf körperlicher Ebene, und bei älteren Kindern Entschuldigungen und Eingestehen von Fehlverhalten. Fehlen jedoch Unterstützung und Co-Regulation, beispielsweise durch weitere Bindungsfiguren und korrigierende Erfahrungen, finden Prozesse der mentalen Abtrennung statt, die zur Bindungsdesorganisation und Bindungsdesorientierung führen. Unter korrigierenden Erfahrungen sind hier Interaktionen mit Bindungsfiguren, auch denjenigen, die den Bruch herbeigeführt haben, gemeint, die dem Kind ein positives Selbstbild ermöglichen und die im Kontrast zum ängstigenden oder verängstigen Fürsorgeverhalten feinfühliges Fürsorgeverhalten erfahren lassen.

Es ist wichtig diese Bindungstraumata von anderen Traumata, wie sie in den üblichen Diagnosemanualen (ICD-11, DSM-V) beschrieben werden, zu unterscheiden. Es kann Überschneidungen geben, wie zum Beispiel bei Opfern von Gewalt durch die Bindungsfigur, aber Bindungstraumatisierungen erfüllen oft nicht die Kriterien eines dort beschriebenen Traumas. Dennoch sind sie für die Bindungsentwicklung und sozioemotionale Entwicklung von Kindern hochrelevant. Die Bedrohung der Bindungs-Fürsorge-Beziehung mit der Gefahr, dass das Kind schutzlos ist, kann beim Kind zu Todesangst führen, selbst wenn es objektiv eine wenig bedrohliche Situation zu sein scheint.

Bei einem Bindungstrauma brechen laut Bowlby (1982a) die primären oder auch sekundären Bindungsstrategien in sich zusammen. Zur Bewältigung des traumatischen Erlebnisses versucht das Kind, diese mit Angst und Schmerz assoziierte Bindungserfahrung aus dem Bewusstsein auszuschließen. Eine Möglichkeit dazu bietet der Mechanismus der Dissoziation. Diese Form der psychischen Abwehr zielt auf eine Nicht-Wahrnehmung traumatischer Reize ab. Oft wird Dissoziation als »geistige Abwesenheit« beschrieben bzw. als ein Trance-ähnlicher Zustand (Summit 1983). Solche Zustände sind beispielsweise bei Kindern zu finden, die wiederholt sexuellen, physischen oder auch emotionalen Missbrauch erleben. Über die Dissoziation versucht die Psyche sich vor einer Überflutung durch bedrohliche Wahrnehmungen und negative Gefühle zu schützen (Liotti 1999; Stolz & Julius 1998). Trauma-assoziierte Erfahrungen, die in diesem dissoziierten Zustand gemacht werden, werden nicht wie üblich in jenem Gehirnareal abgespeichert, das für die bewusste Wahrnehmung zuständig ist. Stattdessen werden traumabezogene Informationen vor allem in einem Gehirnareal abgespeichert, welches für Affekte und die Aktivierung der Stressachsen zuständig ist, in der Amygdala (▶ Kap. 4). Bowlby (1982a) beschreibt dieses vom normalen Bewusstsein getrennte System als »abgetrenntes System« (segregated system). In diesem System sind Erinnerungen,

Gefühle und Gedanken, die mit dem Trauma in Zusammenhang stehen, gespeichert, ebenso wie entsprechende Verhaltensmuster wie zum Beispiel Erstarren oder auch körperliche Reaktionen, die mit Angst und Stress assoziiert sind. Teilweise entziehen sich bestimmte Aspekte des Traumas, wie Emotionen, oder sogar das gesamte Traumageschehen der bewussten Erinnerung.

Aktiviert ein trauma- bzw. bindungsrelevanter Reiz das abgetrennte System, werden die dort abgespeicherten, nicht verarbeiteten Traumaerfahrungen unbewusst zugänglich und beeinflussen Erleben und Verhalten. Meist kann die Person die Inhalte nicht geordnet und kontrolliert abrufen, sondern es kommt zu einer Überflutung mit traumabezogenen Emotionen, Gedanken, Verhaltensimpulsen und physiologischen Reaktionen. Dazu zählen Angst, Aggression, Scham, Zittern, Einfrieren, Herzrasen, Schwitzen und vieles mehr. Anders als Reaktionen auf das Erinnern von Erlebnissen, die im bewusst zugänglichen Gedächtnis abgespeichert sind, können Reaktionen auf traumabezogene unbewusste Erinnerungen nicht bewusst kontrolliert werden.

> **Exkurs: Exekutive Funktionen**
>
> Exekutive Funktionen bezeichnen jene geistigen Funktionen, mit denen Menschen ihr eigenes Verhalten steuern und es optimal den jeweiligen Anforderungen einer Situation anpassen. Der Begriff der »kognitiven Kontrolle« ist als Synonym zu finden. Exekutive Funktionen werden immer dann benötigt, wenn automatisiertes Handeln nicht ausreicht, um ein Problem zu lösen, sondern aufmerksames und bewusstes Handeln gefragt ist – so wie beim Erlernen komplizierter Fähigkeiten, bei der Veränderung von Gewohnheiten, aber auch der Reflexion von Erfahrungen (Miyake et al. 2000). Zu den exekutiven Funktionen, die eine überwachende Kontrollfunktion über Gedächtnis, Wahrnehmung und Verhaltensäußerung einnehmen, zählen unter anderem:
>
> - Arbeitsgedächtnis
> - Handlungsplanung
> - Konzentration
> - Aufmerksamkeitssteuerung
> - Selbstmotivation
> - Impulskontrolle
> - Selbstkorrektur
>
> Exekutive Funktionen dienen der Selbstregulation und zielgerichteten Handlungssteuerung einer Person. Sie sind notwendige Voraussetzung für eine eigenständige Lebensführung. Primär werden sie dem präfrontalen Kortex, dem Stirnhirn, zugeordnet und werden durch hohen Stress, insbesondere hohe Spiegel des Stresshormons Cortisol, behindert (Roth et al. 2006).

Die Aktivierung eines abgetrennten Systems ist mit Stress und Angst verbunden. Daher ist es nicht verwunderlich, dass Personen mit unverarbeiteten Bindungstraumata unbewusst vermeiden, dieses System zu aktivieren. Verhaltensweisen, wie man sie im Fremde-Situation-Test bei Kleinstkindern beobachtet, oder auch stereotype Verhaltensweisen bei älteren Kindern, wie Hin- und Herwiegen, Klopfen, Wortwiederholungen oder Schweigen auf Fragen zum Trauma, können als solche Vermeidungsstrategien angesehen werden. Diese stereotypen Verhaltensweisen stellen dissoziative Abwehrversuche dar (Julius 2001), mit denen Kinder mit unverarbeiteten Bindungstraumata versuchen, die Angst zu reduzieren, die durch die drohende Aktivierung eines segregierten Systems entsteht (Julius, Gasteiger-Klicpera & Kissgen 2009; Liotti 1999). Zugrunde liegt dieser Angst die Erfahrung, dass die Bindungsfigur nicht in der Lage war, das kindliche Bindungsverhaltenssystem durch Kontakt und beruhigende Zuwendung zu deaktivieren (Solomon & George 1999). Neben Angst wird häufig auch Ärger abgespalten und im segregierten System gespeichert. Denn würde das Kind Ärger gegenüber der Bindungsfigur offen zeigen, könnte das die Bindungsfigur noch unwilliger machen, auf die Bindungsbedürfnisse des Kindes zu reagieren.

Neben den beschriebenen Verhaltensanzeichen im Kleinkindalter entwickeln etwa zwei Drittel der Kinder mit Bindungsdesorganisation oder -desorientierung etwa ab dem Vorschulalter kontrollierende Verhaltensweisen gegenüber ihren Bindungsfiguren, während ein Drittel weiterhin »nur« desorganisiertes Bindungsverhalten zeigt. In diesem Alter sind die Kinder zunehmend in der Lage, die Einstellungen, Ziele und Gefühle, welche die Mutter-Kind-Beziehung regulieren und organisieren, im Sinne einer zielkorrigierten Partnerschaft zu verstehen (Bowlby 1982b). Das bedeutet, dass das Kind verstärkt in der Lage ist, eigene Pläne, die mit den Zielen der Mutter kollidieren, mit dieser zu verhandeln und aktiv Einfluss auf die Beziehung zu nehmen. Während in einer sicheren Bindungs-Fürsorge-Beziehung ausbalancierte Interaktionen zur Zufriedenheit von Mutter und Kind beitragen, sind die Interaktionen bei Bindungsdesorganisation unbalanciert und gehen auf Kosten eines Bindungspartners. Bei Kindern mit unsicherer Bindung erfüllt die Bindungsbeziehung die Aufgabe der Co-Regulation noch und setzt sich in ähnlichen Interaktionsmustern fort. Dagegen zeigen Kinder in desorganisierten Bindungsbeziehungen eine deutliche Veränderung in der Mutter-Kind-Beziehung in diesem Alter (Moss et al. 2011).

Kontrollierendes Verhalten wird in strafend-kontrollierendes und fürsorglich-kontrollierendes Verhalten unterteilt (George & Solomon 2008a; Main & Cassidy 1988). Beide Strategien stellen jedoch »brüchige Strategien« dar, mittels derer Kinder versuchen, Desorganisation bzw. Bindungstraumatisierung und die damit einhergehenden Erfahrungen von Hilflosigkeit und Kontrollverlust zu bewältigen. Kontrolliert man die Bindungsfigur – so die unbewusste Strategie – kann diese einen nicht selbst kontrollieren. Doch leider geht diese Strategie längerfristig nicht auf, sondern bricht leicht zusammen, zum Beispiel wenn die Bindungsfigur mit Gegenkontrolle reagiert. So führt Gegenkontrolle vermehrt zu Angst und Stress beim Kind und üblicherweise zu noch stärkerem Kontrollverhalten. Es entsteht ein Teufelskreis, der eskaliert und zu einem starken Emotionsausbruch, Angst oder Aggression führen kann. Solche Abläufe sind Hinweise auf ein unverarbeitetes Bindungstrauma bzw. auf ein abgetrenntes System.

Exkurs: Kontrollierendes Verhalten

Es werden zwei Formen kontrollierenden Verhaltens unterschieden (Moss et al. 2011, S. 62):

- strafend-kontrollierendes Verhalten:
  Verhaltensweisen gegenüber der Bindungsfigur wie harsche Befehle, verbale Drohungen und physische Aggression. Es scheint so, als ob die Kinder ihre Bindungsfigur über Erniedrigung, Feindseligkeit und Aggression in eine Art Unterwerfung zwingen wollten.
- fürsorglich-kontrollierendes Verhalten:
  Kinder mit dieser Art kontrollierenden Verhaltens versuchen, Interaktionen mit der Bindungsfigur in einer hilfreichen und emotional positiven Art zu strukturieren. Sie sind übermäßig heiter, höflich und hilfreich in der Interaktion mit der Bindungsfigur und scheinen motiviert, diese über dieses Verhalten zu dirigieren und zu schützen.

Beide Arten kontrollierenden Verhaltens beinhalten eine Rollenumkehr zwischen Kind und Bindungsfigur sowie eingeschränkten Emotionsausdruck. Unter Rollenumkehr versteht man die Vertauschung der Rollen des Kindes als Bindungssuchenden und der Bindungsfigur als weisere, stärkere, erwachsene Person, welche die Interaktionen lenkt und Fürsorge und Schutz spendet. Es mangelt bei allen kontrollierenden Dyaden, den zwei Interaktionspartnern in Zweierbeziehungen, an Reziprozität, also Gegenseitigkeit im positiven Sinn. Es herrscht eine affektive Ungleichheit zwischen den beiden Interaktionspartnern. So erscheinen Mütter zum Beispiel passiv und wenig engagiert, während sie einen neutralen oder negativen Emotionsausdruck zeigen. Dagegen sind fürsorglich-kontrollierende Kinder lebhaft und sehr auf die Bedürfnisse der Mutter bedacht.

Fallbeispiel: Kontrolle – strafend und fürsorglich

Der zehnjährige Benny wurde aufgrund von Vernachlässigung durch seine Eltern in einer stationären Kinder- und Jugendeinrichtung untergebracht. Da er jedoch weder gruppen- noch schulfähig ist, darf er für ein halbes Jahr beim Erzieher Stefan und seiner Frau leben, und Stefan auch bei seiner täglichen Arbeit begleiten. Benny zeigt viel strafend-kontrollierendes Verhalten. Beim Autofahren morgens ermahnt er Stefan laut »Du fährst zu schnell! Siehst du nicht, dass hier 30 ist?« (Stefan fährt maximal 35 km/h). »Die Ampel schaltet gleich auf Rot, halt an!« (die Ampel ist noch lange grün), »Fahr ruhiger, mir wird sonst schlecht!«, »Kannst du nicht Autofahren?«. Darauf erwidert Stefan wertschätzend »Danke Benny, dass du für mich so gut auf den Verkehr achtest und dass du mich beim Fahren unterstützt.« Damit unterbricht Stefan einen möglichen Teufelskreis, der durch Gegenkontrolle entstehen würde. Benny drückt seine innere Anspannung und Angst aus, bis er Stefan irgendwann vertrauen kann.

Die achtjährige Lia lebt bei ihrer depressiven Mutter Sarah, die viele Probleme hat, auch nur Alltagstätigkeiten zu erledigen, weil sie sich so erschöpft und müde fühlt. Lia umsorgt ihre Mutter schon länger, insbesondere seitdem ihr Vater die Familie verlassen hat. Morgens weckt sie Sarah mit einer Tasse Kaffee, die sie ans Bett bringt, und sagt: »Mama, das wird ein schöner Tag. Schau, die Sonne scheint. Komm, setz dich hin, dann kannst du besser trinken.« Wenn Lia aus der Schule kommt, berichtet sie fröhlich ausführlich von lustigen Begebenheiten in der Schule und bittet ihre Mutter: »Komm, wir gehen raus, es ist so schönes Wetter und auf der Wiese blühen die Blumen, ich pflück dir einen kleinen Strauß.« Sarah rafft alle ihre Energie zusammen und folgt ihrer Tochter. Lia schafft es dadurch, wenigstens etwas Nähe und gemeinsame Erlebnisse entstehen zu lassen, auch wenn das eigentlich nicht die Aufgabe einer Achtjährigen ist. Sie zeigt fürsorglich-kontrollierendes Verhalten.

Es ist heute in verschiedensten Studien gut dokumentiert, dass eine Desorganisation im Bindungs-Fürsorge-System das Risiko für Fehlanpassungen in der kindlichen Entwicklung und psychische Störungen erhöht. Solomon und George (2011a; 2011b) sprechen in diesem Zusammenhang von Desorganisation im Bindungs-Fürsorge-System. Es geht also nicht nur um die Bindung des Kindes, sondern auch um das Fürsorgeverhalten der Mutter, das korrespondierend zum Kind meist eine Desorganisation bzw. Dysregulation aufweist, auch wenn die Mutter nicht unbedingt selbst eine Desorganisation in ihrer eigenen Bindungsrepräsentation aufweist (▶ Kap. 3). Es besteht jedoch eine deutlich erhöhte Wahrscheinlichkeit, dass ein Individuum mit Bindungsdesorganisation auch eine entsprechende Dysregulation in ihrem Fürsorgeverhalten spiegelt und vice versa.

> **Exkurs: Bindungsstörungen**
>
> Da wir in der Praxis immer wieder erleben, dass unsichere Bindungsmuster und insbesondere Bindungsdesorganisation mit Bindungsstörungen gleichgesetzt werden, folgt hier eine kurze Erklärung des Unterschieds. Während unsichere Bindungsmuster und auch die Bindungsdesorganisation relativ häufig vorkommende Ausformungen des Bindungsverhaltenssystems darstellen, noch ohne eigenen Krankheitswert, stellt eine Bindungsstörung eine tiefgreifende Entwicklungsstörung dar. Diese geht mit einem deutlich veränderten Bindungsverhalten einher und ist eine diagnostizierbare, psychiatrisch relevante Störung (ICD 10, F94.1–94.2), die einer Psychotherapie bedarf. Bindungsstörungen treten deutlich seltener auf als unsichere Bindungsmuster (ca. 50% der Bevölkerung) und Bindungsdesorganisation (ca. 15% der Bevölkerung). In unauffälligen Populationen von Kindern im Alter von fünf bis acht Jahren liegt die Prävalenz von Bindungsstörungen bei 1,4% (Pritchett et al. 2013). Bei Kindern, die aus extrem vernachlässigenden Bedingungen in Heimen kamen, sind Prävalenzen bis zu 40% zu finden (O'Connor & Zeanah 2003). Grund für die

> Entwicklung einer Bindungsstörung ist, dass »frühe Bindungsbedürfnisse in einem extremen Ausmaß nicht adäquat, unzureichend oder widersprüchlich beantwortet wurden« (Brisch 2008, S. 97). Dies ist insbesondere bei schwerer Deprivation, Misshandlung oder Missbrauch der Fall. Das Bindungsverhalten ist dann so extrem gestört, dass es weder sicherer noch unsicherer oder desorganisierter Bindung ähnlich sieht (Brisch et al. 2018). Unterschiedliche Formen der Bindungsstörung werden in den Diagnosemanualen und noch weiter differenziert von Brisch (2022) beschrieben.

2.12 Zur Häufigkeit der Bindungsmuster

Wie viel Prozent der Kleinkinder im Fremde-Situation-Test als sicher oder unsicher gebunden klassifiziert werden, also die Prävalenz des jeweiligen Bindungsmusters, schwankt je nach Land und Erfassungszeitpunkt. Im Jahr 2000 (Gloger-Tippelt, Vetter & Rauh 2000) waren in nicht klinischen deutschen Stichproben weniger als die Hälfte der Kinder sicher gebunden ist (44,9%). Etwa ein Viertel der Kinder (27,7%) wies ein vermeidendes Bindungsmuster auf, 19,9% der Kinder wurden als desorganisiert/desorientiert und 6,9% als unsicher-ambivalent eingestuft. In klinischen Stichproben von Kindern mit psychischen Auffälligkeiten sind diese Häufigkeiten in Richtung mehr unsicher gebundener Kinder verschoben. Hier finden sich zu 90% unsicher gebundene Kinder und bis zu 60% desorganisiert/desorientiert gebundene Kinder (van IJzendoorn & Bakermans-Kranenburg 1996; Julius et al. 2009). Eine aktuelle internationale Metaanalyse, welche die Daten von über 20.000 Dyaden aus 285 Studien mit dem Fremde-Situation-Test zusammenfasst, findet bei 51,6% sichere Bindungen, bei 14,7% vermeidende, bei 10,2% ambivalente und bei 23,5% desorganisierte/desorientierte Bindungen. In dieser Studie finden sich hinsichtlich der Bindungsmuster keine Unterschiede zwischen Jungen und Mädchen, Bindung zu Mutter und Vater oder Alter des Kindes (Madigan, Fearon, van Ijzendoorn et al. 2023; Verhage et al. 2016).

Es ist also davon auszugehen, dass etwa jedes zweite Kind im deutschsprachigen Bereich bzw. Mitteleuropa heute ein unsicheres Bindungsmuster aufweist. Inwiefern dies relevant für die pädagogische Arbeit ist und diese erschwert, wird im Folgenden aufgezeigt. Bereits erwähnt wurde, dass eine unsichere Bindung im Kontrast zur sicheren Bindung mit einer weniger günstigen Entwicklung im sozialen Bereich und möglicherweise auch im intellektuellen Bereich (Eisfeld 2014) einhergeht. Die desorganisierte/desorientierte Bindung ist mit psychischen Störungsbildern assoziiert (Strauss, Buchheim & Kächele 2002). Dagegen stellt eine sichere Bindung bzw. eine vertrauensvolle Beziehung zu einer verfügbaren, zuverlässigen erwachsenen Bezugsperson einen hochpotenten protektiven, also schützenden Faktor für die Entwicklung von Kindern und Jugendlichen dar (Werner 1989; Werner & Smith 1992).

> **Exkurs: Die Kauai-Studie von Emmy Werner und Kollegen – sichere Bindung und Resilienz**
>
> In den 1950er Jahren führte die Psychologin Emmy Werner eine Langzeitstudie durch, in der sie 700 hawaiianische Kinder der Insel Kauai von ihrer Geburt an bis zu 40 Jahre lang begleitete. Ein Drittel kam aus armen Verhältnissen oder wuchs in Familien mit ständigem Streit oder psychischen Erkrankungen der Eltern auf, und wies durch diese Faktoren ein erhöhtes Risiko für eine ungünstige sozioemotionale und psychische Entwicklung auf. Von diesen Kindern entwickelte sich ein Drittel dennoch erstaunlich positiv. Sie waren resilient, also psychisch widerstandsfähig, gegenüber den negativen Einflüssen. Ein besonders wichtiger Schutzfaktor bei diesen Kindern war, dass sie eine stabile Beziehung zu einer Vertrauensperson außerhalb ihrer Kernfamilie zur Verfügung hatten, die ihnen Halt und Unterstützung gab und auch als soziales Vorbild diente. Somit erfüllten diese Beziehungen Funktionen einer sicheren Bindung und erhöhten die Resilienz der Risikokinder.
>
> Dies zeigt, dass Risikofaktoren nicht automatisch zu einer Beeinträchtigung der Entwicklung führen, sondern dass ihr Effekt durch protektive Faktoren, sogenannte Schutzfaktoren, gemindert oder neutralisiert werden kann. Diese Zusammenhänge von Risiko- und Schutzfaktoren beschreibt das Modell der Entwicklungspsychopathologie, also der Entwicklung von psychischen Störungen bzw. Erkrankungen. Es kommt dabei eine Wechselwirkung von biologischen, psychologischen und sozialen Faktoren zum Tragen (Sroufe & Rutter 1984). Zu den biologischen Faktoren zählen zum Beispiel genetische Dispositionen und Erkrankungen, zu den psychologischen Faktoren etwa Bindungsmuster und zu den sozialen Faktoren zum Beispiel die Fürsorge der Eltern und soziale Netzwerke. Risiko- wie auch Schutzfaktoren lassen sich drei verschiedenen Ebenen zuordnen:
>
> - Individuum (Genetik, Bindung, Erkrankungen)
> - Familie (Fürsorge, familiärer Zusammenhalt, Beziehung der Eltern)
> - weiteres familiäres Umfeld (Nachbarschaft, Wohngegend)

2.13 Die Transmission von Bindungsrepräsentationen

Kinder können nicht nur zu einem Erwachsenen, sondern auch zu mehreren Erwachsenen Bindungsbeziehungen entwickeln (Bowlby 1969). Werden Babys und Kleinkinder, wie heute üblicher als vor 50 Jahren, von Vater und Mutter versorgt, vielleicht auch noch von Oma und Opa, so ist auch hier durch die häufige Interaktion der Aufbau einer Bindung wahrscheinlich. Bowlby ging davon aus, dass die

Beziehung vom Kind aus demjenigen internalen Arbeitsmodell angepasst wird, das mit den primären Bindungsfiguren entwickelt wurde. Das Kind verhält sich so, wie es ihm in der Interaktion mit diesen Personen aufgrund seiner Erwartungshaltung der jeweiligen Person günstig erscheint, auch wenn es sekundären Bindungsstrategien folgt. Es nimmt die Reaktionen der Bindungsfigur auf eigenes Bindungsverhalten vorweg und passt sein Verhalten vorausschauend diesen Erwartungen an. Das internale Arbeitsmodell steuert Erwartungen und Bewertungen hinsichtlich des Verhaltens anderer sowie der eigenen Rolle in einer Beziehung. Das Kind hat also eine unbewusste Erwartung, dass eine neue potenzielle Bindungsfigur verfügbar, responsiv, vertrauenswürdig und zuverlässig sein wird oder nicht und ob das Kind selbst es wert ist, feinfühlige Fürsorge zu erhalten oder nicht.

Entsprechend wird das Kind in neuen Beziehungen mit hoher Wahrscheinlichkeit die gleichen Strategien verwenden wie in bisherigen Bindungsbeziehungen. Es findet eine Übertragung, eine Transmission, des internalen Arbeitsmodells von Bindung auf die neue Beziehung statt. Dies betrifft im pädagogischen Kontext Tagesmütter, Krippen- und Kindergarten-Erzieherinnen und alle Personen, die das Kind regelmäßig betreuen.

Hat das Kind eine sichere Bindung, ist das wenig problematisch. Es wird auch in den neuen Beziehungen in der außerfamiliären Betreuung eher seine Bindungsbedürfnisse offen ausdrücken, auf Unterstützung durch den Erwachsenen zählen und diese auch annehmen. Oft fällt es pädagogischen Fachkräften leicht, eine vertrauensvolle Beziehung mit sicher gebundenen Kindern aufzubauen, in manchen Fällen und je nach Betreuungsdauer sogar eine sichere Bindung.

Problematischer sind Kinder mit unsicheren Bindungsmustern, die eben diese Interaktionsmuster mit sekundären Bindungsfiguren zu reetablieren versuchen (Julius et al. 2009). Darüber hinaus spielt die Reaktion der sekundären Bindungsfigur auf das ihr gegenüber gezeigte kindliche Bindungsverhalten (Julius 2001; Pianta 1997), also ihr Fürsorgeverhalten, eine wichtige Rolle. Es ist überaus wahrscheinlich, dass komplementär reagiert wird, der Erwachsene sich in seiner Reaktion dem kindlichen Verhalten anpasst, und damit das bestehende unsichere Bindungsmuster verfestigt wird (Howes & Hamilton 1992; Sroufe et al. 2005).

Ein vermeidend gebundenes Kind wird bei Stress auch in der Kita kaum zeigen, wie es ihm wirklich geht, und keine Unterstützung suchen, sondern versuchen, sich selbst über Ablenkung zu regulieren, und sich zurückziehen. Es verhält sich intuitiv distanziert gegenüber diesen potenziellen Bindungsfiguren, entwickelt kein Vertrauen und keine emotionale Beziehung. Versuche der Kontaktaufnahme durch die pädagogische Fachkraft werden in stressreichen Situationen eher ignoriert oder abgelehnt. Viele Pädagogen bemühen sich dann besonders um Aufmerksamkeit dem Kind gegenüber und um eine emotionale Annäherung. Dies führt jedoch zu noch stärkerem Rückzug, was bei Pädagogen oft ein Gefühl der Zurückweisung auslöst (Julius, Gasteiger-Klicpera & Kissgen 2009). Das Kind versucht dadurch, Zurückweisung, die es als Reaktion auf Bindungssignale und seinen Wunsch nach Nähe und Sicherheit erwartet, zu vermeiden. Eine solche Reaktion würde es zusätzlich belasten und enttäuschen. Doch viele pädagogische Fachkräfte reagieren ähnlich. Sie vermeiden irgendwann selbst die Annäherung an das Kind und halten emotionale Distanz oder sie initiieren von Beginn der Interaktion an gar nicht erst eine nähere Kontaktaufnahme, wenn das Kind keine Kontaktangebote macht. Fürsorge wird nach wie vor gezeigt, es handelt sich aber eher um funktionale Fürsorge. Funktionale Fürsorge erfüllt objektive Bedürfnisse (Füttern, Wickeln, Gegenstände zur Verfügung stellen, bei Tätigkeiten helfen), jedoch nicht das emotionale Bedürfnis nach Wohlbefinden, innerer Ruhe und Sicherheit. Innere Ruhe und Sicherheit kann nur emotionale Fürsorge erzielen. Das komplementäre Verhalten der pädagogischen Fachkraft in Reaktion auf unsicher-vermeidendes Bindungsverhalten verfestigt also das vorhandene Bindungsmuster des Kindes.

Ambivalent gebundene Kinder dagegen zeigen zwar ihre Bindungsbedürfnisse deutlich, lassen sich jedoch durch die Kontaktaufnahme kaum beruhigen und zum Spiel animieren. Diese Kinder suchen permanent Nähe und Aufmerksamkeit der pädagogischen Fachkraft (Julius 2001). Dies zeigt sich selbst im Grundschulalter noch, wodurch sie kleinkindhaft und klammernd wirken. Dieses Verhalten entstammt der unbewussten Annahme, dass Bindungsfiguren nur unzuverlässig verfügbar sind, wenn sie gebraucht werden, und es daher günstiger ist, immer in der Nähe zu sein. Pädagogische Fachkräfte nehmen diesen Wunsch nach Nähe wahr und bemühen sich um die Kinder. Doch ist es meist in der außerfamiliären Gruppenbetreuung, in dem sich eine sekundäre Bindungsfigur um mehrere Kinder kümmert, kaum möglich, diesem intensiven Wunsch nach Kontakt nachzukommen. Entsprechend der Erwartung des Kindes werden seine Kontaktwünsche dann irgendwann zurückgewiesen. Das Misstrauen in die erwartete Nicht-Verfügbarkeit der Bindungsfigur wird bestätigt, es kommt zu Enttäuschung und Ärger. Dies führt dann wieder zu einem Bedürfnis nach mehr Aufmerksamkeit und Zuwendung – ein Teufelskreis von Fürsorge und Zurückweisung beginnt, da die Bindungsbedürfnisse ambivalent gebundener Kinder die meisten pädagogischen Fachkräfte überfordern. Es kommt zur Reetablierung des bisherigen ambivalenten Bindungs-Fürsorge-Musters in der Kind-Erwachsenen-Beziehung.

Die Transmission und Verfestigung der Bindungsrepräsentation findet auch bei der Bindungsdesorganisation/-desorientierung statt. Kinder mit Bindungsdesorganisation übertragen ihre bindungsbezogenen Ängste auf neue Bindungsfiguren, sodass deren Nähe in stressreichen Situationen zu noch mehr Angst und Stress führt. Daher können auch diese neuen Bindungsfiguren nicht effektiv bei der Regulation von Angst und Stress helfen.

Wie oben beschrieben, zeigen viele Kinder mit desorganisiertem/desorientiertem Bindungsmuster ab dem fünften Lebensjahr kontrollierend-fürsorgliches oder kontrollierend-strafendes Verhalten gegenüber Bindungsfiguren (Julius et al. 2008; Motti 1986). Da bindungsrelevante Interaktionen und Beziehungen mit Angst und Stress assoziiert sind, versucht das Kind die Bindungsfigur zu steuern. Kontrollierendes Verhalten versucht zudem die Kontrolle der Bindungsfigur über das Kind zu unterbinden und negative Gefühle zu regulieren. Häufig geht diese Strategie nicht auf und bricht zusammen. Julius, Uvnäs-Moberg und Ragnarsson (2020) identifizierten bei Lehrkräften drei verschiedene Arten von Reaktionen auf kontrollierendes Verhalten von Schülern mit Bindungsdesorganisation: Gegenkontrolle, Ignorieren und Akzeptieren.

Oft reagieren Lehrkräfte mit Gegenkontrolle, das heißt, sie widersprechen dem Schüler, fordern die Einhaltung von Regeln, »anständiges« Benehmen, Unterlassen von Aggression etc. ein und werden dabei selbst sehr bestimmend, forsch und laut. Dies erhöht wiederum den Stress des Kindes. Kontrolle und Gegenkontrolle schaukeln sich gegenseitig auf bis zur Eskalation. Dann wird das abgetrennte System mit den traumarelevanten Erinnerungen unbewusst aktiviert. Es kommt zum Durchbruch starker Emotionen wie Wut oder Angst und irrational scheinenden Verhaltens, oft aggressiver Natur, das in dieser Situation wenig zielführend ist.

Teils ignorieren pädagogische Fachkräfte das kontrollierende Verhalten, es wird also nicht darauf reagiert, sondern so getan, als nähmen sie es gar nicht wahr. Dies ist nur bis zu einem bestimmten Punkt möglich, insbesondere bei strafend-kontrollierendem, im Gruppenkontext störenden oder aggressivem Verhalten. Zudem löst das Ignorieren, das Nicht-Beantworten dieser ungünstig ausgedrückten Bindungssignale wieder ein Gefühl der Hilflosigkeit beim Kind aus.

Manchmal wird das kontrollierende Verhalten auch akzeptiert, indem die Lehrkraft auf die Forderungen des Schülers mit dem eingeforderten Verhalten reagiert. Dies erhöht die Wahrscheinlichkeit für weiteres kontrollierendes Verhalten, da diese Strategie ja erfolgreich war.

Alle diese Strategien sind auch bei Müttern in desorganisierten Bindungs-Fürsorge-Beziehungen zu beobachten. Es scheint daher naheliegend, dass dies auch für die Beziehung zwischen Kindern und sekundären Bindungsfiguren wie pädagogischen Fachkräften in der frühen Kindheit gilt.

Mehrere Studien belegen die oben beschriebene Transmission des internalen Arbeitsmodells von Bindung auf neue Beziehungen (Garcia-Rodríguez, Redin & Reparaz-Abaitua 2023; Veríssimo et al. 2017). Dies ist insofern bedeutsam, als eine schlechte Beziehung zwischen Schüler und Lehrkraft mit internalisierenden, also nach innen gerichteten und externalisierenden, nach außen gerichteten, Verhaltensauffälligkeiten assoziiert ist (Garcia-Rodríguez, Redin & Reparaz-Abaitua 2023). Je nachdem, wie viel Zeit Kinder im Alter von null bis sechs Jahren mit pädagogischen Fachkräften als sekundären Bindungsfiguren verbringen, sollte deren Einfluss auf die Regulation von Stress und negativen Emotionen mehr oder weniger stark ausgeprägt sein. Somit spielen sie eine mehr oder weniger große Rolle bei der Entwicklung von psychischer Gesundheit und Regulationsstörungen in der frühen Kindheit.

> **Exkurs: Internalisierende und externalisierende Verhaltensauffälligkeiten**
>
> Psychische Auffälligkeiten, im Sinne von diagnostizierbaren Störungen, sind im Kindes- und Jugendalter nicht immer eindeutig identifizierbar. Ein Grund dafür ist, dass sich gerade im Kleinkindalter Entwicklung immens schnell vollzieht und von stetiger Veränderung geprägt ist. Kinder zeigen manchmal eher Auffälligkeiten im Verhalten, das noch keinen Krankheitswert hat und teilweise auch von psychisch gesunden Kindern gezeigt wird. Bei einer Verhaltensauffälligkeit ist jedoch das Leben so gestört, dass das Kind in seiner Teilnahme an altersentsprechenden Aktivitäten, Aufgaben und Herausforderungen und in deren Bewältigung beeinträchtigt wird. Das Kriterium der Altersentsprechung

ist hier unbedingt zu berücksichtigen ebenso wie die große Varianz der Altersspanne, in der bestimmte Verhaltensweisen normalerweise auftreten. Ein Verhalten kann in der einen Altersphase vollkommen normal sein und in einer anderen als auffällig gelten, zum Beispiel Einnässen, oppositionelles Verhalten oder eine schlechte Emotionsregulation in Form von Wutanfällen.

Im Baby-Alter werden die sogenannten Regulationsstörungen, die Schlaf, Schreien und Nahrungsaufnahme betreffen, betrachtet. Im Kleinkindalter wird dagegen bereits zwischen externalisierenden und internalisierenden Verhaltensauffälligkeiten unterschieden (Barkmann & Schulte-Markwort 2007). Internalisierenden Auffälligkeiten stellen nach innen gerichtete Problembewältigungsstrategien dar, die sich in Rückzugsverhalten, Ängsten, Depressionen, Schlafstörungen und Essstörungen ausdrücken. Die externalisierenden Auffälligkeiten entstammen einer nach außen gerichteten Problembewältigungsstrategie. Dazu zählen beispielsweise motorische Unruhe, aggressives und Regeln brechendes Verhalten.

Die Beziehung zur sekundären Bindungsfigur kann bei Reetablierung unsicherer Bindungsmuster vorhandene Problematiken verfestigen. Dagegen kann eine sichere Beziehung eines Kindes zu einer sekundären Bindungsfigur, wie pädagogischen Fachkräften in Schule und Kita, einen protektiven Faktor für die Entwicklung des Kindes darstellen und seine Resilienz erhöhen (Werner & Smith 1992). Genau darauf sollten pädagogische Fachkräfte in ihrer Arbeit abzielen. Nun bestimmt aber nicht nur das Bindungsverhalten des Kindes die Qualität der Beziehung, sondern vor allem das Handeln der pädagogischen Fachkraft, das maßgeblich durch ihr Fürsorgeverhaltenssystem geprägt ist (▶ Kap. 3). Dieses System, das sich für den Schutz und die Versorgung eigener Nachkommen im Laufe der Evolution entwickelte, unterliegt wahrscheinlich ebenso der Transmission auf andere Versorgungskontexte. Aus sicherer, unsicherer und desorganisierter Bindung ergeben sich jeweils unterschiedliche Ausformungen des Fürsorgeverhaltenssystems. Diese entwickeln sich auf der Basis eigener Bindungserfahrungen und steuern und organisieren Fürsorgeverhalten, auch in pädagogischen Settings (Beetz 2014; Beetz & Julius 2013). Obwohl sich pädagogische Fachkräfte an pädagogischen Richtlinien und entsprechenden Vorbildern in der Praxis orientieren und wissen, wie sie pädagogisch unterstützend handeln können, ist immer wieder wenig feinfühliges Verhalten bis hin zur Herabsetzung der Kinder und aggressivem Verhalten zu beobachten (Boll & Remsperger-Kehm 2021; Maywald 2019b). Gerade unter Stress scheinen auch pädagogische Fachkräfte auf ungünstiges unfeinfühliges Verhalten zurückzugreifen. Dieses Verhalten wird wahrscheinlich maßgeblich von ihrem Fürsorgeverhaltenssystem gesteuert, das sich auf Basis eigener Bindungserfahrungen entwickelt. Im Hinblick auf ca. 50 % unsichere Bindungsmuster in der Bevölkerung und wahrscheinlich auch bei pädagogischen Fachkräften, greift möglicherweise jede zweite Fachkraft unter Stress auf unfeinfühliges Fürsorgeverhalten zurück, selbst wenn sich die Qualitäten der Bindungsrepräsentation im Erwachsenenalter und des Fürsorgeverhaltenssystems nicht hundertprozentig entsprechen (▶ Kap. 3).

Die Bindungs-Fürsorge-Beziehung von Kindern und sekundären Bindungsfiguren wird also durch die Interaktion von kindlichem Bindungsmuster und erwachsenem Fürsorgeverhaltenssystem geprägt. In Fällen von feinfühligem Verhalten, das neue, positive Bindungserfahrungen ermöglicht, die so verschieden sind, dass sie nicht ins bestehende internale Arbeitsmodell einer unsicherer Bindungsstrategie passen, kann sich bei unsicher gebundenen Kindern möglicherweise eine sichere Bindung zur pädagogischen Fachkraft herausbilden. Die neue, positive Bindungserfahrung ermöglicht das Eröffnen eines neuen Arbeitsmodells von sicherer Bindung. Dies wird gezielt in sogenannten bindungsgeleiteten Interventionen angestrebt (Julius, Uvnäs-Moberg & Ragnarsson 2020).

Untersuchungen zur Bindung an Erzieherinnen in Kitas zeigen im Kontrast zur Bindung zu den Eltern jedoch eine niedrigere Rate sicherer Bindungen, und mehr unsichere Bindungen (Ahnert, Lamb & Seltenheim 2000; Ziegenhain & Wolff 2000). Eine Metaanalyse (Ahnert, Pinquart, M. & Lamb 2006) ergab, dass Kinder im Alter von 30 Monaten zu 42 % eine sichere Bindung zu den Erzieherinnen haben, während bei 60 % eine sichere Bindung zur Mutter und bei 66 % eine solche zum Vater besteht. Obwohl sich in der Bindung zu den Eltern keine Unterschiede zwischen Mädchen und Jungen zeigen, ist eine sichere Bindung zur Erzieherin eher bei Mädchen zu finden (ebd.; Glüer 2017). Man kann hier nur vermuten, dass es Erzieherinnen leichter fällt auf die häufiger als brav wahrgenommenen Mädchen, die nicht so laut und wild spielen, feinfühlig einzugehen. Insgesamt sollten Erzieherinnen als sichere Basis für Exploration und als sicherer Hafen bei Stress dienen (Glüer 2017). Dazu zählt verfügbar zu sein, Konsistenz im Verhalten zu zeigen, die Bedürfnisse des Kindes wahrzunehmen und angemessen darauf zu reagieren, Schutz zu vermitteln und zu beruhigen sowie Autonomie, Selbstreflexionsfähigkeit und Zugehörigkeitsgefühl zur sozialen Gruppe in der Kita zu fördern (ebd., S. 145). Wie pädagogische Fachkräfte im Umgang mit Kindern mit unsicherem oder desorganisiertem Bindungsverhalten feinfühlig bleiben, muss von den meisten über Schulungen, videobasierte Supervision und Selbstreflexion erlernt werden (Beetz 2014; Beetz & Julius 2013).

2.14 Die Entwicklung der Bindung

Wie fast alles in der frühen Kindheit unterliegt auch die Bindung einer stetigen Entwicklung. Ursprünglich beschrieb Bowlby (1979, zusammengefasst in Marvin & Britner 2008) vier Phasen der Entwicklung des Bindungsverhaltenssystems, beginnend mit der Geburt des Kindes.

In der ersten Phase, ab der Geburt, zeigt das Kind Bindungsverhalten gegenüber anderen Personen, um deren Interesse und Fürsorge zu aktivieren, mit dem Ziel, physischen Kontakt, Wärme, Nahrung und Schutz zu erhalten. Bowlby (1982b) nahm an, dass es in dieser Phase für das Baby noch kaum möglich sei, Personen voneinander zu unterscheiden. Er ging davon aus, dass ein Baby noch nicht zwischen Bindungsfiguren und anderen Personen diskriminiert. Neuere Studien belegen jedoch, dass Babys schon direkt nach der Geburt in der Lage sind, die Stimme ihrer Mutter von anderen Stimmen zu unterscheiden (Kisilevsky et al. 2003). Auch Berichte von Müttern dokumentieren, dass es Neugeborene gibt, die eindeutig den Kontakt mit der Mutter bevorzugen und mit Beruhigung auf ihre Nähe reagieren, während auf Kontakt mit allen anderen Personen Protest über Weinen erfolgt. Zwar ist Bindungsverhalten während der Schwangerschaft vom Kind aus nicht möglich, es bildet sich jedoch von der Mutter aus eine Beziehung zum Ungeborenen aus. Diese bezeichnet man als pränatale Bindung (Condon & Corkindale 1997; Cranley 1981), obwohl sie eher dem Fürsorgeverhaltenssystem (bzw. Bonding ▶ Kap. 2 und ▶ Kap. 5) zuzuordnen ist. Die Mutter trägt schon während der Schwangerschaft für das Ungeborene Sorge, versucht über gesundes Verhalten das Leben des Kindes zu schützen, zumindest wenn die Fürsorge einer sicheren zukünftigen Bindungs-Fürsorge-Beziehung entspricht.

In der ersten Phase der Bindungsentwicklung nach Bowlby reguliert die Bindungsfigur Stress und Angst über Nähe und Körperkontakt. Bis zur zwölften Woche werden diese Erfahrungen in das Bindungsverhaltenssystem des Kindes integriert, bevor die zweite Phase beginnt. Nur unter sehr ungünstigen Umständen mit unsteten Fürsorgebedingungen kann diese Phase deutlich verlängert sein.

In der zweiten Phase, die zwischen dem sechsten und neunten Monat endet, entwickelt das Kind eine spezifische Bindung zu einer oder auch mehreren Bezugspersonen, die jedoch in einer Hierarchie stehen. Am besten kann die Hauptbindungsfigur das Kind beruhigen und auch zum Lächeln bringen.

In der dritten Phase, der zweiten Hälfte des ersten Lebensjahres, finden viele kognitive, motorische und sprachliche Entwicklungen statt, die dem Kind erlauben, selbst aktiv die Nähe zur Bindungsfigur herstellen, indem es sich auf sie zubewegt oder lautiert. Es kann immer deutlicher seine Bedürfnisse ausdrücken und hat bereits gelernt, wie die Bindungsfigur auf sein Bindungsverhalten reagieren wird. Das internale Arbeitsmodell von Bindung entwickelt sich und ist mit zehn bis zwölf Monaten auch über den Fremde-Situation-Test erfassbar (Grossmann & Grossmann 2003).

In der vierten Phase, etwa ab drei Jahren, wird das Kind autonomer und selbstständiger, wobei das Bindungsverhaltenssystem bei Stressoren immer noch leicht aktiviert wird und zumindest das sicher gebundene Kind Bindungsverhalten zeigt. Nach Bowlby (1982b) nimmt weder die Häufigkeit noch die Intensität des Bindungsverhaltens zwischen dem ersten und dritten Geburtstag des Kindes ab. Das Kind lernt in diesen Jahren bis zur Schulzeit, seine bindungsbezogenen Bedürfnisse und Ziele mit denen der Bindungsfigur abzustimmen. Es entwickelt sich eine sogenannte zielkorrigierte Partnerschaft zwischen Kind und Bindungsfigur (Bowlby 1982b). Diese ist bei sicheren Bindungs-Fürsorge-Beziehungen gut ausgeprägt, es besteht eine Balance zwischen Bedürfnissen des Kindes und der Bindungsfigur. Bei unsicheren Bindungen ist diese Balance nicht vorhanden.

In der weiteren Entwicklung in der Kindheit, Jugend, im Erwachsenenalter und Alter behält Bindung ihre zentrale Bedeutung. Bindung ab dem Erwachsenenalter wird differenzierter und abstrakter und weniger abhängig von physischem Kontakt, obwohl dieser stets ein zentraler Aspekt einer sicheren Bindung bleibt.

2.15 Zusammenfassung

Bindung ist zentraler Bestandteil menschlichen Lebens und nach der Geburt sowie in der gesamten frühen Kindheit überlebenswichtig. Das Wissen um Bindungstheorie ist daher für pädagogische Fachkräfte in verschiedenen Bereichen der Frühpädagogik relevant. Es hilft dabei Kinder besser zu verstehen, deren Eltern hinsichtlich der Bindungsbedürfnisse und -signale ihrer Kinder beraten zu können und eigenes Fürsorgeverhalten in Antwort auf kindliche Bindungsbedürfnisse zu reflektieren. Im Folgenden wird auf das zur kindlichen Bindung komplementäre Fürsorgeverhaltenssystem der Bindungsfiguren, seien es nun primäre Bindungsfiguren wie Eltern oder sekundäre Bindungsfiguren wie pädagogische Fachkräfte, eingegangen.

> **Literaturempfehlungen**
>
> Bowlby, J. (2021). *Bindung als sichere Basis: Grundlagen und Anwendung der Bindungstheorie.* München: Ernst Reinhardt.
> Grossmann, K. & Grossmann, K. E. (2023). *Bindungen – Das Gefüge psychischer Sicherheit.* 9. Aufl. Stuttgart: Klett-Cotta.
> Solomon, J. & George, C. (Hrsg.) (2011). *Disorganized attachment and caregiving.* New York u. London: Guilford Press.

3 Fürsorge

Fürsorge, die wir anderen geben, wird von unseren eigenen Bindungserfahrungen geprägt. »Wir machen es so, wie es mit uns gemacht wurde«, schrieb Bowlby (1988; Übers. d. A.). In jeder Beziehung zwischen Erwachsenen und Kindern spielt nicht nur das Bindungsverhaltenssystem des Kindes, sondern auch das Fürsorgeverhaltenssystem des Erwachsenen eine zentrale Rolle für die Qualität der Interaktion und der Beziehung.

In der Pädagogik der frühen Kindheit ist die Bindungstheorie zwar als wichtiges Konzept schon länger akzeptiert, doch meist liegt der Fokus hier auf der Bindung der Kinder. Ist die Bindung unsicher oder gar desorganisiert, mit kontrollierendem Verhalten, erschwert dies den Alltag mit den Eltern und sekundären Fürsorgepersonen, wie Tagesmüttern oder pädagogischen Fachkräften in Kitas. Demnach ist das implizite pädagogische Ziel meist eine Veränderung des kindlichen Bindungsmusters in Richtung Bindungssicherheit. Durch verstärkte Berücksichtigung der Elternarbeit, gerade in den Frühen Hilfen, aber auch in der Kita, wird durchaus auf das Fürsorgeverhalten der Eltern eingegangen. Meist liegt hier der Fokus auf der Steigerung der Feinfühligkeit in der Fürsorge. Nur in entsprechend bindungsgeleiteten Frühen Hilfen und Unterstützungsprogrammen bei kindlichen Problematiken (z. B. SAFE®, WIEGE, STEEP™) wird dafür auch die Bindungsgeschichte der Eltern thematisiert und zur Bearbeitung teils eine Psychotherapie angeboten. Denn die Bindung beeinflusst stark, wie Fürsorge für eigene Kinder gezeigt wird. Aus Forschung an Lehrkräften und ihrem Umgang mit Kindern ist bekannt, dass die eigene Bindungsrepräsentation auch die Fürsorge von sekundären Bindungsfiguren in der Pädagogik beeinflusst (Beetz & Julius 2013). Doch nur wenige Interventionen setzen hier an. Dabei ist dies der Faktor, den pädagogische Fachkräfte am ehesten beeinflussen können, indem sie die eigene Bindungsgeschichte und Fürsorgerepräsentation reflektieren und an ungünstigen Verhaltensweisen arbeiten.

Hintergrund ist eine Perspektive, die der Kinder- und Jugendpsychotherapeut Jesper Juul (2012) als Voraussetzung für erfolgreiche Veränderungen in Beziehungen zwischen Kindern und Erwachsenen erachtet: Für die Qualität der Beziehung zwischen Erwachsenem und Kind ist immer der Erwachsene verantwortlich. Kinder sind im Grunde kooperativ, sie passen sich an. Wenn sie jedoch überfordert sind, dann sind die aus Erwachsenensicht unschönen Verhaltensweisen ein Hilferuf, dass etwas in der Beziehung nicht passt.

Die Bindungsrepräsentation des Kindes sowie die Beziehung zwischen Eltern und Kind oder pädagogischer Fachkraft und Kind ist daher nur zu verstehen, wenn auch das Fürsorgeverhalten des Erwachsenen genau betrachtet wird. Die Grundlagen dafür werden im Folgenden erläutert.

3.1 Das Fürsorgeverhaltenssystem

Das Bindungsverhaltenssystem eines Kindes macht nur Sinn, wenn die erwachsene Bindungsfigur auf dieses Verhalten reagiert. Das Fürsorgeverhalten ist komplementär zum Bindungsverhaltenssystem des Kindes (Bowlby 1969; 1982b) und ebenso in einem Verhaltenssystem organisiert. Ultimatives Ziel dieses Systems ist der Schutz des Kindes. Damit wird die reproduktive Fitness erhöht, also die Anzahl der Nachkommen, die überleben und selbst wiederum Nachkommen zeugen können (Solomon & George 1996). Wenn das Bindungsverhaltenssystem des Kindes durch Stress oder Gefahr aktiviert wird oder die Bindungsfigur eine Situation als potenziell gefährlich einschätzt, stellt sie Nähe zum Kind her oder erhält sie aufrecht. Es wird je nach Situation passendes weiteres Fürsorgeverhalten gezeigt, welches das Bindungsverhaltenssystem des Kindes deaktiviert und zu einem Gefühl der Sicherheit und Wohlbefinden beiträgt. Wie feinfühlig Fürsorgeverhalten gezeigt wird, hängt von den eigenen Bindungserfahrungen der Person, insbesondere in deren Kindheit, ab. Das Fürsorgeverhalten wird aber ebenso durch aktuelle Erfahrungen mit einem individuellen Kind beeinflusst (George & Solomon 2008a; Solomon & George 1996; 1999). Die Funktionen des Fürsorgeverhaltenssystems sind Schutz, Stressregulation, Fürsorge und Pflege (George & Solomon 2008a). Wie Fürsorge ausgedrückt wird, ist abhängig vom Entwicklungsstand und den individuellen Bedürfnissen des Kindes. Alle Verhaltensweisen, die darauf abzielen, die Nähe zum Kind herzustellen oder aufrechtzuerhalten, um Schutz und Beruhigung zu bewirken, können dem Fürsorgeverhalten zugeordnet werden. Dazu gehören beispielsweise Hingehen, Hochnehmen, Halten, Streicheln, Sprechen, Füttern oder Körperpflege.

3.2 Die Aktivierung des Fürsorgeverhaltenssystems

Das Fürsorgeverhaltenssystem der Bindungsfigur kann durch externale und internale Reize aktiviert werden. Dazu zählen externale und internale Reize wie folgende (George & Solomon 2008a):

externale Reize:

- Bindungsverhalten des Kindes, das meist Angst, Unruhe oder Unwohlsein bzw. insgesamt Stress signalisiert. Auch länger anhaltende Stresszustände des Kindes, welche nicht zu dauerhaftem Bindungsverhalten führen, wie akute Krankheit, Fieber, unruhiger Schlaf und Müdigkeit, gehören dazu.
- akute Gefahr für das Kind, auch wenn dieses die Gefahr noch nicht bemerkt hat und keine Bindungssignale sendet
- Stress und Angst, welche von der Mutter antizipiert werden, zum Beispiel in einer ungewohnten Umgebung, bei Anwesenheit einer fremden Person oder einer Person, die für ihr Kind angstauslösend sein könnte, oder Kälte draußen. Hier zeigt die Mutter proaktiv Fürsorgeverhalten, indem sie das Kind auf den Arm nimmt, warm anzieht u.v.m.
- Gefahr, die von der Mutter antizipiert wird, wie zum Beispiel aufziehendes Unwetter, einfahrende Züge am Bahngleis oder Gefahren im Straßenverkehr. Hier stellt sie proaktiv die Nähe her, um den Schutz ihres Kindes sicherzustellen.
- Stresszustände, die von der Mutter antizipiert werden, wie zum Beispiel aufkommende Müdigkeit zu einer bestimmten Uhrzeit, sodass mit Fürsorge vor Aktivierung des kindlichen Bindungsverhaltens gehandelt wird
- Das Kindchenschema (Lorenz 1943) – Babys an sich bzw. allein deren körperliche Merkmale wie großer runder Kopf, hohe vorgewölbte Stirn, großen Augen, aber auch deren Geruch können Fürsorge auslösen.

internale Reize:

- Innere Zustände der Mutter wie Krankheit, Müdigkeit oder Stress. Hier versucht die Mutter, Nähe zu ihrem Kind herzustellen, damit sie bei Bindungsbedürfnissen schnell reagieren kann, da ihre eigene Energie beeinträchtigt ist. Auch ein kritisches Niveau der Hormone Oxytocin oder Cortisol (▶ Kap. 4 und ▶ Kap. 5) aktiviert Fürsorge. Ersteres führt meist zu positivem Kontakt, der von beiden genossen wird, Letzteres ist Anzeichen für Stress bei der Mutter.
- Aktivierung anderer Verhaltenssysteme der Mutter wie Explorationsverhalten. Ist dies damit verbunden, dass sie zu einem anderen Ort geht oder sich weniger auf mögliche Gefahren in der weiteren Umgebung konzentrieren kann, wird die Nähe zum Kind hergestellt bzw. darauf geachtet, dass ihr Kind in der Nähe bleibt.
- Internalisierte Normen. Wenn die Mutter bestimmte Normen einer Kultur verinnerlicht hat (Cassidy 2008) oder diesen zumindest folgt, zum Beispiel wie oft ein Kind gefüttert werden sollte, ob es allein schlafen können sollte, ob man Babys auch mal weinen lassen sollte, beeinflusst dies ihr Fürsorgeverhalten. In westlichen Gesellschaften führt das meist eher zu einer Unterdrückung des spontanen Fürsorgeverhaltens, auch wenn wohl bei den meisten das Fürsorgeverhaltenssystem durchaus vom Bindungsverhalten des Kindes aktiviert wird. So stillt die Mutter nicht, wenn das Baby schreit und über Suchbewegungen anzeigt, dass es Hunger oder Durst hat, weil es in einem Ratgeber heißt, man solle nicht öfters als alle drei bis vier Stunden stillen. Dies entspricht jedoch nicht

einer feinfühligen Fürsorge, die sich an dem Bindungsverhalten des Kindes ausrichtet. Feinfühlige Beantwortung des kindlichen Bindungsverhaltens, wie Stillen nach Bedarf oder trösten, wenn das Kind weint, wird oft als »bindungsorientiere Erziehung« bezeichnet. Auch Schlafarrangements für Babys und Kleinkinder werden in der westlichen Gesellschaft immer noch von kulturellen Normen, dass ein Kind am besten allein in einem dunklen Raum schlafen sollte, gesteuert. Selbst wenn das Kind Bindungsverhalten wie Weinen zeigt, ist die gesellschaftliche Erwartung, dass die Mutter das Kind dennoch nicht mit ins eigene Bett nimmt. Allerdings ändern sich viele dieser Normen mit der Zeit, wie dies auch hinsichtlich Stillen, Füttern, Schlafsetting und Tragen in Tragehilfen in den letzten Jahren geschehen ist. In anderen Situationen sind kulturelle Gepflogenheiten dagegen mit engerer Fürsorge, zum Beispiel im Sinne von mehr Tragen am Körper, Körperkontakt zum Beispiel bei täglichen Massagen, assoziiert.
- Erfahrungen der Mutter mit den eigenen Bindungsfiguren in der Kindheit. Ob Fürsorgeverhalten in einer Situation ausgelöst wird und wie dies konkret gestaltet wird, hängt von eigenen Fürsorge- und Bindungserfahrungen in der Kindheit ab. Dies betrifft vor allem die Feinfühligkeit des Fürsorgeverhaltens, also die Sensitivität, mit der die Mutter kindliche Bindungssignale wahrnimmt, sowie prompt und angemessen darauf reagiert (George & Solomon 2008a).
- Wunsch nach Kontakt und Nähe. Auch ohne Bindungssignale des Kindes, drohende oder aktuelle Gefahr oder Stress für das Kind wird Fürsorgeverhalten gezeigt. Die Mutter stellt Nähe und Kontakt her, initiiert eine positive Interaktion und schafft somit positive gemeinsame Erfahrungen außerhalb eines stressbezogenen Kontextes. Dies ist Fürsorge ohne Aktivierung des kindlichen Bindungsverhaltenssystems, welche die Bindungs-Fürsorge-Beziehung stabilisiert und Liebe und Verbundenheit ausdrückt. Diese spontane Nähe und Gegenseitigkeit, die sowohl Kind als auch Mutter initiieren können, wird in der Bindungsliteratur häufig vernachlässigt. Dabei hat bereits Mary Ainsworth (1967; 1991) entsprechendes Verhalten als ein Element der sicheren Basis beschrieben. Solche Interaktionen fördern die Entwicklung von Sicherheit beim Kind, welche zu einer möglichst stressfreien Exploration und tiefgreifenden, nachhaltigen Lernerfahrungen beiträgt. Ebenso profitiert die Mutter von dieser stressunabhängigen Interaktion und Nähe, durch Aktivierung des Oxytocinsystems (▶ Kap. 5).

3.3 Die Deaktivierung des Fürsorgeverhaltenssystems

Die Aktivierung des Fürsorgeverhaltenssystems geht mit einer physiologischen Aktivierung der Mutter einher. Deaktiviert ihre Fürsorge das Bindungssignal des

Kindes nicht zügig, entsteht Stress bei der Mutter. Erfolgreiche Fürsorge dagegen, die Sicherheit, Wohlbefinden und Deaktivierung des Bindungsverhaltenssystems beim Kind erreicht, hat auch eine stressregulierende und beruhigende Wirkung auf die Mutter und ist begleitet von positiven Emotionen wie Freude und Zufriedenheit. Ist das Kind wieder zufrieden und genießen beide den Kontakt, so führt dies zur Ausschüttung von Oxytocin. Damit wird erfolgreiches Fürsorgeverhalten von der körpereigenen Physiologie »belohnt«. Dagegen führt es zu starken negativen Reaktionen wie Ärger, Trauer, Angst und Verzweiflung, wenn Mütter von ihren Kindern getrennt werden oder wenn ihre Fähigkeit, ihr Kind zu schützen, zu trösten und zu versorgen, bedroht oder blockiert wird (George & Solomon 2008a) – sei es, weil die Mutter für ein durstiges Kind nichts zu trinken hat, Schmerzen bei Verletzungen nicht so einfach mindern kann oder das Kind trotz Müdigkeit nicht einschlafen kann. Ebenso kann auch eine Trennung vom Kind, das gerade Bindungsverhalten zeigt oder für das Stress antizipiert wird oder eine andere Art der Verhinderung von Fürsorge zu diesen negativen Emotionen führen.

Auch das Fürsorgeverhaltenssystem ist flexibel und erlaubt Anpassung an verschiedene Umstände. Die Aktivierung des Fürsorgeverhaltenssystems führt nicht automatisch zu fürsorglichem Verhalten. Die Mutter muss, basierend auf ihrer bewussten und unbewussten Bewertung verschiedener Informationsquellen, »entscheiden«, ob und wie sie sich verhält. Sowohl die Signale des Kindes als auch die Gefährlichkeit einer Situation werden bewertet. Beides bezieht die Mutter in die Entscheidung ein, die sie nur teils bewusst fällt. Dies erfordert, dass die Bindungsfigur flexibel die Informationen der verschiedenen Quellen integriert, um dadurch dem Ziel des Fürsorgeverhaltens gerecht zu werden (ebd.).

Fallbeispiel: Das Baby weint und weint – nicht nur Stress für die Mutter

Saßen Sie schon einmal in einem Flugzeug, bereit für einen mehrstündigen Flug, und direkt in der Reihe neben ihnen saß eine Mutter mit einem weinenden Baby? Obwohl Sie Kinder mögen, oder gerade deswegen, fragen Sie sich in dieser Situation, was das wohl für ein anstrengender Flug werden wird, und hoffen inständig, dass das Baby aufhören möge zu weinen.

Denn weinende Babys aktivieren nicht nur bei der zuständigen Mutter, die fürsorglich das Baby in ihren Armen hin und herwiegt, Fürsorgeverhalten, sondern auch bei vielen anderen Erwachsenen, selbst wenn diese an sich nicht gemeint sind. Weint das Baby weiter, gerät nicht nur die Mutter, die sich ja kümmert, unter Stress, sondern auch die weiteren Personen in der Nähe. Die meisten Mütter geraten nach längerem Schreien immer mehr unter Stress, versuchen verschiedene Strategien wie Füttern und Herumtragen. Für manche Mütter erhöht sich der Stress noch, da sie die negative Bewertung der Mitreisenden fürchten. Weint das Baby während des Fluges viel, sind alle, Kind, Mutter, Mitreisende, meist unter Stress und deaktivieren erst, wenn sie das Weinen entweder nicht mehr hören (Mitreisende) oder das Baby aufhört zu weinen (Mutter).

3.4 Stress durch das Fürsorgeverhaltenssystem

Heute geraten Mütter häufig unter Stress, weil äußere Umstände sie davon abhalten, feinfühlig Fürsorge für ihr Kind zu zeigen, obwohl es deutlich Bindungsbedürfnisse äußert. Zu diesen Umständen zählen:

- Trennungen des Kindes von der Mutter, ohne dass eine bereits etablierte sekundäre Bindungsfigur, der die Mutter aus Erfahrung vertraut, die Fürsorge übernimmt. Zu beobachten ist dies zum Beispiel beim Besuch von Kitas oder Tagesmüttern, wenn keine ausreichende Eingewöhnung durchgeführt wurde und das Kind beim Gehen der Mutter weint. Für die Mutter führt die Aktivierung ihres Fürsorgeverhaltenssystems zu Stress, weil sie ihr Kind weinen hört, aber gehen »muss/soll«. Ihr System wird nicht deaktiviert, weil sie nicht prüfen kann, ob das Kind aufgehört hat zu weinen. Hier müssen über weitere kognitive Abwehrprozesse der Stress und das Fürsorgeverhaltenssystem reguliert werden. Ähnliches gilt für viele Angebote für Kinder im Kindergartenalter, sei es Sport, Musik oder Kunst, bei denen erwartet wird, dass das Kind ohne die Mutter oder eine andere Bindungsfigur teilnimmt, und diese auch nicht im Raum sein dürfen. Meist sind die pädagogischen Fachkräfte den Müttern kaum oder gar nicht bekannt und sie können erst im Nachhinein von den Kindern erfahren, ob es ihnen gefallen hat. Allerdings weigern sich auch viele Kinder und Eltern gegen die Teilnahme an solchen Settings bis zu einem Alter, in dem das Kind von sich aus Bereitschaft dafür signalisiert.
- Situationen, in denen die Mutter Gefahr für ihr Kind sieht, dieses aber keinen Schutz will, da es gesellschaftlich unerwünscht ist, hier mütterliche Fürsorge zu erhalten, zum Beispiel bei der Ausübung gefährlicher, also potenziell verletzungsträchtiger Sportarten oder Aktivitäten, auf die das Kind aber besteht. Direktes Zusehen, aber auch einfach das Wissen um die gerade ablaufende Aktivität des Kindes kann zu einer Aktivierung des Fürsorgeverhaltenssystems führen, auch wenn das Kind, etwa bei leichteren Verletzungen, keine Fürsorge wünscht, weil es von Peers nicht negativ bewertet werden will.
- Situationen, die für das Kind mit Angst, Stress und möglicherweise Schmerzen verbunden sind, wie medizinische Eingriffe in Abwesenheit der Mutter. Hier ist die Mutter über das während dieser Zeit dauerhaft aktivierte Fürsorgeverhaltenssystem in einem Stresszustand, bis sie wieder beim Kind sein kann bzw. dieses auch kein Bindungsverhalten mehr zeigt.

3.5 Die Flexibilität des Fürsorgeverhaltenssystems

Die oben genannten Beschreibungen gehen davon aus, dass es eine Primärstrategie des Fürsorgeverhaltens gibt, welche die Funktionen des Schutzes und Stressregulation optimal erfüllt. Nur wenn dieser Primärstrategie gefolgt wird, sind die obigen Zusammenhänge so gegeben. Je nach eigenen Bindungserfahrungen, Interaktionen mit einem individuellen Kind und möglichen Belastungsfaktoren hat die Mutter möglicherweise jedoch Sekundärstrategien ihres Fürsorgeverhaltenssystems entwickelt. Diese lassen sich im Fürsorgeverhalten beobachten und zeichnen sich durch weniger Feinfühligkeit im Fürsorgeverhalten aus. Weniger Feinfühligkeit der Mutter ist wiederum mit einer höheren Wahrscheinlichkeit für eine unsichere Bindung bei ihrem Kind assoziiert.

George und Solomon (2008) orientieren sich bei ihrer Forschung zum Fürsorgeverhalten am Konzept des Fürsorgeverhaltenssystems und dessen mentaler Repräsentation im internalen Arbeitsmodell von Fürsorge, wie schon von Bowlby (1982a) beschrieben. Dabei ist das Fürsorgeverhaltenssystem ein eigenständiges Verhaltenssystem, das sich auf Basis der eigenen frühen Bindungs- und Fürsorgeerfahrungen mit den primären Bindungsfiguren entwickelt. Des Weiteren beeinflussen auch Erfahrungen mit der Fürsorge für eigene Kinder die Repräsentation. Wie die Bindungsrepräsentation, so lässt sich auch die Repräsentation von Fürsorge in verschiedene Modelle einteilen, die mit sicherer und unsicherer Bindung assoziiert sind. Das internale Arbeitsmodell von Fürsorge steuert und organisiert fürsorgebezogene Emotionen, Kognitionen und Verhaltensweisen. Beurteilen lassen sich die unterschiedlichen Verhaltensmuster der Fürsorge über Beobachtungen von Interaktionen zwischen Kind und Bindungsfigur. Das internale Arbeitsmodell, also die Repräsentation des Fürsorgeverhaltenssystems, kann über Interviewverfahren erfasst werden, zum Beispiel über das Caregiving-Interview (George & Solomon 2008b).

Um Bindungsrepräsentationen im Erwachsenenalter und Fürsorgeverhalten entsprechend zuordnen zu können, wird im Folgenden auf Bindung im Erwachsenenalter eingegangen. Die Bindung im Erwachsenenalter kann nicht mehr anhand der Kriterien, die im Alter von null bis sechs Jahren zutreffen, beschrieben werden. Anstelle von konkret beobachtbarem Verhalten spielen kognitive Abwehrprozesse eine maßgebliche Rolle. Denn das beobachtbare Verhalten im Erwachsenenalter kann durch viele Faktoren wie soziale Normen, Erwartungshaltungen, Verhaltenshemmung aufgrund von Ängsten oder negative Erfahrungen beeinflusst werden. Im Folgenden werden diese Abwehrprozesse erklärt, was ein tiefergreifendes Hineindenken in die Psyche anderer Personen erfordert.

3.6   Bindung im Erwachsenenalter

Um weiterhin dem Ansatz von Verhaltenssystemen und internalen Arbeitsmodellen zu folgen, orientiert sich die folgende Beschreibung der Bindung im Erwachsenenalter am von George, West und Pettem (1997) entwickelten projektiven Verfahren, dem Adult Attachment Projective (AAP; George & West 2012; 2021). Dieses Verfahren nutzt zur Unterscheidung der Bindungsrepräsentationen die Beurteilung verschiedener psychischer Abwehrprozesse, die schon Bowlby (1980) beschrieben hat: kognitive Abtrennung, Deaktivierung und abgetrennte Systeme.

Unter *Deaktivierung* versteht man den Versuch, bindungsrelevante Inhalte aus dem Bewusstsein zu halten. Dies zielt darauf ab, die Bedeutung von Bindung oder Fürsorge auszublenden, zu minimieren und abzuwerten (Buchheim & Kächele 2002). Zur Deaktivierung zählt auch der Übergang von Bindungsthemen zu anderen Verhaltenssystemen, wie zum Fokus auf das affiliative System, das für Freundschaften zu ständig ist, oder auf Exploration, wozu Arbeit und Freizeit zählen (George, West & Pettem 1997). Es geht darum, eine psychische Distanz zwischen der eigenen Person und den Reizen zu schaffen, die das Bindungsverhaltenssystem aktivieren. Dies ist die Basis von Vermeidung und Zurückweisung in Bindungs-Fürsorge-Beziehungen (George & Solomon 1996). Im Alltagsverhalten kann sich diese Strategie darin ausdrücken, dass bei Aktivierung des Bindungsverhaltenssystems Aktivitäten bevorzugt werden, welche die Gedanken intensiv davon ablenken, sodass Emotionen heruntergeregelt bleiben. Das kann zum Beispiel über Fernsehen, Computerspiele, intensive Beschäftigung mit Arbeitsaufgaben oder Lesen geschehen.

Kognitive Abtrennung ist eine Form der Abwehr, bei der bindungsbezogene Themen aus dem Bewusstsein ausgeschlossen werden sollen. Diese Form der Abwehr ist mit einer Bindungs- oder Fürsorgerepräsentation als vage, verwirrend und ambivalent assoziiert. Sie geht mit übermäßiger mentaler Beschäftigung mit bindungsrelevanten Erfahrungen, Personen oder Gefühlen einher (ebd.). Hier werden die Emotionen durch die intensive Beschäftigung mit der bindungsrelevanten Thematik eher hochgefahren. Es werden in Gedanken viele Optionen, wie es weitergehen könnte, was anderen denken oder tun könnten, was man selbst fühlen oder machen könnte, durchgespielt. Diese Strategie steht im Kontrast zur Deaktivierung.

Abgetrennte Systeme wurden bereits vorgestellt. Hier können die traumabezogenen Informationen, Gedanken und Gefühle nicht mehr in das bestehende internale Arbeitsmodell von Bindung integriert werden, und es wird als Abwehrprozess ein neues, davon getrenntes System dafür entwickelt.

Verschiedene Bindungsrepräsentationen im Erwachsenenalter sind mit verschiedenen Mustern dieser Abwehrprozesse verbunden (George, West & Pettem 1997).

Sicher-autonom gebundene Personen zeigen sogenannte »flexible Integration« hinsichtlich ihrer Bindungsrepräsentation und gute Emotionsregulation. Sie benötigen wenig Abwehrprozesse in Bezug auf Bindung. Sie setzen, wenn nötig, durchaus beide Strategien, kognitive Abtrennung und Deaktivierung, ein, um bei Aktivierung des Bindungsverhaltenssystems reguliert zu bleiben. Im Kontrast zu Personen mit unsicherer Bindung weisen sie selbst bei Nutzung dieser Abwehrprozesse sicheres Bindungsverhalten auf, suchen Kontakt zu Bindungsfiguren oder beziehen sich auf die internalisierte sichere Basis (internalized secure base) aus ihren Beziehungserfahrungen. Die internalisierte Basis vermittelt Sicherheit, auch wenn kein unmittelbarer Kontakt mit den Bindungsfiguren besteht, und entwickelt sich im Laufe der Kindheit. Die internalisierte sichere Basis ist die mentale Repräsentation der sicheren Bindungserfahrungen und -erwartungen, die Sicherheit vermittelt. Ebenso kann die internale Repräsentation der Bindungsfiguren als unterstützend und fürsorglich ausreichen, um Bindungsstress zu mindern, auch wenn direkter Kontakt vielleicht erst zu einem späteren Zeitpunkt möglich ist. Im Erwachsenenalter kann – anders als in der frühen Kindheit – viel über mentale Repräsentationen sicherer Bindungserfahrungen reguliert werden. Erwachsenen mit sicher-autonomer Bindung fällt es leicht, Nähe zu anderen Personen herzustellen und vertrauensvolle Beziehungen aufzubauen und aufrechtzuerhalten. Sie können soziale Unterstützung vom Bindungspartner gut zur Stress- und Emotionsregulation nutzen. Körperkontakt wird initiiert und auch angenommen, und kann zu Entspannung und Wohlfühlen beitragen.

Erwachsene mit unsicherer Bindung unterscheiden sich in ihren vorrangig verwendeten Abwehrprozessen.

Personen mit *unsicher-distanzierter Bindung* (entspricht unsicher-vermeidend in der Kindheit) nehmen vorrangig eine vermeidende, distanzierte und losgelöste Position hinsichtlich Bindung ein. Sie nutzen vor allem den Abwehrprozess der Deaktivierung. Auch kognitive Abtrennung ist bei ihnen zu finden (George & Solomon 1996), jedoch bei Weitem nicht so ausgeprägt wie bei der unsicher-verstrickten Gruppe (s. u.). Sie werten die Bedeutung von Bindung zu anderen Personen ab, betonen Selbstständigkeit und Selbstverlässlichkeit. Statt sich mit der emotionalen Seite von zwischenmenschlichen Erfahrungen auseinanderzusetzen, finden sie Halt in der Orientierung an Normen, Regeln, Autoritäten und Leistungsstandards. Personen mit unsicher-distanzierter Bindung tendieren zur Normalisierung und Idealisierung. Zum einen werden Ereignisse und Empfindungen, die andere intensiv wahrnehmen, heruntergespielt. Sie werden als normal und neutral beschrieben. Zum anderen beschreiben sie ihre Beziehungen als sehr positiv und idealisieren sie. Das betrifft auch ihre Erfahrungen mit den Eltern, die sie als positiv empfinden, ohne dass dies durch entsprechend positive Erinnerungen an mehrere bindungsrelevante Ereignisse belegt werden kann. Erwachsene mit unsicher-distanzierter Bindung fühlen sich unwohl dabei, anderen emotional nahezukommen und lassen sich kaum vertrauensvoll auf Beziehungen ein. Körperkontakt wird (in nicht-sexuellen Interaktionen) vermieden, oder in ritualisierter Form gezeigt, wie bei landesüblichen Begrüßungen.

Personen mit *unsicher-verstrickter Bindung* (entspricht unsicher-ambivalent in der Kindheit) sind ständig mit Bindungsthemen beschäftigt und in ihnen verfangen. Sie nutzen vorrangig die Abwehr der kognitiven Abtrennung, obwohl sie gelegentlich auch Versuche der Deaktivierung zeigen, die jedoch meist misslingen. Auf der einen Seite existiert ein starkes Bedürfnis nach Nähe, anderseits haben sie wenig Vertrauen zu Bindungspartnern. Emotional sind sie stark involviert und machen sich ständig Sorgen um ihre Partnerschaft oder andere enge Sozialbeziehungen. Sie haben und wollen Körperkontakt, kommen dabei aber nicht zu innerer Ruhe. Erwachsene mit unsicher-verstrickter Bindung fordern ständig Fürsorge von Partnern oder Freunden bzw. Bestätigung, dass die Beziehung eng und gut ist. Dies überfordert viele Erwachsene und führt wiederum zu Erfahrungen von Zurückweisung und Ablehnung.

Personen mit *desorganisierter oder desorientierter Bindung* zeigen auch im Erwachsenenalter eine Dysregulation im Verhalten bei Aktivierung ihrer abgetrennten Systeme (Bowlby 1980; George & Solomon 1996). Grund dafür sind die Gefühle der Angst, Hilflosigkeit und des Kontrollverlustes, die dabei auftreten und mit den Bindungstraumata assoziiert sind. Auch bei Erwachsenen lassen sich in diesen Situationen emotionale Ausbrüche, unerklärliches und nicht zielführendes Verhalten oder Dissoziation beobachten. Sind die abgetrennten Systeme gerade nicht aktiviert, leben diese Personen relativ »normal«. In Beziehungen nutzen sie entsprechend ihre zugrunde liegende Bindungsstrategie (sicher-autonom, unsicher-distanziert, unsicher-verstrickt), falls diese nicht vollständig durch die Desorganisation überlagert ist. Psychische Belastungen und Erkrankungen sind deutlich häufiger als bei den anderen Bindungsrepräsentationen zu finden (Buchheim 2002). Personen mit Bindungsdesorganisation nutzen zwar kognitive Abtrennung und Deaktivierung, schaffen es jedoch bei Aktivierung ihrer abgetrennten Systeme nicht, über diese psychischen Abwehrprozesse organisiert zu bleiben. Sie können in dieser Situation belastende Gedanken und Gefühle zu Bindungserfahrungen nicht aus dem Bewusstsein ausschließen (George & West 2023).

Die Bindungsrepräsentationen beeinflussen die Interaktionen mit romantischen Partnern, Freunden und Kollegen im Erwachsenenalter. Anders als in Beziehungen eines Kindes zur Bindungsfigur wechseln die Bindungspartner immer wieder die Rollen. Ist ein Partner unter Stress und bedarf Unterstützung, so zeigt der andere idealerweise feinfühliges Fürsorgeverhalten, bietet Hilfe an und trägt so zur Regulation bei. In einer anderen Situation kann es genau umgekehrt sein. Ausbalancierte Beziehungen zeigen über längere Zeit ein Gleichgewicht in Bindungs- und Fürsorgeverhalten beider Partner.

Im Kontakt mit Kindern jedoch leitet das eigene Fürsorgeverhaltenssystem des Erwachsenen seine Gedanken, Emotionen und Handlungen gegenüber den Bindungsbedürfnissen. Mit Kindern sollte es in einer gelingenden Beziehung nie zu einem Rollenwechsel kommen, vor allem nicht in der frühen Kindheit. Der Erwachsene sollte die stärkere, weisere und fürsorgliche Position einnehmen und idealerweise feinfühlig auf das Kind eingehen.

3.7 Primär- und Sekundärstrategien des Fürsorgeverhaltenssystems

»Für alle Dinge und Erfahrungen gibt es ein optimales Maß. Über diesem Wert wird die Variable toxisch. Unter diesen Wert zu fallen, bedeutet depriviert zu werden« (Bateson 1979, S. 56; Übers. d. A.).

Fürsorge zu geben ist fast immer gut gemeint. Wieviel Fürsorge und in welcher Form sie gezeigt wird, hat jedoch erheblichen Einfluss auf die Qualität der Bindungs-Fürsorge-Beziehung. Wie das Zitat oben nahelegt, gibt es für alles ein optimales Maß, auch für das Fürsorgeverhalten gegenüber Kindern. Dieses Optimum ist in Bezug auf Fürsorgeverhalten von vielen Faktoren abhängig: beispielsweise vom Alter des Kindes, seinen individuellen Bedürfnissen, der Feinfühligkeit der Bindungsfigur und ihren Ressourcen. Im Folgenden werden verschiedene Qualitäten bzw. Repräsentationen des Fürsorgeverhaltenssystems dargestellt. Da die zugrundeliegende Forschung von George und Solomon (2008), auf die sich die folgenden Ausführungen beziehen, mit Müttern durchgeführt wurde, beziehen sich die folgenden Ausführungen vorrangig auf Mütter. Wir nehmen jedoch an, dass sich vieles auf sekundäre Bindungsfiguren wie pädagogische Fachkräfte übertragen lässt, auch wenn Letztere zusätzlich von Leitlinien pädagogischen Handelns in ihrem kulturellen Kontext beeinflusst werden.

Je nach den individuellen Fürsorge- und Bindungserfahrungen entwickeln Personen ein *flexibles, distanziertes, vages oder desorganisiertes* internales Arbeitsmodell von Fürsorge (zur Beschreibung s. u.). Diese internalen Fürsorgerepräsentationen korrespondieren überwiegend, aber nicht gänzlich mit der sicheren, vermeidenden, ambivalenten und desorganisierten Bindung des Kindes in der jeweiligen Bindungs-Fürsorge-Beziehung (George & Solomon 2008a). Vor allem Erwachsene mit sicher-autonomer Bindungsrepräsentation haben mit einer sehr hohen Wahrscheinlichkeit auch ein flexibles Fürsorgeverhaltenssystem, das von flexibler Integration charakterisiert ist, und sicher gebundene Kinder (Benoit, Parker & Zeanah 1997; van Ijzendoorn 1995). Doch gerade bei Müttern mit desorganisiert gebundenen Kindern ist nicht immer eine Korrespondenz in ihrem eigenen Bindungsmuster und Fürsorgeverhaltenssystem zu finden. Das bedeutet, dass nicht alle Mütter, die Fürsorgeverhalten zeigen, das dysregulierter oder desorientierter Fürsorge entspricht, und die Kinder mit desorganisierter Bindung haben, selbst auch eine Bindungsdesorganisation aufweisen. Dabei wäre dies aufgrund des sogenannten Assimilationsmodels (Solomon & George 1996), das im Feld der Bindungstheorie weite Akzeptanz erfährt, so anzunehmen.

Unter Assimilation versteht man den Prozess, über den neue Erfahrungen und Informationen in ein bereits vorhandenes Schema eingeordnet werden. Man geht davon aus, dass eine Mutter ihre Erfahrungen mit ihrem eigenen Kind in ihr bereits vorhandenes internales Arbeitsmodell von Fürsorge integriert. Das ist jedoch nicht immer der Fall (George & Solomon 2008a). Können neue Erfahrungen nicht in ein bestehendes Schema eingeordnet werden, da sie nicht »passen«, kommt es zum Prozess der Akkomodation. Im Zuge der Akkomodation wird das Schema angepasst und verändert. Nicht immer vollzieht sich also eine direkte Übertragung der mütterlichen Bindungsrepräsentation über ihr Fürsorgeverhalten auf die kindliche Bindung.

Mütter von Kindern mit Bindungsdesorganisation sollten also im Sinne der Assimilationstheorie selbst ein unverarbeitetes Bindungstrauma aufweisen, was jedoch nicht immer der Fall ist. Auch Mütter, die ein Bindungstrauma verarbeitet haben und sich Bindungssicherheit erarbeitet haben (im Englischen: earned security), haben oft Kinder mit Bindungsdesorganisation. Für ihr eigenes Kind zu sorgen, führt bei diesen Müttern zur Dysregulation in ihrem Fürsorgeverhalten und reaktiviert alte traumabezogene Ängste und Erinnerungen (Fisher 2000). Dann kann es passieren, dass sie selbst in Fürsorgesituationen außer Kontrolle gerät und beispielsweise Aggression, Angst oder Dissoziation zeigt und ihr Kind dadurch direkt oder indirekt in Angst versetzt.

George und Solomon (2008a; 2008b) unterscheiden anhand ihrer Forschung mit Müttern, die sie über Interviews und Fragebögen zu Bindung und Fürsorgeverhalten befragt haben, verschiedene Repräsentationen von Fürsorge, die höchstwahrscheinlich in ähnlicher Form auch auf männliche und sekundäre Bindungsfiguren zutreffen. In der Fürsorge geht es darum, angepasst an das individuelle Kind und seine Signale und Bedürfnisse, Fürsorgeverhalten zu zeigen. Es gibt also ein Optimum an Fürsorge für die jeweilige Situation und Interaktion, ein Zuviel wäre ebenso ungünstig wie zu wenig (s. Zitat von G. Bateson). Dies gilt auch hinsichtlich der Repräsentation von Fürsorge mit einer zu geringen Wahrnehmung kindlicher Bindungsbedürfnisse oder einer Überbeschäftigung mit diesen.

Das flexible Fürsorgemodell: Mütter von sicher gebundenen Kindern weisen meist eine Repräsentation von Fürsorge auf, die durch Flexibilität oder flexible Integration gekennzeichnet ist. Ihre Feinfühligkeit ist stark ausgeprägt, sie nehmen kindliche Bindungssignale zeitnah wahr, interpretieren sie korrekt und reagieren adäquat und prompt darauf (Belsky et al. 2005). Damit eine Mutter flexible Fürsorge über längere Zeiträume aufrechterhalten kann, muss sie Bedürfnisse und weitere Anforderungen aus unterschiedlichen Quellen berücksichtigen. Primär betrifft dies die Bedürfnisse des Kindes nach Nähe und Schutz in einer stressreichen Situation. Aber auch kulturelle Erwartungen, zum Beispiel ob und wie man auf bestimmte kindliche Bindungssignale reagieren sollte, und eigene Bedürfnisse aufgrund der Aktivierung anderer Verhaltenssysteme, wie zum Beispiel des Explorationsverhaltenssystems, müssen ausbalanciert werden. Je nach Alter des Kindes, verändert sich auch die Gewichtung der kindlichen Bedürfnisse gegenüber eigenen Bedürfnissen wie etwa das Treffen von Freunden, Zeit für sich oder Arbeit. Es bleibt jedoch bei einer für Kind und Mutter guten Balance der Bedürfnisbefriedigung, oft auch mithilfe der Fürsorgeunterstützung durch weitere Bindungsfiguren. Auch wie geantwortet wird, wie die Exploration des Kindes unterstützt wird, wie viel Autonomie dem Kind zugestanden wird, verändert sich mit der Zeit bei Müttern mit flexibler Fürsorge, passend zu Entwicklungsstand und Kompetenzen des Kindes. In der Fürsorge ist häufig Körperkontakt zu beobachten, Nähe wird auch außerhalb von Fürsorgehandlungen hergestellt, um die Beziehung zu stärken. Insgesamt erfüllen Mütter mit flexibler Fürsorge in sehr hohem Maße die Ziele des Fürsorgeverhaltenssystems, nämlich das Kind zu schützen und dessen Emotionen, Befinden und Stress zu regulieren oder vorausschauend negatives Befinden oder Gefahren und Bedrohungen zu vermeiden.

Unsichere Bindungsmuster stellen als Sekundärstrategien des Bindungsverhaltenssystems eine Anpassungsleistung an suboptimale Umstände, ungünstige soziale Umwelt und wenig feinfühlige Fürsorgepersonen dar. Ebenso verhält es sich mit *sekundären Fürsorgestrategien.* Auch diese stellen eine Anpassung an suboptimale oder aversive Bedingungen in der Umwelt oder Herausforderungen durch das Kind dar. Üblicherweise resultieren sie in einer unsicheren Bindung beim Kind. Auch die sekundären Fürsorgeverhaltensstrategien werden anhand der Abwehrprozesse unterschieden, welche die Bindungsfigur bei der Fürsorge einsetzt, um sich reguliert und organisiert zu halten (Bowlby 1973). Nach George und Solomon (1996; 2008a) kommen auch hier Deaktivierung, kognitive Abtrennung und abgetrennte Systeme zum Einsatz. Zwar gewährleisten Deaktivierung und kognitive Abtrennung einen »noch ausreichenden« Schutz des Kindes sowie eine »noch ausreichende« Fürsorge. Kinder von Müttern, die organisierte Sekundärstrategien der Fürsorge verfolgen, können aber kaum eine sichere Bindung aufbauen.

Die *distanzierte Fürsorge* zeichnet sich durch die hauptsächliche Nutzung des Abwehrmechanismus der Deaktivierung aus. Sie findet sich vorrangig bei Müttern von vermeidend gebundenen Kindern, die häufig selbst unsicher-distanziert gebunden sind. Wie bei der Bindung zielt dieser Mechanismus in der Fürsorge darauf ab, die bewusste Wahrnehmung von bindungsbezogenen Bedürfnissen und Belastungen zu unterbinden (Bowlby 1979). Die Bedeutung von kindlichen Bedürfnissen und Fürsorge wird heruntergespielt, das Kind als autonom und selbstständig abgebildet. Das Fürsorgeverhalten ist durch »distanzierten Schutz« charakterisiert (Solomon & George 1996). Das heißt, dass die Mutter das Kind entweder selbst aus der Distanz überwacht oder dass sie die Fürsorge einer anderen Person anvertraut. Selbst reagiert sie auf kindliche Bindungssignale zurückhaltend und stellt nur wenig Körperkontakt her. Das kann als eine Form der Zurückweisung interpretiert werden. So empfinden viele Kinder dies auch und zeigen mit ihrer vermeidenden Bindung nach einiger Zeit Bindungssignale eben nicht mehr offen, suchen keinen Körperkontakt mehr. Ist die Deaktivierung der Mutter erfolgreich, wird die Aktivierung des Fürsorgeverhaltenssystems weitgehend verhindert und es resultiert in bindungsrelevanten Situationen eine physische und psychologische Distanz zwischen Mutter und Kind. In dieser distanzierten Repräsentation von Fürsorge ist die Bedeutung von Fürsorge und Bindung ausgeblendet oder abgewertet. Dagegen stellen Mütter mit distanzierter Fürsorge die Bedeutung ihrer eigenen Bedürfnisse über die Bindungsbedürfnisse ihrer Kinder. Wahrscheinlich liegt das an den eigenen Erfahrungen mit wenig feinfühligen Bindungsfiguren, welche die Mütter selbst noch bedürftig und auf sich selbst fokussiert handeln lassen. Daher sind sie in der Elternrolle unfähig oder unwillig, die eigenen Bedürfnisse zurückzustellen, falls sie die Bindungsbedürfnisse des Kindes überhaupt als solche anerkennen und als relevant erachten. Distanzierte Fürsorge wird in westlichen Kulturen durch die Erwartung an die frühe Selbstständigkeit von Kindern begünstigt, etwa sich selbst zu regulieren, hinsichtlich Alleinschlafen, sich allein zu beschäftigen, mutig zu sein und neue Situationen allein zu meistern. Bei distanzierter Fürsorge sind Bindung des Kindes und Fürsorge der Mutter sowie Explorationsbedürfnisse beider in einem Ungleichgewicht. Insbesondere das Explorationsverhaltenssystem der Mutter erhält übermäßig viel Gewicht, sei es um Arbeit oder anderen nicht fürsorgebezogenen Aktivitäten nachzugehen.

Auch Mütter mit distanzierter Fürsorge zeigen natürlich Fürsorgeverhalten und erfüllen das Ziel des Schutzes und der Versorgung ihrer Nachkommen in ausreichendem Ausmaß. Sie wickeln und füttern ihre Babys, beschützen sie vor Kälte und explorieren mit ihnen die Umwelt u.v.m. Ihr Fürsorge- und ihr Schutzverhalten »springen« jedoch erst ab einem höheren Schwellenwert an, zum Beispiel wenn es wirklich gefährlich für das Kind wird. Die Wichtigkeit von Regeln, Routinen, Ritualen, festen Zeiten und Abläufen wird betont, mit wenig Rücksicht auf das aktuelle Befinden des Kindes. Fordert das Kind vehement weitere Fürsorge und Nähe ein, so folgt entsprechendes Fürsorgeverhalten deutlich zeitverzögert und wird meist als »Nachgeben«, damit das Bindungsverhalten »endlich aufhört«, empfunden. Zum einen steht hier funktionale Fürsorge im Vordergrund und nicht emotionale Fürsorge. Mütter mit distanziertem Fürsorgeverhalten kümmern sich um ihr krankes Kind, gehen zum Arzt, geben Medikamente, kochen Tees – aber emotionaler Trost und Körperkontakt, also emotionale Fürsorge, welche wirklich die Bindungsbedürfnisse erfüllt, finden kaum statt. Zum anderen genießen Mütter mit distanzierter Fürsorge den nach vehementem Einfordern stattfindenden Kontakt nicht, und zeichnen eher ein entsprechend negatives Bild von Fürsorge. Fürsorge für die Kinder ist eine Pflicht, die wenig mit Freude und eigener Erfüllung assoziiert ist.

Fallbeispiel: Distanzierte Fürsorge – »Die Krankenschwestern konnten sie doch eh viel besser versorgen.«

Nena, 38, promovierte Chemikerin, und Mutter von Phillip (10) und Lea (2), unterhält sich mit Tanja, 40, Ärztin, und Mutter von Mia (4) und Sophie (2). An sich verstehen sich beide gut, sie kennen sich aus der Kita, in die Mia halbtags und Lea ganztags geht. Nena arbeitet 80%, und obwohl sie sehr gut einen Großteil der Arbeit im Homeoffice erledigen könnte, geht sie lieber ins Büro. Tanja arbeitet halbtags im Homeoffice, von den Zeiten her selbstbestimmt, und prüft für eine Forschungseinrichtung Anträge.

Nena: Sag mal, Tanja, wieso hast du denn Sophie noch nicht in der Kita angemeldet? Sie ist doch schon zwei Jahre alt. Willst du nicht mal wieder was Gescheites arbeiten? Bei deiner Ausbildung?

Tanja: Wieso, ich arbeite doch! Aber ich verbringe noch lieber Zeit mit meinen beiden Kindern, sie sind ja so schnell groß. Und ich will auch Sophie erst mit drei im Kindergarten eingewöhnen, früher ist man ja auch nicht mit zwei gegangen und aus uns ist was geworden. Außerdem glaube ich, dass sie da auch bisher wenig Interesse am längeren Spiel mit anderen Kindern hat, sie hat ja auch ihre Schwester zu Hause, die beiden sind so eng miteinander.

Nena: Also ich habe ja für keines meiner Kinder auch nur länger als eine Woche mit der Arbeit ausgesetzt. Ich brauch das für mich, und die Kinder sollen ja schnell selbstständig werden, heute sind die doch gut in den Krippen und Kitas versorgt.

Tanja: Aber du hast doch gesagt, dass Lea einige Wochen zu früh auf die Welt gekommen ist, wie hast du das denn gemacht?

Nena: Ich bin einmal am Tag für zwei Stunden in die Klinik gegangen, und abends hat mein Mann Lea nochmal abgepumpte Milch hingebracht und war eine Stunde bei ihr. Ich wollte in Ruhe schlafen, mich erholen und hatte mich ja auch noch um Phillip zu kümmern, wenn er um 5 Uhr aus dem Hort kam. Die Kinderkrankenschwestern konnten sich doch eh viel besser um sie kümmern als ich.

Tanja: Hm, ich glaube, ich hätte das nicht gekonnt. Nach der Geburt war ich Tag und Nacht bei meinen Babys, es war mir ein Bedürfnis.

Nena: Naja, aber klammern darfst du nicht, das ist doch nicht gut fürs Kind. Die müssen doch auch lernen, mit anderen außer dir, deinem Mann,

> ihren Geschwistern und der Oma und Tante zurechtzukommen – je früher, desto besser. Und dann lernen sie doch in der Krippe Sozialkompetenz und spielen mit den anderen Kindern.
> Tanja: Du, ich muss gehen, es ist schon zwölf. Ich hole Mia aus der Kita ab und wir machen immer gemeinsam einen Spaziergang, zusammen mit ihrer kleinen Schwester.
> In Nenas Schilderung zeigen sich klar Einstellung und Fürsorgeverhalten, die einer distanzierten Fürsorgerepräsentation entsprechen, im Kontrast zu Tanja, bei der man eher eine flexible Fürsorge vermuten kann.

Mütter mit einem *vagen Fürsorgeverhaltenssystem* setzen in erster Linie den Abwehrmechanismus der kognitiven Abtrennung ein (George & Solomon 1996) und haben meist Kinder mit unsicher-ambivalenter Bindung. Anders als Deaktivierung, die versucht bindungsbezogenen Stress vom Bewusstsein fernzuhalten, ist kognitive Abtrennung ein Versuch, bindungsbezogene, negative Gedanken und Gefühle von der bindungsrelevanten Situation zu trennen. Bindungsbezogene Gedanken und Gefühle, die mit der Aktivierung des Fürsorgeverhaltenssystems einhergehen, werden als stresshaft erlebt. Sie lassen sich jedoch wenig über kognitive Abtrennung regulieren, weshalb schon Bowlby (1980) diesen Abwehrmechanismus als ineffizient beschrieb. Das korrespondierende vage Fürsorgeverhaltenssystem ist zumeist trotz Abwehrversuch stark aktiviert. Dies trägt zu einem eher überfürsorglichen Verhalten dem Kind gegenüber bei (Solomon & George 1996). Diese Mütter halten die Nähe zu ihrem Kind aufrecht, um alle Bindungssignale immer zeitnah wahrnehmen zu können. Ihr Fürsorgeverhalten ist jedoch meist nicht feinfühlig und ineffektiv in der Deaktivierung des Bindungsverhaltens. Je länger das Kind Bindungsverhalten zeigt, desto mehr verstärken sich bei der Mutter Stress und ein Gefühl des Versagens. Dies wiederum verstärkt die Ineffizienz, die Fürsorge wird noch weniger konsistent, koordiniert und beruhigend. Durch die physische und psychische Nähe zum Kind kann die Mutter sich weder vom Kind und seinem negativen Befinden abwenden noch von ihrer eigenen unwirksamen Fürsorge. Sie kann nicht, wie Mütter mit distanzierter Fürsorge, deaktivieren, kann die negativen Erfahrungen ihrer ineffizienten Fürsorge aber auch nicht kongruent in ihr internales Arbeitsmodell von Fürsorge integrieren. Es besteht beim vagen Fürsorgeverhalten ein Ungleichgewicht mit Überbetonung des Fürsorgeverhaltenssystems. Dies geht auf Kosten des Explorationssystems von Mutter und Kind und mütterlichem Affiliationsverhaltenssystem, das heißt, sie pflegt zum Beispiel kaum mehr andere Sozialbeziehungen. Die Abwehrstrategie der kognitiven Abtrennung stammt mit hoher Wahrscheinlichkeit aus den Erfahrungen mit ähnlich vagem Fürsorgeverhalten der eigenen Eltern. Dieses rief starke gegensätzliche Gedanken und Gefühle hervor, den Wunsch nach Nähe bei gleichzeitigem Ärger und Misstrauen. Diese Empfindungen konnten weder deaktiviert noch sinnvoll in das internale Arbeitsmodell von Bindung integriert werden.

3.8 Die Dysregulation von Fürsorge

»Es schmerzt, etwas zu geben, was man selbst nicht erhalten hat« (Powell et al. 2007, S. 172; Übers. d. A.).

Die Desorganisation im Bindungsverhaltenssystem des Kindes ist nicht nur ein Merkmal des Kindes, sondern immer auch der Bindungs-Fürsorge-Beziehung. Die Eltern-Kind-Beziehung steht im Vordergrund, wobei je nach Kontext und Ausmaß der Betreuung durch sekundäre Bindungsfiguren auch der Einfluss dieser Beziehung bedeutsam ist. Neben dem desorganisierten Fürsorgesystem finden auch die Begriffe dysreguliertes oder nicht-funktionsfähiges Fürsorgeverhaltenssystem (disabled caregiving system) Verwendung, wobei Dysregulation und Desorganisation in der Fürsorge weiter unten noch erklärt werden. Es ist jedoch in Bezug auf das obige Zitat vorwegzunehmen, dass ein zentraler Aspekt der Dysregulation in der Bindungs-Fürsorge-Beziehung ist, dass es die Mutter schmerzt und es ihr teils unmöglich ist, ihrem Kind zu geben, was sie selbst nie von ihren eigenen Eltern erhalten hat.

Desorganisierte Fürsorge beschreibt ein nicht voll funktionsfähiges Fürsorgeverhaltenssystem, das mit Gefühlen der Hilflosigkeit, Angst und Verzicht auf Fürsorge vonseiten der Mutter in bindungsrelevanten Situationen einhergeht. Daher besteht bei Desorganisation im Fürsorgesystem ein hohes Risiko, dass das ultimative Ziel von Fürsorge, der Schutz der Nachkommen, nicht erfüllt wird. Zudem wird in bindungsrelevanten Situationen mit hoher Wahrscheinlichkeit keine adäquate Fürsorge im Sinne der Stress- und Emotionsregulation geleistet.

Wie bei der desorganisierten Bindung zeigt sich beim desorganisierten Fürsorgeverhaltenssystem ein temporärer Zusammenbruch organisierter Verhaltensstrategien. Die Mutter schafft es nicht ihr Fürsorgeverhalten über die Abwehrmechanismen der Deaktivierung oder der kognitiven Abtrennung adäquat zu regulieren. Es gelingt Müttern mit desorganisierter Fürsorge nicht mehr ihr Kind durch ihre Fürsorge ausreichend vor (psychischer oder physischer) Gefahr und Bedrohung zu schützen. Dagegen ist dies Bindungsfiguren mit distanzierter oder vager Fürsorge noch möglich. Daher beschreiben Solomon und George (1996) desorganisierte Fürsorge als ein nicht voll funktionsfähiges Verhaltenssystem, das sich in bindungsrelevanten Situationen durch Gefühle der Hilflosigkeit und Angst sowie teils Verzicht auf Fürsorge auszeichnet. Da die Abwehr nicht ausreichend funktioniert, werden Mütter mit desorganisiertem Fürsorgesystem durch die Bindungssignale ihres Kindes von Gefühlen der Angst und Hilflosigkeit regelrecht überwältigt (Solomon & George 2008, S. 664), ohne dass ihnen das bewusst ist. Die Mütter zeigen »Fürsorge-Hilflosigkeit« (caregiving helplessness). Die Bindungssignale des Kindes aktivieren bei ihnen abgetrennte Systeme, in denen Kognitionen, Gefühle und Verhaltensreaktionen in Bezug auf eigene Bindungstraumata gespeichert sind. Dies aktiviert meist Angst, Hilflosigkeit und nicht zielführendes, nicht situationsangemessenes, unfeinfühliges Verhalten. Ihr Verhalten hinsichtlich Bindung und damit auch Fürsorge ist desorganisiert und außerhalb ihrer bewussten Kontrolle. In einem solchen Zustand ist die Bindungsfigur nicht zu feinfühligem Verhalten in

Reaktion auf kindliche Bindungsbedürfnisse fähig. Innerhalb der Repräsentation reichen die Abwehrprozesse der kognitiven Abtrennung und Deaktivierung nicht dafür aus, das System zu regulieren. Es kommt zu einer Dysregulation von Verhalten, Emotionen und Kognitionen in der Bindungs-Fürsorge-Interaktion. Normalerweise führen Abwehrprozesse dazu, dass nach einem Stressor zügig wieder ein Gleichgewicht im Bindungs-Fürsorge-System hergestellt wird. Dies misslingt bei einer Dysregulation. Die Mutter löst durch ihr unkontrolliertes, desorganisiertes Verhalten teils selbst direkt Angst beim Kind aus, teils versetzt sie durch ihre eigene Angst und Hilflosigkeit auch ihr Kind indirekt in Angst.

Insgesamt wird das Bindungsverhaltenssystem des Kindes durch das desorganisierte Fürsorgeverhalten noch stärker aktiviert. Es entsteht ein Teufelskreis, selbst wenn diese Situation manchmal nur sehr kurz andauert. Letztendlich kommt es zu einem Verzicht auf Fürsorge vonseiten der Mutter. Dieser Verzicht ist in manchen Fällen nur sehr kurzfristig, in anderen länger anhaltend und mit Vernachlässigung oder Misshandlung assoziiert.

In Interviews zur Versorgung des eigenen Kindes beschreiben sich Mütter desorganisiert gebundener Kinder selbst als ungeschützt, verletzlich, unkontrolliert, unfähig, ihr Kind zu trösten und ihm Sicherheit zu vermitteln. Auch erinnern sie sich, dass es ihnen als Kind ebenso erging. Sie empfinden ihre Kinder als unkontrollierbar und sehen die Ursache für die eigene Hilflosigkeit in ihrem Kind und dessen Verhalten. Dabei sind Angst und Hilflosigkeit bei Müttern mit desorganisierter Fürsorge in den eigenen familiären Vernachlässigungs- oder Misshandlungserfahrungen in der Kindheit zu verorten (Solomon & George 2011a). Im Erwachsenenalter aktiviert dann das Bindungsverhalten des Kindes, zum Beispiel Schreien oder Anklammern, diese abgetrennten Systeme und die Auswirkungen der bindungstraumatischen Erfahrungen manifestieren sich im Fürsorgeverhalten.

Fallbeispiele eines dysregulierten Fürsorgeverhaltenssystems

Es gibt Eltern, die ihr Kind aktiv und absichtlich ängstigen, durch Aggression, Drohungen oder Vernachlässigung, indem sie sich nicht einmal mehr um die Grundversorgung mit Wasser, Nahrung, Wärme oder bei Krankheit kümmern. In diesen Fällen ist einfach nachzuvollziehen, dass ein im Sinne des Schutzes untaugliches und dysreguliertes Fürsorgeverhaltenssystem am Werk ist. Folgende Beispiele sollen demonstrieren, dass jedoch auch viel subtilere Handlungen von bemühten, an sich fürsorglichen Müttern, das Ziel des Fürsorgeverhaltenssystems, den Schutz des Kindes und seine Versorgung, verfehlen können. Dies passiert sicher viel häufiger als man annimmt, da dieses Verhalten nicht so offensichtlich ist.

1. Miriam hat eine drei Monate alte Tochter, Lea, die sie selbst versorgt und stillt. Als sie sich entschließt, doch einmal zwei Tage auf eine arbeitsbezogene Tagung zu fahren, stimmt ihre Mutter zu, auf Lea aufzupassen. Miriam fährt Lea mit dem Auto und Windeln, Bettchen usw. zur Mutter, gibt sie dort ab und macht sich dann auf den Weg zum drei Stunden entfernten Tagungsort. Auf dem Weg erhält sie den Anruf ihrer Mutter, wo denn Fläschchen und

Milchpulver seien. An sich weiß die Oma, dass ihre Tochter stillt. Beide haben völlig ausgeblendet, dass Lea ja in den zwei Tagen irgendwie gefüttert werden muss. Auch dass die Oma nun mit dem Baby zum nächsten Laden gehen muss, um Fläschchen und Milchpulver zu besorgen, war so nicht geplant – noch weniger, dass sich Lea nun spontan vom Stillen an der Mutterbrust auf Flaschenfütterung mit Milchpulver statt mit abgepumpter Muttermilch umstellen muss. Irgendwie klappt dies dann zwar, Miriam reist nicht zurück. Es kann aber als eine Dysregulation im Fürsorgeverhaltenssystem gewertet werden, wenn ein so primäres kindliches Bedürfnis wie Hunger von Mutter und Oma gleichermaßen vergessen wird.
2. Alina nimmt mit ihrem 20 Monate alten Sohn Leo an einem Projekt zum therapeutischen Reiten teil. Sie wurde durch ihre Sozialarbeiterin auf dieses Projekt gebracht, bei dem es um die Stärkung der Eltern-Kind-Bindung und die Förderung von feinfühligem Verhalten geht. Bei einer Sitzung steht das große Therapiepferd bereits fertig angebunden am Zaun, die Pferdeführerin steht am Kopf. Leo will auf den Rücken des Pferdes, mit Erlaubnis hebt Alina ihn seitlich darauf, sodass beide Beine auf einer Seite herunterhängen. Als die Therapeutin kommt, grüßt, und sagt: »Ah, wir müssen noch die Helme holen«, und in den Stall geht, lässt Alina Leo einfach los und geht hinter der Therapeutin her in den Stall. Leo sitzt ungesichert auf dem Pferd, droht herunterzurutschen, die Pferdeführerin eilt schnell hinzu und hebt ihn herunter. Für Leos Sicherheit will Alina den Helm holen, gefährdet ihn aber durch ihr Loslassen, um den Helm zu holen. Dies ist ein Hinweis für eine Fehlpriorisierung oder eine Desorientierung des Fürsorgeverhaltenssystems.

3.9 Fürsorge und konkurrierende Verhaltenssysteme

Verhaltenssysteme stehen oft in Konkurrenz zueinander. Beim Kind konkurrieren Bindung und Exploration miteinander. Ist das Bindungsverhaltenssystem aktiviert, so ist das Explorationsverhaltenssystem deaktiviert und umgekehrt. Auch das Fürsorgeverhaltenssystem der Bindungsfigur steht in Konkurrenz zum eigenen Explorationsverhaltenssystem. Im Erwachsenenalter zählen zur Exploration zum Beispiel eigene Interessen im Sinne von Beschäftigung mit Hobbies intellektueller, künstlerischer oder sportlicher Natur sowie Arbeit. So wollen manche Eltern berufliche Karrieren verfolgen oder müssen arbeiten, um die Versorgung der Familie zu gewährleisten. In der Zeit direkt nach der Geburt drängt jedoch bei vielen Müttern bzw. Eltern das Fürsorgeverhaltenssystem das Bedürfnis nach Exploration zurück. Dabei spielt das Bindungshormon Oxytocin eine Rolle, das während der Geburt, beim Stillen und bei Körperkontakt mit dem Kind vermehrt ausgeschüttet wird. Mütter beschäftigen sich in dieser Phase oft überwiegend mit der Fürsorge für ihr Baby und nehmen bei Exploration ihr Baby mit. Ist das Baby etwas älter, nehmen die Explorationsbedürfnisse zu und die Fürsorge wird für kürzere Zeiträume alternativen Bindungsfiguren wie Partner, Oma oder Tanten übertragen. Im Laufe der kindlichen Entwicklung, besonders ab dem Zeitpunkt, zu dem das Kind mobil wird und sich von der Mutter selbstständig entfernen kann, ergeben sich manchmal Konflikte des kindlichen Explorationsverhaltenssystems mit dem mütterlichen Fürsorgeverhaltenssystem. Feinfühlige, flexible Fürsorge unterstützt eine Balance des kindlichen Bindungs- und Explorationssystems, während nicht-flexible Fürsorge zu einem Ungleichgewicht der kindlichen Systeme beiträgt. Teils stehen die kindlichen Explorationswünsche der mütterlichen Fürsorge bzw. Sorge um das Wohl des Kindes entgegen. So will ein Kind vielleicht auf ein Klettergerüst klettern, die Mutter schätzt die motorischen Fähigkeiten ihres Kindes als noch unzureichend ein, und unterbindet dies, zum Schutz des Kindes. Dies führt zum Konflikt.

Oft konkurriert das Fürsorgeverhaltenssystem für ein Kind mit der Fürsorge für ein Geschwisterkind. Wenn zwei oder sogar mehr Kinder zeitgleich Bindungssignale senden, fällt es schwer, auf beide gleichzeitig feinfühlig zu reagieren. Es wird priorisiert – nach Art der Bedrohung oder des Stressors bzw. auch Alter des Kindes. Ein älteres Kind vermag eher etwas abzuwarten als ein Baby. Es gibt viele Faktoren, die in dieser Lage eine Rolle spielen.

Auch eigene Bindungsbedürfnisse der Bindungsfigur können im Konflikt mit der Fürsorge für ein Kind stehen. Nicht selten suchen Eltern, wenn sie sich in der Fürsorge für ein Baby überfordert, gestresst oder übermüdet fühlen, Unterstützung beim Partner oder bei Familienmitgliedern. Oft geraten sie aber in Konflikt, wenn ihr Kind genau dann Fürsorge einfordert.

Das Ausbalancieren der konkurrierenden Verhaltenssysteme, die ständige Anpassung an Veränderungen der kindlichen Bedürfnisse und Kompetenzen im Laufe der Entwicklung und auch die Veränderung eigener Bedürfnisse je nach Lebensphase bedürfen einer gewissen Flexibilität (George & Solomon 2011).

Bindungsfiguren haben noch weitere Verhaltenssysteme, wie zum Beispiel das Sexualsystem oder das affiliative System für Freundschaften, die in Konkurrenz zur Fürsorge für das Kind oder die Kinder stehen. Auch Kultur, soziale Umwelt und persönliche Faktoren (Cassidy 2000; Blaffer Hrdy 2000) spielen in dieses Ausbalancieren hinein.

Fallbeispiel: Konkurrenz durch mütterliche Bindungsbedürfnisse

Kaja ist 18, arbeitslos und Mutter des einjährigen Jared, dessen Vater sich weder um sie noch um ihn kümmert. Sie hat nun endlich bei einem Disco-Besuch, währenddessen eine Freundin auf Jared aufpasste, einen neuen Mann kennengelernt, Victor, 30. Verliebt und in der Hoffnung, nun endlich jemanden zu haben, der sie unterstützt, liebt und wahrnimmt, und sich auch nicht an Jared stört, nimmt sie ihn gleich beim zweiten Treffen mit nach Hause. Auch sich wieder sexuell attraktiv zu fühlen und dies zu leben, gefällt Kaja. Oft gibt sie Jared zur Freundin, um Zeit mit Victor allein zu haben. Dieser verbringt schon nach einigen Wochen fast seine gesamte Freizeit bei ihr, empfindet Jared dabei aber als störend. Oft schimpft er mit ihm, schreit ihn an und drängt Kaja, ihn in die Krippe, zu Freunden oder zur Oma zu geben. Oder er fordert, dass das Kind sich allein im Zimmer beschäftigt oder gefälligst durchschläft. Obwohl Kaja merkt, dass Jared sich umso mehr an sie klammert, je mehr sie ihn weggibt und je mehr Victor »Stress macht«, blendet sie dies aus. Sie wünscht sich so sehr eine Familie mit Victor und hofft, dass er sich noch mit Jared anfreundet. Eines Tages, als Kaja zum Arzt muss und Jared bei Victor lässt, hat Jared bei ihrer Rückkehr blaue Flecken und eine Platzwunde an der Stirn. Doch immer noch findet sie Entschuldigungen für Victor.

Dies ist ein Beispiel, wie die eigenen Bindungsbedürfnisse der Mutter sowie ihr Sexualverhaltenssystem die Überhand über die Fürsorge für ihren Sohn gewinnen, der durch den neuen Partner massiv gefährdet ist.

3.10 Zielkorrigierte Partnerschaft und Synchronie

Wie bereits bei den Ausführungen zur Bindung erwähnt, entsteht im Laufe der gemeinsamen Entwicklung der Bindungs-Fürsorge-Beziehung eine zielkorrigierte Partnerschaft zwischen Mutter und Kind. Je weiter entwickelt das Kind ist, desto eher kann es seine eigenen Bedürfnisse auch mit denen der Bindungsfigur abstimmen. Die Mutter kann mehr und mehr eigene Bedürfnisse erfüllen, ohne das Kind zurückzuweisen, weil dieses besser in der Lage ist, negative Zustände und Emotionen selbst zu regulieren. Es wird von beiden Seiten darauf geachtet, dass die Bedürfnisse beider Bindungspartner erfüllt werden. Ein Kind lernt mit der Zeit sein Bindungsverhalten zu korrigieren, sodass es die Bedürfnisse der Bindungsfigur in die eigenen Handlungspläne integriert. Es kann zum Beispiel mit seinem Bedürfnis, mit der Mutter zu kuscheln, kurz warten, bis sie eine E-Mail fertiggeschrieben hat.

Eine andere Art von gegenseitiger Anpassung wird mit dem Begriff der Synchronie beschrieben. Im Rahmen der Bindungstheorie bildet Synchronie ein fein abgestimmtes Zusammenspiel zwischen Bindungs- und Fürsorgeverhalten in der Bindungs-Fürsorge-Beziehung ab. Die Verhaltensweisen sind inhaltlich und zeitlich aufeinander abgestimmt und belohnend für Kind und Mutter (Isabella & Belsky 1991). Reagieren Mütter jedoch nicht, verzögert oder nicht in bedürfnisbefriedigender Weise auf kindliches Bindungsverhalten oder behindert ihre Fürsorge aktuelle Exploration oder ist inkonsistent, so liegen asynchrone Interaktionen vor. Auch vom Kind kann Asynchronie ausgehen, wenn es nicht konsistent auf die Fürsorge der Mutter reagiert. Während Synchronie in der Interaktion, die als belohnend empfunden wird, vor allem in sicheren Bindungs-Fürsorge-Beziehungen zu beobachten ist, sind unsichere Bindungs-Fürsorge-Beziehungen durch Asynchronie und negative Emotionen charakterisiert.

3.11 Die Entwicklung des Fürsorgeverhaltens

Schon Kinder zeigen Fürsorgeverhalten (Pryce 1995) gegenüber anderen Personen, Tieren, Puppen und Stofftieren. Diese frühen Formen treten eher isoliert auf und stellen nicht voll funktionsfähige Fürsorge dar, die oft nur bruchstückhaft gezeigt wird (George & Solomon 2008a). Pryce (1995) unterscheidet hier reife und unreife Formen des Fürsorgeverhaltens. Die Fürsorgeverhaltenssequenzen, die Kinder zeigen, sind meist nicht vollständig, das heißt, die Handlungen werden nicht abgeschlossen, da Kinder leicht ablenkbar sind. Daher ist es nicht verantwortungsvoll, Kindern mit noch unreifem Fürsorgesystem die Betreuung von jüngeren Geschwistern oder Heimtieren zu überlassen. In Ausnahmezuständen, wie in Familien mit vernachlässigenden Eltern, entwickeln manche ältere Geschwister jedoch teils früh reife Formen von Fürsorge, die das Überleben der kleineren Geschwister sichern.

Die Qualität des kindlichen Fürsorgeverhaltens wird vermutlich vorrangig durch die Bindungserfahrungen mit den primären Bindungsfiguren bestimmt (Bretherton 1999; Sroufe & Fleeson 1986). Es gibt bisher aber wenig Forschung zum Fürsorgeverhalten in der Kindheit. Mit der Adoleszenz beginnt die weitere Entwicklung des Fürsorgeverhaltenssystems, beeinflusst durch hormonelle und biologische Veränderungen. Die endgültige Ausformung und den letzten Einfluss erfährt das Fürsorgeverhaltenssystem durch den Übergang zur Elternschaft. Die gegenseitigen Bindungs-Fürsorge-Interaktionen, die auf sozialer, psychologischer und biologischer Ebene stattfinden und gesteuert werden, prägen das Fürsorgesystem (Cole & Cole 1996). Einmal vollends ausgeformt, kann das Fürsorgeverhaltenssystem bis ins hohe Alter hinein aktiviert werden, zum Beispiel bei der Versorgung von Enkeln, Pflegekindern, Heimtieren, und geht auch dann bei erfolgreicher Fürsorge mit positiven Gefühlen einher. Vielen Menschen ist es ein Bedürfnis, von anderen gebraucht zu werden. Sie kümmern sich gerne um andere, da es ihnen selbst positive Gefühle beschert.

Es ist eine verbreitete Annahme, dass mütterliche Fürsorge für die Übertragung von Bindungsmustern auf die nächste Generation verantwortlich ist, die sogenannte intergenerationale Transmission (George, Main & Kaplan 1985). Die Annahme jedoch, dass diese Transmission immer linear verlaufen würde, also sicher gebundene Mütter über flexible Fürsorge immer sicher gebundene Kinder haben, und unsicher gebundene Mütter immer unsicher gebundene Kinder, ist heute widerlegt. Zumindest finden sich bei Kindern mit Bindungsdesorganisation auch Mütter, die organisierte Bindungsmuster haben. Hinter diesem organisierten Bindungsmuster können dennoch unter anderem Bindungsrepräsentationen liegen, welche durch einen ineffektiven Umgang mit dem Verlust einer Bindungsfigur gekennzeichnet sind. Diese gehen mit einer erhöhten psychischen Belastung und desorganisierter Fürsorge einher, selbst wenn das Bindungsverhaltenssystem dieser Person gerade noch organisiert bleibt. Bowlby (1980) merkte dazu an, dass diese Personen den Trauerprozess um diesen Verlust entweder gar nicht beginnen (»failed mourning«) oder dauerhaft durch ein Verharren im Trauerprozess dysreguliert oder chronisch in ihrem persönlichen Leid verhaftet bleiben (»preoccupied with personal suffering«).

3.12 Die Transmission der Fürsorgeverhaltensrepräsentation in pädagogischen Beziehungen

Wie im Kapitel zur Bindung beschrieben, gibt es das Phänomen der Transmission des internalen Arbeitsmodells von Bindung des Kindes auf die Beziehung zu pädagogischen Fachkräften. Diese reagieren wiederum auf das Bindungsverhalten – sicher, unsicher, oder auch desorganisiert, zum Beispiel mit kontrollierendem Verhalten. Meist ist die Reaktion, also das Fürsorgeverhalten der pädagogischen Fachkraft, komplementär zum Bindungsverhalten des Kindes und festigt das vorhandene Bindungsmuster. Auf kontrollierendes Verhalten folgt Gegenkontrolle, Ignorieren oder Akzeptieren des kindlichen Kontrollverhaltens (Julius, Uvnäs-Moberg & Ragnarsson 2020).

Es gibt bisher kaum Untersuchungen, die die Fürsorgerepräsentation von pädagogischen Fachkräften mit ihrem Fürsorgeverhalten und möglichem spontanen komplementären Verhalten in Beziehung setzen. Wie bei der kindlichen Bindung ist es jedoch wahrscheinlich, dass die Fürsorgerepräsentation der pädagogischen Fachkraft ihre Fürsorge gegenüber ihr anvertrauten Kindern oder deren Eltern in der Beratung beeinflusst. Dadurch kommt es auch hier zu einer Transmission der Erwartungshaltung und antizipatorischen Verhaltens. So ist es wahrscheinlich, dass eine Erzieherin mit distanziertem Fürsorgeverhalten subtile Bindungssignale eines Kindes nicht wahrnimmt, nicht darauf reagiert oder Bedenken von Eltern »kleinredet«, indem sie darauf hinweist, dass sich noch alle von ihr betreuten Kinder bisher gut in die Kita eingelebt hätten und es wichtig ist, dass das Kind unabhängig von den Eltern wird.

Wie oben beschrieben korrespondiert die Bindungsrepräsentation im Erwachsenenalter nicht eins zu eins mit dem Fürsorgeverhalten: Sicher-autonom gebundene Erwachsene zeigen nicht immer flexible Fürsorge, unsicher-distanzierte Erwachsene nicht immer distanzierte Fürsorge, unsicher-verstrickte Erwachsene nicht immer vage Fürsorge und Erwachsene mit Bindungsdesorganisation nicht immer desorganisierte und dysregulierte Fürsorge. Dennoch gibt die Bindungsrepräsentation der pädagogischen Fachkraft durch ihren starken Zusammenhang mit dem Fürsorgemuster Hinweise auf mögliche ungünstige, unflexible Fürsorgestrategien. Diese beeinträchtigen die Interaktion und die Bindungs-Fürsorge-Beziehung mit allen Kindern, unabhängig von deren Bindung. Besonders ungünstig ist es, wenn unsichere Bindungsmuster mit unsicheren Fürsorgemustern zusammentreffen. Hier wird die Funktion von Bindung, die Regulation von Stress und Angst und der Schutz des Kindes nicht mehr ausreichend erfüllt und das Wohlbefinden des

Kindes und seine Entwicklung sind möglicherweise gefährdet. Einen wichtigen Gegenpol bilden hier die Bindungs-Fürsorge-Beziehungen mit den Eltern, die im Falle sicherer, flexibler Beziehungen viel Stress abpuffern können.

Beetz und Julius (2013) untersuchten die Bindungsrepräsentationen von Lehrkräften in der Sonderpädagogik und ihr Verhalten gegenüber Schülern im Klassenzimmer. Dabei lag der Fokus auf den Bindungs-Fürsorge-Interaktionen zwischen Schüler und Lehrkraft. Es wurden über Videoaufnahmen Bindungssignale von Schülern und kontrollierendes Verhalten identifiziert. Das Verhalten der Lehrkraft wurde im Sinne von komplementärem Verhaltens bzw. Fürsorgeverhaltens interpretiert. Lehrkräfte mit unsicher-vermeidender Bindung und Lehrkräfte mit Bindungsdesorganisation zeigten eine höhere Frequenz ungünstigen, komplementären Verhaltens im Vergleich zu Lehrkräften mit sicher-autonomer Bindung. Hierzu zählten Gegenkontrolle auf kontrollierendes Verhalten der Schüler sowie weniger Feinfühligkeit in ihrem Fürsorgeverhalten. Nur sicher gebundene Lehrkräfte gaben öfters spontan freundlich positives Feedback an die Schüler und berührten jüngere Schüler dabei kurz. Einige Lehrkräfte mit Bindungsdesorganisation zeigten als Reaktion auf Bindungssignale von Schülern Reaktionen wie Dissoziation, Zurückweisung und Verzicht auf Fürsorge, indem der Schüler allein aus dem Klassenzimmer geschickt wurde. Zudem waren Zurückweisung, strafend-kontrollierendes Fürsorgeverhalten sowie fehlende Synchronie und Bezogenheit zu beobachten.

Fallbeispiel: Bindungsdesorganisation und Fürsorgeverhalten der pädagogischen Fachkraft

Die Übertragung eines der Beispiele (Beetz & Julius 2013) vom Grundschulkontext auf den Kita-Kontext, könnte ungefähr wie folgt aussehen:

Vera hat eine Bindungsdesorganisation, die mittels AAP dokumentiert wurde. Sie arbeitet als Erzieherin in einer Kita mit Kindern im Alter von drei bis sieben Jahren. Sie will gerade mit den Vorschülern Frederik und Yasir Vorschule im Nebenzimmer machen, da kommt immer wieder die fünfjährige Maliya, und will auch dabei sein. Sie sucht Körperkontakt zu Vera. Diese ist schnell von ihr genervt, an sich will sie sich auf die Vorschule mit den beiden Jungs konzentrieren. Nach einigen Minuten schnappt sie sich Maliya und setzt sie auf ihren Schoß, mit den Worten: »Dann komm her, wenn du willst, dann hab' ich dich wenigstens unter Kontrolle.« Maliya sitzt steif und verkrampft auf ihrem Schoß. Obwohl Vera beide Hände frei hat, legt sie keinen Arm um Maliya und sitzt ebenfalls mit so wenig Kontakt wie möglich mit ihr da. Es entsteht eine unnatürliche, körperlich nahe Situation, die wahrscheinlich beide stresst.

3.13 Zusammenfassung

Das Fürsorgeverhaltenssystem der Bindungsfigur kann unabhängig von einem individuellen Kind beschrieben werden. Dafür werden die bevorzugten Abwehrprozesse herangezogen, die das Fürsorgeverhalten steuern und das internale Arbeitsmodell von Fürsorge charakterisieren.

So nutzen Bindungsfiguren mit distanzierter Fürsorge vor allem die Deaktivierung. Sie spielen Bindungsbedürfnisse herunter, versuchen, die Aktivierung des Fürsorgeverhaltenssystems zu unterbinden, betonen Unabhängigkeit und Selbstständigkeit des Kindes und ziehen sich oft auf funktionale Fürsorge zurück. Gern wird die Fürsorge an Dritte abgegeben. Regeln, Rituale, gesellschaftliche Konventionen und Erwartungen sind wichtiger als das aktuelle Befinden und Bedürfnisse des Kindes. Distanzierte Fürsorge erfüllt die Funktion von Schutz und Grundversorgung, ist jedoch nicht feinfühlig und lässt die emotionalen Bedürfnisse unerfüllt.

Bindungsfiguren mit vagem Fürsorgeverhalten nutzen vorrangig die kognitive Abtrennung als Abwehr, um sich organisiert zu halten. Ihr Fürsorgeverhaltenssystem ist überaktiv, es wird viel, aber unfeinfühlige Fürsorge gezeigt, die nicht zur Deaktivierung des Bindungsverhaltens des Kindes führt. Bei Bindungsfigur und Kind sind aufgrund der asynchronen Bindungs-Fürsorge-Interaktion und -beziehung Frust, Stress und Ärger zu beobachten.

Bindungsfiguren mit flexiblem Fürsorgeverhaltenssystem reagieren feinfühlig und angemessen auf die Bindungsbedürfnisse des Kindes. Es kommt zu synchronen Interaktionen und einer guten Regulation beider Verhaltenssysteme.

Bei der Betrachtung individueller Beziehungen und Interaktionen, gerade in einem pädagogischen Kontext, ist es sinnvoller immer die Bindungs-Fürsorge-Interaktion zu beobachten. Denn Bindungsverhalten und Merkmale des Kindes interagieren mit dem Fürsorgeverhaltenssystem der pädagogischen Fachkraft. Dieses wird beeinflusst durch Kultur, pädagogische Haltung, Einstellungen, Emotionen und Kognitionen. Auch die eigene Bindungsgeschichte und die Bindungsrepräsentation der Bindungsfigur spielt in ihr Fürsorgeverhalten hinein.

Dysregulation im Fürsorgeverhaltenssystem ist meist mit Desorganisation des kindlichen Bindungsverhaltenssystems in der konkreten Fürsorge-Bindungs-Beziehung assoziiert. Es kommt zu Fürsorgeverhalten, welches das Ziel des Schutzes des Kindes verfehlt. Die Bindungsfigur löst entweder selbst beim Kind Angst aus, zum Beispiel durch Wut und Ärger; diese Emotionen entstehen durch die Bindungssignale des Kindes, die bei der Bindungsfigur abgetrennte Systeme aktivieren. Oder die eigene Hilflosigkeit der pädagogischen Fachkraft lässt das Kind ungeschützt zurück. Sowohl in Mutter-Kind-Beziehungen als auch im pädagogischen Kontext führt dies zu Interaktionen, die das Kindeswohl und die kindliche Entwicklung gefährden. Obwohl wenig Forschung zur Übertragung von Fürsorgeverhaltensrepräsentationen auf pädagogische Kontexte existiert (z. B. Beetz & Julius 2013), deuten die Daten daraufhin, dass die eigene Bindungsrepräsentation das Fürsorgeverhalten gegenüber Schülern mit steuert. Dies gilt wahrscheinlich umso mehr für den Umgang mit Kleinkindern in der Kita. Daher ist eine Reflexion der eigenen Bindungsgeschichte und des eigenen aktuellen Fürsorgeverhaltens in der Frühpädagogik immens wichtig. Nicht nur die Interaktionen mit den Kindern werden darüber gesteuert, sondern auch die Interaktionen mit Eltern, die Unterstützung benötigen, zum Beispiel im Rahmen der Frühen Hilfen. Pädagogische Fachkräfte, gerade jene, die nicht über ein flexibles Fürsorgeverhaltenssystem und eine sicher-autonome Bindungsrepräsentation verfügen, müssen Abwehrprozesse reflektieren und damit assoziierte eigene unverarbeitete Bindungstraumata und dysreguliertes Fürsorgeverhalten.

> **Information aus der Praxis: »Schau mal, ich bin sicher gebunden und daher gut!«**
>
> Im Rahmen unserer Schulungen zur Bindungstheorie und bindungsgeleiteter pädagogischer Arbeit gibt es teilweise das Angebot, die eigene Bindungsrepräsentation über das AAP (Adult Attachment Projective; George, West & Pettem 1997; George & West 2023) beurteilen zu lassen. Dies dient der Reflexion der eigenen Bindungsgeschichte und des eigenen Fürsorgeverhaltens.
>
> Gelegentlich zeigen sich dann Teilnehmer, die als sicher gebunden klassifiziert wurden, freudig und teilen dies den anderen stolz mit, während Teilnehmer mit unsicherer oder desorganisierter Bindung eher bedrückt scheinen und die Klassifikation des AAP für sich behalten. Eine gewisse Zufriedenheit oder Erleichterung im Wissen um Bindungssicherheit ist natürlich nachvollziehbar. Allerdings schwingt oft ein Stolz und eine Selbstsicherheit mit, als ob die sichere Bindung das eigene Verdienst und nicht das feinfühliger Bindungsfiguren sei. Dagegen scheinen die unsicher gebundenen Teilnehmer ihre Bindung als defizitär zu empfinden, als ob sie bei einer Aufgabe keine gute Leistung erbracht hätten. Solche Reaktionen zeigen, dass hier das Verständnis von Bindung noch recht oberflächlich ist. Die unsichere Bindungsrepräsentation des Erwachsenen entspringt einer Anpassungsleistung in der Kindheit an suboptimale Feinfühligkeit in der Fürsorge bzw. nicht flexible Fürsorge der Bindungsfiguren. Eine Ausnahme stellen Personen dar, die sich eine sichere Bindungsrepräsentation selbst erarbeitet haben, die sogenannte »erworben sichere Bindung«. Das sind Personen, die aufgrund ihrer Kindheitserfahrungen eine nicht sichere Bindungsrepräsentation hatten, diese aber durch neue Beziehungserfahrungen und deren Reflexion in Richtung Bindungssicherheit verändert haben. Dies kann im Rahmen von Psychotherapie, in sicheren Beziehungen zu sekundären Bindungsfiguren wie pädagogischen Fachkräften oder auch Partnerbeziehungen geschehen und stellt als tiefgreifende psychologische Arbeit an sich selbst tatsächlich ein Verdienst dar.
>
> Im Rahmen pädagogischer bindungsgeleiteter Arbeit ist es sinnvoll, sich das immer wieder ins Gedächtnis zu rufen. Das hilft dabei, auf dem Boden zu bleiben, wenn man von Haus aus eine sichere Bindung aufweist. Auf der anderen Seite ermutigt es, wenn man eine unsichere Bindungsrepräsentation hat, und sich noch in Richtung mehr Bindungssicherheit entwickeln möchte.

Ein weiteres Phänomen ist bei einigen Personen zu beobachten, die beginnen, sich mit der Bindungstheorie auseinanderzusetzen. In der Betrachtung anderer Personen legen sie den Fokus auf deren Bindungs- und Fürsorgeverhalten und urteilen nach Prototypen der verschiedenen Verhaltensmuster. Sie gehen dabei fließend dazu über, sicher und flexibel mit guten, freundlichen Menschen und unsichere Muster mit distanziertem, kaltem, unfreundlichem oder anstrengendem Verhalten gleichzusetzen. Daher ist es uns hier ein Anliegen, klarzustellen, dass die Bindungsmuster nicht gleichzusetzen sind mit Charaktereigenschaften eines Menschen. Denn auch unsicher gebundene Personen können sehr freundlich, bemüht und prosozial im Umgang mit anderen sein, während auch Personen mit sicherer Bindung durchaus unangenehme Seiten haben können.

Es gehört zur pädagogischen Haltung, Personen anzunehmen wie sie sind, Verhaltensweisen anhand ihrer Entstehungsgeschichte zu verstehen, Möglichkeiten zur Veränderung aufzuzeigen und, wenn gewünscht, den Prozess der Veränderung zu begleiten.

Literaturempfehlungen

Beetz, A. & Julius, H. (2013). Bindungstheoretisch basierte Beobachtungen von Lehrerverhalten in der Arbeit mit verhaltensauffälligen Kindern und Jugendlichen. *Heilpädagogische Forschung, 39*(1), 26–35.

Solomon, J. & George, C. (2011). *Disorganized Attachment and Caregiving.* New York u. London: Guilford Press.

Teil II – Neurobiologie

Während die Bindungstheorie heute in vielen Büchern zur Frühpädagogik aufgegriffen wird, finden neurobiologische Erkenntnisse bisher noch kaum Berücksichtigung. Betrachtet man die Bindungstheorie jedoch aus Sicht der Evolutions- und Verhaltensbiologie, sind Bezüge zu körperlichen Vorgängen wie Reaktionen der Stresssysteme, des Oxytocinsystems, des Nervensystems und physiologischen Mechanismen in Schwangerschaft und Stillzeit naheliegend. Diese wiederum werden in den psychischen Vorgängen und im Sozialverhalten gespiegelt. Ein grundlegendes Wissen über neurobiologische Vorgänge bei Kind und Bindungsfigur ist Voraussetzung für ein tiefgreifendes Verständnis der Bindungs-Fürsorge-Beziehung in den ersten Lebensjahren und deren Bedeutung für alle weiteren Bindungsbeziehungen, für die Stress- und Emotionsregulation und für Schutz und Versorgung.

In den Kapiteln zu Bindungs- und Fürsorgeverhaltenssystemen wurde bereits mehrfach darauf hingewiesen, dass zur Funktion von Bindung nicht nur der Schutz der Nachkommen zählt, sondern auch die Versorgung und die Regulation negativer Zustände wie Stress und Angst. Was unter Stress zu verstehen ist, wie dieser entsteht und reguliert werden kann, wird im folgenden Kapitel vorgestellt (▶ Kap. 4). Dabei wird auf ein bekanntes Stressmodell und auf die verschiedenen Stresssysteme im Körper eingegangen, wie das autonome Nervensystem mit dem Sympathikus, die sympathiko-adrenomedulläre Achse (SAM-Achse) und die Hypothalamus-Hypophysen-Nebennierenrinden-Achse (HHN-Achse). Diese Stresssysteme helfen dem Körper, mit Anforderungen zurechtzukommen.

Danach wird das Oxytocinsystem in seinen Grundzügen dargestellt. Das Hormon Oxytocin wird häufig als das »Bindungshormon« bezeichnet, reguliert aber neben Sozialverhalten, insbesondere zwischen Mutter und Kind, ein ganzes System für Ruhe, Erholung und Wachstum. Neben Auswirkungen auf die Psyche wurden zahlreiche physische und soziale Wirkungen des Oxytocins dokumentiert. Das Oxytocinsystem kann durch verschiedene soziale Interaktionen aktiviert werden und spielt eine zentrale Rolle in Bindungs-Fürsorge-Beziehungen.

Die Zusammenhänge zwischen Bindungserfahrungen und den Stresssystemen sowie dem Oxytocinsystem werden im Anschluss dargestellt. Frühe bindungsrelevante Erfahrungen haben einen starken Einfluss auf die Entwicklung und Einstellung dieser physiologischen Systeme. Die Kombination des Wissens aus Bindungstheorie und Neurobiologie stellt eine wichtige Voraussetzung für ein tiefergehendes Verständnis des Verhaltens und Erlebens kleiner Kinder und deren Eltern sowie für die Selbstreflexion pädagogischen Handelns dar.

4 Die Stresssysteme

Ein zentraler Faktor für Wohlbefinden ist ein gesundheitsförderlicher Umgang mit Stress im Leben. Dafür bilden gute soziale Beziehungen eine wichtige Grundlage (Aureli & de Waal 2000). Stress zu managen heißt nicht, alle Herausforderungen, die Stress auslösen könnten, zu meiden. Es geht vielmehr darum, angemessen auf diese Herausforderungen zu reagieren. Welche die ideale Strategie des Stressmanagements darstellt, ist individuell verschieden. Verhaltensstrategien wie die Suche nach Unterstützung bei anderen und die Intensität der physiologischen Stressreaktion werden durch genetische und epigenetische Faktoren sowie Erfahrungen in der frühen Kindheit beeinflusst (Cockrem 2013; Heiming et al. 2009). Soziale Interaktionen und Beziehungen können zum einen starke Stressoren darstellen. Zum anderen kann Stress durch soziale Interaktionen in vertrauensvollen Beziehungen am effizientesten reduziert werden (McEwen & Wingfield 2003; Wascher, Scheiber & Kotrschal 2006). Daher ist es wichtig, beim Umgang mit Stress Sozialbeziehungen zu berücksichtigen (Schöberl et al. 2017).

In diesem Kapitel werden die verschiedenen Stresssysteme vorgestellt, das autonome Nervensystem (ANS) mit dem Sympathikus und Parasympathikus generell sowie die sympathiko-adrenomedulläre Achse (SAM-Achse) und die Hypothalamus-Hypophysen-Nebennierenrinden-Achse (HHN-Achse) im Speziellen. Zudem wird auf die Stresstheorie von Lazarus (Lazarus & Folkman 1984), Strategien des Stressmanagements und die Entwicklung der Stresssysteme in der frühen Kindheit eingegangen.

> **Fallbeispiel: Familie – Unterstützung und Stressor**
>
> Nadja ist gerade Mutter geworden. Sascha ist ihr Wunschkind, die Schwangerschaft verlief gut und ihr Partner war immer unterstützend an ihrer Seite. In den ersten Wochen ist der Übergang zur Mutterschaft herausfordernd. Nadja schläft wenig und ist ständig mit Sascha beschäftigt. Sobald ihr Partner von der Arbeit kommt und sie umarmt und ihr auch Sascha für einige Zeit abnimmt, kann sie sich entspannen.
>
> Am Wochenende kommt Nadjas Mutter häufiger zu Besuch. Ständig korrigiert sie Nadja, dass sie Sascha doch anders wickeln, füttern und versorgen soll. Nadja ist erschöpft von der ständigen Kritik und davon, sich ihrer Mutter gegenüber verteidigen zu müssen. Nach den Besuchen geht es ihr schlecht, sie hat keinen Appetit, manchmal bekommt sie sogar Magen-Darm-Beschwerden und sie ist innerlich aufgewühlt.

> Dieses Beispiel dokumentiert, wie stark feinfühlige soziale Unterstützung, das Fehlen eben dieser oder sogar negative soziale Bewertung die Regulation von Stress beeinflussen können.

4.1 Die zwei Stressachsen

Die Stressreaktion ist eine natürliche Reaktion eines Individuums auf Reize, Herausforderungen und Belastungen. Sie kann auf eine echte oder als solche wahrgenommene Belastung oder Bedrohung der psychischen oder physischen Unversehrtheit folgen. Erreicht ein Stressor eine bestimmte Stärke, übersteigt er also einen Schwellenwert, oder treten mehrere Stressoren zeitgleich auf, kommt es zu einer physiologischen Stressreaktion wie erhöhtem Herzschlag, Blutdruck und Atemfrequenz. Je nach Intensität des Stressors kann es zu einer Verhaltensreaktion kommen, wie zum Beispiel Flüchten, Kämpfen, Einfrieren oder sogar bis hin zur echten oder gefühlten Ohnmacht. Diese Reaktionen dienen kurzfristig dazu, die Herausforderung zu meistern oder dem Stressor zu entkommen, indem der Körper mehr Energie zur Verfügung stellt und der Fokus voll und ganz auf den stressauslösenden Reiz gerichtet wird. Die Stressreaktion dient letztendlich dazu, wieder ein Gleichgewicht im Körper herzustellen und eine Anpassung an diese Herausforderung zu ermöglichen (McEwen & Wingfield 2003; Selye 1950). Stressmanagement kann hier interpretiert werden als die Maßnahmen, die notwendig sind, um mit einer Herausforderung adaptiv umzugehen (Koolhaas et al. 1999).

Die physiologische Stressreaktion erfolgt über zwei Stressachsen: die Hypothalamus-Hypophysen- Nebennierenrinden Achse (HHN-Achse) und die sympathikoadrenomedulläre Achse (SAM-Achse). Die SAM-Achse führt innerhalb von Sekunden zur Ausschüttung des Stresshormons Adrenalin, wohingegen die HHN-Achse erst nach einigen Minuten mit der Ausschüttung des Stresshormons Cortisol reagiert (Rensing et al. 2013; Sapolsky et al. 2000).

Wird ein Stressor bewusst oder unbewusst wahrgenommen, so wird im Hypothalamus, einem Hirnareal im Zwischenhirn, das hormonelle Prozesse im Körper steuert, das Corticotropin Releasing Hormon (CRH) ausgeschüttet. Dieses CRH aktiviert die zwei Stressachsen.

Das sympathische Nervensystem wird direkt aktiviert. Dies führt zur Ausschüttung der Hormone Adrenalin und Noradrenalin im Nebennierenmark (SAM-Achse; adreno bezieht sich auf die Nebenniere = glandula adrenalis, medullär= das Mark eines Organs, hier der Nebenniere). Die Weiterleitung der Signale erfolgt im Bruchteil einer Sekunde über das Rückenmark und Nerven des Sympathikus, was zur sofortigen Hormonausschüttung und entsprechenden physiologischen Reaktionen führt. Das Adrenalin aktiviert das Herz-Kreislauf-System und erhöht die Atemleistung, den Blutfluss und darüber die Energie- und Sauerstoffversorgung von Muskulatur, Herz und Gehirn. Die Herzfrequenz steigt, die Blutgefäße werden verengt, die Bronchien werden erweitert und das Atemvolumen erhöht. Blutzucker und Blutfettspiegel steigen, da Fettsäuren freigesetzt werden und Glykogen zu Zucker abgebaut wird. All dies dient der vermehrten Bereitstellung von Sauerstoff und Nährstoffen für den Energiestoffwechsel. Die Versorgung des Verdauungstrakts dagegen wird heruntergefahren. Die Verdauung wird gehemmt und es kommt teils zur akuten Entleerung des Magen-Darm-Traktes in Form von Durchfall und Erbrechen. Im Laufe der Evolution war es wichtig, schnell vor Feinden oder Gefahren flüchten zu können. Dabei war ein geringeres Gewicht von Vorteil. Bei Primaten ist bei Angst bzw. Stress eine spontane Darmentleerung zu beobachten. Für die bessere Regulation der Körpertemperatur werden die Schweißdrüsen aktiviert. Bei einem akuten, nicht langfristigen Stressor wird das Immunsystem hochgefahren. Neben den beschriebenen Effekten des Adrenalins führt Noradrenalin zusätzlich zu einer Erhöhung der Aufmerksamkeit und Verhaltensbereitschaft. Die SAM-Achse reagiert insbesondere bei kurzfristigem physischen und/oder psychischen Stress und versetzt den Körper in einen aktivierten Zustand, um kämpfen oder fliehen zu können (Rensing et al. 2006).

Der Sympathikus ist Teil des autonomen Nervensystems (ANS). Das ANS steuert und kontrolliert lebenswichtige Funktionen wie Herzschlag, Atmung, Verdauung, Stoffwechsel und den Erhalt eines inneren Gleichgewichts. Das ANS arbeitet, ohne dass dies der Person bewusst ist, und kann kaum willentlich beeinflusst werden. Auch der Gegenspieler des Sympathikus, der Parasympathikus, ist Teil des ANS. Während der Sympathikus für die Aktivierung und schnelle Stressreaktion zuständig ist, reguliert der Parasympathikus Entspannung, Erholung und Regeneration.

Das CRH aktiviert neben dem sympathischen Nervensystem auch die Hypothalamus-Hypophysen-Nebennierenrinden-Achse, die HHN-Achse. Hierbei gelangt das CRH vom Hypothalamus direkt in die Hypophyse. Von dort bewirkt es eine Ausschüttung des adrenocorticotropen Hormons (ACTH) in die Blutbahn. Über die Blutbahn gelangt das ACTH zu den Nebennierenrinden (Cortex = Rinde). Dort bewirkt es die Ausschüttung von Cortisol in den Blutkreislauf. Aufgrund der Vermittlung über die Blutbahn erfolgt die Ausschüttung von Cortisol zeitlich verzögert und setzt erst ungefähr drei Minuten nach Wahrnehmung eines Stressors ein. Die HHN-Achse ergänzt die Wirkungen der SAM-Achse. Auch das Cortisol bewirkt einen Anstieg der Konzentration von Glukose und Fettsäuren im Blut. Zudem unterstützt es die Wirkung des Adrenalins auf das Herz-Kreislauf-System. Im Kontrast zum Adrenalin hemmt Cortisol jedoch Teile des Immunsystems, was eine Infektanfälligkeit fördern kann. Die HHN-Achse spielt vor allem bei intensivem oder chronischem Stress eine Rolle. Bei milden oder kurzfristigen Herausforderungen bzw. bei gelungenen Stressmanagement-Strategien muss es nicht zwingend zu einer Cortisolausschüttung kommen. Bei intensiven Belastungen oder chronischem Stress jedoch, der mit physischen und psychischen Erkrankungen assoziiert ist, spielt die HHN-Achse eine zentrale Rolle (Rensing et al. 2013).

Beide Stressachsen können durch physischen und psychischen Stress aktiviert werden. Ziel dieser Stressreaktion ist die Wiederherstellung eines Gleichgewichts im Körper im Zuge einer Anpassungsreaktion. Die HHN-Achse stellt dabei eine zweite Abwehr- und Anpassungsstrategie des Körpers an Herausforderungen dar. Sie fördert die Erholung und Rückkehr in den ursprünglichen Zustand. Dabei

Teil II – Neurobiologie

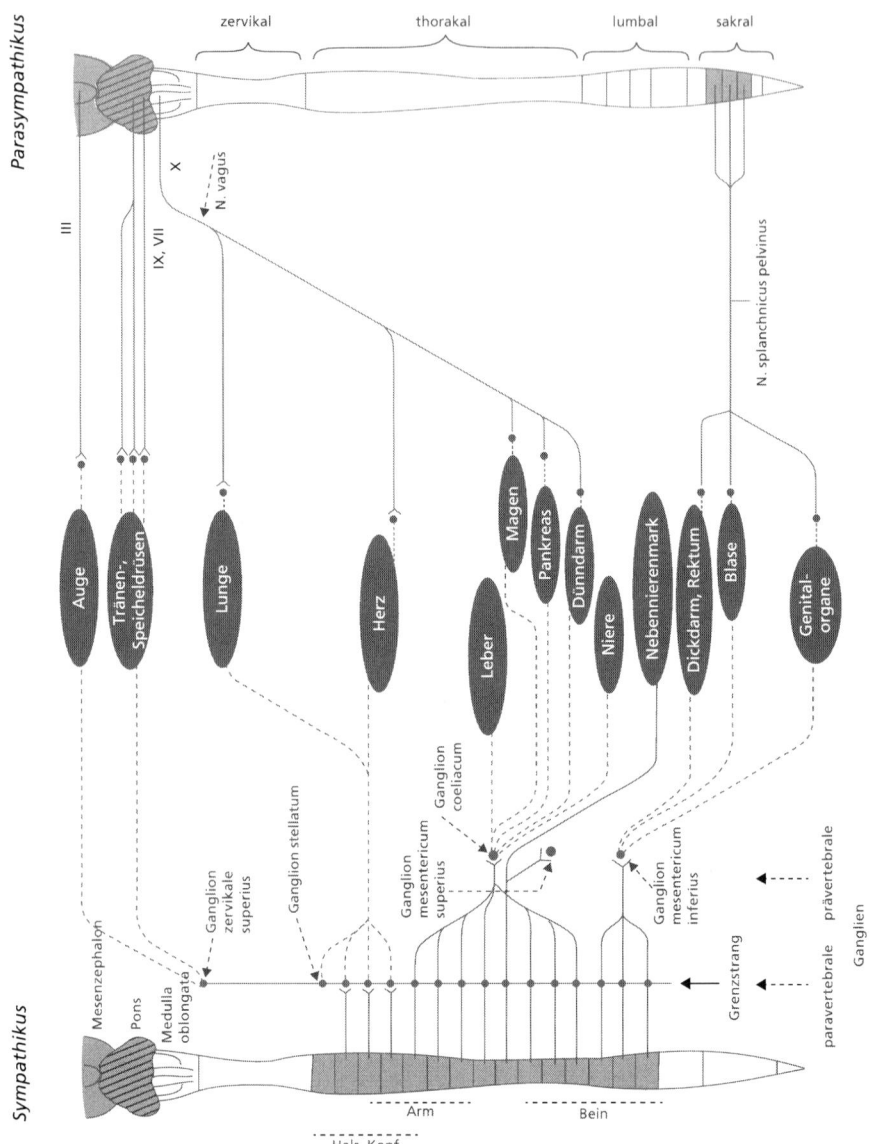

Abb. 4.1: Sympathikus und Parasympathikus mit ihren Verbindungen zu den Organen (Egle et al. 2024)

greift normalerweise ein negativer Rückkoppelungsmechanismus: Hohe Cortisolwerte im Blut führen zu einer Reduktion des CRH im Hypothalamus, wodurch die Aktivität der HHN-Achse wieder herunterreguliert wird (ebd.).

4 Die Stresssysteme

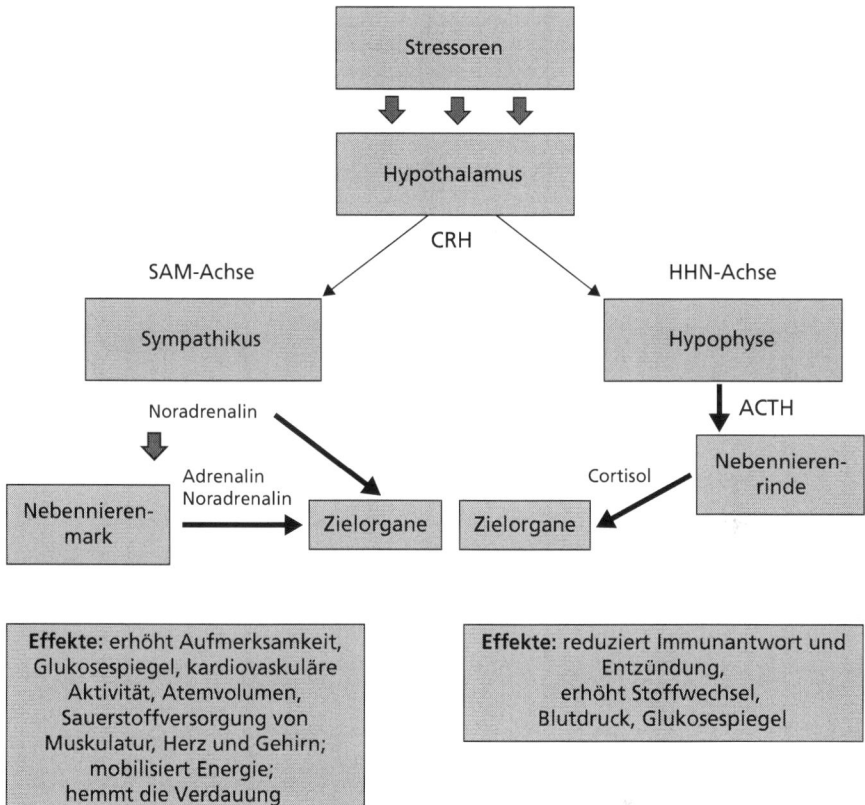

Abb. 4.2: Sympathiko-adrenomedulläre Achse (SAM-Achse) und Hypothalamus-Hypophysen-Nebennierenrinden-Achse (HHN-Achse) (eigene Darstellung in Anlehnung an Armstrong et al. 2022, S. 4)

Fallbeispiel: Der Fallschirmspringer

Folgendes Beispiel demonstriert die Dynamik der beiden Stressachsen. Ein Fallschirmspringer, der freiwillig mit einem Fallschirm aus einem Flugzeug abspringt, zeigt ein Maximum an Anspannung, Adrenalin und der Herzfrequenz im Augenblick des Absprungs. Adrenalin wird innerhalb von Sekunden ausgeschüttet. Die Cortisol-Achse brauch jedoch etwas länger, bevor sie ihre Wirkung voll entfaltet. Das Maximum an Cortisol im Blut ist erst 20 bis 30 Minuten nach dem Absprung erreicht. Nachdem der aufregende Fallschirmsprung gemeistert wurde, kann wieder Ruhe einkehren und die Aufregung nimmt ab. Aufgrund des negativen Rückkoppelungsmechanismus, der die Stressachsen wieder zur Ausgangslage herunterreguliert, ist die Stressreaktion zeitlich begrenzt, auf die Zeit kurz vor und nach dem Sprung. Wurde die Herausforderung des Sprungs erfolgreich bewältigt, kehrt der Organismus wieder in den Ursprungszustand zurück (Rensing et al. 2006).

> **Fallbeispiel: Langfristige Veränderungen – Aktivierung der HHN-Achse**
>
> Der fünfjährige Oskar ist mit seinen Eltern umgezogen und geht nun in eine neue Kita. Er wollte diese Veränderung nicht und hatte Bedenken, dass er in der neuen Kita keine Freunde findet. In den Tagen vor und nach dem Umzug hat er nur wenig Appetit, ist traurig und schläft schlecht. An den ersten Kita-Tagen klagt er über Bauchschmerzen und möchte lieber zu Hause bleiben. Als er jedoch nach zwei Wochen einen guten Freund gefunden hat, sind diese Symptome vorbei. Oskar ist wieder fröhlich, schläft und isst gut. Er hat trotz länger anhaltender Stressreaktion eine Bewältigungsstrategie gefunden mit dieser neuen Situation umzugehen. Er hat gelernt, dass Veränderungen auch Positives bringen können, und wird in Zukunft offener dafür sein.

4.2 Stressempfinden und Stressmanagement

Beide Stressachsen verstärken bestimmte Stoffwechselprozesse und die Herz-Kreislauf-Aktivität, um den Körper auf Verhaltensreaktionen wie zum Beispiel Kampf oder Flucht vorzubereiten. Sie wirken jedoch auch generell stoffwechselregulierend und erfüllen somit auch andere wichtige Körperfunktionen als die reine Stressreaktion (Sapolsky et al. 2000). Eine Ausschüttung von Adrenalin oder Cortisol kann auch bei angenehmen Emotionen und Erlebnissen auftreten, wie Freude, Lust, großem Interesse an einer Aufgabe oder Aufregung über einen Lottogewinn. Eine Person muss also subjektiv eine Ausschüttung von Stresshormonen nicht unbedingt negativ empfinden. Relevanter für die Beschreibung einer Stressbelastung ist die Dauer bis zur vollständigen Erholung nach einem potenziellen Stressor, das heißt, bis der Cortisolspiegel wieder auf dem ursprünglichen Niveau angekommen ist. Ob ein Reiz als negativer Stressor empfunden wird, hängt unter anderem davon ab, ob dieser als kontrollierbar und vorhersehbar wahrgenommen wird und ob die Situation bewältigt werden kann (Koolhaas et al. 2011). Je weniger vorhersehbar und kontrollierbar eine Situation ist, umso stressreicher wird diese empfunden und desto stärker fällt die Stressreaktion aus, sowohl in ihrer Intensität (Stärke der Hormonausschüttung), als auch in ihrer Dauer (wie lange es braucht, bis das System wieder in den Ursprungszustand zurückgekehrt ist). Dabei können exogene von endogenen Stressoren und psychische von physischen Stressoren unterschieden werden (Rensing et al. 2013), auch wenn diese Faktoren nicht immer streng getrennt voneinander sind.

Tab. 4.1: Einteilung der Stressoren in Anlehnung an Rensing et al. (2006, S. 7).

mögliche Stressoren	psychisch/sensorisch	physisch
exogen (von außen einwirkend)	• Reizüberflutung • Lärm • Erwartungsdruck, Zeitdruck • soziale Konflikte • Isolation • Bedrohung z. B. durch andere Personen oder Naturereignisse	• körperliche Belastungen • Verletzungen • Viren, Bakterien, Parasiten, die Erkrankungen auslösen • Nahrungs-, Luft-, Wassermangel
endogen (aus dem Inneren der Person stammend)	• negative Emotionen wie Angst, Versagensangst, Trauer, Wut, Scham, Einsamkeit • unangenehme Empfindungen wie Schmerz, Hunger, Durst, Krankheitsgefühl • intrapsychische Konflikte • Anspannung • Schlafstörungen	• Erkrankungen allgemein und insbesondere länger andauernde Erkrankungen wie Krebs, Autoimmunerkrankungen • Erschöpfungszustände • Entzündungen • Zellschäden • Nahrungs-, Luft-, Wassermangel (endogen bedingt)

Hans Selye (1956), ein bekannter Stressforscher, differenziert je nach subjektivem Erleben des Stressors zwischen Eustress und Disstress. Bei Eustress ist die stressreiche Situation durchaus aktivierend und wird als positiv empfunden. Voraussetzungen dafür sind, dass die Situation von kurzer Dauer ist, sie bewältigt werden kann und sie kontrollierbar und selbstbestimmt ist, das heißt, die Person hat diese Herausforderung selbst gewählt oder kann diese zumindest sehr gut meistern (Rensing et al. 2006). In diesen Situationen von Eustress sind Leistungsfähigkeit und Aufmerksamkeit durch die physiologischen Reaktionen gesteigert. Beispiele dafür wären die Teilnahme an einem Wettkampf, ein selbst gewählter Jobwechsel, ein Auslandsjahr oder ein Umzug.

Disstress, also negativ empfundener Stress, entsteht, wenn ein Stressor zu intensiv ist, die Situation fremdbestimmt, bedrohlich und nicht kontrollierbar ist. Bleibt die subjektiv unangenehme Situation länger bestehen und kann nicht bewältigt werden, führt dies zu Erschöpfung und Krankheit (Rensing et al. 2013). Dies kann zum Beispiel der plötzliche Verlust eines Jobs oder einer Beziehung sein, insbesondere wenn dadurch finanzielle Probleme bzw. längerfristige negative Veränderungen im Alltag entstehen.

Fallbeispiel: Mütterlicher Stress beim Wiedereinstig in den Beruf

Anne, die Mutter von Ben (2), möchte wieder Arbeiten gehen und meldet Ben in einer Krippe an. Die Veränderung ist selbst gewählt, da kein finanzieller Druck vorhanden ist. Trotzdem kann die Veränderung belastend sein und die Trennung vom Kind zu einer Stresshormonausschüttung führen. Können Anne und

Ben die Situation gut meistern, so kehrt das System schnell wieder in den ursprünglichen Zustand zurück.

Ist eine Bewältigung der selbstgewählten Herausforderung nicht möglich, weil die Eingewöhnung nicht klappt und Ben oft krank ist, kann dies zu vermehrtem Stress bei Anne und auch Ben führen und zu einer chronischen Belastung für beide werden – sie kommen in einen negativen Stresszustand. Zu beachten ist, dass Ben die Fremdbetreuung nicht selbstbestimmt gewählt hat, für ihn kann die Situation natürlich völlig anders sein als für seine Mutter, wobei es im Fall starker Belastung der Mutter naheliegend ist, dass auch Ben entsprechend belastet sein wird.

Anders ist es bei Laura. Diese muss wieder arbeiten gehen und möchte sich eigentlich gar nicht von ihrer Tochter Bernadette trennen. Schon Wochen vor Wiedereintritt in den Beruf schläft sie schlecht, macht sich Sorgen und hat keinen Appetit. Laura befindet sich im negativen Stress, sie kann die Situation nicht selbst bestimmen. Kommt es bei der Eingewöhnung von Bernadette jedoch dazu, dass Laura sich verstanden und gut aufgehoben fühlt und merkt, dass es Bernadette gut geht und sie sich wohlfühlt, kann der negative Stress durch neue Bewältigungsstrategien sogar in positiven Stress übergehen oder einfach optimal reguliert werden, sodass es zu keinen körperlichen Stressreaktionen aufgrund der neuen Situation mehr kommt.

Obwohl Situationen sich ähneln, können sie von der betroffenen Person sehr unterschiedlich bewertet werden und führen entsprechend zu Eustress oder Disstress.

Nach dem transaktionalen Stressmodell von Lazarus (Lazarus & Folkmann 1984) spielt das subjektive Erleben aufgrund der kognitiven Bewertung eines potenziellen Stressors eine entscheidende Rolle für die Art von Stress. Es zeigt auch einen Ansatz für mögliches Stressmanagement auf.

Es wird zwischen primärer Bewertung und sekundärer Bewertung einer potenziell stressreichen Situation unterschieden. Bei der primären Bewertung werden Relevanz und Bedrohlichkeit des Reizes eingeschätzt. Wird der Reiz als relevant und bedrohlich wahrgenommen, erfolgt in der sekundären Bewertung die Einschätzung, ob die eigenen Bewältigungsstrategien und Ressourcen ausreichen werden, um die Herausforderung zu bewältigen. Bewältigungsstrategien können auf die Emotionen fokussieren, welche die Stresssituation begleiten, oder auf das Problem an sich. Die Bewältigung wird in der Stressforschung auch als Coping bezeichnet. Das emotionsfokussierte Coping zielt darauf ab, die begleitenden negativen Emotionen wie Angst zu regulieren. Dagegen zielt das problemfokussierte Coping auf die aktive Veränderung der Bedingungen ab, die Stress auslösen oder aufrechterhalten. Kann die Situation erfolgreich bewältigt werden, kommt es zu einer Neubewertung der Situation und zukünftiger ähnlicher Situationen und der Einschätzung der eigenen Ressourcen. Gelingt die Bewältigung nicht und kommt es nicht zu einer Neubewertung, bleibt der Stresszustand bestehen, solange die Situation bestehen bleibt.

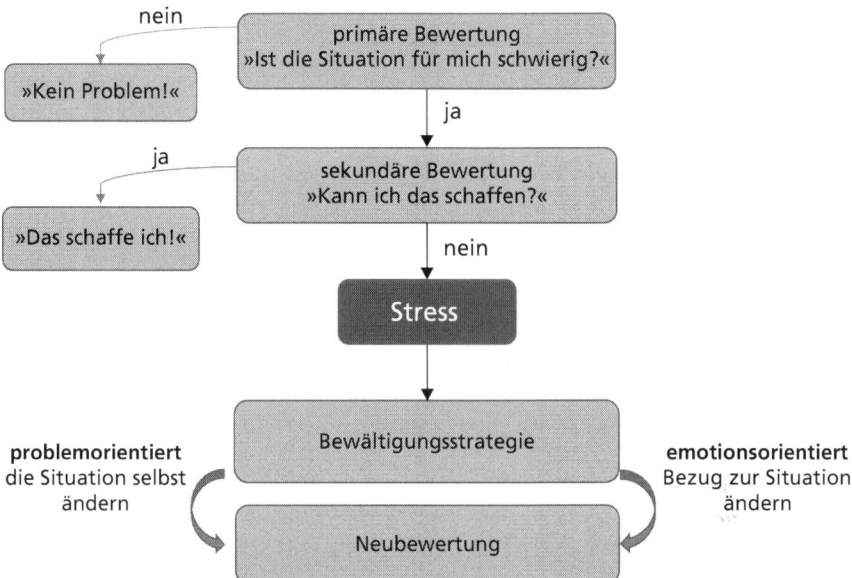

Abb. 4.3: Das transaktionale Stressmodell nach Lazarus (eigene Darstellung in Anlehnung an Lazarus & Folkman 1984)

Für eine gelingende Stressbewältigung ist es sinnvoll zuerst den Ist-Zustand zu erfassen und dann entsprechende Maßnahmen zu ergreifen. Hierbei kann zwischen kurzfristigen und langfristigen Bewältigungsstrategien unterschieden werden.

Die kurzfristige Bewältigung zielt darauf ab, die Wirkungsdauer des Stressors zu reduzieren, Erregungsspitzen und eine Eskalation zu vermeiden und eine rasche Erholung herzustellen. So kann in der pädagogischen Arbeit versucht werden, das Kind schnell aus der stressauslösenden Situation herauszunehmen, deeskalierend einzuwirken und Raum für eine schnelle Erholung außerhalb der stressauslösenden Situation zu schaffen.

Die langfristige Stressbewältigung fokussiert die Zeit zwischen akuten Stressoren und umfasst Maßnahmen, um die empfundene Intensität des Stressors zu reduzieren und die Belastbarkeit und die Erholungsfähigkeit zu verbessern. Insgesamt sollte in der pädagogischen Arbeit darauf geachtet werden, stark belastende Situationen eher zu vermeiden. Gleichzeitig muss am Aufbau von Ressourcen, also Fertigkeiten im Umgang mit Herausforderungen, gearbeitet werden, damit eine instrumentelle Stressbewältigung möglich wird. Bei der kognitiven Stressbewältigung, die eher ältere Kinder anwenden können, wird versucht, die Wahrnehmung und Bewertung des Stressors zu verändern. Wird dadurch ein Reiz nicht so sehr als bedrohlich, sondern einfach nur als herausfordernd bewertet, verändert sich der Umgang mit ihm. Wichtig dafür ist die Fähigkeit zur Selbstbeobachtung, zur Veränderung von Glaubenssätzen und zum Aufbau positiver Assoziationen. Sind jedoch schon Stressfolgen vorhanden, so kann über die palliativ-regenerative Stressbewältigung versucht werden, die Erholung zu verbessern. Dabei kommen körperorientierte Techniken und gezielte Erholungsmethoden zum Einsatz, wie progressive Muskelentspannung, Atemtechniken, Autogenes Training oder Yoga (Heinrichs et al. 2015). Diese sind frühestens ab dem späten Kindergartenalter (fünf bis sechs Jahre) anwendbar, je nach Kind auch erst im höheren Kindesalter. Für die frühe Kindheit und das Grundschulalter können spezielle Geschichten genutzt werden, die Elemente des autogenen Trainings oder der progressiven Muskelentspannung beinhalten. Auch Bewegung in Form von gezieltem Sport oder Outdoor-Aktivitäten, bei denen die Kinder Aufgaben bearbeiten, sind hilfreich.

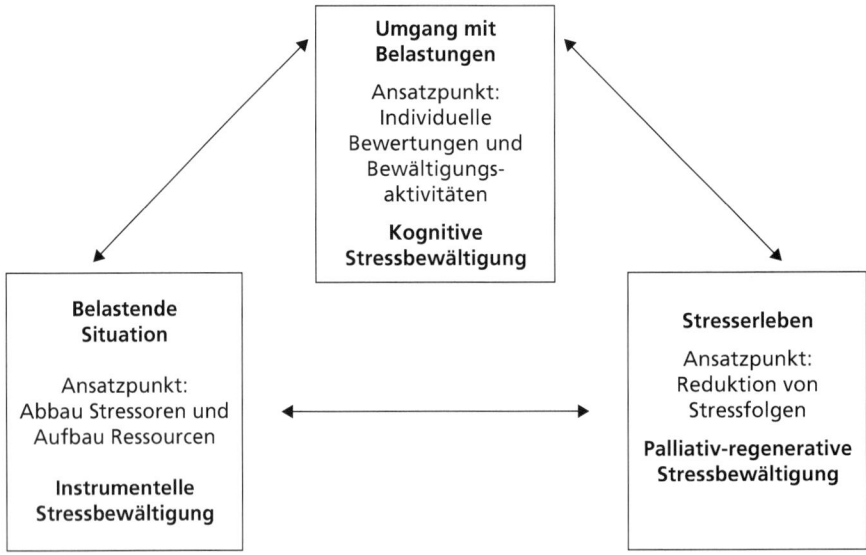

Abb. 4.4: Ansatzpunkte der Stressbewältigung (nach Heinrichs et al. 2015, S. 58)

Zielsetzungen stressbezogener Interventionen können sich auf vier Ebenen beziehen (Heinrichs et al. 2015):

1. Verhaltensebene: Hier geht es um die Förderung eines aktiven Umgangs mit Herausforderungen, Selbstfürsorge trotz steigender Belastung und das Erlernen von Strategien, um stressauslösende Situationen verlassen zu können.
2. kognitiv-emotionale Ebene: Ressourcen sollen gezielt wahrgenommen werden, die Fähigkeit sich in Stresssituationen zu distanzieren wird gefördert, bei steigender Belastung erfolgt der Einsatz von positiven Selbstinstruktionen und es wird an einer stressreduzierenden Einstellung gearbeitet.
3. physiologische Ebene: Körperliche Stressanzeichen sollen möglichst früh wahrgenommen werden, der eigene Aktivitäts- und Erholungsrhythmus soll verstanden und körperliche Entspannung gefördert werden.
4. interpersonale bzw. soziale Ebene: Die Kommunikation von Belastungsgrenzen und das aktive Einholen sozialer Unterstützung werden angestrebt.

Je jünger die Kinder sind, umso mehr benötigen sie beim Erlernen der Stressregulationsstrategien eine zuverlässige und feinfühlige erwachsene Bezugsperson. Auch Erwachsene, wie Eltern oder pädagogische Fachkräfte, profitieren von einer Bezugsperson, die sie ansprechen können und die ihnen bei der Stressbewältigung hilft.

4.3   Die Entwicklung der Stresssysteme

Bereits pränatal und in der frühen Kindheit werden die Stresssysteme geprägt und damit, wie eine Person im Verhalten und in ihrer Physiologie auf Stressoren reagiert. Im Laufe der Entwicklung ändern sich potenzielle Stressoren und die Interaktionen mit dem sozialen Umfeld. Pränatal nehmen Interaktionen mit der Mutter, insbesondere mit ihrer Physiologie, aber auch mit ihren Berührungen durch die Bauchdecke und ihre Stimme Einfluss. Das Kind kann hier bereits über seinen Aktivitätspegel im Bauch reagieren. Mit der Geburt erweitert sich das soziale Umfeld auf direkten Kontakt mit Eltern, Geschwistern, Großeltern und engen Freunden der Familie. Der Säugling kann nur eingeschränkt auf Stressoren reagieren, durch Schreien, Abwenden oder Abwehren von bedrohlich wirkenden Reizen (z. B. Spielzeug, das ins Gesicht gehalten wird, Essen, das an den Mund gehalten wird, Kontaktaufnahme durch Fremde etc.). Später kommen Interaktionen mit Kindern und Personen außerhalb der Familie hinzu. Das Kind entwickelt mithilfe seiner Bezugspersonen Strategien der Selbstregulation, zum Beispiel auch von Emotionen und Verhalten, was ihm weitere Coping-Möglichkeiten eröffnet.

In der pränatalen Phase nimmt insbesondere der Stress der Mutter indirekt Einfluss auf den Embryo (bis zur neunten Schwangerschaftswoche) bzw. auf den Fötus (ab der zehnten Schwangerschaftswoche).

Anstrengende körperliche Aktivitäten, Rauchen, Nahrungsmangel, Alkohol und psychosozialer Stress sind die häufigsten pränatalen Stressoren für das ungeborene Kind. Ein erhöhter Cortisolspiegel der Mutter steigert das Risiko für eine Fehlgeburt oder Frühgeburt. Denn Cortisol hemmt das wichtige Schwangerschaftshormon Progesteron. Zudem spielt CRH zusammen mit anderen Hormonen eine Rolle bei der Einleitung der Geburt und fördert Wehen (Rensing et al. 2006).

Negative Einflüsse in der frühen Embryonalphase betreffen wichtige physiologische Funktionen von Mutter und Embryo, wodurch diese zu einem natürlichen spontanen Abbruch der Schwangerschaft führen können. Im zweiten und dritten Schwangerschaftsdrittel sind negative Einflüsse oft nicht mehr letal, also tödlich für das Ungeborene. Hier kann es jedoch zu einer Beeinträchtigung neuronaler Funktionen wie kognitiver Fähigkeiten kommen. Nahrungsmangel, die Einnahme von Drogen oder auch von nicht für Schwangere zugelassenen Medikamenten, Strahlung oder Sauerstoffmangel machen das Gehirn und Nervensystem des Kindes anfälliger für Störungen. Nicht immer führen Störungen in der frühen Hirnentwicklung zu starken Beeinträchtigungen. Durch die Plastizität des Gehirns kann es sich auch zu einem gewissen Maß anpassen. Wenn jedoch weitere Störungen in früher Kindheit oder Pubertät hinzukommen, ist zum Beispiel das Risiko für psychische Erkrankungen erhöht. Früher intensiver oder lang andauernder Stress erhöht die Empfindlichkeit der HHN-Achse und beeinträchtigt ihre Regulation (▶ Kap. 6). Stressauslösende Ereignisse können deswegen oft schlechter bewältigt werden, die Wahrscheinlichkeit für psychische Störungen wie Depression, Sucht oder Schizophrenie ist erhöht (Rensing et al. 2006). Mütter mit einer erhöhten Cortisolkonzentration während der Schwangerschaft haben Töchter, bei denen die Wahrscheinlichkeit für eine vergrößerte Amygdala und emotionale Probleme erhöht ist (Graham et al. 2019). Die Amygdala ist ein Hirnareal, das für die Verarbeitung von Angst und anderen Emotionen zuständig ist und eine wichtige Rolle bei der Stressregulation und Entstehung von Traumafolgestörungen spielt.

Im Tierversuch führt pränataler Stress zu einer Überaktivität der HHN-Achse und einem gestörten Rückkoppelungsmechanismus der Stressachse bei den Nachkommen. Dadurch funktioniert der normale Regelkreis nicht mehr adäquat, was zu einer chronisch erhöhten CRH-Konzentration im Gehirn und im sympathischen Nervensystem führt. Dies wiederum bewirkt eine verstärkte Adrenalinausschüttung. Das bedeutet, dass die Stresssysteme generell vermehrt aktiviert sind. Dagegen wird die Aktivität von Systemen wie dem Opioid-, Serotonin- oder Dopaminsystem, die Motivation und Ruhe fördern und Schmerz reduzieren, gesenkt. Zudem schrumpft der Hippocampus, eine Struktur im Gehirn, die eine zentrale Rolle für Lernen und Gedächtnis spielt und üblicherweise Stressreaktionen dämpft (Rensing et al. 2013).

Ähnliches dokumentieren Studien mit Menschen. Intensiver oder chronischer Stress während der Schwangerschaft führt zu einem erhöhten Cortisolspiegel der Mutter, der auf das Gehirn des Ungeborenen wirkt und es epigenetisch umprogrammiert. Töchter von Müttern mit starkem Stress in der Schwangerschaft zeigen epigenetisch bedingte Veränderungen der Stressreaktivität und des Stoffwechsels in Form eines erhöhten Blutzuckerspiegels (Spork 2016). Die Epigenetik beschäftigt sich nicht mit Veränderungen der Gene an sich, sondern mit dem Potenzial der Gene, also ob und wie stark diese eine Wirkung im Körper entfalten. Epigenetische Veränderungen können teilweise auch an die nächste Generation weitergegeben werden. Die Gene selbst bleiben dabei unverändert.

Exkurs: Das fetale Alkoholsyndrom (FAS)

Trinken Schwangere während der Schwangerschaft Alkohol, so besteht ein Risiko für das Ungeborene, eine fetale Alkoholspektrum-Störung (FASD, kurz auch: fetales Alkoholsyndrom, FAS) zu entwickeln. FAS/FASD zählt heute zu den häufigsten Gründen für eine angeborene Behinderung in Deutschland und betrifft ca. 1% der Neugeborenen. Schätzungen gehen von jährlich 10.000 Kindern weltweit aus, die mit einem FAS unterschiedlichen Ausmaßes geboren werden. In Europa trinken, je nach Studie, zwischen 14% und 30% der Schwangeren Alkohol, obwohl es inzwischen bekannt ist, dass dies dem Unge-

> borenen schaden kann. Rauchen, das oft mit dem Alkoholkonsum einhergeht, schädigt das Kind zusätzlich (Liesegang 2022).
> Kinder mit FAS sind bei der Geburt klein und leicht, haben einen kleinen Kopf, zeigen Auffälligkeiten im Gesicht und weisen aufgrund der Schädigung des zentralen Nervensystems Auffälligkeiten im Verhalten auf. Zudem kann es auch zu Schäden von Augen, Herz, Nieren oder Knochen kommen. Die Folgen bleiben lebenslang bestehen. Eine Diagnose beinhaltet auch die Bestätigung der Mutter, dass sie in der Schwangerschaft Alkohol konsumiert hat. Oft bestreitet diese jedoch jeglichen Alkoholkonsum, was die Diagnose erschwert (ebd.).
> Es werden verschiedene Ausprägungsgrade des FAS unterschieden und je nach Ausprägung sind Sprachentwicklung, Konzentration, Feinmotorik, Rechnen, Lernen, oder Wahrnehmung gestört, ist die Intelligenz gemindert und die Entwicklung verzögert. Kinder mit FAS haben ein erhöhtes Risiko für Ängste und Depressionen und in vielen Fällen ist eine selbstständige Lebensführung nicht möglich (ebd.).

In der frühen Kindheit entwickelt sich das Selbst in Abhängigkeit von der Beziehung zu den Eltern. Die Bindung ist zentral für die Stressregulation und nur bei einer sicheren Bindung funktioniert die Stressregulation über Nähe und Zuwendung optimal. In den ersten Lebensjahren wird die physiologische Reaktionsbereitschaft und Anpassungsfähigkeit in stressauslösenden Situationen festgelegt (Entringer, Buss & Heim 2016). In dieser Zeit wachsen die neuronalen Verschaltungen im Gehirn und differenzieren sich entsprechend den Erfahrungen weiter aus (Rensing et al. 2013).

Im Tierversuch beeinflusst die fürsorgliche Pflege der Mutter in den Tagen nach der Geburt die Stressachsen der Jungtiere. Rattenmütter, die ihren Nachwuchs nur wenig putzen bzw. ablecken und wenig bei ihm sind, haben Jungtiere mit einer epigenetischen Veränderung des Cortisolrezeptorgens. Dies führt dazu, dass die Jungtiere von Ratten, die sich weniger gut kümmern, stressanfälliger, ängstlicher und aggressiver sind. Sie können schlechter lernen und haben generell eine höhere Stressreaktivität. Sie zeigen nicht nur bei diesem, sondern bei ein paar hundert Genen eine veränderte Aktivität (zusammengefasst in Spork 2016). Gewisse epigenetische Veränderungen können wahrscheinlich auch an die zweite und dritte Generation weitergegeben werden. Tierversuche weisen darauf hin, dass die epigenetischen Veränderungen auch rückgängig gemacht werden können. Sie sind dynamisch und bis zu einem gewissen Grad reversibel (Weaver et al. 2004). Beim Menschen kann Psychotherapie, meist über mehrere Monate bis Jahre, dabei helfen das Gehirn umzuprogrammieren (Ziegler et al. 2016). Die Forschung dazu steht jedoch noch am Anfang.

Veränderungen der Stresssysteme bzw. auf epigenetischer Ebene sind Anpassungen an die Umwelt, in der ein Kind aufwächst. In einer sicheren Umwelt mit feinfühligen Eltern ist es sinnvoll, oft sozialen Kontakt herzustellen, sich darüber zu regulieren und offen für Neues zu sein. In einer gefährlichen Umwelt ohne adäquate Fürsorge durch Bindungsfiguren macht es Sinn, dass das Kind vorsichtig agiert und schnell auf Gefahren reagiert. Selbst bei einem Wechsel in eine sichere

Umwelt sind die Systeme dann schon so geprägt, dass auch dort Gefahren vermutet werden und ängstlicher agiert wird. Bis sich die Reaktivität der neuronalen Strukturen verändert, falls das überhaupt noch möglich ist, braucht es einige Zeit. In einer Studie hatten Kinder, die aus Heimen adoptiert wurden, umso höhere Cortisolspiegel, je ausgeprägter sie vor der Adoption unzureichende Fürsorge erfahren hatten. Noch Jahre später wiesen sie eine höhere Stressreaktivität auf (Kertes et al. 2008).

4.5 Zusammenfassung

Stress hängt von der subjektiven Bewertung der Relevanz und Bedrohlichkeit eines Stressors sowie von den zu Verfügung stehenden Ressourcen einer Person ab. Stress zeigt sich im Körper über die Aktivierung der Stresssysteme: Zum einen wird der Sympathikus als Teil des autonomen Nervensystems aktiviert. Über die SAM-Achse (sympathiko-adrenomedulläre Achse) wird Adrenalin im Nebennierenmark ausgeschüttet, über das der Körper in Sekundenschnelle Energie für Flucht oder Kampf bereitstellt. Bei intensiven oder länger andauernden Stressoren wird auch die HHN-Achse (Hypothalamus-Hypophysen-Nebennierenrinden-Achse) aktiv, was zur Ausschüttung des Stresshormons Cortisol aus den Nebennierenrinden führt. Die HHN-Achse unterstützt die Wirkung der SAM-Achse.

Chronischer Stress und früh erlebte starke Stressoren führen zu dauerhaften Veränderungen der Reaktivität der Stressachsen, und teils auch zu epigenetischen Veränderungen.

Stressmanagement kann auf verschiedenen Ebenen ansetzen: Verhalten, Emotionen, Kognition, sozialen Interaktionen und Physiologie/Körper. Zudem kann direkt an der Wahrnehmung des Stressors, der Erholung nach dem Stressor und dem Aufbau von Ressourcen gearbeitet werden, um das Stressmanagement zu verbessern.

In der Frühpädagogik ist das Stressmanagement zum einen für die pädagogische Fachkraft selbst relevant. Heute ergeben sich viele Herausforderungen in diesem Handlungsfeld, beispielsweise durch Verhaltensweisen oder besondere Bedürfnisse der Kinder, ihrer Eltern, strukturelle Faktoren wie Gruppengrößen und Personalmangel in Kitas oder Zeitdruck. Diese Herausforderungen machen effektive Strategien für das Stressmanagement notwendig. Zum anderen kann die pädagogische Fachkraft in den Frühen Hilfen oder in Elterngesprächen Eltern beim Umgang mit Stress unterstützen.

Am häufigsten im Fokus steht jedoch die Regulation oder auch die Vermeidung von Stressreaktionen der Kinder – für pädagogische Fachkräfte ebenso wie für die Eltern. Dabei sind sowohl Stressmanagementstrategien als auch die Stressregulation durch sichere Bindungsbeziehungen und feinfühlige Interaktionen von großer Bedeutung.

Literaturempfehlungen

Entringer, S., Buss, C. & Heim, C. (2016) Frühe Stresserfahrungen und Krankheitsvulnerabilität. *Bundesgesundheitsblatt Gesundheitsforschung Gesundheitsschutz, 59*(19), 1255–1261. https://doi.org/10.1007/s00103-016-2436-2

Heinrichs, M., Stächele, T. & Domes, G. (2015). *Stress und Stressbewältigung.* Göttingen: Hogrefe.

5 Das Oxytocinsystem

Menschen, wie alle anderen Säugetiere, besitzen neben den Stresssystemen weitere physiologische Systeme, welche besonders wichtig im sozialen Kontext sind, wie das Oxytocinsystem. Dieses wirkt stressregulierend und fördert Entspannung, Wachstum und Verbundenheit mit Sozialpartnern. Das Oxytocinsystem spielt eine zentrale Rolle bei der Bindungsentwicklung und Emotionsregulation über soziale Unterstützung. Die folgenden Ausführungen basieren überwiegend auf den Übersichtswerken von Uvnäs-Moberg (2003; 2016a).

5.1 Was ist Oxytocin?

Das Hormon Oxytocin wird im Hypothalamus gebildet und kann zum einen über die Hypophyse in den Blutkreislauf freigesetzt werden und darüber Wirkungen im gesamten Körper entfalten. Es hat eine stressdämpfende Wirkung, indem es die Stressachsen hemmt und dadurch der Cortisolspiegel und Blutdruck gesenkt wirkt. Gleichzeitig stimuliert es den Parasympathikus und den Magen-Darm-Trakt, was Erholung und Wachstum fördert. Zum anderen wirkt es in seiner Funktion als Neurotransmitter in einem komplexen Nervennetz im Gehirn, das unter anderem Sozialverhalten, Angst, Stress, Gedächtnis und Lernen beeinflusst. Nerven, die Oxytocin enthalten, führen zur Amygdala, die Emotionen wie Angst reguliert, zum Hippocampus, eine wichtige Struktur für Lernen und Gedächtnis, sowie zum Hypothalamus und zur Hypophyse, welche zentral in der Regulation von Hormonen sind. Darüber hinaus erreichen Oxytocin-führende Nervenfasern Hirnareale, die für Motivation, Stimmung, Schmerzregulation und Wohlbefinden wichtig sind. Einige führen bis zum Vagusnerv als Teil des parasympathischen Nervensystems, das für Entspannung und Erholung zuständig ist. Oxytocin beeinflusst somit fast alle zentralen hormonellen Steuerprozesse und viele weitere physiologische und psychische Funktionen im Körper (Unväs-Moberg 2003).

Über Studien an Tieren und Menschen sind verschiedenste Wirkungen des Oxytocins auf psychischer, sozialer und physischer Ebene dokumentiert, sowie Bedingungen, unter denen es zu diesen Reaktionen kommt. Das Oxytocinsystem kann auf unterschiedliche Art und Weise aktiviert werden, dann kommt es zur Ausschüttung des Oxytocins im Gehirn und in den Blutkreislauf. Zu den aktivierenden Reizen zählen unter anderem sensorische Stimulation wie angenehmer

Hautkontakt, Massagen, Sex, Wehen und Stillen. Dabei beeinflusst die Beziehung der interagierenden Personen, wie stark die Reaktion ausfällt. Insbesondere in Hinblick auf Schwangerschaft, Geburt und Stillzeit gibt es zahlreiche Studien zum Oxytocin und seiner Bedeutung für die Entwicklung von synchronen Interaktionen zwischen Mutter und Kind und damit auch positiven Bindungs-Fürsorge-Beziehungen. Oxytocin steuert und reguliert ein ganzes System für psychische und physische Ruhe, Wachstum und soziale Verbundenheit.

5.2 Die Aktivierung des Oxytocinsystems

Das Oxytocinsystem wird über verschiedene Reize aktiviert (Uvnäs-Moberg 2016a; 2016b):

- Wehentätigkeit: Ursprünglich wurde Oxytocin in Zusammenhang mit der Geburtshilfe erforscht. Oxytocin wird bei der Wehentätigkeit ausgeschüttet. Da es selbst auch Wehen auslöst und verstärkt, wird heute manchmal synthetisches Oxytocin verabreicht, um Wehentätigkeit anzuregen, oder nach der Geburt, um die Kontraktion der Gebärmutter zu beschleunigen und dadurch unnötigen Blutverlust zu vermeiden.
- Stillen: Durch das Saugen des Kindes an der Brust melden Nerven an der und um die Brustwarze diesen Reiz an das Gehirn. Dort wird Oxytocin ausgeschüttet, was unter anderem die Entspannung der Schließmuskeln der Milchgänge und darüber den Milchfluss fördert. Allerdings kann eine fremde oder stressauslösende Umgebung diesen Mechanismus beeinträchtigen. Das Stillen funktioniert dann nicht oder deutlich schlechter.
- sexuelle Aktivität: Das Oxytocinsystem wird durch Stimulation sensorischer Nerven in der Schleimhaut der Genitalregion und der Haut im Genitalbereich aktiviert. Dadurch kommt es zur Ausschüttung von Oxytocin in den Blutkreislauf und in das Rückenmark.
- Essen: Die Aufnahme von Nahrung führt bei Mensch und Tier zur Ausschüttung von Oxytocin. Zum einen trägt die Berührung der Mundschleimhaut durch die Nahrung dazu bei, zum anderen führt die Verdauung der Nahrung im Dünndarm über die Ausschüttung von Hormonen wie Cholecystokinin zur Aktivierung des Oxytocinsystems.
- Reizung der sensorischen Nerven in der Haut: Streicheln, Übertragung von Wärme, Vibration und angenehme Berührung führen zur Aktivierung des Oxytocinsystems. Besonders effektiv ist dabei Haut-zu-Haut-Kontakt in engen Beziehungen, wie der Mutter-Kind-Interaktion, und dabei insbesondere Berührungen auf der Körpervorderseite, die vorrangig in vertrauensvollen Beziehungen zu beobachten sind. Auch Akupunktur führt zur Ausschüttung von Oxytocin.

- andere Reize: Neben den oben beschriebenen Möglichkeiten der Aktivierung können (im Tierversuch) Tiere mit erhöhtem Oxytocinspiegel wohl über Pheromone, die über die Nase aufgenommen werden, auch den Oxytocinspiegel bei Tieren in ihrer Nähe erhöhen. Mütter schütten Oxytocin aus, wenn sie Bilder ihrer Säuglinge betrachten. Säuglinge wiederum reagieren mit Oxytocinausschüttung, wenn sie die Stimme ihrer Mutter hören, und Mütter schütten vermehrt Oxytocin aus, wenn sie das Weinen ihres Kindes hören.

Oxytocin wird nicht nur bei Interaktionen mit vertrauten Personen, sondern auch bei freundlichen Interaktionen mit Unbekannten und zum Beispiel Massagen durch Personen, die man als angenehm empfindet, ausgeschüttet. Doch besonders intensiv ist die Aktivierung des Oxytocinsystems, wenn bereits eine enge und vertrauensvolle Beziehung besteht. Partner in einer sicheren Bindungsbeziehung sind besonders effektiv als soziale Unterstützer: Über die Aktivierung des Oxytocinsystems reduzieren sie Stress beim anderen. Dabei ist Berührung eine besonders wirkungsvolle Form emotionaler Unterstützung. Personen, die soziale Unterstützung anbieten, werden über das Oxytocin auch zu bevorzugten Sozialpartnern, zu denen häufig Kontakt gesucht wird, da das Oxytocin als Bindungshormon Sozialbeziehungen fördert (Hennessy, Kaiser & Sachser 2009).

Exkurs: Menschen sind Berührungswesen – Der »Hunger nach Haut-Haut-Kontakt«

In seinem Werk »Homo Hapticus« fasst Grunwald (2017) den heutigen Erkenntnisstand zur Bedeutung des Tastsinns und von Berührungen für den Menschen zusammen. Menschen berühren sich schon im Mutterleib selbst, auch um sich selbst zu beruhigen und Stress abzubauen. Die Stimulation der sensorischen Nerven der Haut im Gesichtsbereich oder der Mundinnenseite, zum Beispiel durch Selbstberührung im Gesicht oder das Saugen an Händen und Fingern, ist in stressauslösenden Situationen schon bei Ungeborenen zu beobachten. Auch in der frühen Kindheit wird solch selbstberuhigendes Verhalten gezeigt. Selbstberührung und Berührung durch andere, Haut-Haut-Kontakt, das Fühlen von Körperwärme ist für Menschen aller Altersstufen wichtig für Wohlbefinden und Entspannung. In emotionalen und stressreichen Situationen ist eine Umarmung tröstender als viele Worte. Massagen entspannen nicht nur über die Lockerung der Muskulatur, sondern bewirken in der Psyche eine Reduktion von Depression und Angst. Die Haptik von Gegenständen oder anderen Lebewesen, inklusive nahen Menschen, ist eine überaus wichtige Information für Menschen. Eine angenehme Haptik trägt bedeutsam zum positiven Urteil über Gegenstände und Lebewesen bei. Menschen können ohne Hörsinn oder Sehsinn überleben, doch ohne den Tastsinn nicht.

Wie schon Montagu im Jahr 1986 beschrieb – unter anderem in Bezug auf die Experimente von Harlow – haben Menschen ein starkes Bedürfnis nach Haut-Haut-Kontakt. Dies nannte er »skin hunger« – »Hauthunger«. Die sensorischen Nerven in der Haut werden durch Berührung und Wärme stimuliert und führen

> über die Ausschüttung von Oxytocin zu Ruhe, Entspannung und Offenheit für soziale Interaktion. Es ist nicht nur zusätzlich ein positives Gefühl für Menschen, berührt zu werden und zu berühren. Es ist ein Grundbedürfnis. Ohne Berührung sterben Babys, auch bei Befriedigung anderer Bedürfnisse wie nach Nahrung oder Wärme. Gehalten und getragen zu werden empfinden vor allem kleine Kinder als überaus positiv, da dies großflächigen Körperkontakt und den Austausch von Körperwärme ermöglicht. Kleine Kinder kuscheln bei einer guten Beziehung gern mit ihren Eltern und umgekehrt. Dies trägt zu Wohlgefühl und einer besseren Beziehung bei. Dabei fordern die Kinder oft Hautkontakt – sie wollen unter dem Pulli gestreichelt werden und ihre kleinen Hände suchen ebenso den Kontakt zur Haut ihrer Eltern.

5.3 Wirkungen des Oxytocins

Oxytocin hat auf der physiologischen, sozialen und psychischen Ebene verschiedene Wirkungen.

5.3.1 Physiologische Effekte

Einer der am besten dokumentierten Effekte des Oxytocins bei Mensch und Tier ist, dass es Stressreaktionen im Körper reduzieren und abpuffern kann. Die Aktivierung des Oxytocinsystems und damit eine Erhöhung des Oxytocinspiegels im Blutkreislauf und im zentralen Nervensystem fährt die Stressreaktionen herunter. Der Spiegel des Stresshormons Cortisol sinkt (Heinrichs et al. 2003; Kirsch et al. 2005), die Aktivierung des Sympathikus wird reduziert, es sinken Herzfrequenz und Blutdruck, und der Parasympathikus wird aktiviert. Die Aktivierung des Oxytocinsystems zeitlich vor einem Stressor wirkt als Puffer für die folgende Stressreaktion. Das bedeutet, dass die Stressreaktion deutlich geringer ausfällt, also Herzfrequenz, Blutdruck und Cortisolspiegel deutlich weniger oder im Extremfall auch gar nicht ansteigen. In stressauslösenden Situationen reduziert daher soziale Unterstützung, die zur Oxytocinausschüttung führt, die Aktivität der Stressachsen, sowohl der HHN-Achse als auch der SAM-Achse. Zudem wird der Parasympathikus aktiviert, der für Ruhe und Entspannung sorgt, aber auch Verdauung und Wachstum fördert. Hinsichtlich der Entwicklung von Bindungsbeziehungen, die Stress regulieren helfen, ist dieser beruhigende Effekt sozialer Unterstützung relevant.

Dieses Reaktionsmuster wird aufgrund der beschriebenen Effekte als »growth and relaxation« (Wachstum und Entspannung), aber auch als »calming and connection« (Beruhigung und Verbindung) Reaktion bezeichnet (Uvnäs-Moberg 1997; 1998a; 1998b; 2003).

Wird wiederholt Oxytocin ausgeschüttet, so kommt es langfristig zu gesundheitsförderlichen Effekten. Dafür sind positive Sozialbeziehungen wichtig, über die das Oxytocinsystem immer wieder aktiviert wird. Personen mit guten Sozialbeziehungen leiden seltener an Herz-Kreislauf-Erkrankungen und Depressionen (Knox & Uvnäs-Moberg 1989). Insbesondere regelmäßige Oxytocinausschüttungen in der frühen Kindheit sind mit vielen positiven Langzeiteffekten assoziiert, wie geringerer Aktivität der Stressachsen, besserer Gewichtszunahme, vermehrtem Wachstum und besserem Sozialverhalten. Mütterliche Fürsorge, insbesondere mit Körperkontakt wie zum Beispiel Lecken der Jungtiere durch die Mutter bei Ratten, führt zu einer höheren Dichte von Oxytocinrezeptoren im Gehirn. Dadurch kann Oxytocin besser wirken und die Jungtiere werden langfristig stressresistenter. Kinder, die von ihren Müttern massiert werden, so wie dies heute in Baby-Massage-Kursen angeregt wird, entwickeln sich besser als jene, die nicht massiert werden (von Knorring et al. 2008; Uvnäs-Moberg & Petersson 2011). Darüber hinaus zeigen Jungtiere, die viel mütterliche Fürsorge erhielten, später ihrem eigenen Nachwuchs gegenüber besseres Fürsorgeverhalten im Kontrast zu Tieren, die in ihrer Kindheit weniger umsorgt wurden. Die frühe Kindheit prägt somit die Ausformung des Oxytocinsystems und das Fürsorgeverhalten gegenüber eigenen Nachkommen (Champagne 2008; Champagne & Meaney 2007).

In Anwesenheit einer unterstützenden Person fällt die Reaktion auf einen Stressor sowohl auf psychischer als auch auf physischer Ebene geringer aus. Dabei ist es relevant für die Oxytocinausschüttung, dass beide Personen – diejenige, die unterstützt, und diejenige, welche die Unterstützung erhält – freiwillig interagieren (Uvnäs-Moberg & Petersson 2011). Menschen und andere sozial lebende Tiere erholen sich nach einem unangenehmen Erlebnis eher, wenn sie von einem Sozialpartner unterstützt werden, und teils steigt der Cortisolspiegel nur unwesentlich an (Kikusui, Winslow & Mori 2006).

Auch andere physiologische Faktoren wie aktuelle Spiegel von Stress- und Sexualhormonen beeinflussen die Effekte einer Oxytocinausschüttung und wie sehr von sozialer Unterstützung profitiert werden kann. Hierbei spielen wahrscheinlich auch Geschlecht, genetische Unterschiede, Qualität der Beziehung und frühe soziale Erfahrungen eine Rolle (Chen et al. 2011; Ditzen & Heinrichs 2014; Hennessy et al. 2009; Kirschbaum et al. 1995).

5.3.2 Soziale und psychische Effekte

Ein höherer Oxytocinspiegel fördert positive soziale Interaktionen, prosoziales Verhalten und langfristig positive Beziehungen wie sichere Bindungen. Wird Oxytocin im zentralen Nervensystem erhöht, auf natürliche Weise oder auch über Administration über Nasenspray, so erhöhen sich das Vertrauen gegenüber anderen Personen, Großzügigkeit und das Zugehörigkeitsgefühl zu sozialen Gruppen und Einzelpersonen, und Aggression innerhalb der sozialen Gruppe wird verringert (Neumann 2008; DeVries et al. 2003). Die Empfänglichkeit für angenehme Reize und Empathie wird gefördert (Uvnäs-Moberg 1997; 1998b; 2003).

> **Exkurs: Die Verabreichung von Oxytocin beim Menschen**
>
> In Studien und seit einigen Jahren auch im Rahmen von Therapien wird Personen von außen synthetisiertes Oxytocin zugeführt. Dies kann über Injektion bzw. Infusion direkt in den Blutkreislauf erfolgen. Erzielt werden darüber vor allem physiologische Effekte, denn nur maximal 1 % kann über die Blut-Hirn-Schranke das Gehirn bzw. das zentrale Nervensystem erreichen. Somit sind die psychischen und sozialen Effekte, die über das Gehirn gesteuert werden, auf diese Weise kaum zu erzielen. Um Effekte in Gehirn und zentralem Nervensystem zu erhalten, muss Oxytocin direkt dorthin gelangen. Im Tierversuch geschieht dies durch Injektion ins Gehirn bzw. in die Ventrikel, um Oxytocin in die Cerebrospinalflüssigkeit einzubringen. Beim Menschen wird Oxytocin vorrangig über Nasenspray zugeführt, um psychische und soziale Effekte zu erlangen. Denn die Durchlässigkeit der Blut-Hirn-Schranke ist in der Nasenschleimhaut hoch und es gelangen ca. 90 % der Oxytocinmenge ins Gehirn.
>
> Oral kann Oxytocin kaum zugeführt werden (außer in extrem hohen Dosen), da es als Peptidhormon im Magen-Darm-Trakt durch den niedrigen PH-Wert und die Enzyme abgebaut wird (Uvnäs-Moberg 2016a).
>
> Ohne Oxytocin von außen zuzuführen kann der Oxytocinspiegel über die oben beschriebenen Wege der Aktivierung des Oxytocinsystems wie Massagen oder Berührung erhöht werden.

Wird Oxytocin natürlich ausgeschüttet oder auch als Nasenspray im Experiment verabreicht, so reduzieren sich Furcht und die Aktivität der Amygdala. Ruhe und psychische Entspannung werden verstärkt. Zudem verändert sich die Schmerzwahrnehmung im Sinne einer Erhöhung der Schmerzschwelle, sodass erst stärkere Reize als schmerzhaft wahrgenommen werden. Oxytocin reduziert eine depressive Stimmung und fördert positive Emotionen. Personen zeigen bessere soziale Kompetenzen, sie können beispielsweise den Emotionsausdruck in Gesichtern und der Stimme eher richtig interpretieren. Dies wurde für neurotypisch entwickelte Männer und Männer auf dem Autismus-Spektrum dokumentiert, die in diesem Bereich meist große Schwierigkeiten haben (Domes et al. 2007; Guastella et al. 2010; Hollander et al. 2007). Bei erhöhtem Oxytocinspiegel halten Personen länger Augenkontakt und beobachten die Augenregion anderer länger, was Voraussetzung für die Identifikation von Emotionen und Stimmungen anderer ist (Guastella, Mitchell & Dadds 2008; Rimmele et al. 2009). Wird Frauen während der Geburt intravenös Oxytocin verabreicht, zeigen sie in den Folgetagen weniger Angst und mehr sozial kompetentes Verhalten (Jonas et al. 2008).

Aufgrund dieser positiven Effekte auf Psyche und Sozialverhalten werden inzwischen Personen mit sozialen Angststörungen oder auf dem Autismus-Spektrum zusätzlich zu psychotherapeutischen Interventionen auch mit Oxytocingaben behandelt (Guastella et al. 2009). In Studien wurden bei diesen Personen ungewöhnliche basale Oxytocinspiegel, die entweder deutlich erniedrigt oder deutlich erhöht waren, nachgewiesen (Goldman et al. 2008; Hoge et al. 2008; Modahl et al. 1998). Menschen auf dem Autismus-Spektrum weisen zudem eine gestörte

Funktion der Oxytocin-Rezeptoren auf (Wu et al. 2005; Lerer et al. 2008). Auch epigenetische Veränderungen, die zu einer Dysregulation des Oxytocin-Rezeptorgens führen, wurden dokumentiert (Gregory et al. 2009; Gurrieri & Neri 2009).

Zusätzlich ist heute bekannt, dass einige Psychopharmaka, insbesondere Antidepressiva wie selektive Serotonin-Wiederaufnahmehemmer (SSRI) und verschiedene Neuroleptika, die Freisetzung von Oxytocin im zentralen Nervensystem bewirken und wahrscheinlich auch darüber eine Linderung von Symptomen erzielen (Uvnäs-Moberg et al. 1999; Uvnäs-Moberg & Petersson 2005). Das therapeutische Potenzial von Oxytocin ist bei Weitem noch nicht ausgeschöpft und wird weiter intensiv beforscht.

> **Exkurs: Oxytocin in der Kita**
>
> Erwachsene mit und ohne stressbedingte oder psychische Erkrankungen profitieren durch den Hautkontakt bei Massagen hinsichtlich ihrer Entspannung und Wohlbefinden – das ist wissenschaftlich belegt. Doch auch im Umgang mit Kindern in der Frühpädagogik ist das Wissen um den Hauthunger bzw. Oxytocineffekte angekommen. Immer mehr Einrichtungen bieten den Kindern kurze Massagen von Hand oder mit einem Igelball an. Von Knorring und Kollegen (2008) untersuchten die Effekte von Massage auf das Verhalten von Kindern im Kindergarten. Die Kinder, die das wollten, erhielten in der Mittagspause eine zehnminütige Massage von einer Kita-Mitarbeiterin, die darin geschult war. Zum Vergleich dienten Kinder aus Einrichtungen, in denen es keine Massagen gab. Die Rückmeldungen der Kita-Fachkräfte und der Eltern zeigten für die meisten Kinder keine großen Effekte. Die unruhigsten und aggressivsten Kinder jedoch waren nach den Massagen ruhiger und weniger aggressiv. Die Effekte waren dauerhaft und nach zwölf Monaten sogar noch intensiver. Die aggressiven Jungen, die massiert worden waren, wurden sozial kompetenter, nicht mehr aggressiv und auch weniger schmerzempfindlich. Dies veränderte das soziale Miteinander in der Kita sehr positiv. Uvnäs-Moberg (2016b) betrachtet die Effekte dieser an sich sehr kurzen Intervention von je zehn Minuten Massage noch aus einem anderen Blickwinkel. Wenn eine so kurze Intervention ausreicht, solch bedeutsame Verhaltensänderungen zu bewirken, kann dies auch als Hinweis darauf dienen, dass diese Kinder im Alltag wahrscheinlich viel zu wenig Körperkontakt mit ihren Bezugspersonen haben. Insgesamt ist Körperkontakt heute bei vielen Kindern und Erwachsenen zur »Mangelware« geworden. Es fehlt die Zeit für entspannte Interaktionen in den Bindungsbeziehungen. Zu viel Zeit wird in Settings und mit Interaktionen verbracht, in denen Körperkontakt unangebracht ist oder einfach nicht stattfindet. Das wirkt sich negativ auf die psychische, soziale und physische Gesundheit von Menschen aller Altersstufen aus.

Tab. 5.1: Übersicht über Effekte des Oxytocins

	physiologisch	psychisch	sozial
allgemeine Effekte	• Reduktion und Abpuffern von Stressreaktionen: Reduktion von Cortisolspiegel, Herzfrequenz, Blutdruck und Aktivität des Sympathikus • langfristig bessere Stressresistenz • Aktivierung des Parasympathikus • bessere Gewichtszunahmen im Säuglingsalter	• Reduktion von Angst, Depressivität, Stressempfinden und Schmerzempfinden • Förderung von positiver Stimmung	• besseres/feinfühligeres Fürsorgeverhalten • Förderung von sozialer Interaktion, Kommunikation, Vertrauen Blickkontakt, Großzügigkeit und Zugehörigkeitsgefühl • mehr Empathie und Sozialkompetenz
Effekte auf Mütter und Babys (meist beim Stillen oder Hautkontakt; bzw. langfristige Effekte durch hohe Oxytocinspiegel in der Schwangerschaft)	• größere Größe und höheres Gewicht des Babys • bessere Nährstoffverwertung in der Schwangerschaft • höhere Produktion von Muttermilch und besserer Milchfluss • höhere Durchblutung im Brustkorbbereich, Wärmeabgabe an das Kind • warme Extremitäten beim Kind	• erhöhtes Wohlbefinden • weniger Angst • mehr Entspannung und Ruhe	• feinfühligere und synchronere Interaktion mit dem Baby beim Stillen und in der Versorgung

5.4 Der Start ins Leben – die Bedeutung von Stillen und Hautkontakt

Das Oxytocinsystem ist in der Interaktion und Beziehung zwischen Mutter und Kind überaus wichtig, da es viele Vorgänge steuert, die für die Gesundheit von Mutter und Kind und den Aufbau einer sicheren Bindungsbeziehung von Bedeutung sind.

Schon während der Schwangerschaft beeinflusst der Oxytocinspiegel der Mutter die Entwicklung des Kindes und die spätere Mutter-Kind Interaktion. Mütter mit einem hohen Oxytocinspiegel während der Schwangerschaft gebären größere Babys und können Nährstoffe besser verwerten (Uvnäs-Moberg 2007; Silber, Larsson & Uvnäs-Moberg 1991). Dies ist aus evolutionärer Sicht wichtig, da in der Menschheitsgeschichte Nahrung eher knapp war und schwerere Babys mit mehr Nahrungspolstern bessere Überlebenschancen hatten. Mütter mit einem höheren Oxytocinspiegel während der Schwangerschaft interagieren beim Stillen mehr und feinfühliger mit ihrem Baby. Zudem steht ein höherer Oxytocinspiegel während der Schwangerschaft mit einer höheren Produktion von Muttermilch in Zusammenhang. Diese Mütter können entsprechend länger stillen (Nissen et al. 1996; 1998). Dabei hilft ein positives Feedbacksystem: Je mehr die Mütter mit ihren Kindern interagieren, desto mehr steigt wiederum ihr Oxytocinspiegel, auch nach der Stillzeit (Feldmann et al. 2007).

Stillen ist eine zentrale Interaktion zwischen Mutter und Kind bei allen Säugetieren, die dazu beiträgt, das kindliche Überleben zu sichern. Milchersatz wird zwar schon seit Langem genutzt (früher tierische Milch und seit einigen Jahrzehnten Milchpulver) und ist heute beliebt, da er einfach zu handhaben und mit allen notwendigen Nährstoffen angereichert ist. Das Füttern mit Milchersatz und abgepumpter Muttermilch führt aber durch die Gabe über Fläschchen und häufig andere Personen als die Mutter nicht zu den gleichen Effekten wie das Stillen. Abhängig von der Situation von Mutter und Kind kann das Flaschenfüttern jedoch einen guten Ersatz darstellen.

Beim Stillen, aber auch schon durch den Hautkontakt ohne Stillen wird Oxytocin bei der Mutter und beim Baby freigesetzt. Dadurch steigt die Durchblutung der Haut im Brustkorbbereich der Mutter und damit auch die Hauttemperatur, sodass die Mutter Wärme an das Baby abgeben kann (Bystrova et al. 2007; Uvnäs-Moberg 1996). Die Hauttemperatur des Babys passt sich an, durch die Oxytocinausschüttung weiten sich die Gefäße in den Extremitäten. Diese werden stärker durchblutet und wärmer. Dieser Effekt ist ausgeprägter bei direktem Hautkontakt, also wenn Kind und Mutter im Brustkorbbereich Haut-Haut-Kontakt ohne Kleidung dazwischen haben (Bystrova et al. 2003; 2007). Positive Effekte des Hautkontakts in den Stunden direkt nach der Geburt sind selbst noch Monate und bis zu einem Jahr nach der Geburt zu beobachten. Die Interaktion zwischen Mutter und Kind ist harmonischer als bei Müttern mit Kindern ohne Haut-Haut-Kontakt nach der Geburt (Klaus et al. 1972; Kennell, Trause & Klaus 1975; Bystrova et al. 2009). Oxytocin bewirkt im Gehirn der Mutter Veränderungen, die mit Anpassung an nun gefordertes mütterliches, fürsorgliches Verhalten assoziiert sind. Sie wird sozial kompetenter und kann damit feinfühliger agieren. Zudem fördert das Oxytocin das mütterliche Wohlbefinden, reduziert ihre Angst, was in einer solchen neuartigen, herausfordernden Situation von Vorteil ist. Angst hemmt zudem den Milchfluss und erschwert das Stillen.

Das Stillen des Kindes führt in einer sicheren Umgebung immer zu einer Oxytocinausschüttung bei Mutter und Kind und fördert damit Entspannung und eine gute Mutter-Kind Interaktion (Uvnäs-Moberg 1987; 1989; 1996). Diese Feedbackschleife – Stillen, Oxytocin, Ruhe und Entspannung bei Mutter und Kind, positive Interaktion, mehr Oxytocin, Stillen – fördert nicht nur eine gute Mutter-Kind-Beziehung, sondern auch physiologische Anpassungsprozesse. Durch die Dämpfung der Stressreaktivität wird das Verdauungssystem bei Mutter und Kind positiv beeinflusst und eine bessere Nährstoffverwertung ermöglicht (Uvnäs-Moberg 1987; 1996). Dies war in der Menschheitsgeschichte wichtig, um Energie zu sparen.

Beim Stillen wirkt zum einen der enge Hautkontakt, der mit leichtem Druck und Wärme sensorische Nerven in der Haut stimuliert (Uvnäs-Moberg & Petersson 2011) und zur Oxytocinausschüttung führt. Zum anderen führt das Saugen des Kindes an der Brust zu einer weitaus ausgeprägteren Oxytocinausschüttung als Hautkontakt ohne Stillen (Uvnäs-Moberg 1998a; 1998b; Jonas et al. 2008; Handlin et al. 2009). Der Hautkontakt zur Mutter nach der Geburt wirkt beruhigend auf das Baby. Kinder, die direkt nach der Geburt Hautkontakt zur Mutter hatten, sind ruhiger, schreien weniger und haben niedrigere Stresshormonspiegel als Babys, die auf der Säuglingsstation liegen mussten (Christensson et al. 1995). Ebenso ist ihre Schmerztoleranz erhöht und die Verdauung besser, was wiederum das Wachstum fördert (Törnhage et al. 1996).

Die Erkenntnisse zur Bedeutung des Oxytocins in der Schwangerschaft und nach der Geburt unterstreichen zudem die Wichtigkeit der sozialen Unterstützung während der Schwangerschaft und in den ersten Lebensjahren des Kindes. Ein unterstützender Partner, Eltern oder andere nahestehende Personen, welche die werdende oder »junge« Mutter unterstützen, erleichtern Mutter und Kind den Start ins gemeinsame Leben. In den Frühen Hilfen ist daher die Identifikation von sozialen Unterstützern aus dem nahen Umfeld, insbesondere durch den Partner, besonders wichtig. Hierüber wird indirekt ein guter Oxytocinhaushalt gefördert. Ähnlich gilt dies für die ersten Lebensjahre des Kindes, insbesondere in belastenden Situationen, die sich immer wieder auch in sonst weniger belasteten Mutter-Kind-Dyaden ergeben.

5.5 Zusammenfassung

Oxytocin steuert ein ganzes System für soziale Verbundenheit, Interaktion, Regeneration und innere Ruhe. Soziale Interaktionen und der Aufbau und Erhalt von Bindungsbeziehungen werden in hohem Maß von Oxytocin beeinflusst und beeinflussen wiederum selbst das Oxytocinsystem. Eine Oxytocinausschüttung in den Blutkreislauf wirkt Stressreaktionen entgegen, führt zu Entspannung und besserer Nahrungsverwertung und steuert wichtige Funktionen während der Geburt und in der Stillzeit. Oxytocin im zentralen Nervensystem hat sowohl psychische als auch soziale Effekte. Es reduziert Depressivität, Angst, Stress- und Schmerzempfinden sowie Aggression und fördert Vertrauen, soziale Interaktion, soziale Kompetenzen, innere Ruhe und Verbundenheit. Interaktionen in vertrauten Beziehungen, aber auch positive Interaktionen mit anderen Personen generell, Körperkontakt, insbesondere Hautkontakt in Vertrauensbeziehungen, aktivieren das Oxytocinsystem. Über die Regulation von physiologischem Stress und negativen Emotionen sowie die Förderung positiver Interaktionen spielt es eine zentrale Rolle für den Aufbau und Erhalt von Bindungsbeziehungen und Bindungssicherheit.

Für die Kindheitspädagogik ist das Wissen über das Oxytocinsystem besonders relevant, da in Interaktionen das Oxytocinsystem bewusst aktiviert werden kann, um die Beziehung zwischen pädagogischer Fachkraft und Kind, beispielsweise in der frühkindlichen Betreuung, zu fördern. In den Frühen Hilfen kann verstärkt auf angenehmen Körperkontakt zwischen Eltern und Kind, den beide genießen können, hingearbeitet werden, um die Beziehung zu verbessern. Des Weiteren kann gezielt über das Oxytocinsystem an der Reduktion von Stressreaktionen, Angst und Aggression gearbeitet werden, um angenehme soziale Interaktionen in Kita-Gruppen zu unterstützen.

Literaturempfehlungen

Uvnäs-Moberg, K. (2003). *The oxytocin factor: Tapping the hormone of calm, love and healing.* Cambridge: Da Capo.
Press.Uvnäs-Moberg, K. (2016a). *Oxytocin: the biological guide to motherhood.* Amherst, MA: Praeclarus Press.
Uvnäs-Moberg, K. (2016b). *Oxytocin, das Hormon der Nähe. Gesundheit – Wohlbefinden – Beziehung.* Hrsg. v. U. Streit & F. Jansen. Übers. v. M. Wiese. Berlin u. Heidelberg: Springer.

6 Die Verbindung von Bindung und Neurobiologie

Es wurden bereits an einigen Stellen Verbindungen zwischen sozialen Interaktionen und Aktivierung der Stresssysteme und des Oxytocinsystems angesprochen. Aufbauend auf den Grundkenntnissen zu Bindung und Neurobiologie aus den vorherigen Kapiteln wird im Folgenden detaillierter auf diese Zusammenhänge insbesondere in Bindungs-Fürsorge-Beziehungen eingegangen. Besondere Berücksichtigung finden dabei negative Erfahrungen von Kindern wie Vernachlässigung und Missbrauch durch ihre Bindungsfiguren.

6.1 Oxytocin und die Entwicklung von Bindung

Die Verbindung von Oxytocinsystem und Bindungs-Fürsorge-Beziehungen wird bei Betrachtung der engen Verzahnung von Neurobiologie und sozialen Interaktionen offensichtlich. Besonders relevant hinsichtlich der Entwicklung von Bindungs-Fürsorge-Beziehungen ist die Reduktion von Stress über das Bindungsverhaltenssystem. Durch feinfühlige Fürsorge in einer sicheren Bindungs-Fürsorge-Beziehung, mit Aktivierung des kindlichen Oxytocinsystems, wird die Stressreaktion des Kindes über Körperkontakt zur Mutter reduziert. Über den zentralen Mechanismus der Stressregulation hinaus unterstützt das Oxytocinsystem eine sichere Bindung über die Reduktion von Angst und die Förderung eines Gefühls von Wohlbefinden, Ruhe und Sicherheit. Oxytocin fördert positive Emotionen, Stimmung und adaptives Sozialverhalten, was für den Aufbau und die Aufrechterhaltung von Sozialbeziehungen hochrelevant ist. Die soziale Umwelt, insbesondere Eltern und weitere Bindungsfiguren, unterstützen durch regelmäßigen Körperkontakt wiederholte Oxytocinausschüttungen beim Kind und damit einen hohen basalen Oxytocinspiegel (Uvnäs-Moberg 2003), was wiederum den Aufbau sicherer Bindungsbeziehungen erleichtert.

Bei der Entwicklung sicherer Bindungen spielen drei wesentlichen Faktoren eine Rolle (Uvnäs-Moberg 1998b; 2003; 2007):

1. Hautkontakt in einer vertrauensvollen Beziehung setzt Oxytocin frei. Durch Assoziation der Oxytocinausschüttung mit der Person kann dann später auch die reine Nähe des Sozialpartners ausreichen, um erneut Oxytocin auszuschütten.

2. Ein hoher Oxytocinspiegel begünstigt positive Sozialbeziehungen, da dieser Emotionen und Verhalten fördert, die für den Aufbau vertrauensvoller Sozialbeziehungen grundlegend sind. Dazu zählen die richtige Interpretation und Speicherung sozialer Informationen sowie die Reduktion von Angst und Stressreaktionen. In der Mutter-Kind-Beziehung ist Oxytocin mit Synchronisation von Verhalten, Emotionsausdruck, Kommunikation, Hauttemperatur, Entspannung und Schlafzyklen assoziiert (zusammengefasst in Julius et al. 2014; Uvnäs-Moberg 2016a). Gerade die Synchronisation von emotionalem Ausdruck und Interaktionsverhalten zwischen Mutter und Baby ist mit einer sicheren Bindung im Alter von einem Jahr verknüpft (Feldman et al. 2011).
3. Über klassische Konditionierung werden die Effekte des Oxytocins mit der Bindungsfigur assoziiert. Die Bindungsfigur wird durch wiederholte Erfahrungen des Kindes mit ihr und damit einhergehender Oxytocinausschüttung zu einem konditionierten Reiz. Dann reichen bereits die Stimme, der Geruch oder die Anwesenheit der Bindungsfigur, um das Oxytocinsystem zu aktivieren. Ein direkter Kontakt ist nicht mehr immer notwendig, auch wenn dieser das Oxytocinsystem nach wie vor besonders stark aktiviert. Allein Signale der Nähe führen zu einem Gefühl des Wohlbefindens und der Sicherheit. Wiederholte Oxyocinausschüttungen stabilisieren Sozialbeziehungen. Dem Interaktionspartner wird mehr Vertrauen entgegengebracht, man sucht die Nähe und den Kontakt (Julius et al. 2014).

6.2 Bindung und Stressregulation

Gemäß der Bindungstheorie ist eine zentrale Funktion von Bindung die Regulation von Stress beim Kind. Erlebt das Kind physiologischen Stress, und oft begleitend dazu Unwohlsein oder Angst, zeigt es bei sicherer Bindung offen Bindungsverhalten. Dieses Verhalten aktiviert feinfühlige Fürsorge mit Nähe und Körperkontakt, was zu einer zeitnahen Deaktivierung der Stresssysteme, zu innerer Ruhe und Wohlbefinden führt. Wirkt die Fürsorge nicht beruhigend oder bleibt Fürsorge häufig aus, erfährt das Kind im Laufe der Entwicklung häufiger physiologische Stressreaktionen, die länger anhalten, und es kann sogar zu einer chronischen Aktivierung der Stresssysteme kommen (Diamond 2001).

Im Folgenden werden einige Befunde zu Bindungsmustern und Stressregulation vorgestellt. Stress wird hierbei über die Aktivität im Sympathikus (SAM-Achse) und der HHN-Achse definiert. Die Aktivierung des Sympathikus wird über Erhöhung von Herzrate und Blutdruck und die Absenkung der Herzratenvariabilität gemessen, die Aktivierung der HHN-Achse über den Cortisolspiegel im Speichel. Auch der Gegenspieler des Sympathikus, der Parasympathikus, wird dabei angesprochen. Dieser fördert Wachstum, Verdauung, Regeneration, und Zustände, die bei Stress herunterreguliert sind.

> **Exkurs: Forschungsmethoden zur Aktivierung der Stresssysteme**
>
> Um die Stresssysteme in Aktion zu untersuchen, müssen in der Forschung geeignete Stressoren gezielt eingesetzt werden. Bei Kleinkindern sind solche Stressoren meist eine Trennung von den Eltern, wie dies im Fremde-Situation-Test der Fall ist. Bei älteren Kindern, Jugendlichen und Erwachsenen werden häufig verschiedene Versionen des Trierer Sozialer Stress Test (TSST; Kirschbaum, Pirke & Hellhammer 1993) genutzt. Der TSST wurde entwickelt, um psychosozialen Stress zu induzieren, und führt nachweislich zu einer Erhöhung von Cortisolwerten und kardiovaskulären Stressparametern wie Herzfrequenz und Blutdruck sowie von subjektiv wahrgenommenem Stress (ebd.; Schommer, Hellhammer & Kirschbaum 2003; Foley & Kirschbaum 2010).
>
> Aufgebaut ist der TSST wie folgt: Zuerst gibt es eine Eingewöhnungs- und Ruhephase von zehn Minuten im Labor, dann kommt die Testperson in einen neuen Raum, in der ihr die Aufgabe erklärt wird, die sie im Verlauf des Experiments absolvieren muss. Drei Personen dienen als Gremium bzw. Interviewteam, es gibt eine Videoaufnahme. Die Testleitung weist die Testperson an, sich in die Rolle eines Stellenbewerbers zu versetzen und sich auf das Bewerbungsgespräch vorzubereiten, in dem zuerst fünf Minuten frei über sich gesprochen werden soll. Dann wird die Testperson zurück in den Ruheraum geführt und hat zehn Minuten Zeit für die Vorbereitung. Anschließend wird die Person wieder in den Raum mit dem Gremium geführt und ein Gremiumsmitglied fordert sie auf, mit dem fünfminütigen Vortrag zu beginnen. Zuerst wird die Videoaufnahme eingeschaltet. Spricht die Person kürzer als fünf Minuten, wird sie aufgefordert, fortzufahren. Passiert dies nochmals, gibt es eine 20-Sekunden-Pause (was bei den meisten Unwohlsein bewirkt) und es folgen Fragen. Daraufhin wird die Person noch gebeten von einer hohen Primzahl in 13er-Schritten so schnell wie möglich rückwärts zu zählen. Bei einem Fehler muss sie wieder von vorne beginnen. Schließlich wird die Person wieder in den Ruheraum gebracht und ihr wird mitgeteilt, dass sie nun entspannen kann.
>
> Der Test führt durch die soziale Bewertung der eigenen Leistung durch Fremde zu sozialem Stress. Auch die möglichen Schweigepausen dienen der Erhöhung des Stressniveaus, da die meisten Personen Schweigen in einer solchen Situation als äußerst unangenehm empfinden.

6.2.1 Bindung und die Aktivität des autonomen Nervensystems

In neueren Studien wird zwischen Veränderungen durch Aktivierung von Sympathikus oder Parasympathikus unterschieden. Hierfür reicht die Messung der Herzfrequenz nicht aus, da diese von beiden Nervensystemen beeinflusst wird. Im Rahmen des Fremde-Situation-Tests untersuchten Oosterman und Kollegen (2010) Anzeichen für Aktivität von Sympathikus und Parasympathikus. Sie fanden heraus, dass Kinder mit organisierten Bindungsmustern, und insbesondere Kinder mit sicherer Bindung, eine Verringerung der parasympathischen Aktivität während der Trennung von der Mutter zeigten. Bei der Wiedervereinigung erhöhte sich dann die parasympathische Aktivität wieder, das heißt, ihr System entspannte sich wieder. Dagegen zeigten Kinder mit Bindungsdesorganisation das umgekehrte Muster. Während der Trennung erhöhte sich die Aktivität des Parasympathikus und sank wieder, sobald sie mit der Mutter zusammen waren. Anscheinend werden die Kinder mit Desorganisation von der Anwesenheit ihrer Bindungsfigur gestresst und entspannen in ihrer Abwesenheit. Auch Erwachsene mit unsicher-vermeidender und unsicher-ambivalenter Bindung reagieren mit mehr Aktivität des Sympathikus auf soziale Situationen. Dies zeigt sich in einem erhöhten Blutdruck in sozialen Situationen im Vergleich zu sicher gebundenen Erwachsenen (Carpenter & Kirkpatrick 1996; Diamond, Hicks & Otter-Henderson 2008; Feeney & Kirkpatrick 1996).

6.2.2 Bindung und Reaktionen der HHN-Achse

Bindungserfahrungen in den ersten Lebensjahren beeinflussen nicht nur die Aktivität des autonomen Nervensystems nachhaltig, sondern auch die endokrinen Reaktionen der HHN-Achse.

Nachgewiesen sind Unterschiede in der Stressreaktivität, also wie stark auf einen Stressor reagiert wird und wie schnell sich der Stress auch wieder abbaut. Insgesamt zeigen Kinder mit unsicherer Bindung eine erhöhte Cortisolausschüttung bei Stress im Vergleich zu Kindern mit sicherer Bindung, die eher niedrigere oder moderate Cortisolausschüttungen aufweisen. Sicher gebundene Kinder reagieren auf die Trennung von der Mutter im Fremde-Situation-Test mit einem geringeren Cortisolanstieg als unsicher gebundene Kinder (Ahnert et al. 2004; Gunnar et al. 1996; Nachmias et al. 1996; Spangler & Grossman 1993; Spangler & Schieche 1998). Teils zeigen die sicher gebundenen Kinder kaum eine Erhöhung von Cortisol, zum Beispiel in Reaktion auf eine Impfung, und unterschieden sich hier deutlich von den unsicher gebundenen Kindern, die mit einer Cortisolerhöhung reagieren (Gunnar et al. 1996).

Vergleichbare Befunde existieren für Erwachsene. Ein Stressor führt bei Personen mit unsicher-verstrickter Bindung zu einem höheren Cortisolanstieg als bei sicher oder unsicher-vermeidend gebundenen Personen (Quirin, Pruessner & Kuhl 2008). Auf einen bindungsbezogenen Stressor reagieren Paare mit ambivalenter Bindung mit dem größten Cortisolanstieg, während die sicher gebundenen Paare keinen oder nur einen geringen Cortisolanstieg aufweisen (Powers et al. 2006). Einwöchige Trennungen vom Partner führen bei Personen mit unsicher-verstrickter Bindung zu einem erhöhten Cortisolspiegel (Diamond et al. 2008).

Insgesamt zeigen auch Erwachsene mit unsicher-vermeidender Bindung im Kontrast zu sicher gebundenen erhöhte Cortisolwerte auf Stressoren, wie zum Beispiel einen Konflikt mit dem Partner (Laurent & Powers 2007; Powers et al. 2006). Subjektiv berichten Personen mit vermeidender Bindung jedoch kaum eine Stressbelastung.

Unsichere Bindungsmuster sind also mit einer höheren endokrinen Stressreaktion auf Stressoren assoziiert. Es existieren nur wenig Daten zur Bindungsdesorganisation und endokrinen Stressreaktionen. Es scheint jedoch so zu sein, dass Kinder mit Bindungsdesorganisation im Fremde-Situation-Test eine noch stärkere Cortisolreaktion haben als Kinder mit unsicher-vermeidender und unsicher-ambivalenter Bindung (Hertsgaard et al. 1995; Spangler & Grossmann 1993).

6.3 Bindung, Misshandlung, Vernachlässigung und Stressreaktivität

Es existieren nur wenig Daten zum Zusammenhang von Bindungsdesorganisation und Stressreaktionen, doch lassen sich aus Studien zu Stressreaktionen bei Menschen mit Erfahrungen von Gewalt und Vernachlässigung Rückschlüsse ziehen. Denn solche negativen Erfahrungen mit Fürsorgepersonen sind eng mit Bindungsdesorganisation verknüpft. 80 Prozent der Kinder oder Jugendlichen mit Gewalt- und Vernachlässigungserfahrungen bzw. der Erwachsenen, die solche Erfahrungen in Kindheit und Jugend gemacht haben, weisen eine Bindungsdesorganisation auf. Somit erlauben die folgenden Studien indirekte Rückschlüsse auf die Verbindung von Desorganisation mit der Aktivität der Stresssysteme. Kinder und Jugendliche mit Bindungsdesorganisation können ihre Bindungsfiguren nicht zur Stressregulation nutzen oder die Bindungsfiguren erhöhen sogar den Stress.

Kleinkinder, die von der Mutter physisch misshandelt wurden, zeigen im Fremde-Situation-Test deutlich höhere Cortisolspiegel als nicht misshandelte Kinder (Bugental, Martorell & Barraza 2003). Depressive Jugendliche mit Misshandlungs- und Vernachlässigungserfahrungen, die einen sozialen Stresstest absolvieren, haben im Vergleich zu Jugendlichen ohne diese Erfahrungen stärker ausgeprägte und länger anhaltende Cortisolreaktionen. Die höchsten Werte haben Jugendliche, die schon früh im Leben misshandelt oder vernachlässigt wurden und die auch aktuell in einem stresshaften Umfeld leben (Rao et al. 2008).

Zudem verändern frühe Misshandlungserfahrungen die Reaktivität der Stresssysteme. Allerdings sind die Ergebnisse hierzu nicht einheitlich. So finden einige Studien bei misshandelten Jugendlichen mit Depressionen oder posttraumatischer Belastungsstörung eine sehr niedrige Cortisolreaktivität (z. B. MacMillan et al. 2009). Diese ungewöhnlich geringe Cortisolreaktivität wird auch als Hypocortisolismus bezeichnet und scheint ein Schutzmechanismus der Nebenniere zu sein (Engert et al. 2009). Als Reaktion auf chronischen Stress fährt die Nebenniere die Cortisolproduktion herunter. Auf der anderen Seite zeigen misshandelte Jugendliche mit nur mild ausgeprägten Depressionen einen langanhaltend erhöhten Cortisolspiegel (Harkness, Stewart & Wynne-Edwards 2011), einen sogenannten Hypercortisolismus. Das bedeutet, dass durch eine chronische Cortisolausschüttung das System nicht mehr im Stande ist Cortisol herunterzuregulieren.

Auch im Erwachsenenalter sind die Folgen familiärer Gewalt und Vernachlässigung sowie von Verlusten von Bindungsbeziehungen nachweisbar. So zeigen Erwachsene, die in der Kindheit ihre primäre Bezugsperson verloren haben und danach keine feinfühlige Fürsorge durch andere Personen erhalten haben, auf einen sozialen Stressor deutlich erhöhte Cortisolreaktionen (Luecken 2000). Frauen mit Depressionen, die in der Kindheit physisch oder sexuell missbraucht wurden, weisen ebenso verstärkte Cortisolreaktionen auf einen sozialen Stressor auf (Heim et al. 2008). Frauen mit vergleichbaren Missbrauchserfahrungen, jedoch ohne Depression haben dagegen keine solche Veränderung der Stresssysteme. Vermutlich haben diese ihr Trauma erfolgreich bearbeiten können. Bei psychisch gesunden Erwachsenen, die Misshandlung oder Vernachlässigung erfahren haben, finden sich dagegen deutlich verringerte Cortisolreaktionen (Carpenter et al. 2007).

6.4 Bindung, Misshandlung, Vernachlässigung und basale Cortisolspiegel

Während die oben beschriebenen Studien mit einem Stressor, meist einem sozialen Stresstest, arbeiteten, werden nun Studien vorgestellt, welche die basalen Werte des Cortisols und den Tagesverlauf des Cortisols betrachten, ohne dass Stress ausgelöst wurde.

Der Cortisolspiegel folgt bei gesunden Menschen folgendem Tagesverlauf: Normalerweise befindet er sich nachts auf seinem Tiefpunkt, steigt morgens beim Aufwachen auf seinen Höchstwert an und nimmt im Tagesverlauf wieder ab, wenn es keine stressauslösenden Ereignisse gibt.

Kleinkinder, die Erfahrungen familiärer Gewalt oder von Vernachlässigung gemacht haben, zeigen höhere basale Cortisolwerte im Vergleich zu Kindern ohne diese Erfahrungen (Bugental et al. 2003). Pflegekinder, die in der Ursprungsfamilie vernachlässigt oder emotional misshandelt wurden, haben ebenso veränderte Morgen-Cortisolspiegel. Bei emotional misshandelten Kindern war das Morgencortisol sehr hoch, bei vernachlässigten Kindern dagegen vergleichsweise niedrig (Bruce et al. 2000). Ebenso einen erhöhten Morgencortisolspiegel haben Kinder im Alter von vier bis sieben Jahren, die bei obdachlosen Eltern aufwachsen und mehrere Beziehungstraumata wie Verluste, Vernachlässigung oder Misshandlung erfahren haben (Cutuli et al. 2010). Dasselbe gilt für misshandelte Kinder (Tarullo & Gunnar 2006), vernachlässigte Kinder (Kertes et al. 2008) und Kinder im Alter von elf Jahren mit Erfahrung von Misshandlung und Vernachlässigung (De Bellis et al. 1999).

Neben dem stark erhöhten Morgencortisolspiegel scheinen auch die Werte im Tagesverlauf höher zu liegen als bei Kindern und Jugendlichen ohne diese traumatischen Erfahrungen.

Allerdings gibt es auch hinsichtlich der basalen Cortisolwerte und dem Tagesverlauf gegenteilige Befunde, also einen stark erniedrigten Morgencortisolspiegel und ungewöhnliche Tagesverläufe bei Kindern mit verschiedenen Bindungstraumata (Bruce et al. 2000; Carlson & Earls 1997; Kertes et al. 2008,).

Reviews und Metaanalysen, welche die Ergebnisse mehrerer Studien zusammenfassen (Tarullo & Gunnar 2006; Meewisse, et al. 2007) kommen zu dem Schluss, dass physischer oder sexueller Missbrauch in der Kindheit zu einer Veränderung der basalen Werte und der Reaktivität der HHN-Achse führt, die im Erwachsenenalter noch nachweisbar ist, entweder in Form eines Hyper- oder eines Hypocortisolismus. Die Art der Veränderung der HHN-Achse wird durch verschiedene Bedingungen beeinflusst, wie Alter bei der Missbrauchserfahrung, Dauer, Häufigkeit und Schweregrad der Misshandlung oder Vernachlässigung sowie Entwicklung psychischer Störungen wie Depressionen oder einer posttraumatischen Belastungsstörung. Für die betroffenen Personen bedeutet die veränderte HHN-Achse, dass sie Stress schlechter regulieren können und im Laufe des Lebens wohl mehr mit Stress und stressbedingten Erkrankungen umgehen müssen. Die Dysregulation der Stresssysteme ist mit einer erhöhten Vulnerabilität für psychische und physische Erkrankungen assoziiert (Twardosz & Lutzker 2010).

Betrachtet man Personen mit verschiedenen Bindungsmustern hinsichtlich der Aktivität der HHN-Achse, so ergibt sich folgendes Bild: Kinder, Jugendliche und Erwachsene mit unsicher-vermeidender oder unsicher-ambivalenter Bindung, also organisierten Bindungsverhaltensstrategien, weisen keine extreme Über- oder Unterfunktion in der HHN-Achse auf. Die Reaktion auf Stressoren ist zwar in HHN-Achse und Sympathikus höher und länger andauernd, die basale Aktivität scheint jedoch nicht stark verändert. Sicher gebundene Personen zeigen dagegen geringe bis moderate Aktivität der Stresssysteme in stressauslösenden Situationen. Hypocortisolismus dagegen ist nur bei Personen mit Bindungsdesorganisation zu beobachten, wobei eben einige aus dieser Gruppe auch Hyperkortisolismus zeigen.

6.5 Fürsorge und Aktivität der Stresssysteme

Auch die Qualität des Fürsorgeverhaltens sekundärer Fürsorgepersonen wirkt sich auf die Aktivität der HHN-Achse bei Kindern im Krabbelalter aus. Gunnar et al. (1992) trainierten Babysitter, entweder überaus feinfühliges oder wenig feinfühliges Fürsorgeverhalten zu zeigen, Letzteres dadurch, dass sie vorgaben, beschäftigt zu sein. Als Stressor wurde die Trennung von den Eltern herangezogen. Die Kinder zeigten eine stärkere Cortisolreaktion wenn der Babysitter unfeinfühlig und distanziert mit dem Kind umging, während die Cortisolwerte bei feinfühliger Fürsorge nicht erhöht waren.

In einer Metaanalyse fassten Martins et al. (2020) 19 Studien zu Effekten von Trainingsprogrammen für Eltern auf den Cortisolspiegel von Eltern und Kindern zusammen. Die Analysen zeigten, dass solche Feinfühligkeitstrainings, die üblicherweise auf die Erhöhung feinfühligen Verhaltens abzielen, keine Effekte auf die basalen Cortisolspiegel von Kind und Elternteil haben. Dagegen zeigte eine explorative Studie, dass ein Feinfühligkeitstraining für Eltern, die schon einmal ihr Kleinkind misshandelt hatten und vom Jugendamt unterstützt wurden, positive Effekte auf die Aktivität des Parasympathikus der Kinder hatte (Hastings et al. 2019).

Insgesamt ist noch weitere Forschung in diesem Bereich nachhaltiger Effekte von Elterntrainings auf die Stresssysteme der Kinder notwendig. Dass Frühe Hilfen und Feinfühligkeitstrainings sinnvoll sind und positive Effekte auf das Verhalten der Eltern, die Bindung und die Entwicklung der Kinder mit einem Risikohintergrund haben, ist heute dagegen schon gut belegt (Ferreira et al. 2020; Suess et al. 2016).

6.6 Bindung und das Oxytocinsystem

Soziale Interaktionen führen zum einen zur Aktivierung des Oxytocinsystems, zum anderen beeinflusst die Ausschüttung von Oxytocin wiederum soziale Interaktionen. Wie Bindung und auch Bonding (s. Exkurs) mit dem Oxytocinsystem assoziiert sind, wird im Folgenden vorgestellt.

> **Exkurs: Bindung und Bonding**
>
> Das Hormon Oxytocin spielt eine zentrale Rolle nicht nur bei der Entwicklung und Aufrechterhaltung von Bindungsbeziehungen, sondern auch dem Bonding von Müttern an ihre Neugeborenen. Während im Deutschen hier meist synonym der Begriff der »Bindung« verwendet wird, unterscheidet man im Englischen exakter zwischen »attachment« (Bindung) und »bond« (Verbindung). Klaus und Kennel, zwei Kinderärzte aus den USA, beschrieben schon 1970 die Mutter-Kind-Bindung (bond) und bezogen sich hier auf Erfahrungen aus Studien an Tieren und Erfahrungen mit Müttern, die nach der Geburt aus medizinischen Gründen von ihrem Kind getrennt waren (Klaus & Kennel 1970). Bei Tieren hatte man beobachtet, dass sich Mütter, die direkt nach der Geburt für einige Zeit vom Nachwuchs getrennt wurden, weniger gut oder auch gar nicht mehr um diesen kümmerten. Die Stunden nach der Geburt, der Kontakt zwischen Mutter und Kind sowie die Möglichkeit in dieser Zeit auch erste Fürsorgehandlungen auszuüben, scheinen enorm wichtig zu sein, damit die Mutter eine emotionale Verbindung zum Kind und umsichtiges Fürsorgeverhalten entwickeln kann. In ihrer Studie von 1972 untersuchten Klaus und Kollegen Mütter von Kindern, die nach der Geburt hospitalisiert werden mussten, weil sie frühgeboren oder krank waren. Gab man diesen Müttern direkt nach der Geburt länger Zeit, in der sie Körperkontakt mit dem Baby haben konnten, so zeigten

> diese später noch mehr schützendes Verhalten, mehr Sozialinteraktionen mit dem Kind und insgesamt höher ausgeprägte mütterliche Kompetenzen als Mütter ohne diese Möglichkeit zum längeren Kontakt nach der Geburt. Klaus und Kennel stellten daraufhin die Hypnothese auf, dass es eine »sensitive mütterliche Periode« gibt, die besonders wichtig für das Entstehen und die Weiterentwicklung der Beziehung zwischen Mutter und ihrem Kind ist (Klaus & Kennel 1970; 1976). Wird dieser Bonding-Prozess jedoch gestört oder unterbrochen, so führt dies möglicherweise zu Veränderungen in der Entwicklung des Kindes oder zu negativen mütterlichen Gefühlen und Verhaltensweisen gegenüber dem Baby (Crouch & Manderson 1995).
>
> Bonding kann definiert werden als ein von der Mutter ausgehender Prozess, der insbesondere im ersten Lebensjahr eines Kindes auftritt, aber auch im weiteren Leben weitergeführt werden kann. Es ist ein affektiver Zustand der Mutter. Mütterliche Gefühle und Emotionen gegenüber ihrem Kind sind die primären Anzeichen des Mutter-Kind-Bondings (Kinsey & Hupcey 2013, S. 1319).
>
> Auch wenn vor einigen Jahrzehnten die Existenz einer sensitiven Periode nach der Geburt bezweifelt wurde (Chess & Thomas 1982), dokumentieren inzwischen verschiedene Studien, dass Haut-Haut-Kontakt zwischen Mutter und Kind direkt nach der Geburt, also längerer Körperkontakt, sich positiv auf die mütterliche Gesundheit direkt nach der Geburt und das Stillen bzw. erste Trinkversuche des Neugeborenen auswirkt (Karimi et al. 2019a; 2019b).

Die engen Zusammenhänge zwischen Bindung und Oxytocinsystem können folgendermaßen erklärt werden (s. Julius et al. 2014):

- Oxytocin hemmt die Aktivität der Stressachsen. Auch Bindungs-Fürsorge-Beziehungen zielen auf die Reduktion von Stress beim Kind ab.
- Oxytocin reduziert Angst und fördert Wohlbefinden und innere Ruhe. Ebenso zielt die Bindungs-Fürsorge-Beziehung auf die Reduktion von Angst und das Herstellen des Gefühls von Sicherheit ab.
- Oxytocin fördert Verhalten, Emotionen und soziale Kognitionen, die für den Aufbau und den Erhalt von Sozialbeziehungen wichtig sind.
- Soziale Interaktionen mit den Bindungsfiguren in der frühen Kindheit beeinflussen nachhaltig das Bindungsverhaltenssystem sowie das Oxytocinsystem, die sich in dieser Zeit entwickeln (Tarullo & Gunnar 2006).
- Regelmäßiger Körperkontakt aktiviert das Oxytocinsystem und dieses passt sich an diese positiven Bedingungen an, was sich in einem hohen basalen Oxytocinspiegel zeigt (Uvnäs-Moberg 2007; 2011). Feinfühliges Fürsorgeverhalten und sichere Bindung sind ebenso mit positivem Körperkontakt zwischen Bindungsfigur und Kind assoziiert.

Indirekt weisen Studien, die eine geringere Aktivität der Stressachsen bei sicherer im Kontrast zu unsicherer und desorganisierter Bindung belegen, auf eine Verbindung von Bindung und Oxytocinsystem hin, da Oxytocin die Stresssysteme dämpft. Auch die gleichen Zusammenhänge des Oxytocinsystems und des Bindungsverhaltenssystems mit Faktoren wie psychischer Gesundheit und Sozialverhalten können entsprechend interpretiert werden (s. Julius et al. 2014). Sowohl eine hohe Aktivität des Oxytocinsystems als auch eine sichere Bindung sind mit folgenden Faktoren assoziiert:

- geringere Wahrscheinlichkeit, eine Depression oder Angststörung zu entwickeln
- hohe Soziabilität, positives Sozialverhalten
- erhöhte Schmerzschwelle
- geringe Anfälligkeit für Entzündungen
- geringere Hypervigilanz (geringere Ängstlichkeit)
- geringere Wahrscheinlichkeit, Alkohol zu missbrauchen

Verabreicht man Oxytocin intranasal in einem Experiment, so sehen Männer mit unsicherer Bindung auf Bildern mit bindungsrelevanten Inhalten mehr sichere Bindungsinhalte, als wenn sie ein Placebo-Nasenspray erhalten (Buchheim et al. 2009). Personen, die in einer Fragebogenerhebung eine sichere Bindung zu den Eltern angeben, zeigen im Vergleich zu Personen mit unsicherer Bindung zu den Eltern höhere basale Oxytocinspiegel im Blut (Gordon et al. 2008; Tops et al. 2007). Julius et al. (2014) interpretieren weitere Studienergebnisse, die erhöhte Oxytocinwerte bei gleichzeitig erhöhten Stresswerten bei Personen mit hoher Bindungsambivalenz nachgewiesen haben, wie folgt: Stress führt zu einer hohen Aktivierung der Stresssysteme bei Personen mit ambivalenter Bindung, was dann zu einer hohen Aktivierung des Oxytocinsystems führt und die Person veranlasst, Kontakt zur Bindungsfigur zu suchen. Bei ambivalenter Bindung besteht jedoch viel Sorge um die Beziehung, es sind teils auch negative Emotionen mit dieser assoziiert, und so wird trotz Kontakt das Stresssystem nicht heruntergefahren. Zur unsicher-vermeidenden Bindung gibt es bisher keine Befunde – es ist jedoch wahrscheinlich, dass die Vermeidung von Kontakt zu geringeren Oxytocinspiegeln führt, sodass höhere Stressaktivität bestehen bleibt. Bindungsdesorganisation wurde nur indirekt, über die Erfahrung von Bindungstraumata, untersucht. Bei einer Bindungsdesorganisation jedoch ist die ausgeprägteste Dysregulation im Oxytocinsystem zu finden. Personen mit Bindungsdesorganisation haben niedrige basale Oxytocinspiegel und in Reaktion auf einen Stressor fallen diese Spiegel früher als bei anderen Bindungsmustern noch weiter steil ab.

Frauen, die in der Kindheit ausgeprägt Gewalt und Vernachlässigung in der Familie erlebt haben, zeigen einen signifikant niedrigeren Oxytocinspiegel. Je ausgeprägter die Gewalterfahrung, desto niedriger ist der Oxytocinspiegel (Heim et al. 2008).

Kinder, die ihre ersten Lebensjahre in einem Waisenhaus verbracht und in dieser Zeit Vernachlässigung erfahren haben, reagieren in einer sozialen Spielsituation anders als Kinder, die bei den leiblichen Eltern aufgewachsen sind (Wismer Fries et al. 2005). Körperkontakt mit der Mutter bzw. Adoptivmutter während der Spielsituation führt bei den früh vernachlässigten Kindern nicht zu einem Anstieg des Oxytocinspiegels, wohl aber bei den Kindern, die im Kontakt mit der leiblichen Mutter waren. Bei einer Interaktion mit einer fremden Person finden sich keine Unterschiede in den Oxytocinspiegeln der beiden Gruppen.

Frauen mit zwischenmenschlichen Problemen, die üblicherweise mit Bindungsdesorganisation verknüpft sind, reagieren sowohl auf Massagen als auch auf die Erinnerung von Situationen, in denen sie Liebe und Zuneigung empfunden haben, mit geringerer Oxytocinausschüttung als Frauen ohne zwischenmenschlichen Probleme (Turner et al. 1999). Auf einen sozialen Stressor reagieren Frauen, die in der Kindheit sexuell missbraucht worden sind, mit einer ausgeprägteren Oxytocinausschüttung, aber auch einem starken, verfrühten Abfall des Oxytocinspiegels im Vergleich zu Frauen und Männern, die keine oder andere traumatische Erfahrungen in Bezug auf ihre Gesundheit gemacht haben (Pierrehumbert et al. 2010).

Insgesamt dokumentieren die Studienergebnisse einen Zusammenhang von Bindungserfahrungen und Regulation des Oxytocinsystems. Frühe Beziehungserfahrungen spiegeln sich nicht nur in den Bindungsmustern sondern auch in der Neurobiologie der Person wider. Sicher gebundene Personen verfügen wohl über einen guten Tonus (basale Oxytocinspiegel) und eine adaptive Regulation des Oxytocinsystems im Vergleich zu vermeidend und desorganisiert gebundenen Personen. Auch ambivalent gebundene Personen haben hohe Oxtocinspiegel, was mit ihrer Suche nach Nähe zur Bezugsperson assoziiert ist. Doch kann diese Nähe nicht den Stress herunterregulieren, da sie Zurückweisung erwarten, was den Stress noch mehr erhöht. Das Klammern ambivalent gebundener Personen spiegelt diesen Teufelskreis aus verstärkter Stressreaktion und Suche nach Nähe, die Stress jedoch nicht reduzieren kann, wider. Bindungsdesorganisation scheint mit der stärksten Dysregulation des Oxyotzinsystems in Zusammenhang zu stehen. Der basale Oxytocinspiegel ist sehr niedrig, auf Stressoren hin fällt dieser Spiegel sogar noch weiter ab.

6.7 Fürsorge und das Oxytocinsystem

Wie bereits beschrieben, führen verschiedene mütterliche Fürsorgeverhaltensweisen und Aktionen des Kindes wie das Saugen beim Stillen sowie der Kontakt zwischen Mutter und Kind zur Ausschüttung von Oxytocin. Oxytocin scheint sogar eine zentrale Rolle in der Entwicklung von Fürsorgeverhalten, dem Bonding und der Fürsorge-Bindungs-Beziehung zu spielen. So interagieren Mütter mit einem höheren Oxytocinspiegel während des Stillens mehr und feinfühliger mit ihrem Baby. Es besteht also ein Zusammenhang von Oxytocinspiegel und Qualität der mütterlichen Fürsorge. Daten zu verschiedenen Fürsorgerepräsentationen und dem Oxytocinsystem gibt es jedoch nicht, einige Studien können nur indirekt Hinweise auf entsprechende Zusammenhänge geben.

Schon während der Schwangerschaft entwickeln Frauen eine mentale Beziehung zu ihrem ungeborenen Kind. Dies wird als pränatale Bindung bezeichnet, auch wenn es sich eher um eine mentale Repräsentation des Fürsorgesystems handelt. Nur Mütter, die während des letzten Schwangerschaftsdrittels eine intensive (möglicherweise flexible Fürsorge-)Beziehung zum Ungeborenen empfinden, erleben während der letzten Schwangerschaftsmonate einen Anstieg ihres Oxytocinspiegels. Dagegen weisen Mütter mit weniger intensiver Beziehung gleichbleibende oder abfallende Oxyotcinspiegel auf. Zudem zeigen die Mütter mit hohem Oxytocinspiegel im letzten Schwangerschaftsdrittel und nach der Geburt mehr feinfühlige Fürsorge. Dies zeigt sich in häufigem Blickkontakt, positiven Gefühlen gegenüber dem Baby, liebevollen Berührungen und häufigem Sprechen mit dem Kind. Zudem haben Mütter mit einem höheren Oxytocinspiegel eher angenehme Gedanken und Gefühle hinsichtlich ihrer Fürsorge und betonen weniger angstbesetzte oder überfürsorgliche Aspekte von Fürsorge, als Mütter mit einem niedrigeren Oxytocinspiegel (Levine et al. 2007).

Synchronizität im affektiven Ausdruck und der Kommunikation ist ein Indikator für eine gelungene Interaktion und Eltern-Kind-Beziehung sowie eine flexible Bindungs-Fürsorge-Beziehung. Eltern mit hoher Synchronizität in Interaktionen mit ihrem Baby weisen danach höhere Oxytocinspiegel auf als Eltern mit niedrigerer Synchronizität in Affekt und Kommunikation (Feldman, Gordon & Zagoory-Sharon 2011). Bei Müttern, die selbst eine sichere Bindung haben, steigt der Oxytocinspiegel sieben Monate nach der Geburt während einer Spielinteraktion an. Dies konnte bei Müttern mit unsicher-vermeidender Bindung nicht beobachtet werden (Strathearn et al. 2009). Zudem zeigen die sicher gebundenen Mütter eine höhere Aktivität in jener Hirnregion, die mit dem Oxytocinsystem assoziiert ist, wenn sie Bilder ihrer eigenen Kinder mit verschiedenem Emotionsausdruck betrachten. Dagegen reagieren unsicher-vermeidend gebundene Mütter beim Betrachten solcher Bilder mit einer Aktivierung einer Gehirnregion, die bei Gefühlen von Schmerz, Ablehnung und Ungerechtigkeit aktiv wird.

Diese Befunde weisen indirekt darauf hin, dass flexible Fürsorge mit einem guten Tonus und einer adaptiven Reaktivität des Oxytocinsystems assoziiert ist.

6.8 Zusammenfassung

Bindungsrelevante Erfahrungen sind bei Kindern bis ins Erwachsenenalter hinein mit der Regulation der Stresssysteme und des Oxytocinsystems verknüpft. Auch die mütterliche Fürsorge steht in Zusammenhang mit dem Oxytocinsystem.

Kinder, die wiederholt Oxytocinausschüttungen erfahren, weisen einen höheren basalen Oxytocinspiegel auf und damit eine günstigere Regulation der Stressachsen und eine höhere Aktivität des Parasympathikus (Diamond 2011). Kinder und Jugendliche mit einer sicheren Bindung zeigen eine niedrigere Stressreaktivität als solche mit einer unsicheren oder desorganisierten Bindung. Da Körperkontakt zwischen Kind und Eltern deutlich häufiger bei sicher gebundenen Kindern vorkommt, kann die Aktivierung des Oxytocinsystems über Berührung diesen Effekt auf die Stresssysteme haben.

Erwachsene mit sicherer Bindung haben einen hohen Oxytocinspiegel, erleben subjektiv weniger Stress, haben nur moderate Stressreaktionen und hohe Oxytocinausschüttung bei sozialem Stress (Gordon et al. 2008; Tops et al. 2007). Pierrehumbert und Kollegen (2012) fassen die Ergebnisse aus verschiedensten Studien, die teils widersprüchlich scheinen, wie folgt zusammen: Im Kontrast zu sicher gebundenen Erwachsenen finden sich bei Erwachsenen mit unsicher-vermeidender Bindung in stressauslösenden Situationen ein moderates subjektives Stressempfinden und ein moderater Oxytocinspiegel, aber eine starke Aktivierung der Stressachsen. Personen mit unsicher-ambivalenter bzw. verstrickter Bindung zeigen bei Stress moderates subjektives Stresserleben und moderate Aktivierung der Stressachsen bei niedrigem Oxytocinspiegel. Bei Bindungsdesorganisation wird Stress subjektiv intensiv erlebt, wobei es nur zu einer geringen Aktivierung des Stressachsen kommt und der Oxytocinspiegel moderat ist (Pierrehumbert et al. 2012).

Tab. 6.1: Zusammenhänge zwischen Bindungsstil und der Regulation der HHN-Achse, des autonomen Nervensystems sowie des Oxytocinsystems

Bindung	Regulation der HHN-Achse	Regulation des autonomen Nervensystems	Regulation des Oxytocinsystems
sicher	• geringe bis moderate Cortisolreaktion auf Stress	• moderat erhöhte Herzfrequenz auf Trennung, schnelle Erholung bei Rückkehr der Mutter • deutlich verminderte Aktivität des Parasympathikus bei Trennung, Erholung bei Wiedervereinigung • wenig erhöhter Blutdruck/Sympathikus-Aktivität auf sozialen Stressor bei Erwachsenen	• hohe basale Oxytocinspiegel im Vergleich zur unsicheren Bindung
unsicher-vermeidend/unsicher-distanziert	• erhöhte Cortisolreaktion auf Stress	• deutlich erhöhte Herzfrequenz bei Trennung • verminderte Aktivität des Parasympathikus bei Trennung, Erholung bei Wiedervereinigung • erhöhter Blutdruck/Sympathikus-Aktivität auf sozialen Stressor bei Erwachsenen	• geringere basale Oxytocinspiegel als sicher gebundene Personen

Tab. 6.1: Zusammenhänge zwischen Bindungsstil und der Regulation der HHN-Achse, des autonomen Nervensystems sowie des Oxytocinsystems – Fortsetzung

Bindung	Regulation der HHN-Achse	Regulation des autonomen Nervensystems	Regulation des Oxytocinsystems
unsicher-ambivalent/unsicher-verstrickt	• erhöhte Cortisolreaktion auf Stress	• erhöhte Herzfrequenz bei Trennung • verminderte Aktivität des Parasympathikus bei Trennung, Erholung bei Wiedervereinigung • erhöhter Blutdruck/Sympathikus-Aktivität auf sozialen Stressor bei Erwachsenen	• Erhöhung des Oxytocinspiegels bei Stress, gleichzeitig erhöhte Cortisolspiegel
Desorganisation (indirekt erfasst über Trauma wie Vernachlässigung/ Missbrauch)	• stark erhöhte oder erniedrigte Cortisolreaktivität (Hyper- oder Hypokortisolismus) • deutlich erhöhte oder erniedrigte basale Cortisolspiegel	• stärkste Erhöhung der Herzfrequenz bei Trennung • Erhöhte Aktivität des Parasympathikus bei Trennung, Absinken der Aktivität bei Wiedervereinigung	• ausgeprägte Dysregulation des Oxytocinsystems, niedrige basale Oxytocinspiegel, die in Reaktion auf Stress schnell noch weiter fallen

Veränderungen bezüglich der Regulation von Stress- und Oxytocinsystem lassen sich sogar auf epigenetischer Ebene finden. Personen mit einer unsicher-vermeidenden Bindung weisen eine epigenetische Veränderung des Oxytocinrezeptor-Gens auf, das eine wichtige Rolle für die Stressregulation spielt (Ein-Dor et al. 2018).

Wie die obigen Erkenntnisse nahelegen, sind die Funktion neurobiologischer Systeme und Bindungs-Fürsorge-Beziehungen sowie soziale Erfahrungen eng miteinander verbunden und beeinflussen sich gegenseitig. Erfahrungen mit Eltern und weiteren Bindungsfiguren, insbesondere im Kontext Bindung und Fürsorge, wirken auf die Modulation der Stresssysteme und des Oxytocinsystems. Es gibt Zusammenhänge mit der basalen Aktivität sowie Reaktionsintensität und Reaktionsdauer bei Aktivierung. Zudem scheint auch die »Hardware«, wie zum Beispiel die Anzahl der Rezeptoren für Oxytocin oder Cortisol im Gehirn, beeinflusst zu werden, teils über die Epigenetik, und kann darüber auch an die Folgegeneration weitergegeben werden. Andersherum beeinflussen wiederholte neurobiologische Vorgänge wie hohe Stressaktivität oder häufige Aktivierung des Oxytocinsystems die Ausformung von Bindungsbeziehungen.

Die vorgestellten Studienergebnisse dokumentieren, dass die wichtigsten zwischenmenschlichen Beziehungen eines Menschen seine Stresssysteme und sein Oxytocinsystem nachhaltig beeinflussen.

Literaturempfehlungen

Gander, M. & Buchheim, A. (2015). Attachment classification, psychophysiology and frontal EEG asymmetry across the lifespan: a review. *Frontiers in Human Neuroscience, 79*(9). https://doi.org/10.3389/fnhum.2015.00079

Julius, H., Beetz, A., Kotrschal, K., Turner, D. & Uvnäs-Moberg, K. (2014). *Bindung zu Tieren. Psychologische und neurobiologische Grundlagen tiergestützter Interventionen*. Göttingen: Hogrefe.

Teil III – Die Integration von Bindungstheorie, Psychologie, Evolutionsbiologie und Neurobiologie für die Frühpädagogik

Teil I dieses Buches behandelte die Grundlagen der Bindungstheorie. Hierbei steht der Schutz des Nachwuchses sowie Fürsorge mit Regulation von Stress und negativen Zuständen im Fokus. In Teil II wurden die Stresssysteme sowie das Oxytocinsystem und die Auswirkungen früher Bindungserfahrungen, insbesondere von Bindungstraumata, auf deren Regulation beschrieben. Teil III widmet sich verschiedenen Themen, die in der Frühpädagogik relevant sind, wie Neurodidaktik, frühkindliche Dysregulation in Bezug auf Schreien und Schlaf, Eingewöhnung und Stress in der Kita, Beschämen in der Erziehung, Hochsensibilität, Trauma sowie Macht und Gewalt. Diese Themen werden überwiegend aus dem Blickwinkel von Bindung, Neurobiologie und Verhaltensbiologie vor einem evolutionären Hintergrund vorgestellt.

7 Psychologische und neurodidaktische Grundlagen für die Frühpädagogik

Vor konkreten Themen der Frühpädagogik werden einige Informationen aus der Psychologie, Neurodidaktik und Psychotherapie vorgestellt, die für die Frühpädagogik, aber auch die gesamte Kindheitspädagogik, relevant sind und in enger Verbindung zu Bindungstheorie und Neurobiologie stehen.

7.1 Die pädagogische Beziehung

In der Schulpädagogik (Hattie 2017) wie in der Psychotherapie (Grawe, Donati & Bernauer 2001 [1994]) untersuchten Wissenschaftler über groß angelegte Metaanalysen, also Studien, welche die Ergebnisse von hunderten Einzelstudien integrieren, welche Faktoren in Pädagogik und Psychotherapie die größte Wirkung erzielen. Sind besondere Methoden oder Didaktiken, Gruppengröße, Ausbildung der Pädagogen und Therapeuten besonders relevant für den Lern- oder Therapieerfolg? Pädagogik und Psychotherapie werden hier gemeinsam vorgestellt, da sich in beiden Feldern in den Metaanalysen zeigte, dass die Beziehung zwischen Pädagoge/Therapeut und Schüler/Klient eine zentrale Rolle für den Erfolg spielt, mehr als ausgefeilte Techniken. In der Psychotherapie ist eine vertrauensvolle Beziehung zwischen Klient und Therapeut der bedeutendste Wirkfaktor. Solch eine vertrauensvolle Beziehung erfüllt Aspekte einer sicheren Bindungsbeziehung, selbst wenn diese durch den professionellen Rahmen auf einen bestimmten Zeitraum und bestimmte Interaktionen beschränkt wird. Wie eine solche Beziehung hergestellt werden kann, ist zum einen über bindungstheoretisches Wissen erklärbar, zum anderen über weitere psychologische Faktoren, wie sie Carl Rogers in seiner klientenzentrierten Gesprächspsychotherapie (1983) beschrieben hat (s. u.). In der Pädagogik wird schon seit Längerem diskutiert, dass auch hier eine gute pädagogische Beziehung wichtig für das Lernen und die Entwicklung von Kindern und Jugendlichen ist (Pianta, Hamre & Allen 2012). Jedoch gibt es wenig Erläuterungen, was denn eine gute pädagogische Beziehung ausmacht und wie man sie als Pädagoge etablieren kann. Durch die Metaanalyse von Hattie (2017) rückte die Bedeutung der Schüler-Lehrer-Beziehung verstärkt in den Mittelpunkt. Auch hier sind das gegenseitige Vertrauen und die soziale Unterstützung der Schüler durch die Lehrkraft zentrale Aspekte. Vieles lässt sich auf den Kita-Kontext übertragen. Je jünger die Kinder, desto bedeutender ist die Beziehung zur Erzieherin, die idealerweise Kriterien einer sicheren Bindung erfüllen sollte. Im Folgenden wird dargestellt, wieso die Beziehung mit ihren Aspekten von Stress- und Emotionsregulation und Sicherheitsempfinden die zentrale Grundlage für Lernprozesse ist. Dies umfasst nicht nur akademisches Lernen, sondern insbesondere auch das soziale Lernen in der frühen Kindheit.

Aus bindungstheoretischer Sicht stellten Grossmann und Grossmann bereits im Jahr 2006 und andere Autoren in Folge (Hadertauer & Zehetmaier 2013; Stamm 2013) fest: Bildung braucht Bindung! Wie pädagogische Fachkräfte mit Kindern in Kitas und Schulen umgehen, bestimmt maßgeblich, wie sich Kinder auf Lernprozesse einlassen können. In allen Phasen der Entwicklung brauchen Kinder eine Beziehung zu Erwachsenen, die ihnen helfen, ein Gefühl psychischer Sicherheit zu entwickeln. Nach Grossmann und Grossmann (2006) dienen diese Bindungsfiguren als

- sichere Basis für angstfreie Exploration und Rückhalt bei der Auseinandersetzung mit Anforderungen,
- sicherer Hafen, falls im Rahmen der Exploration doch Stress und Angst auftreten
- und als Personen, die Sachverhalte nachvollziehbar erklären und Bedeutungszusammenhänge herstellen.

Doch nur in sicheren Bindungs-Fürsorge-Beziehungen ist dies gegeben. Unsicher gebundene Kinder können bei Exploration und Lernprozessen nicht auf diese psychische Sicherheit und emotional verfügbare Bindungsfiguren zurückgreifen. Oft empfinden die Erwachsenen den Umgang mit einem unsicher gebundenen Kind als anstrengender und die Beziehung zwischen pädagogischer Fachkraft und Kind ist asynchron. Pädagogen ziehen sich dann teils auf funktionale Fürsorge zurück, feinfühlige emotionsregulierende Unterstützung wird unterlassen. Das bedeutet, dass Kinder mit unsicherer Bindung im Rahmen von Exploration und Lernen eher in einen Zustand von Stress und Angst geraten, den sie nicht über soziale Interaktion regulieren können, da sie keinen Rückhalt bei einer Bindungsfigur haben. Lernen und kognitive Entwicklung sind damit erschwert. Darauf weisen auch Studien hin (Eisfeld 2014; Jacobsen et al. 1994), die höhere Intelligenzwerte bei Kindern mit sicherer Bindung im Kontrast zu unsicherer bzw. desorganisierter Bindung schon im Grundschulalter dokumentieren.

Kinder mit unsicherer Bindung haben kaum die Möglichkeit, sich an pädagogische Fachkräfte oder auch Eltern zu wenden und effektive Hilfe zu suchen, wenn es einmal komplizierter wird. Die Pädagogen müssen von sich aus immer wieder Unterstützungsangebote machen und daran arbeiten, dass die Kinder eine sichere oder zumindest vertrauensvolle Bindung zu ihnen aufbauen. Nur so können sie die Resilienz fördern und zu einer Quelle der Sicherheit werden.

Nach Pianta (1999), der ein Interventionsprogramm für Schulen entwickelt hat, das in abgewandelter Form auf Kitas übertragbar ist, können Lehrkräfte durch Reflexion der Beziehung zu individuellen Kindern erkennen, mit welchen Kindern sie häufiger Konflikte austragen. Bei vielen oder langandauernden Konflikten können sie diese Kinder kaum unterstützen und Sicherheit vermitteln. Orientiert am Konzept der Feinfühligkeit wurden in einem Projekt Lehrkräfte geschult, das

Ausdrucksverhalten von Kindern wahrzunehmen und zu deuten. Ebenso betonte das Programm die Akzeptanz, Antwortbereitschaft und Verfügbarkeit der Lehrkraft den Schülern gegenüber. In der Praxis verbrachten die Lehrkräfte mit den als problematisch empfundenen Kindern fünf bis fünfzehn Minuten täglich in einer Interaktion, die maßgeblich vom Kind bestimmt wurde und in der Konflikte und Ablehnung vermieden werden sollten. Dies war sozusagen eine Einzahlung auf das Beziehungskonto, das Konto gemeinsamer positiver Erfahrungen. Bereits nach fünf Sitzungen änderte sich das Verhalten der Kinder, sie begannen positiver auf die Lehrkraft und deren Anregungen zu reagieren. Selbst Interaktionen im normalen Unterricht, die aus Zeitmangel kürzer ausfielen, zeigten positive Effekte.

Zusammenfassend lässt sich aufgrund von Studien und Praxiserfahrungen eindeutig belegen: Bildung und Bindung stellen aufgrund der Natur des Menschen und seiner individuellen Entwicklung eine Einheit dar (Grossmann & Grossmann 2006).

> **Literaturempfehlungen**
>
> Grawe, K., Donati, R. & Bernauer, F. (2001) [1994]. *Psychotherapie im Wandel: Von der Konfession zur Profession.* Göttingen: Hogrefe.
> Hattie, J. (2017). *Lernen sichtbar machen: Überarbeitete deutschsprachige Ausgabe von Visible Learning.* 3. Aufl. Hohengehren: Schneider.

7.2 Neurodidaktische Grundlagen des Lernens

Obwohl sich die Neurodidaktik (Hermann 2020) vorrangig mit Lehren und Lernen in der Schule beschäftigt, können einige grundlegende Erkenntnisse auf die Frühpädagogik übertragen werden. Die Neurodidaktik beschreibt eine pädagogische Herangehensweise, die aktuelle Kenntnisse der Gehirnforschung bzw. Neurobiologie nutzt, um Lernprozesse zu unterstützen und zu optimieren.

So sind die zwölf Lehr-Lern-Prinzipien der Neurodidaktik von Caine auch in der Frühpädagogik hilfreich (Caine & Caine 1994; 1997; Caine et al. 2005). Nicht nur in der Interaktion mit dem Kind, sondern auch für die Elternarbeit ist es lohnend, diese Prinzipien mitzudenken. Denn oft sollen die Eltern als Bildungspartner an bestimmten Aspekten mitarbeiten, also dazulernen oder umlernen. Die Prinzipien sind für Lernvorgänge in allen Altersstufen relevant. Im Hinblick auf die Elternarbeit werden nur einzelne Aspekte thematisiert.

Die zwölf Prinzipien sind (Arnold 2020, S. 252–257) folgende:

Prinzip 1: Lernen ist ein physiologischer Vorgang.
Kinder lernen effektiver, wenn sie Erfahrungen machen können, die viele ihrer

Sinne ansprechen. Im Laufe der Evolution war es für Menschen immer von Vorteil, alle ihre Sinne einzusetzen und mit ihrer Umwelt, Natur und Tieren, zu interagieren. Heute liegt der Fokus auf sozialen Interaktionen, die vorrangig sprachbasiert sind, auf dem Umgang mit Materialien, und die Kinder bewegen sich viel in geschlossenen Räumen. Alternativen bieten zum Beispiel Waldkindergärten, die immer beliebter werden, da sie das Erleben von Natur und natürlichen Vorgängen mit allen Sinnen fördern. In Regel-Kitas wird dagegen eher spezifisch in kurzen Einheiten im Morgenkreis auf Haptik, Akustik, Optik oder auch Geruch oder Geschmack bestimmter Dinge eingegangen. Dabei ist es in allen pädagogischen Settings relevant, möglichst viele Sinne zu berücksichtigen, selbst wenn sie gerade nicht direkt in das pädagogische Vorgehen einbezogen werden. So ist zu bedenken, wie insbesondere auch Überforderung von Sinnesverarbeitung in manchen Situationen das Lernen behindern statt unterstützen kann. Ein Beispiel wäre die übliche Lautstärke in Kitas, die das Verständnis normaler Sprache erheblich behindert.

Hinsichtlich der Elternarbeit und Frühen Hilfen ist hierbei die Arbeit mit Videos oder im natürlichen Setting zu bevorzugen. Hören die Eltern nur »gute Ratschläge«, sind kaum andere Sinne angesprochen. Bei der Arbeit mit Videos sieht man zusätzlich und kann direkt lernen, Ausdruck und Verhalten des Kindes anders zu interpretieren. In Hinblick auf elterliches Handeln ist ein Coaching in Alltagssituationen durch die pädagogische Fachkraft von Vorteil, beispielsweise im Rahmen von Frühen Hilfen. Zum einen dient sie als Modell, zum anderen kann sie die Eltern unterstützen, wenn diese selbst ihr Verhalten verändern und die Interaktionen mit allen Sinnen wahrnehmen (z. B. in Wickelsituationen, Spielsituationen).

Exkurs: Lärm in Kitas

Der Geräuschpegel und damit die Lärmbelastung von Personal und Kindern in Kitas ist erheblich. Das dokumentieren nicht nur Erfahrungen der dort tätigen pädagogischen Fachkräfte, sondern auch Studien. Im Bericht des Landesamtes für Gesundheit und Soziales (LAGUS Mecklenburg-Vorpommern 2015) werden für normale Spielphasen im Durchschnitt 76 Dezibel gemessen. Das bedeutet, dass es in aktiveren Phasen (z. B. Turnen in einer Halle) oder auch bei anderen Aktivitäten durchaus zu deutlich höheren Pegeln kommen kann, die durch ruhige Phasen wie zum Beispiel den Morgenkreis wieder ausgeglichen werden.

Zur Einordnung dieses Wertes kann der Wert eines normalen Gespräches zwischen zwei Erwachsenen herangezogen werden (65 Dezibel). Für ein normales Gespräch sollte der Geräuschpegel im Hintergrund jedoch 45 Dezibel nicht überschreiten. Das heißt, selbst die Erwachsenen müssen sich in der Kita bei üblichem Geräuschpegel lauter austauschen, was wiederum zum Lärmpegel beiträgt. Zusätzlich ist die Nachhallzeit in der überwiegenden Anzahl der Gruppenräume zu lang, was das Sprachverstehen erschwert. Schalldämpfende Maßnahmen werden von verschiedenen Landesregierungen an die Kitas kommuniziert, jedoch ist die Umsetzung nicht verpflichtend.

Lärm, und als solcher wird dieser Geräuschpegel sicher empfunden, solange er nicht von der Person selbst produziert wird (z. B. beim Musizieren), belastet gesundheitlich und führt dauerhaft zu Stressreaktionen – bei Kindern und Erwachsenen. Lernen von Sprache, eine zentrale Entwicklungsaufgabe im Krippen- und Kita-Alter, ist dadurch erheblich erschwert.

Prinzip 2: Das Gehirn ist sozial.
Soziale Interaktionen unterstützen den Lernprozess und die Lernbereitschaft. Dabei sind die Beziehungen zur pädagogischen Fachkraft sowie zu den anderen Kindern bedeutsam, insbesondere das Gefühl, anerkannt und akzeptiert zu werden. Erst wenn ein Kind sich akzeptiert fühlt, stellt sich ein Zustand entspannter Aufmerksamkeit ein, der Voraussetzung für Lernen ist. In der frühen Kindheit stehen das soziale Lernen und das Meistern motorischer und sprachlicher Fertigkeiten im Vordergrund. Dieses Lernen vollzieht sich vorrangig in der Interaktion mit anderen Personen. Genauso gilt es in der Elternarbeit zuerst eine tragfähige Arbeitsbeziehung aufzubauen, in der die Eltern bei Bedarf emotionale Unterstützung erhalten, damit sie überhaupt für Fragen und Änderungsvorschläge bereit und offen sind.

Prinzip 3: Die Suche nach Sinn ist angeboren.
Lernvorgänge sind effektiver, wenn die Interessen und Ideen des Kindes miteinbezogen und gewürdigt werden und wenn die Handlung einen Sinn ergibt. Dies ist der Fall, wenn etwas, was im Leben des Kindes an sich bedeutsam ist, Teil des Lernziels ist.

Prinzip 4: Sinnsuche geschieht durch die Bildung von (neuronalen) Mustern.
Kinder intensivieren ihr Lernen und erweitern ihr Wissen, wenn neues Wissen mit vorhandenem Wissen verknüpft werden kann.

Prinzip 5: Emotionen sind wichtig für die Musterbildung.
Positive Emotionen, die Informationen und Erfahrungen begleiten, machen den Lernprozess effektiver. Wenn die Kinder mit Spaß und Freude bei der Sache sind, werden die gelernten Inhalte eher behalten. Emotionen entstehen häufig in sozialen Interaktionen, wenn etwas gemeinsam Spaß macht. Dafür sind gute Beziehungen eine Voraussetzung.

Prinzip 6: Das Gehirn verarbeitet Informationen in Teilen und als Ganzes gleichzeitig.
Lernen ist effektiver, wenn ein Verständnis des Ganzen vermittelt wird, das Details miteinander verbindet.

Prinzip 7: Lernen erfolgt sowohl durch gerichtete Aufmerksamkeit als auch durch periphere Wahrnehmung.
Lernen ist bei guten Lernbedingungen effektiver. Diese unterstützen den Lernprozess und ermöglichen eine Vertiefung der Aufmerksamkeit. Natürlich unterscheiden sich die Konzentrationsfähigkeit und Aufmerksamkeitslenkung von kleinen Kindern und von Kindern im Schulalter. Dennoch weist dieses Prinzip

darauf hin, dass Ruhe, eine entspannte Atmosphäre, genügend Zeit und Begleitung durch eine pädagogische Fachkraft für erfolgreiches Lernen in der frühen Kindheit notwendig sind. Oft sind jedoch weder Ruhe und genügend Begleitung noch eine entspannte Atmosphäre in Kitas zu finden. Bestimmte Aufgaben in einem ruhigen Nebenraum mit einer pädagogischen Fachkraft, die dann mit nur wenigen Kindern arbeitet, durchzuführen, ist eine Alternative.

Prinzip 8: Lernen geschieht sowohl bewusst als auch unbewusst.
Reflexion ist wichtig für nachhaltiges Lernen. Zeit und Ruhe sind Voraussetzungen dafür, das Gelernte zu verfestigen und im Vorschulalter auch zu reflektieren.

Prinzip 9: Es gibt mindestens zwei Arten von Gedächtnis.
Die eine Art ist die Speicherung und Archivierung von isolierten Fakten, Fertigkeiten und Abläufen, die andere ist die gleichzeitige Aktivierung vielfältiger Systeme, um Erfahrungen sinnvoll zu verarbeiten. Lernen geschieht dann effektiver, wenn Erfahrungen und Informationen so verknüpft werden, dass verschiedene Erinnerungswege möglich sind. So ist es beispielsweise von Vorteil, wenn schon beim Lernen viele Sinne beteiligt sind. Denn dann können auch verschiedene Hinweisreize (Sinnesinformationen) dazu dienen, die Information wieder abzurufen. Das können Wörter sein, die mit Bildern, Liedern, Gegenständen, eventuell auch Geruch, zum Beispiel bei Früchten, verbunden werden.

Prinzip 10: Lernen ist entwicklungsabhängig.
Es wird dann effektiver gelernt, wenn der individuelle Entwicklungsstand und Kenntnisse und Fertigkeiten berücksichtigt werden. Dies bedarf Zeit und individueller Zuwendung der pädagogischen Fachkraft, um den Stand des Kindes überhaupt erst einschätzen zu können und um feinfühlig beim Lernen zu unterstützen.

Prinzip 11: Komplexes Lernen wird durch Herausforderungen gefördert, durch Angst und Bedrohung verhindert, was von Hilflosigkeit und Erschöpfung begleitet ist.
Lernen bedarf einer motivierenden und unterstützenden Umgebung, die anregend ist und meisterbare Herausforderungen bietet. Ein Verständnis dafür, was für das individuelle Kind genau den richtigen Herausforderungscharakter hat, was es motiviert, ist Aufgabe der pädagogischen Fachkraft. Überfordernde Aufgaben führen zu Erschöpfung, Hilflosigkeit und Angst, sodass Aufgaben als Bedrohung empfunden werden.

Prinzip 12: Jedes Gehirn ist einzigartig.
Lernen vollzieht sich dann effektiv, wenn die Aufgaben individuelle Fähigkeiten und Talente ansprechen. Es ist Aufgabe der pädagogischen Fachkraft, Aufgaben und Aktivitäten zu finden, welche dies für jedes Kind gewährleisten.

In der Schulpädagogik sind inzwischen viele der Lehr-Lern-Prinzipien bekannt und es finden Bemühungen statt, diese umzusetzen, soweit es unter den Rahmenbedingungen möglich ist. Pädagogische Fachkräfte profitieren davon, sich diese Prinzipien immer wieder ins Bewusstsein zu rufen und bei der Planung pädagogischer Aktivitäten zu berücksichtigen.

> **Übungsaufgabe: Die zwölf Lehr-Lern-Prinzipien in der Elternarbeit**
>
> Bitte nehmen Sie sich die Zeit, Ihr Wissen zu vertiefen, indem Sie sich die zwölf Prinzipien noch einmal durchlesen und darüber nachdenken, wie Sie diese in der Arbeit mit Eltern umsetzen können bzw. worauf Sie achten können. Für die ersten beiden Prinzipien sind einige Aspekte bereits beschrieben worden. Durchdenken Sie konkrete Situationen, wie zum Beispiel ein Elterngespräch zum Entwicklungsstand, ein Elterngespräch zu einem Kind mit Entwicklungsverzögerung oder eines zu einem Kind mit problematischem Verhalten. Idealerweise nehmen Sie sich als Übungsbeispiel ihr nächstes Elterngespräch, das Sie vorbereiten, und spielen diese Prinzipien für diesen konkreten Fall in der Praxis mental durch.

Zusätzlich zu den oben genannten Prinzipien ist bekannt, dass effektives Lernen stattfindet, wenn folgendes Kriterium erfüllt ist: Die sogenannte »DOSEOX-Dusche« (Brunsting 2020):

- DO für Dopamin: Dieser Neurotransmitter im Gehirn ist für Motivation und Neugier verantwortlich.
- SE für Serotonin: Dieser Neurotransmitter ist für Entspannung und eine gute Stimmung wichtig und wirkt depressiver Stimmung und Angst entgegen.
- OX für Oxytocin: Dieses Hormon, das ebenso als Neurotransmitter im Gehirn wirken kann, wird bei positiven sozialen Interaktionen ausgeschüttet und fördert soziale Interaktion, Aufmerksamkeit, ein Gefühl von Verbundenheit und Entspannung.

Ideale Voraussetzungen für effektives Lernen stellen also alle Erfahrungen dar, die im Gehirn zu einer DOSEOX-Dusche führen. Dabei sind gute Sozialbeziehungen wichtig, da sie an der Ausschüttung dieser Neurotransmitter beteiligt sind. In einer guten Beziehung können pädagogische Fachkräfte über positive soziale Interaktionen eine Oxytocinausschüttung bewirken. Über Begeisterung für Lerninhalte und Aktivitäten motivieren sie, was mit einer Dopaminausschüttung einhergeht, und wenn sie eine gute Stimmung schaffen, erhöhen sie zudem das Serotonin. In solchen Situationen wird nachhaltig gelernt.

> **Literaturempfehlung**
>
> Hermann, U. (Hrsg.) (2020). *Neurodidaktik – Grundlagen für eine Neuropsychologie des Lernens.* Weinheim: Beltz.

7.3 Rogers' Grundhaltungen der personenzentrierten Gesprächspsychotherapie in der Pädagogik

Carl R. Rogers (1983; 2017) begründete die personenzentrierte Gesprächspsychotherapie, die er aus der nicht-direktiven Beratung heraus entwickelte. Basis dieses Ansatzes ist, dass sich Patient und Therapeut gemeinsam auf eine Situation einlassen, die dem Patienten Geborgenheit und Sicherheit vermitteln soll. Rogers bezeichnete Patienten auch erstmals als Klienten, da diese sich nicht als Objekte fühlen sollten, die einer Behandlung bedürfen. Der Therapeut greift zudem nicht direktiv, also nicht bestimmend, in das Gespräch ein. Es geht eher darum, dass er eine Atmosphäre schafft, die dem Klienten Akzeptanz, Anteilnahme und Wärme vermittelt, sodass dieser sich öffnen und reflektieren kann.

Es finden sich verschiedene Begriffe für diese drei Grundhaltungen, die der Therapeut gegenüber dem Klienten zeigen sollte, um eine positive Atmosphäre herzustellen:

- Kongruenz/Authentizität
- Empathie/Verständnis
- bedingungslose positive Zuwendung/Akzeptanz

Die Umsetzung dieser Grundhaltungen verbessert auch bei pädagogischen Fachkräften in der Arbeit mit Kindern, Eltern und Kollegen die Kommunikation und den Beziehungsaufbau.

Kongruenz bzw. Authentizität beschreibt die Echtheit bzw. Unverfälschtheit und Transparenz des Therapeuten. Eine echte vertrauensvolle Beziehung, in der der Klient Neues lernen kann, kann sich nur dann entwickeln, wenn der Therapeut sich nicht verstellt, sondern dem Klienten so begegnet, wie er wirklich ist. Auch wenn die Gefühle, Einstellungen und Gedanken des Therapeuten nicht in den Mittelpunkt des Gesprächs rücken sollten, ist es wichtig für den Klienten, etwas über den Therapeuten zu erfahren, und dass dieser offen für entsprechende Fragen ist. Der Therapeut sollte sich nicht auf eine Rolle zurückziehen, die ihm in der Beziehung mehr Macht und einen höheren Platz in der Hierarchie zuordnet (zum Thema Macht in der Pädagogik ▶ Kap. 8.10). Der Therapeut muss den Aufbau einer echten Beziehung ermöglichen, unter den vorgegebenen Rahmenbedingungen. Er sollte hinsichtlich seiner Einschätzungen und Kenntnisse transparent sein. Gerade im nonverbalen oder paraverbalen Verhalten wie Mimik, Körperhaltung, Emotionsausdruck im Gesicht, Gestik oder Tonfall fällt inkongruentes Verhalten meist auf. Diese nonverbale Kommunikation widerspricht bei Inkongruenz dem, was der Therapeut verbal dem Klienten mitteilt. Dann ist die Beziehung gestört und der Klient wird sich nicht öffnen.

Empathie bezeichnet nicht-wertende Einfühlsamkeit und Verständnis gegenüber dem Klienten. Ein authentischer Therapeut kann sich auf den Klienten einlassen und seine Perspektive übernehmen, ohne diese für sich anzunehmen. Er bemüht sich um Verständnis, ohne zu bewerten oder den Empfindungen oder Gedanken des Klienten gleich korrigierend zu widersprechen. Natürlich kann es zu Missverständnissen kommen, weshalb diese Herangehensweise auch nicht einfach ist. Es bedarf exakter Kommunikation. Da einige Aspekte des Erlebens und Empfindens des Klienten auch unbewusst sind und nicht bewusst berichtet werden können, ergeben sich hier immer wieder Fehlerquellen. Dennoch ist die Empathie immens wichtig, da der Klient erlebt, dass der Therapeut bereit ist und sein Bestes versucht, ihn wirklich zu verstehen.

Fallbeispiel: »Ich sage dir schon, was du fühlst« –fehlende Empathie im Alltag

Der fünfjährige Severin ist mit seinen Eltern in den Bergen wandern und ist hingefallen. Er schreit auf und fängt an zu weinen. Seine Mutter geht zu ihm, putzt erst einmal den Dreck von seiner Hose und hilft ihm, sich auf einen größeren Stein am Wegrand zu setzen. Severin hält sich das linke Knie und jammert zwischen den Tränen: »Das tut so weh! Ich kann nicht mehr laufen.« Eva, seine Mutter, erwidert: »Ach was, das blutet ja nicht mal. Das kann gar nicht so arg wehtun. Du kannst sicher gleich weiterlaufen. Steh mal auf und probiere es.«

Dies ist keine unübliche Szene. Eva möchte zwar helfen, hat aber Bedenken, dass sie nicht gut zurückkommen, wenn Severin jetzt wirklich eine Verletzung hat und nicht mehr laufen kann. Sie zeigt zum einen keine Feinfühligkeit, denn diese würde beinhalten, den Sohn erst einmal zu trösten. Zum anderen ist sie auch nicht empathisch. Das, was Severin sagt – »Es tut so weh!« –, wird sofort weggewischt mit »Das kann nicht arg wehtun« und der fadenscheinigen Begründung, dass es ja gar nicht blute. Dies ist genau das Gegenteil von dem, was Carl Rogers mit Empathie und nicht-wertender Perspektivübernahme beschreibt.

Empathisch wäre es, Severin zu trösten und die Aussage zum Schmerzempfinden erst einmal so anzunehmen. Dann kann etwas angeboten werden, das den Schmerz reduzieren könnte, wie zum Beispiel Kühlen, selbst wenn es nur kurz ist. Dies widerspricht nicht dem Empfinden des anderen und stellt ihn nicht so dar, als sei das, was er empfindet, falsch.

Tagtäglich gehen viele Menschen mit Kindern nicht-empathisch um und sprechen ihnen ab, dass das, was sie gerade fühlen oder denken, subjektiv richtig ist. In den meisten Fällen geschieht dies ohne böse Absicht. Bei Kindern spielen teils entwicklungsbedingte Veränderungen in solchen Kommunikationssituationen eine Rolle. So war vielleicht die dreijährige Viola immer gegen 8 Uhr abends müde, nun ist sie aber vier Jahre alt. Sie springt abends noch im Wohnzimmer herum, kurz vor 8 will sie ihre Mutter ins Bett bringen: »Du bist doch schon müde. Du musst jetzt schlafen.« Viola fühlt sich aber gar nicht müde, sagt dies auch, will noch aufbleiben, und steht mehrmals bis 9 Uhr wieder bei den Eltern im Wohnzimmer. In der Tat hat sich Violas Schlafbedarf verändert, doch die Eltern, die wenigstens ab 8 Uhr einen ruhigen Abend haben wollen, widersprechen nicht-empathisch Violas Aussage, dass sie noch nicht müde sei.

> Auch in Kitas wird von pädagogischen Fachkräften, die die Bedürfnisse vieler Kinder unter einen Hut bringen müssen, oft nicht-empathisch geantwortet und den Kindern werden Empfindungen nahegelegt, die sie so nicht haben: »Du kannst nicht schon wieder auf die Toilette müssen, du warst doch gerade erst.«, »Iss gefälligst die Kartoffeln, die schmecken gut.«

Bedingungslose positive Zuwendung bzw. Akzeptanz umfassen Anteilnahme und Wertschätzung des Klienten und seiner Gefühle und Gedanken. Der Klient wird so angenommen, wie er in diesem Moment ist, und nicht, wie ihn der Therapeut gerne hätte oder wie er ihn in seinem Entwicklungspotenzial sieht. Dies bedeutet nicht, dass der Therapeut immer mit dem, was der Klient sagt, übereinstimmt. Wichtig ist jedoch zu akzeptieren und dies auch zu kommunizieren, dass der Therapeut dem Klienten glaubt, was er gerade äußert. Schnelle, gut gemeinte Ratschläge, wie sie Bekannte oder Freunde oft geben, stehen im Widerspruch zu diesem therapeutischen Prinzip.

Diese Grundhaltungen von Carl Rogers sind für den Aufbau vertrauensvoller Beziehungen in der Pädagogik, ja an sich in allen Lebensbereichen, zentral. Einigen Menschen gelingt dies intuitiv, vielen jedoch nicht. Für Letztere können die Reflexion des eigenen Verhaltens und der eigenen Einstellung hinsichtlich der drei Grundhaltungen hilfreich sein.

Literaturempfehlungen

Rogers, C. R. (1983). *Die klientenzentrierte Gesprächspsychotherapie.* 22. Aufl. Frankfurt a. M.: Fischer.
Rogers, C. R. (2017). *Der neue Mensch.* 13. Aufl. Stuttgart: Klett-Cotta.

7.4 Verbindung herstellen in der pädagogischen Beziehung

Bevor sich eine Bindung entwickeln kann, muss erst einmal ein guter Kontakt, eine Verbindung, hergestellt werden. Dabei helfen die Grundeinstellungen von Carl Rogers. Aus bindungstheoretischer Perspektive sind darüber hinaus folgende Aspekte wichtig dafür, dass sich aus einer wiederholten Interaktion eine Beziehung und daraus wiederum eine sichere Bindungs-Fürsorge-Beziehung zwischen pädagogischer Fachkraft und Kind herausbildet: Schutz und ein Gefühl der Sicherheit vermitteln sowie Synchronisation herstellen. Grundsätzlich gelten diese Faktoren auch für den Aufbau einer guten Beziehung zu den Eltern als Voraussetzung einer kooperativen Elternarbeit.

7.4.1. Sicherheit und Schutz geben

Die zentrale Aufgabe von Bindung sind der Schutz und die soziale, emotionale Unterstützung des Bindungspartners, sei es Kind oder Erwachsener. Daher ist es wichtig, dass die pädagogische Fachkraft dem Kind und den Eltern ein Gefühl von Sicherheit vermitteln kann. Zudem muss sie feinfühlig agieren, das heißt verfügbar, zuverlässig, emotional unterstützend sein und die Bindungsbedürfnisse des Kindes richtig erkennen. Dies ist in der Praxis oft schwierig.

In der Kindergruppe muss die pädagogische Fachkraft genügend Zeit haben, um ein Kind erst einmal kennenzulernen. In der Eingewöhnungszeit hilft die genaue Beobachtung der Mutter-Kind-Interaktion dabei zu lernen, auf welche Unterstützung und Fürsorge das Kind positiv reagiert (Glüer 2017). Die pädagogische Fachkraft muss sich ein Bild davon machen, wie sie selbst so agieren kann, dass sie mit der Zeit für das Kind einen sicheren Hafen bei Stress und Gefahr und eine sichere Basis für Exploration darstellt. Nach Glüer (2017, S. 145), der Erkenntnisse verschiedener Bindungsforscher integriert, sind folgende Verhaltensweisen und Reaktionen dabei hilfreich:

- »verfügbar sein
- sich konsistent verhalten
- die Bedürfnisse des Kindes wahrnehmen und angemessen darauf reagieren
- beruhigend für das Kind wirken und ihm Schutz vermitteln
- das kindliche Wohlgefühl steigern
- die Autonomie und das Gefühl der Selbstwirksamkeit des Kindes fördern
- die Reflexionsfähigkeit des Kindes fördern
- das Zugehörigkeitsgefühl zur KiTa, den Peers und den Erzieherinnen fördern«

Gerade in Interaktionen mit Kindern, die in einer neuen Situation wie der Kita sind und in diesem Setting mit hoher Wahrscheinlichkeit unter Stress stehen (▶ Kap. 8.5), sind die Vermittlung von Sicherheit sowie Stressregulation und Trost durch eine Bindungsfigur wichtig. Nur in Abwesenheit von Stress und Angst und in guten unterstützenden Sozialbeziehungen kann effektiv exploriert und gelernt werden.

Dazu gehört Zuwendung (Glüer 2017, S. 148 f.), die sich aus folgenden Aspekten zusammensetzt:

- Akzeptanz und Interesse zeigen
- Wohlwollen und Wärme vermitteln, zum Beispiel auch durch Körperkontakt
- Förderung des Selbstwertes

Akzeptanz, Interesse, Wohlwollen und Wärme sind Konzepte, die sich teilweise mit den Konzepten der feinfühligen Fürsorge und den Grundeinstellungen nach Carl Rogers überschneiden. Die Förderung des Selbstwertes ist im pädagogischen Kontext früher oft mit der verbalen Anerkennung, einem Lob, durch die pädagogische Fachkraft gleichgesetzt worden. Doch Kinder entwickeln Selbstwert unter anderem dann, wenn sie selbstwirksam sein können. Dies kann mit oder ohne Bewertung durch eine andere Person erlebt werden. Oft wollen Kinder aber das, was sie können oder angefertigt haben, auch anderen Personen, mit denen sie in einer Beziehung stehen, zeigen und deren Feedback erhalten. Hierauf reagieren viele pädagogische Fachkräfte mit Lob, andere freuen sich dagegen einfach mit dem Kind über das, was es erreicht hat. Beim richtigen Loben, das den Selbstwert unterstützt, ist einiges zu beachten (s. das Einmaleins des Lobens bei Glüer 2017, S. 151): Unter anderem sollte die Handlung, nicht die Person gelobt werden (»Das hast du gut gemacht« im Kontrast zu »Du bist gut«). Das handlungsorientierte Loben ist dem personorientierten Loben vorzuziehen, da letzteres zu der Überzeugung beiträgt, dass Intelligenz und Fähigkeiten angeboren und nicht veränderbar sind. Zudem sollte Lob konkret, positiv, ohne Einschränkung, differenziert, handlungsorientiert, authentisch, fähigkeitsentsprechend, unmittelbar, gezielt und individuell sein.

Vorrang in der Interaktion haben immer das kindliche Bedürfnis nach Sicherheit und das Wohlbefinden. Die Basis dafür ist der Aufbau einer Beziehung, die im Laufe gemeinsam verbrachter Zeit Kriterien einer sicheren Bindung erfüllt.

7.4.2 Priming – Wie bereitet man den Aufbau einer sicheren Bindung vor?

Sobald die Interaktion mit dem Kind und seinen Eltern beginnt, hilft die Beachtung der oben genannten Aspekte beim Aufbau einer guten Beziehung, die sich zu einer sicheren Bindung entwickeln kann. Ist es jedoch möglich, noch mehr zu tun, um auch auf physiologischer Ebene diesen Bindungsaufbau zu unterstützen?

Der Ansatz des Priming setzt genau hier an. Der englische Begriff Priming kann mit »Vorbereitung« übersetzt werden. In der bindungsgeleiteten pädagogischen Arbeit zielt Priming darauf ab, Stressaktivität zu reduzieren und das Oxytocinsystem zu aktivieren (Julius, Uvnäs-Moberg & Ragnarsson 2020), damit die Kinder offener für positive soziale Interaktionen und den Aufbau einer Beziehung werden. Priming schafft also günstige physiologische Voraussetzungen für den Aufbau sicherer Bindungs-Fürsorge-Beziehungen. Priming kann über verschiedene Interaktionen erfolgen wie Körperkontakt oder die gezielte Herstellung von Synchronisation.

Priming über Körperkontakt

Körperkontakt, der vom Kind als angenehm empfunden wird, aktiviert das Oxytocinsystem und macht damit alle Effekte des Oxytocins für die Interaktion nutzbar: erhöhtes Interaktionsverhalten, Vertrauen, Entspannung sowie Reduktion von Angst, Aggression und Stress.

Im Krippenalter können Kinder auf den Arm genommen und gehalten werden, ältere Kinder sitzen zum Beispiel geschützt auf dem Schoß der Erzieherin. Es kann der Rücken gestreichelt werden oder, wenn das Kind etwas mehr Distanz braucht, eine Massage mit einem Igelball am Rücken angeboten werden. Wichtig ist dabei, das Distanzbedürfnis des Kindes zu berücksichtigen und wie weit die Beziehung überhaupt schon gediehen ist. Es wäre befremdlich sich noch von einer fast unbekannten Person halten und streicheln zu lassen. Dies ist freundschaftlichen Beziehungen und Bindungsbeziehungen vorbehalten.

Das Oxytocinsystem kann aber auch über Körperkontakt mit freundlichen Tieren aktiviert werden, wie in der tiergestützten Pädagogik (s. Beetz 2021). Ist zum Beispiel regelmäßig ein Besuchshund in der Kita anwesend, so kann das Kind, wenn es Hunde mag, diesen streicheln, am besten gemeinsam mit einem Elternteil und der Erzieherin. Verschiedenste Studien haben belegt, dass das Streicheln eines freundlichen Hundes zur Ausschüttung von Oxytocin und der Reduktion von Stressreaktionen im Körper führt (Beetz et al. 2012). Auch das Streicheln oder Füttern anderer Tierarten, die in manchen Kitas gehalten werden, können wahrscheinlich als Ausdruck von Fürsorge das Oxytocinsystem aktivieren.

Priming durch Vorlesen

Eine weitere in der Kita sehr übliche Aktivität kann wohl den Oxytocinspiegel bei Kindern erhöhen, nämlich das Vorlesen von Geschichten. In einer Studie an Kindern im Alter von fünf bis neun Jahren, die im Krankenhaus behandelt wurden, führte das Vorlesen einer Geschichte durch eine noch unbekannte Person zu einer Erhöhung des Oxytocinspiegels und einer Reduktion des Cortisolspiegels (Brockington et al. 2021). Das Vorlesen war in Bezug auf die physiologischen Reaktionen dem Lösen von Rätselfragen überlegen – wohl weil im Rätseln ein Leistungsaspekt enthalten ist, sodass Angst vor Misserfolg und negativer sozialer Bewertung eher Stress auslösen. Auch wenn sich das Studiensetting in der Klinik, wo einem Kind in ruhiger Umgebung vorgelesen wurde, vom üblichen Kita-Setting unterscheidet, haben Vorlesesituationen das Potenzial der Oxytocinausschüttung. Dabei trifft dies wahrscheinlich eher auf ältere Kinder zu, die sich aufgrund von längeren Konzentrationsspannen und fortgeschrittenem Sprachverständnis besser auf eine Geschichte einlassen können. Mit Kleinkindern können eher über kürzere Zeit Bilderbücher angesehen werden – ob dies zu einer Oxytocinausschüttung führt, ist unklar. Der Körperkontakt dabei spielt im Kita-Setting sicher eine Rolle, also ob das Kind direkt neben der Erzieherin oder auf ihrem Schoß sitzt oder mit etwas mehr Abstand zuhört.

Priming durch gezielte Synchronisation

Synchronisation wurde bereits im Kapitel zur Bindungstheorie (▶ Kap. 2) angesprochen. Eine hohe Synchronisation zwischen Eltern und Kind in Spielsituationen geht mit einer Erhöhung des Oxytocinspiegels einher (Feldmann 2007). Wiederholte Synchronisationserlebnisse sind mit Empathie und Selbstregulationsfähigkeiten des Kindes im Verlauf von Kindheit und Jugend assoziiert. Feldmann (2014) beschreibt Synchronie in Verhalten und Physiologie als Basis einer Verbindung zwischen zwei Personen. Dabei bezieht sich die Synchronie zum einen auf das Verhalten, in dem sich die zwei Interaktionspartner genau aufeinander abstimmen. Zum anderen findet Synchronisation auf biologischer Ebene statt. So gleicht sich bei Synchronie im Verhalten zwischen Mutter und Baby auch der Herzrhythmus der beiden aneinander an (Feldman et al. 2011).

Synchronisation führt in sozialen Interaktionen dazu, dass das Gegenüber als sympathisch erlebt wird und man sich gerne wiedersehen möchte. Grund dafür ist unter anderem die Ausschüttung von Oxytocin durch die Synchronisation. Es gibt dabei eine positive Feedbackschleife. Höhere Oxytocinspiegel führen zu mehr Synchronie zwischen Interaktionspartnern, sodass sich die Effekte gegenseitig verstärken.

Neurologische Grundlage von Synchronisation bilden die sogenannten Spiegelneurone. Das sind Nervenzellen, die es dem Menschen und anderen Tieren ermöglichen, zu »fühlen« was ein anderer Mensch »fühlt« (s. Bauer 2006). Im Gehirn existieren Netzwerke dieser Spiegelneurone, die durch das Beobachten von Handlungen und Gefühlsausdrücken anderer Personen aktiviert werden, aber auch von Geräuschen, die typisch für bestimmte Handlungen oder Erlebnisse sind (Schmerzensschrei, Knistern beim Öffnen einer Chipstüte). Spiegelneuronen erlauben es uns, zu »erleben« und damit zu wissen, welche Empfindungen und Emotionen ein Interaktionspartner hat. Ebenso ermöglichen sie eine feine Abstimmung mit dem Verhalten anderer Mitglieder in der sozialen Gruppe, was für den Gruppenzusammenhalt wichtig ist.

7.4.3 Möglichkeiten des Priming in der pädagogischen Arbeit

Wie kann dieses Wissen nun in der pädagogischen Arbeit gezielt genutzt werden?

Um über Synchronisation ein Priming für den Beziehungs- und Bindungsaufbau zu schaffen, können gezielte Synchronisationsübungen herangezogen werden (Julius, Unväs-Moberg & Ragnarsson 2020). Diese sollten mindestens für einige Minuten durchgeführt werden, in denen Synchronisation dann auch »funktionieren« sollte, das heißt, dass innerhalb dieser Übung auch wirklich Synchronie erzielt wird. So kann gemeinsames Musizieren, Singen, Trommeln ein Synchronisationserlebnis darstellen, allerdings nur, wenn die Interaktionspartner es schaffen, sich gut aufeinander abzustimmen. Das ist im Schulsetting mit älteren Kindern normalerweise möglich. In der Kita ist es je nach Alter schwieriger. Mit Kindern im höheren Kindergartenalter kann gemeinsam gesungen werden. Im Eins-zu-Eins-Setting im Rahmen einer Eingewöhnung im Kindergarten kann es je nach Zurückhaltung des Kindes schwierig sein, gemeinsames Singen zu initiieren und wirklich Synchronie zu erzielen. Gleiches gilt für gemeinsames Tanzen, das vor allem mit älteren Kindern und in Kleingruppen zur Herstellung von Synchronie genutzt werden kann. Für Kinder im Krippenalter sind beide Ansätze kaum dafür geeignet, Synchronie für ein Priming zu erreichen. Wenn bereits eine Beziehung aufgebaut wurde und Körperkontakt angemessen erscheint, können Kniereiter-Spiele, bei denen die pädagogische Fachkraft singt und das Kind sich mit der Person im Rhythmus bewegen lässt und beide Spaß haben, solche Synchronisationsübungen darstellen.

Ein weiterer Ansatz für das höhere Kindergartenalter sind Übungen, bei denen sich pädagogische Fachkraft und Kind aufeinander abstimmen müssen. Bei der sogenannten Stab-Übung halten pädagogische Fachkraft und Kind einen ca. ein Meter langen Stab in der Schwebe zwischen sich, indem jeder mit seinem Zeigefinger Druck auf ein Stabende ausübt. Sobald ein Partner beginnt, den Stab in einem Kreis zu bewegen, muss der andere der Bewegung folgen, damit der Stab nicht herunterfällt. Synchronie wird durch die Bewegungsanpassung bei dieser Aufgabe erreicht (s. Julius, Unväs-Moberg & Ragnarsson 2020).

7.4.4 Aufbau von Rapport

Ohne spezielle Übungen kann Synchronie mit dem Gegenüber in fast jeder Situation aktiv herbeigeführt werden. Die im Folgenden beschriebenen Techniken stammen aus der Psychotherapie und dem Coaching, insbesondere der Hypnotherapie und dem Neurolinguistischen Programmieren (NLP). Sie wurden von Grinder und Bandler (2007) als Techniken zum Herstellen eines Rapports beschrieben. Unter Rapport wird eine Verbindung zwischen zwei Menschen in einer bestimmten Situation verstanden. Dieser gute Kontakt stellt eine für diesen Moment vertrauensvolle Beziehung dar, die von wechselseitiger empathischer Aufmerksamkeit geprägt ist. Um Rapport herzustellen, synchronisiert sich der Therapeut bzw. die pädagogische Fachkraft mit dem Gegenüber (Beetz 2013). Durch sogenanntes »Pacing«, einem Mitgehen mit dem Verhalten des Gegenübers, wird Synchronie hergestellt. Dies geschieht, indem sich die Fachkraft auf verschiedenen Ebenen an das Verhalten des Gegenübers anpasst, ohne dass der andere dies bemerkt. So kann die pädagogische Fachkraft die Körperhaltung spiegeln, versuchen, im gleichen Atemrhythmus zu atmen, Sprachtempo, -lautstärke und Wortwahl sowie den Emotionsausdruck anpassen. Dies darf nicht in übertriebener Weise geschehen, denn sobald das Gegenüber das aktive Spiegeln, das Pacing, bewusst wahrnimmt, führt das zu einem Bruch in der Interaktion und dem Verlust des Vertrauens. Mit Kindern ist es aufgrund der häufigeren Atemfrequenz kaum möglich, sinnvoll auf diesem Kanal zu synchronisieren, und aufgrund ihrer mangelnden Sprachfähigkeit ist es oft auch auf der sprachlichen Ebene schwierig sich mit Kleinkindern zu synchronisieren. Körperhaltung, Sprachtempo und -melodie sowie Emotionsausdruck können jedoch meist gut gespiegelt werden. Dies sollte aufgrund der Gefahr der Aufdeckung auch nicht eins zu eins erfolgen. Sitzt das Kind zum Beispiel vorn auf der Stuhlkante, sollte man sich nicht entspannt nach hinten gelehnt präsentieren. Macht sich das Kind klein, so sollte man auch eine wenig raumfordernde Körperhaltung annehmen.

In der Elternarbeit lässt sich über das Pacing sehr gut aktiv Synchronie mit den Erwachsenen herstellen und damit der Aufbau einer tragfähigen Beziehung unterstützen. Gleiches gilt für kollegiale Beziehungen.

In einem weiteren Schritt, dem sogenannten »Leading«, kann dann versucht werden, gezielt Phänomene wie Stimmungsübertragung bzw. emotionale Ansteckung zu nutzen, um das Gegenüber in einen gewünschten Zustand zu führen (Beetz 2013). Wie in den vorherigen Kapiteln dargestellt, geht es oft darum, Entspannung, eine gute Stimmung und Wohlbefinden zu fördern. Dies ist für den Beziehungsaufbau ebenso relevant wie für darauf aufbauende Lernerfahrungen. Hat die pädagogische Fachkraft Synchronie erreicht und für einige Zeit aufrechterhalten können, so kann sie, wenn sie Entspannung fördern will, zum Beispiel beginnen langsamer und tiefer zu atmen, sich in eine entspanntere Körperhaltung zu begeben und langsamer zu sprechen. Jedoch sollte immer nur ein Kanal (Körperhaltung, Sprache, Gesichtsausdruck etc.) verändert werden und beobachtet werden, ob das Gegenüber folgt. Funktioniert das Leading, so kann das Gegenüber darüber in einen ruhigeren, entspannteren Zustand geführt werden. Für eine gute Stimmung kann dann zum Beispiel gelächelt werden, und wenn der andere folgt, auch gelacht, sofern es zur Interaktion passt. Wichtig ist, dass die pädagogische Fachkraft dabei authentisch bleibt, was eine positive Einstellung und Akzeptanz des Gegenübers voraussetzt. Pacing und Leading müssen immer wieder geübt werden, wenn sie professionell in verschiedenen Situationen eingesetzt werden sollen. Insbesondere Menschen, die kaum spontan Synchronisation mit anderen herstellen können, profitieren von der Einübung solcher Techniken, beispielsweise hinsichtlich des Rapports in Elterngesprächen.

7.4.5 Selbst-Priming der pädagogischen Fachkraft

Viele sozial kompetente Personen verwenden oben beschriebene Verhaltensweisen der Synchronisation mit dem Gegenüber, ohne dass es ihnen bewusst ist. Es gelingt ihnen ganz natürlich. Ein hoher Oxytocinspiegel und ein niedriges Stressniveau sind dabei hilfreich. Um diese physiologische Bereitschaft bei sich selbst herzustellen, kann die pädagogische Fachkraft ein Priming für den Beziehungsaufbau bei sich selbst durchführen – ein Selbst-Priming.

Im pädagogischen Setting ist eine Möglichkeit des Selbst-Priming die Aktivierung des Fürsorgeverhaltenssystems in bestimmten Situationen. Manchmal provoziert Aggression eines Kindes bei der Fachkraft spontan eher wenig unterstützendes Verhalten wie Gegenaggression, Beschämung oder Zurückweisung. Die pädagogische Fachkraft sollte sich jedoch vor Augen halten, dass jedes Verhalten, auch das unangenehme, für das Kind in dem Umfeld, in dem es aufgewachsen ist, einen Sinn ergeben hat. Ein Kind zeigt störendes Verhalten, weil es zum Beispiel selbst Vernachlässigung, Gewalt, Aggression oder einfach wenig feinfühlige Fürsorge erfahren hat oder es sich in diesem Moment nicht gehört und gesehen fühlt. Mit dieser verstehenden und empathischen Einstellung fällt es deutlich leichter, feinfühlig fürsorglich zu reagieren (Julius, Uvnäs-Moberg & Ragnarsson 2020). Die Aktivierung des Fürsorgesystems über eine positive pädagogische Haltung zum Kind ermöglicht die Aktivierung des Oxytocinsystems und damit ein Priming für feinfühliges Verhalten aufseiten der Fachkraft. Auch in Teamsitzungen oder im Rahmen von Reflexion oder auch täglichen Entspannungsübungen ist es sinnvoll, sich diese Zusammenhänge wiederholt ins Bewusstsein zu rufen, um darüber das eigene Fürsorgesystem gegenüber einem Kind zu aktivieren und damit potenziell feinfühliger zu agieren. Denn die meisten pädagogischen Fachkräfte haben sich für ihren Beruf entschieden, weil sie Kinder in ihrer Entwicklung und beim Lernen unterstützen wollen, und bringen somit eine Bereitschaft mit, unterstützende Fürsorge für die Kinder zu zeigen.

Des Weiteren kann die pädagogische Fachkraft daran arbeiten, ihren eigenen Stress zu reduzieren und Oxytocin über Imagination bzw. innere Bilder zu aktivieren. Dabei denkt sie an positive Beziehungserfahrungen, in denen sie sich von einer Bindungsfigur angenommen, geliebt und sicher, also insgesamt geborgen, gefühlt hat (Julius, Uvnäs-Moberg & Ragnarsson 2020, S. 159ff.). Das können Erinnerungen aus der eigenen Kindheit oder an Partnerbeziehung sein. Werden diese Situationen für mehrere Minuten ins Gedächtnis gerufen, reduziert dies Stress, wohl über die Aktivierung des Oxytocinsystems. Dabei wird der Zugang zur eigenen internalisierten sicheren Basis genutzt. Allerdings weisen erste Untersuchungen (ebd., S. 161) darauf hin, dass dies nur bei pädagogischen Fachkräften mit sicherer Bindung gut funktioniert. Pädagogische Fachkräfte mit unsicherer Bindung dagegen profitieren mehr von der Vorstellung von Naturbildern als sicher gebundene Fachkräfte. Diese Naturbilder bieten idealerweise einen weiten Ausblick wie von einem Berggipfel oder am Strand, da dies aufgrund der Evolution mit Sicherheit assoziiert ist: Gefahren und mögliche Raubtiere konnten so im Blick behalten werden. Werden solche Imaginationsübungen regelmäßig durchgeführt, kann in akuten Situationen über kurzes Denken an diese Triggerbilder und die dazugehörigen Emotionen Entspannung hergestellt werden.

Weiterhin ist es sinnvoll, den basalen Stresspegel zu reduzieren (Julius, Uvnäs-Moberg & Ragnarsson 2020). Je besser die grundlegende Entspannung, desto weniger schnell steigt Stress in einer bestimmten Situation auf ein kritisches Niveau an.

Erst ab einem kritischen Niveau führt Stress dazu, dass Exekutivfunktionen wie Verhaltenshemmung oder kreatives Denken beschränkt werden und die pädagogische Fachkraft trotz besseren Wissens in ungünstige Verhaltensmuster fällt. Ist eine Fachkraft sicher gebunden und hat grundlegend ein flexibles Fürsorgeverhaltensmodell, wird sie auch unter Stress eher feinfühlig reagieren, selbst wenn eigener Stress Feinfühligkeit durchaus beeinträchtigen kann. Dennoch ist ihre Grundeinstellung an Feinfühligkeit orientiert, was bei Personen mit unsicherer Bindung nicht der Fall ist. Diese können ihr professionelles Verhalten natürlich ebenso steuern – es fällt jedoch in entspannten Situationen deutlich leichter als unter Stress. Die Grundeinstellung, auf die hier unter Stress zurückgegriffen wird, ist durch unflexible, distanzierte oder vage Fürsorge gekennzeichnet.

Es gibt verschiedenste Methoden zur Reduktion des basalen Stresspegels: Entspannungsübungen, Hypnose, Meditation, Sport und achtsamkeitsbasierte Ansätze. Jede pädagogische Fachkraft sollte für sich selbst herausfinden, was für sie funktioniert. Solche Methoden müssen allerdings über einen längeren Zeitraum regelmäßig praktiziert werden, damit sie einen ausreichenden Effekt erzielen.

Literaturempfehlungen

Beetz A. (2013). Bindungsbasiertes Training von pädagogischen Fachkräften als Intervention in der Sonderpädagogik: Zur Bedeutung von Rapport, Synchronisation und Reflexion. *Heilpädagogik, 56*(4), 17–23.

Grinder, J. & Bandler, R. (2007). *Therapie in Trance. NLP und die Struktur hypnotischer Kommunikation.* Stuttgart: Klett-Cotta.

Julius, H., Uvnäs-Moberg, K. & Ragnarsson, S. (2020). *Am Du zum Ich – Bindungsgeleitete Pädagogik: Das CARE®-Programm.* Reykjavik: Kerlingaholl.

7.5 Die pädagogische Beziehung zu den Eltern

Um die Zielsetzungen der Pädagogik zu erfüllen, sind vertrauensvolle Beziehungen in der frühpädagogischen Arbeit nicht nur mit den Kindern, sondern auch mit deren Eltern zu etablieren. In beiden Fällen ist diese Beziehung idealerweise von Vertrauen geprägt und davon, dass sich Eltern wie Kinder in der Beziehung zur pädagogischen Fachkraft sicher fühlen.

Bei den Kindern stehen Geborgenheit, ein Gefühl der Sicherheit sowie die Nutzung der pädagogischen Fachkraft als sichere Basis und sicherer Hafen im Vordergrund. Verschiedene Ansätze, wie dies etabliert werden kann, wurden vorgestellt, ebenso wie Problematiken, die sich aufgrund unsicherer Bindungsrepräsentation der Kinder oder der pädagogischen Fachkraft ergeben können. Nur wenn aus ersten positiven Interaktionen eine Beziehung entsteht und diese – unterstützt durch Priming, Synchronisation und Sicherheit produzierendes Verhalten seitens der Fachkraft – nach und nach auch die Kriterien einer sicheren Bindungsbeziehung erfüllt, ist die Basis für nachhaltiges Lernen geschaffen. Insbesondere Kinder mit unsicheren Bindungsrepräsentationen haben über die Beziehung zur pädagogischen Fachkraft die Chance, hier neue Erfahrungen zu machen und Bindungssicherheit zu erfahren, die einen schützenden Faktor für die sozioemotionale Entwicklung darstellt und die Resilienz erhöht.

Die Kernfamilie, insbesondere die Eltern, haben den größten Einfluss auf die Entwicklung eines Kindes. Auch wenn es viel Zeit in institutioneller außerfamiliärer Betreuung verbringt, wird beispielsweise die Bindungsrepräsentation vorrangig durch die Beziehung mit den Eltern, nicht den pädagogischen Fachkräften, geprägt (NICHD-SECCYD-Studie; Belsky et al. 2007; Vandell et al. 2010; NICHD Early Child Care Research Network 2002; 2005). Daher ist es in der Kindheitspädagogik hochrelevant auch mit der Hauptbezugsperson eine gute Beziehung aufzubauen. Hierbei können einige der oben beschriebenen Ansätze genutzt werden wie die eigene Stressreduktion, die Aktivierung des Oxytocinsystems über innere Bilder, Stimmungsübertragung, Pacing und Leading sowie die Beachtung der Grundeinstellungen von Carl Rogers. Nur wenn die Eltern sich auch sicher in der Interaktion mit der pädagogischen Fachkraft fühlen, werden sie offen über Problematiken sprechen und Anregungen aufgreifen. Ansonsten stehen Unsicherheit und teils auch Scham (▶ Kap. 8.6) angesichts bestimmter Probleme mit dem eigenen Kind einer offenen Kommunikation im Wege. Die Eltern müssen als Kooperationspartner gesehen werden und es gilt, ihnen diese Einstellung auch überzeugend zu vermitteln. Ziel von pädagogischer Fachkraft und Eltern ist es, gemeinsam die beste Fürsorge für das Kind zu gewährleisten.

Fallbeispiel: »Was diese Helikopter-Mutter schon wieder will« – Eltern als Feindbild

Eltern haben es heute schwer. Jeder erlaubt sich eine Meinung über sie und darüber, ob das, was sie gerade mit ihrem Kind tun oder nicht tun, falsch oder richtig ist. Insbesondere Mütter, die heute einen Spagat zwischen vielen Rollen versuchen, geraten oft in die Kritik – Rabenmutter, Glucke oder Helikopter-Mama sind Bezeichnungen, die das angeblich falsche Erziehungsverhalten anprangern. Leider zeigt unsere Erfahrung aus der Elternberatung, dass selbst Kita-Personal sich dieser Begriffe bedient, um Eltern, die vielleicht mit ihrem Gesprächsbedarf die knappe Zeit beanspruchen, herabzusetzen. Dabei sorgen sich die Eltern einfach um ihr Kind, das sie fremden Menschen überlassen, weil das eben heute so üblich ist oder sie nicht anders können. Während die meisten Krippen inzwischen Eingewöhnungskonzepte haben, gibt es noch genügend Kindergärten, die keine oder nur eine sehr unzureichende Eingewöhnung anbieten (zu Eingewöhnungsmodellen ▶ Kap. 8.4).

Mira ist eine Mutter mit einer sicheren Bindungs-Fürsorge-Beziehung zu ihrer Tochter Malia. Nach einer nicht nennenswerten zweitägigen Eingewöhnung ist die gerade drei Jahre alt gewordene Malia halbtags in der Kita. Mira fragt in den ersten drei Wochen beim Abholen meist nach, wie es war. Da Malia ihr mehrfach erzählt hat, dass sie wegen eines Vorfalls lange geweint hatte, die Erzieherinnen aber nicht wie abgesprochen die Mutter angerufen hatten, ist sie etwas besorgt und fragt beim Abholen aktiv bei den Erzieherinnen nach. Diese tuscheln schon in der dritten Woche und rollen die Augen, wenn die Abholzeit naht: »Die Helikopter-Mama kommt gleich wieder, die raubt uns nur die Zeit. Die könnten wir viel besser mit den Kindern verbringen. Ach, wenn die Eltern nur nicht wären!« Beide sitzen auf Gartenstühlen im großen Garten und überwachen das Spiel. Ein Dreijähriger wurde gerade von einer Gruppe dreier großer Mädchen rüde von der Rutsche geschubst und weint. Keine der Erzieherinnen kommt ihm zu Hilfe. Mira, die all dies versteckt wartend hinter dem Zaun mitbekommen hat, da sie zu früh da war und nicht entdeckt werden wollte, traut sich danach gar nicht mehr, die Erzieherinnen etwas zu fragen und spricht lieber direkt mit Malia. Sie hat aber kein gutes Gefühl, fragt sich, ob sie selbst falsch, überbehütend, Helikopter-mäßig reagiert. In der Beratung wird sie jedoch in ihrer Wahrnehmung bestätigt, dass dieses Verhalten der Erzieherinnen nicht professionell ist und sie selbst berechtigt in Sorge um ihr Kind ist. Nach einem weiteren Vorfall sucht sie einen anderen Platz für Malia.

Die Elternarbeit benötigt Zeit. Doch Zeit ist bei den heute vorherrschenden Personalschlüsseln und Krankenständen in der Kita ein knappes Gut. Dennoch ist eine gute Beziehung zu den Eltern wichtig für ein gelingendes soziales Miteinander. Sind die Beziehung und das Vertrauen erst einmal etabliert, sind Gespräche außer der Reihe oft gar nicht mehr notwendig und finden nur bei konkreten Anlässen statt. Eltern, die Vertrauen haben, dass ihr Kind optimal versorgt wird, benötigen wenig Rückversicherung. Unsicherheit und mangelndes Vertrauen führen zu vermehrten Nachfragen, Gesprächsbedarf und vielen Erklärungen, wieso bestimmte Dinge in der Betreuung so umgesetzt werden. Leider gibt es auch Eltern, die Rückversicherung bräuchten, sich aber aufgrund negativer Erfahrungen mit Kritik der pädagogischen Fachkraft nicht mehr trauen nachzufragen.

Insbesondere in den Frühen Hilfen, die vorrangig Kinder und Eltern mit einem Risikohintergrund unterstützen, ist die Elternbeziehung zentral. Denn diese Eltern benötigen fast immer emotionale Unterstützung, Erklärungen und konkrete Hilfestellungen im Umgang mit dem Kleinkind. Der Übergang zur Elternschaft hat, gerade beim ersten Kind, krisenhaften Charakter. Alles ist auf einmal verändert, die Eltern erleben Stress durch wenig Schlaf und viele neue Anforderungen. Häufiger als der Bevölkerungsdurchschnitt weisen diese Klienten der Frühen Hilfen unsichere Bindungsmuster auf. Die Etablierung einer sicheren Beziehung ist daher deutlich erschwert, sollte aber unbedingt angestrebt werden, um Eltern und Kind zusammen zu begleiten. Bindungsorientierte Programme in den Frühen Hilfen, wie WIEGE (STEEP™, https://www.fruehehilfen.de), SAFE® (Brisch, https://www.khbrisch.de/safe.html) oder die entwicklungspsychologische Beratung (EPB; Ziegenhain et al. 2006) arbeiten gezielt an der Förderung von elterlicher Feinfühligkeit auf Basis einer vertrauensvollen Beziehung zwischen pädagogischer Beraterin und Eltern. In diesen Programmen wird die Reflexion eigener Bindungserfahrungen im Rahmen der Ausbildung gefordert. Einige Programme der Frühen Hilfen bieten daher eine Bindungsdiagnostik, angeleitete Reflexion und Supervision an.

> **Exkurs: Bindungsgeleitete Pädagogik in der Schule**
>
> In der pädagogischen Arbeit in der Schule gibt es inzwischen den Ansatz bindungsgeleiteter Pädagogik bzw. Interventionen (CARE-Programm; Julius, Uvnäs-Moberg & Ragnarsson 2020). Hierbei finden viele der in diesem Buch beschriebenen Grundlagen Anwendung. Darüber hinaus werden Techniken verwendet, wie gerade mit Kindern mit unsicherer Bindung und Problemverhalten sichere Bindungs-Fürsorge-Beziehungen etabliert werden können. Dabei wird versucht, die üblichen Abwehrprozesse zu umgehen bzw. die Abwehr der Kinder erst gar nicht zu aktivieren. Es werden verschiedenste Formen symbolischer Interaktionen im Spiel und feinfühliges Beziehungsverhalten im Unterricht eingesetzt. Die Umsetzung dieses Programms bedarf einer umfassenden Ausbildung in diesen Methoden, und Reflexion eigener Bindungs- und Fürsorgeerfahrungen sowie videobasierter Supervision. Ein Hintergrund in der Sonderpädagogik oder Heilpädagogik ist dabei je nach Schülerverhalten von Vorteil.

Die Ansätze des CARE-Programms, die mit Kindern ab dem Schulalter und Jugendlichen entwickelt wurden, lassen sich nicht einfach auf die Arbeit mit Kindern in der Kita anwenden. Mit Kindern im Vorschulalter ist die Umsetzung einiger symbolischer Interaktionen im Spiel jedoch denkbar, zumeist im Eins-zu-eins-Setting oder mit maximal zwei Kindern gleichzeitig.

Literaturempfehlungen

Suess, G. & Pfeiffer, W.-K. (1999). *Frühe Hilfen. Die Anwendung von Bindungs- und Kleinkindforschung in Erziehung, Beratung, Therapie und Vorbeugung.* Gießen: Psychosozial-Verlag.

Ziegenhain, U., Fries, M., Bütow, B. & Derksen B. (2006). *Entwicklungspsychologische Beratung für junge Eltern: Grundlagen und Handlungskonzepte für die Jugendhilfe.* Weinheim u. München: Juventa.

7.6 Die Reflexion eigener Bindungserfahrungen

Wären alle Personen im pädagogischen Kontext sicher gebunden, wäre wahrscheinlich vieles einfacher. Eine sichere Bindung bedeutet aber nicht, dass es keine schwierigen Phasen in der Entwicklung und in der Eltern-Kind- und Pädagogen-Kind-Beziehung gibt. Aus der Perspektive der pädagogischen Fachkraft ist der Beziehungsaufbau mit Kindern und Eltern mit unsicheren Bindungsmustern jedoch deutlich fordernder. Es muss mehr bedacht werden, es läuft nicht von sich aus rund, man muss genauer beobachten, verstehen, Erklärungen suchen und gezielt Techniken einsetzen, um Interaktionen optimal zu gestalten. Allerdings ist eine distanzierte Fürsorge von Eltern wahrscheinlich mit weniger Nachfragen bei der pädagogischen Fachkraft in der Kita verbunden. Da sie weniger Zeit kosten, werden diese Eltern eher als unkompliziert und angenehm empfunden.

Ein Punkt, bei dem pädagogische Fachkräfte generell ansetzen sollten, sind die eigenen Bindungserfahrungen und Erfahrungen als Fürsorgeperson. Denn diese spielen in jegliche Beziehung, in der Arbeit mit Kindern, Eltern und Kollegen wie im Privatleben hinein. Daher ist die Reflexion eigener Bindungs- und Fürsorgeerfahrungen gut investierte Zeit.

Es ist wichtig sich bewusst zu sein, dass die Reflexion der eigenen Bindung erschwert wird durch die psychischen Abwehrmechanismen und die Tatsache, dass die Bindungs- und Fürsorgerepräsentationen überwiegend nicht bewusst zugänglich sind. Das in diesem Buch vorgestellte Grundlagenwissen zu Bindung und Neurobiologie ist ein erster Schritt zu einem besseren Verständnis. Darüber hinaus können bindungsrelevante Erfahrungen in Gesprächen mit Kollegen und nahestehenden Personen reflektiert werden – und natürlich im Rahmen von Fortbildungen, Coachings oder Psychotherapie. Auch die tiefergehende Beschäftigung mit weiterer Bindungsliteratur ist hilfreich. Allerdings zeigt unsere Erfahrung, dass gerade Personen mit vermeidender Bindung aufgrund ihrer Abwehr und der Neigung zum Idealisieren der eigenen Kindheit dazu tendieren, sich selbst als sicher gebunden einzuschätzen. Sicher gebundene Personen dagegen sind sehr offen, auch für mögliche eigene Unzulänglichkeiten. Als solche wird eine unsichere Bindung leider oft gesehen. Daher sind sich auch sicher gebundene Personen nicht immer im Klaren über ihre eigene Bindung. Ein Merkmal sicherer Bindung ist beispielsweise, dass man Erinnerungen an mehrere Erfahrungen mit Bindungsfiguren hat, bei denen man sich geborgen, sicher und geliebt gefühlt hat, und diese Situationen wirklich auch detailliert beschreiben kann. Unsicher-vermeidend gebundene Personen dagegen berichten zwar oft, dass sie eine schöne Kindheit hatten, können aber Erfahrungen von Geborgenheit kaum erinnern und beschreiben. Es bleibt viel bei Erlebnissen funktionaler Fürsorge durch die Eltern: dass sie sich gut gekümmert hätten, man immer Urlaub gemacht habe oder sie bei den Schulaufgaben geholfen hätten.

Dies sind aber nur einige Anhaltspunkte für die Reflexion der eigenen Bindung. Die Beschreibungen der Fürsorgerepräsentationen können als Grundlage dafür dienen, eigenes Fürsorgeverhalten – gegenüber eigenen Kindern oder im pädagogischen Kontext – zu hinterfragen.

Eine Beurteilung der Bindung mit in der Forschung üblichen Methoden wie dem Adult Attachment Projective (oder dem Adult Attachment Interview) gibt umfassend Aufschluss über die aktuelle Bindungsrepräsentation und kann als gute Grundlage für weitere Reflexion dienen.

> **Exkurs: Bindungsdiagnostik bei pädagogischen Fachkräften als Basis für Reflexion**
>
> Im Rahmen von Schulungen, Forschungsprojekten und in der psychotherapeutischen Praxis wird manchmal das Adult Attachment Projective (AAP; George, West & Pettem 1997; George & West 2021) eingesetzt, um die Bindungsrepräsentation von Erwachsenen zu beurteilen. Immer wird das Ergebnis von den Betroffenen mit Spannung erwartet. Das Feedback erstreckt sich über 30 bis 45 Minuten, selbst wenn die Grundlagen von Bindung schon vorher erläutert wurden. Die Klienten haben immer Gesprächsbedarf, Nachfragen, erinnern sich an ihre Antworten und daran, was ihnen nach der Durchführung an Erinnerungen in den Sinn gekommen ist. Durchführung und Feedback führen bei den Klienten zu einer intensiven Auseinandersetzung mit der eigenen Bindungsgeschichte. Oft werden auf einmal Beziehungsmuster mit den eigenen Eltern, Partnern, oder Kindern hinterfragt und neu bewertet. Dies eröffnet die Möglichkeit, Beziehungen und Interaktionen anders zu gestalten. Gelingt dies in Richtung von mehr Feinfühligkeit, dem Annehmen von Unterstützung, Flexibilität im Hinblick auf Abwehrprozesse, so kann sich mit der Zeit im Idealfall über die Reflexion eine neue, erworben sichere Bindungsrepräsentation entwickeln.

Literaturempfehlung

Juchmall, U. (2022). *Selbstfürsorge in helfenden Berufen. Wie Achtsamkeit im Arbeitsalltag gelingt.* Stuttgart: Kohlhammer.

8 Verstehen und Handeln in der Frühpädagogik aus einer anderen Perspektive

»Wir sind nur so bedürftig wie unsere unbefriedigten Bedürfnisse« – Dieses häufig zitierte, John Bowlby zugeschriebene Diktum bringt einen wichtigen Aspekt des Umgangs mit Kindern – und eigentlich Menschen aller Altersstufen – exakt auf den Punkt. Bedürfnisse, die nicht erfüllt sind, beeinflussen menschliches Denken, Fühlen und Handeln. Daher ist es gewinnbringend für das Verständnis, zu fragen, welches Bedürfnis hinter einer Frage, einem Wunsch oder einem Verhalten von Kindern oder Eltern steht.

Das hier vorgestellte Wissen aus Bindungstheorie und Neurobiologie kann vor diesem Hintergrund in der Frühpädagogik über die bereits angesprochenen Themen hinaus angewendet werden. Einige dieser weiteren anwendungsbezogenen Themen werden im Folgenden vorgestellt. Sicher gibt es viele pädagogische Fachkräfte in der Frühpädagogik, die aufgrund ihrer Ausbildung und Intuition viele Interaktionen aus bindungstheoretischer und neurobiologischer Sicht ideal gestalten. Doch in Ausbildung und Studium der Frühpädagogik sind Erkenntnisse zu Fürsorgeverhalten und Neurobiologie bisher noch wenig integriert, sodass eine bewusste Auseinandersetzung mit den komplexen Mechanismen hinter den Sozialbeziehungen kaum stattfindet. Mit den folgenden Ausführungen soll diese Auseinandersetzung angestoßen werden, selbst wenn immer nur ein kurzer Einblick in die jeweils durchaus komplexen Themen gegeben wird.

Obwohl Elternarbeit heute von allen Experten als wichtiger Bestandteil der pädagogischen Arbeit gesehen wird, bietet der bindungstheoretische Hintergrund hier noch ein tieferes Verständnis, wie eine gute Beziehung zu Eltern aufgebaut werden kann und was die außerfamiliäre Betreuung für das elterliche Fürsorgeverhaltenssystem und das kindliche Bindungssystem bedeutet. Wissen um Bindung und Fürsorge und dazu, wie die Mutter-Kind-Beziehung zum Beispiel durch postpartale Depressivität der Mutter auf Jahre hin gestört werden kann, ermöglicht ein anderes Verständnis deren Fürsorgeverhaltens und des kindlichen Beziehungsverhaltens. Indirekt bekommen frühpädagogische Fachkräfte einiges von den Familien mit, etwa wie Eltern mit bestimmten Themen wie Schlafen, Ernährung und Fremdbetreuung umgehen. Oft spielen diese Themen in die Kita hinein und manchmal wollen Eltern auch Rat dazu, weshalb sie hier aufgegriffen werden. Ein Thema, das zwar wenig öffentlich diskutiert wird, doch inzwischen vielfach wissenschaftlich untersucht wurde, ist Stress durch die außerfamiliäre Betreuung. Es ist wichtig zu wissen, dass die Fremdbetreuung den Stresspegel bei vielen Kindern über einen längeren Zeitraum signifikant steigert. Eingewöhnungsmodelle sollen Unterstützung und Sicherheit bieten und sind für die Krippe heute flächendeckend etabliert. Wieso Eingewöhnung auch im Kindergartenalter Sinn macht und wie der Übergang in die Schule aus Sicht von Bindung und Neurobiologie gestaltet werden sollte, wird kurz dargelegt. Dann folgen Themen, die in der Frühpädagogik noch kaum angekommen sind, wie das Beschämen als häufig noch anzutreffende, aber schädliche Handlung in der Erziehung, neurobiologische Aspekte der Inklusionsumsetzung und der Umgang mit Kindern mit Hochsensibilität oder Traumatisierung. Abschließend wird auf die Macht von frühpädagogischen Fachkräften gegenüber Kindern und Eltern eingegangen, ebenso wie auf Gewaltausübung gegenüber den anvertrauten Kindern.

8.1   Die Rolle der Eltern

In den meisten Familien übernehmen Mutter oder Vater oder beide die hauptsächliche Fürsorge für ihr Kind. Sie sind die Hauptbezugspersonen, neben denen möglicherweise noch Großeltern oder Tanten und Onkel eine Rolle spielen. Oft ist dies heute jedoch wegen verschiedener Wohnorte nicht der Fall und die Kernfamilie ist auf sich allein gestellt und sucht gezielt nach zuverlässigen Betreuungsmöglichkeiten für ihr Kind – sei es, weil auch die hauptsächliche Fürsorgeperson wieder die Arbeit aufnimmt oder weil diese mehr Zeit für sich haben möchte. Zudem setzt sich in der Allgemeinbevölkerung immer mehr die Überzeugung durch, dass es für die kindliche Entwicklung von Vorteil sei, bereits ab dem ersten Geburtstag oder sogar früher unter der Woche täglich in einer Krippe von pädagogischem Personal in Gruppen betreut zu werden. Die Medien, Politik und sogar wissenschaftliche Literatur fördern diese Einstellung. Viele Eltern, die keine außerfamiliäre Betreuung für ihr Kind im Kindergartenalter oder vor dem Alter von drei Jahren suchen, sind dadurch heute verunsichert. Sie werden von anderen Eltern, Großeltern oder Bekannten angehalten, wieder in das Arbeitsleben einzusteigen und ihr Kind in die Krippe zu bringen mit dem Hinweis, sie würden dessen Entwicklung schaden, wenn sie es nicht in einer Krippe betreuen ließen. Hier spielt auch der Gruppendruck eine große Rolle. Immer mehr Eltern nutzen die frühe institutionelle Betreuung in Kitas oder auch Tagesmütter – Tendenz steigend.

> **Exkurs: Verzerrung von Befunden zu Vorteilen frühkindlicher außerfamiliären Betreuung**
>
> Neben den Medien und der Politik berichtet auch Fachliteratur, ja sogar einige Standardwerke in der Frühpädagogik von Vorteilen der frühen außerfamiliären Betreuung für alle Kinder, ohne eine klare Differenzierung nach den individuellen Lebensumständen des Kindes. Einige Autoren suggerieren durch Auslassen, Umdeutung oder Herunterspielen negativer Befunde, dass die frühe Betreuung in Krippen durchweg positive Auswirkungen auf die Sprachentwicklung sowie die sozioemotionale und kognitive Entwicklung von Kleinkin-

dern habe. Und welche Eltern wollen ihrem Kind schon solche Vorteile vorenthalten, nur weil sie das »Gefühl« haben, dass das Kind sich in der Kita nicht wohlfühlt? Liest man jedoch Originalstudien im Detail, zeichnet sich folgendes Bild: Eine früh beginnende und zeitlich umfangreiche außerfamiliäre Betreuung hat für den Durchschnitt der Kinder langfristig negative Auswirkungen auf das Sozialverhalten. Zudem sind Kinder in der außerfamiliären Betreuung längerfristig einer erhöhten Stressbelastung ausgesetzt (▶ Kap. 8.5).

Erhellend sind zudem Berichte, wie zum Beispiel aus der bekannten NICHD-Studie zur Entwicklung von Kindern in der außerfamiliären frühkindlichen Betreuung. Jay Belsky, einer der Studienverantwortlichen, schreibt in einer Fachpublikation, wie intensiv er gedrängt wurde, jegliche negative Effekte der außerfamiliären frühkindlichen Betreuung in Kitas oder bei Tagesmüttern auf die kindliche Entwicklung umzudeuten oder herunterzuspielen (Belsky 2003). So wurden negative Auswirkungen auf die Sozialentwicklung, nämlich mehr aggressives und unsoziales Verhalten früh und lange institutionell betreuter Kinder in der Pressearbeit und den Veröffentlichungen als »mehr Durchsetzungskraft« der Kinder bezeichnet. Diese verfälschte Berichterstattung ist überaus bedenklich. Eltern, die selbst recherchieren und objektive Berichte zu den Studien lesen, sind zu Recht verunsichert, und beim Erkennen der dahinter stehenden Interessen von Politik, Wirtschaft und Gleichberechtigungsinitiativen auch verärgert. Hier wird das Recht von Kindern auf eine optimale Entwicklungsumgebung und das Recht der Eltern, so informiert zu werden, dass sie das Beste für ihr Kind entscheiden können, hinter Interessen oder Ideologien Dritter gestellt. Eine differenziertere Auseinandersetzung mit dem Thema, die Merkmale des Kindes, der Familie und die Qualität der Kita berücksichtigt, ist notwendig. Die optimale Betreuung für ein Kind kann in Abhängigkeit dieser Faktoren individuell sehr unterschiedlich sein. Einleuchtend jedoch ist, dass eine suboptimale Lösung zum Stress von Eltern und Kind beiträgt.

Kapitel 8.5 bietet eine kurze Übersicht der Studien zu Auswirkungen der außerfamiliären frühkindlichen Betreuung, insbesondere in Bezug auf die Entwicklung und Stressregulation (▶ Kap. 8.5). Es existieren zudem immer mehr Bücher, die sich kritisch mit den Themen der frühen außerfamiliären Betreuung generell und der Qualität von Kita-Betreuung auseinandersetzen. Erzieherinnen, Kindheitspädagogen, Kinderärzte, Kinder- und Jugendpsychotherapeuten und Psychologen als Autoren weisen auf die verschiedenen Interessen von Wirtschaft und Politik hin, die hinter der Förderung möglichst hoher Betreuungsquoten stehen, oder diskutieren mögliche Risiken für die kindliche Entwicklung auf der Basis wissenschaftlicher Studien (z. B. Ballmann 2022; Böhm 2023; Brazelton & Greenspan 2002; Falkus 2018; Stadler 2014; Sulz, Walter & Sedlacek 2018). Weiterhin gibt es immer mehr Eltern, die sich gegen eine außerfamiliäre Betreuung vor dem Schuleintritt entscheiden (s. »Kitafrei« in ▶ Kap. 8.5.2) und darüber auch berichten, meist mit dem Hinweis auf erhöhten Stress durch den Kita-Besuch (de Vet et al. 2023).

8.1.1 Die Betreuung von Kindern in Kitas vor einem evolutionsbiologischen Hintergrund

Im Jahr 2023 wurden über 59 % der Kinder unter drei Jahren in Kitas betreut, insbesondere in den ehemaligen ostdeutschen Bundesländern (Spitzenreiter bei der Betreuungsquote sind Mecklenburg-Vorpommern und Sachsen-Anhalt) (Statista 2023). Im ehemaligen Ostdeutschland hat die frühe Betreuung in Krippen Tradition. In einigen der ehemals westdeutschen Bundesländern, insbesondere im Süden Deutschlands, werden deutlich weniger Kinder unter drei Jahren in Kitas betreut, ca. 31–32 % in Bayern, Baden-Württemberg und Rheinland-Pfalz. Im Bundesdurchschnitt besuchen 36,4 % der Unter-Dreijährigen Kitas. Im Alter von drei bis sechs Jahren sind 91 % der Kinder halbtags oder ganztags in Kitas, sodass nur wenige Kinder in diesem Alter nur von den Eltern oder innerhalb der erweiterten Familie betreut werden (Destatis 2024).

Für die Mutter bzw. jegliche Hauptbindungsfigur stellt es eine große Veränderung und Herausforderung für ihr Fürsorgesystem dar, ihr Kind einer unbekannten pädagogischen Fachkraft anzuvertrauen. Ihr Gehirn und ihre Neurobiologie sowie evolutionär angelegte Verhaltensprogramme sind auf den Schutz und die Versorgung ihres Kindes ausgerichtet. Nun wird teils argumentiert, dass ja auch andere Primaten wie Schimpansen oder Gorillas ihren Nachwuchs von anderen betreuen lassen – daher sollten sich Menschenmütter nicht so »anstellen«. Es ist jedoch tatsächlich so, dass bei den großen Primaten wie Orang-Utans oder Schimpansen die Affenmütter in ausgeprägter »Affenliebe« (s. de Waal 2022; Blaffer Hrdy 2011) ihre Neugeborenen Tag und Nacht an sich tragen und erst nach einigen Monaten nahen, meist weiblichen Verwandten, zuerst für kurze Zeiten anvertrauen, wobei sie in der Nähe bleiben. Allerdings gibt es durchaus andere Affenarten, die auch schon sehr junge Babys anderen nahestehenden Gruppenmitgliedern gelegentlich zum Halten geben. Auch Forschung in indigenen Völkern, die naturnah leben, belegt, dass Mütter, wenn sich passende Gruppenmitglieder, aber insbesondere der Vater, Geschwister, oder andere stillende Mütter anbieten, das Baby auch aus der Hand geben. Dies bedeutet nicht unbedingt, dass sich die Mutter lange und weit entfernt. Die Hauptversorgerin des Kindes ist die Mutter. Gruppenbetreuung, vergleichbar mit heutigen Kita-Gruppen mit einem Hauptverantwortlichen für vier bis sieben Kleinkinder oder bis zu zwölf Über-Dreijährige durch eine Person gibt es nicht. Teils liegt der Betreuungsschlüssel bei Krankenstand oder Urlaub sogar bei bis zu 1:15 in der Krippe und 1:25 in Kindergärten, auch wenn eine Erzieherin bei diesen Gruppengrößen offiziell von ein bis zwei Helferinnen unterstützt wird. Dies stellt eine Großgruppenbetreuung dar, die bei Weitem nicht dem entspricht, woran ein Kind in diesem Alter evolutionsbiologisch angepasst ist. Im Übrigen ist auch das Fürsorgeverhaltenssystem von Erwachsenen nicht auf die gleichzeitige Betreuung so großer Gruppen von Kleinkindern ausgerichtet – zumindest ist feinfühlige Fürsorge für alle zu jeder Zeit hier kaum möglich. Die pädagogische Fachkraft muss immer wieder entscheiden, ob sie die schon länger volle Windel wechselt oder zuerst ein weinendes Kind tröstet. Sie muss ständig priorisieren. Bedürfnisse einzelner Kinder, die nicht besonders dringlich erscheinen, werden meist zurückgestellt und an einem hektischen Tag vielleicht gar nicht mehr erfüllt. Dies ist mit feinfühliger Fürsorge unvereinbar.

Beispiele aus der Praxis: Die Nicht-Erfüllung von Bedürfnissen in mancher Kita

Im Laufe der Jahre haben uns viele Mütter ihre Erfahrungen aus Kitas berichtet. Wir nennen hier nur zwei Situationen, die die übliche Herangehensweise bei Zeitmangel veranschaulichen und nicht etwa eine Ausnahme in den hier genannten Kitas darstellen:

- Susanne, Mutter einer vierjährigen Tochter, berichtete: »In unserem Kindergarten wird den Kindern, die noch Windeln tragen, nur einmal am Vormittag, um 11 Uhr, die Windel gewechselt, wenn sie voll ist, bevor es hinaus in den Garten geht. Die Kinder werden aber schon um 8 Uhr pünktlich gebracht. Macht ein Kind also in die Windel, kann es sein, dass es ein bis zwei Stunden auf den Wechsel warten muss – egal, um welches »Geschäft« es sich handelt. Das sei organisatorisch nicht anders zu machen, sagen die Erzieherinnen. Als meine Tochter mit zweieinhalb Jahren anfing, die Kita halbtags zu besuchen, hat sie innerhalb kurzer Zeit einen starken Hautausschlag im Windelbereich entwickelt, egal, was für Windeln und Schutzcremes wir verwendet haben. Die Haut war einfach zu lange zu nass oder vom Kot gereizt. Zum Glück brauchen wir jetzt keine Windeln mehr.«
- Nina, Mutter von Jakob, erzählte: »Mein Sohn Marius kam mit drei Jahren in die Kita. Er hatte oft Schnupfen, eigentlich hatte er fast immer eine laufende Nase. Wenn ich ihn nachmittags aus der Kita abholte, war sein Gesicht täglich völlig verkrustet von angetrocknetem Nasenschleim, sein Langarmshirt vom Abwischen auch. Das Shirt war egal, das warf ich in den Wäschehaufen, aber bei meinem Sohn musste ich immer erst minutenlang mit einem nassen Waschlappen alles aufweichen und dann vorsichtig abwischen. Das dauerte unter viel Jammern bis zu zwanzig Minuten. Die Erzieherin in der Kita teilte mir auf Nachfrage mit, dass sie keine Zeit hätte, ihm zwischendurch dauernd die Nase zu putzen. Mit dem Kinderarzt haben wir natürlich versucht, die laufende Nase zu beheben. Auch Allergien wurden abgeklärt. Die Situation besserte sich erst, als ich ihn mit vier Jahren dazu brachte, dass er sich nun selbst regelmäßig die Nase mit einem Taschentuch putzte.«

Auch die Grundbedürfnisse der pädagogischen Fachkräfte kommen manchmal zu kurz:

- Ella ist Erzieherin und studiert neben dem Beruf fürs Lehramt. Meist kommt sie nachmittags etwas zu spät abgehetzt zum Seminar in der Universität. Ihrem Professor fällt auf, dass sie dann immer wie eine Verdurstende eine Flasche Wasser in sich hineinschüttet. Im Scherz fragt er sie, ob sie untertags nichts zu trinken finde. Ella erzählt, dass sie immer, wenn ihre Kollegin ausfällt, alleine für die 25 Kinder ihrer Kita-Gruppe verantwortlich ist. Dann trinkt sie tagsüber nicht, weil sie sonst auf die Toilette müsste, und in den drei Minuten wären die Kinder unbeaufsichtigt. Daher »verkneift« sie es sich und geht erst, bevor sie die Kita verlässt. Dann hetzt sie mit den öffentlichen Verkehrsmitteln zum Seminar und findet erst dort die Zeit, ausreichend Wasser zu trinken. Auf erstaunte Nachfragen, ob nicht eine Kollegin aus der anderen Gruppe herüberkommen könnte, berichtet Ella, dass durch Personalengpässe und hohen Krankenstand die Lage dort auch nicht besser ist. Hier ist keine feinfühlige Selbstfürsorge möglich.

Sicher wurden auch im Laufe der menschlichen Evolution Babys und Kleinkinder teils durch andere Personen als Mutter oder Vater betreut. Jedoch geschah dies eher in einem Eins-zu-Eins-Setting oder es kümmerten sich sogar mehrere Erwachsene um ein Kind oder wenige Kinder, wenn die Mutter anderweitig beschäftigt war.

Nicht umsonst hat es sich im Laufe der Evolution als Überlebensvorteil herausgestellt, wenn sich die Mutter, mit Unterstützung durch Verwandte und Bekannte als Allo-Mütter intensiv um ihr Neugeborenes und Kleinkind kümmert. Heute können natürlich auch andere Bindungsfiguren diese Rolle – abgesehen vom Stillen – übernehmen, auch wenn sie in ihrer Neurobiologie durch fehlende Schwangerschaft, Geburt und Stillzeit weniger optimal auf die Fürsorge für das Baby vorbereitet sind. Jedoch verändern sich durch die Fürsorge auch bei diesen die Hormonspiegel von Oxytocin und Prolaktin, wie Forschung an Vätern zeigt (Gordon et al. 2010). Die heutige außerfamiliäre Betreuung an fünf Tagen pro Woche, oft für bis zu neun Stunden täglich, entspricht nicht dieser evolutionär entwickelten Form der »Fremd«-Betreuung. Faktoren, die im Hinblick auf die Fremdbetreuung für das Fürsorgesystem der Mutter und das Bindungssystem und Sicherheitsempfinden des Kindes relevant sind, wären:

- Alter und Persönlichkeit des Kindes
- Dauer und Häufigkeit der Trennung von der Hauptbezugsperson
- ständige Verfügbarkeit einer Allo-Mutter, der die Mutter vertraut
- wenig Konkurrenz durch andere gleichaltrige Kinder um die Fürsorge der Allo-Mutter

Psychisch macht es für die Mutter einen Unterschied, ob sie ihr Baby für zwei bis drei Stunden oder ihren Fünfjährigen für einen Tag bei der eigenen Mutter, Schwester oder Freundin mit eigenen Kindern lässt oder ob sie ihr Kind einer relativ unbekannten pädagogischen Fachkraft in einem Gruppensetting mit bekannterweise knappen personalen Ressourcen für einen Vormittag oder ganztags anvertraut. Daher ist es verständlich, dass sich Mütter gut überlegen, wann und in welcher Form sie mit einer außerfamiliären Betreuung beginnen. Die Trennung von ihrem Kind ist üblicherweise mit Unsicherheit, teils sogar Angst, und erhöhtem Stress verbunden. Dies ist zumindest für Mütter mit sicherer, ambivalenter oder desorganisierter Bindung bzw. mit flexiblem, vagem oder desorganisiertem Fürsorgeverhaltenssystem leicht nachzuvollziehen. Jedoch zeigen gerade auch Mütter (und Kinder) mit unsicher-vermeidender Bindung sogenannten Trennungsangst – in Interviews geben sie diese jedoch seltener zu, sondern sie zeigt sich eher in projektiven Verfahren (Carol George, persönliche Kommunikation 2025).

Die Eingewöhnung (▶ Kapitel 8.4) dient nicht nur dazu, das Kind mit der Bezugserzieherin und der Kita vertraut zu machen, sondern erfüllt auch den Zweck, dass die Mutter sich sicher in ihrer Entscheidung fühlt, ihr Kind für einige Zeit dort zu lassen. Gelingt die Eingewöhnung jedoch nicht oder wird sie zu früh beendet, so führt dies bei der Mutter zu Unsicherheit. Insbesondere Mütter mit unsicher-distanziertem Fürsorgesystem äußern sich zwar so, als sei die außerfamiliäre Betreuung durch pädagogische Fachkräfte ideal, und fokussieren vielleicht den Bildungsaspekt, die eigene Berufstätigkeit oder auch Unabhängigkeit. Auf einer unbewussten Ebene spüren sie jedoch, dass Trennungen von einer Bindungsfigur bzw. vom eigenen Kind Anlass zur Sorge geben, da sie selbst die Erfahrung gemacht haben, dass sie allein mit ihrer Angst und ihrem Stress umgehen mussten. Sie erleben Trennungsangst in der Form von Aktivierung bis hin zum Stress.

8.1.2 Kommunikation mit den Eltern und Verständnis für deren Situation

Daher kann eine gute Elternarbeit mit offener Kommunikation in der Eingewöhnungszeit und über den gesamten Kita-Besuch hinweg den Stress der Mutter maßgeblich beeinflussen. Situationen, in denen die Mutter trotz Aktivierung ihres Fürsorgeverhaltenssystem aufgrund von Weinen oder Klammern ihres Kindes weggeschickt wird, können zu akutem Stress führen, der von der Mutter reguliert werden muss. Es ist daher nicht überraschend, dass eine Mutter nach einer solchen Trennung anruft, um zu erfahren, ob sich ihr Kind beruhigt hat, da sie nur dann ihr Fürsorgeverhaltenssystem richtig deaktivieren kann. Verständnis der pädagogischen Fachkraft für diesen Mechanismus, selbst wenn Anrufe als störend empfunden werden, unterstützt die Mutter-Kind-Beziehung und die Eingewöhnung. Manche Mutter hat zudem ein schlechtes Gewissen und damit auch Stress, wenn sie ihr Kind wieder abholt, was der Synchronie in der Interaktion und dem Sicherheitsempfinden des Kindes zusätzlich abträglich ist.

Eltern, die sich darüber informieren, ob der Zeitpunkt und die Einrichtung (Kita oder Kindertagespflege) für ihr Kind passend sind, sollten hier offen und auf Basis aktueller wissenschaftlicher Erkenntnisse zur kindlichen Entwicklung und Stress beraten werden. Für manche Familien ist es möglicherweise mit weniger Stress verbunden, wenn sie ihr Kind noch länger selbst betreuen, auch wenn die öffentliche Meinung gegenläufig ist. Viele Mütter (und Väter) genießen die Zeit mit ihrem Kind und können sich Auszeiten aus der Berufstätigkeit passend einteilen. Andere wiederum organisieren Betreuung innerhalb der Familie, wenn sie in Teilzeit arbeiten. Falls aber der Wunsch oder die Notwendigkeit zur Arbeit oder anderweitiger Beschäftigung bei allen Bindungsfiguren des Kindes zeitgleich besteht, ist die Entscheidung über die außerfamiliäre Betreuung getroffen. Doch auch hier gibt es genügend Eltern, denen die fast tägliche Trennung Stress verursacht. Das sollte die pädagogische Fachkraft berücksichtigen und feinfühlig mit den Eltern umgehen, gerade in den Trennungssituationen.

8 Verstehen und Handeln in der Frühpädagogik aus einer anderen Perspektive

Fallbeispiel: Verhinderte Fürsorge – »Ich musste immer an sie denken, und dann hab' ich den Fahrradfahrer nicht gesehen ...«

Nora (32) ist die liebevolle Mutter von Lara (2), die seit drei Wochen in der Kita eingewöhnt wird. Nora plant, in fünf Wochen wieder halbtags arbeiten zu gehen, denn ihr Mann verdient allein nicht sehr viel und sie wohnen in einer teuren Großstadt. Nora hat sich die Kita vorher genau angesehen und sie schließlich ausgewählt, da es hieß, dass dort bei der Eingewöhnung großer Wert auf die Bindung gelegt wird. Obwohl Nora unsicher ist, ob Lara mit ihren zwei Jahren wirklich schon gut in der Kita zurechtkommen wird, beugt sie sich der heutigen Meinung, dass ein früher Kita-Besuch sehr wichtig für die kindliche Entwicklung sei. In die Krippe wollte sie ihre Tochter mit einem Jahr nicht geben, sie genoss die Zeit mit ihr und fühlte, wie sehr Lara sie brauchte und bei ihr sein wollte.

Die Erzieherinnen sind in den ersten zwei Wochen freundlich während der Eingewöhnung – allerdings fühlt sich Lara dort nur wirklich wohl und spielt, wenn Nora dabei ist. Bei den kurzen Trennungen weint sie, und Nora kommt meist nach drei bis vier Minuten wieder, da sie hört, dass sich Lara nicht beruhigt. In der dritten Woche führt dies zu etwas genervten Ratschlägen der Erzieherinnen, die schon das nächste Kind zur Eingewöhnung anstehen haben. In der vierten Woche sagt ihr die Erzieherin entschieden, dass es nun genug sei, sie solle sie in den Raum bringen, sich verabschieden und dann gehen. Lara würde schon irgendwann aufhören zu weinen. Nora fühlt sich etwas überfahren, »gehorcht« jedoch. Schon beim Schließen der Tür hört sie Lara weinen und bleibt stehen. Sie hat Lara nie weinen lassen, sondern sich immer gleich gekümmert. Draußen steht jedoch die Kita-Leitung, die ihr sagt, sie solle nun endlich gehen und erst in zwei Stunden wiederkommen. Sonst werde das ja nie was mit der Eingewöhnung. Nora müsse endlich loslassen! Die Kinder würden alle weinen, das mache aber nichts, die würden schon wieder aufhören und dann schön spielen. Die Kita-Leitung bringt sie raus und schließt die Kita-Tür. Nora hört zwischen all den Kinderstimmen Laras Weinen und auch ihr kommen jetzt die Tränen. Doch entgegen ihrem Instinkt, zu ihrer Tochter zu gehen und sich zu kümmern, läuft sie zum Auto, setzt sich hinein und fährt los, da sie schnell zum Supermarkt um die Ecke will, auch um sich abzulenken. Ihre Gedanken sind bei ihrer Tochter. Nora kommen Zweifel daran, ob das mit dem Kita-Besuch richtig ist. Sie fragt sich, ob die Erzieherin Lara beruhigen kann, ob Lara sie braucht, und fühlt sich, als ob sie Lara im Stich gelassen hätte – Nora ist gestresst. Auf einmal kommt ein Fahrradfahrer von rechts angeschossen und sie kann nicht mehr rechtzeitig bremsen. Der Radler stürzt, steht aber zügig wieder auf. Nora bleibt erst wie erstarrt im Auto sitzen, dann steigt sie aus und entschuldigt sich. Zum Glück ist dem Radler nichts Ernstes passiert.

Sie parkt in der Nähe der Kita und bleibt die verbleibenden 90 Minuten im Auto sitzen und weint. Beim Abholen kommt Lara ihr entgegengelaufen, wirkt müde und verweint. Die Erzieherin meint, sie habe etwas geweint, aber das liege ja nun auch daran, dass sie merke, dass Nora sie nicht gehen lassen wolle. Nora sagt nichts, nimmt ihr Kind in den Arm, zieht sie an und geht schweigend. Im parkenden Auto nimmt sie Lara auf den Schoß und sie kuscheln für zehn Minuten. Dann geht es beiden besser. Nora setzt Lara in den Kindersitz und sie fahren nach Hause.

Interpretation der Erzieherin:
Nora ist eine überfürsorgliche klammernde Mutter, die ihr Kind nicht loslässt, obwohl jede Zweijährige ja wohl schon in der Lage ist, einen Vormittag in der Kita ohne Mama gut zu überstehen. Lara weint nur, weil ihre Mutter sie durch ihre unsinnige Überfürsorge ganz abhängig gemacht hat.

Bindungsorientierte Interpretation unter Berücksichtigung neurobiologischer Aspekte:
Lara hat eine sichere Bindung zu ihrer Mutter Nora, aber zur Erzieherin noch nicht genügend Vertrauen aufgebaut, um diese bereits als eine sekundäre Bindungsfigur wahrzunehmen und sich erfolgreich von ihr trösten zu lassen. Daher protestiert Lara und weint, wenn ihre Mutter geht: Ihr Bindungsverhalten wird durch die Trennung aktiviert. Noras Fürsorgesystem wird ebenfalls aktiviert, da sie das Weinen von Lara wahrnimmt. Nun wird sie aber gezwungen bzw. »zwingt sich selbst« zu gehen, damit die Eingewöhnung »klappt«. Ihr Fürsorgeverhalten wird dadurch unterbunden, ihr Stress steigt jedoch stetig an, da sie in Gedanken bei Lara ist und das Bindungs- und Fürsorgeverhaltenssystem bei beiden aktiviert bleibt. Eine erfolgreiche Deaktivierung durch Kontakt ist für zwei Stunden unmöglich. Anrufe der Mutter sind unerwünscht: Es heißt, die Kita melde sich bei ihr, wenn Lara lange weine. Nora bleibt also unwissend, sie kann auch nicht darauf vertrauen, dass die Erzieherin, die sie so hinauskomplimentiert hat, diese Zusage einhält. Angesichts dieses Stresserlebens ist Nora im Straßenverkehr unkonzentriert. Als sie Lara wiedersieht, sieht sie am verweinten Gesicht, dass sie wohl mit der Vermutung richtig lag, dass sich Lara eben nicht beruhigt hat. Nora hat ein schlechtes Gewissen, dass sie Lara in der Kita gelassen hat. Beide brauchen den Kontakt über Kuscheln, um Bindungs- und Fürsorgeverhaltenssystem wieder herunterzufahren.

Weint ein Kind fast jeden Morgen bei der Trennung und lässt sich nicht innerhalb weniger Minuten beruhigen und zum Spiel animieren, so war die Eingewöhnung nicht erfolgreich (▶ Kap. 8.4). Entweder ist die Mutter noch so verunsichert hinsichtlich der Betreuung in der Einrichtung, dass sie die Unsicherheit auf das Kind überträgt, oder das Kind empfindet von sich aus Angst und Stress, sobald es die Trennung von der Mutter absehen kann. Manche Kinder protestieren schon zu Hause, wenn sie früh für die Kita/Kindertagespflege fertig gemacht oder in den Kinderwagen oder Fahrradanhänger gesetzt werden. Sie antizipieren die Trennung von der Mutter, ohne dass eben eine sekundäre Bindungsfigur ihre Rolle übernehmen kann. Daraus lässt sich schließen, dass sie sich nicht wirklich wohl in der Kita oder bei der Tagesmutter fühlen und sich nicht darauf freuen oder dass sie sich zumindest deutlich wohler zu Hause mit der Mutter oder anderen Familienmitgliedern fühlen. Die Kinder zeigen eindeutig, wie es ihnen geht und dass es ihnen in dem Fremdbetreuungssetting nicht gut geht. Feinfühlige Eltern verstehen dies und reagieren darauf, oft im Konflikt mit Erwartungen von Gesellschaft, Arbeitsgeber oder eigenen Interessen. Eltern bewegen sich heute in der frühen Kindheit häufig in einem Konfliktfeld, mit Erwartungshaltung von außen, das Kind möglichst früh institutionell außerfamiliär betreuen zu lassen, und eigenem Empfinden, was das Beste für das eigene Kind und die Familie ist.

Aus Sicht mancher pädagogischer Fachkräfte »einfache« Kinder, also Kinder, die im System gut funktionieren, sind oft Kinder mit unsicher-vermeidender Bindung: Sie protestieren nicht gegen die Trennung von der Mutter, sondern widmen sich den Spielsachen und lenken sich mit ihnen ab. Auch sicher gebundene Kinder können bei guter Eingewöhnung oft zügig eine sichere Bindung zu feinfühligen pädagogischen Fachkräften aufbauen, sodass der Kita-Besuch ohne Probleme funktioniert. Sicher gebundene Kinder zeigen aber Bindungsverhalten bei erhöhtem Stress, wie beginnender Krankheit, und reagieren dann auf die Trennung von der primären Bindungsfigur dennoch mit Weinen. Wird das kindliche Verhalten vor dem Hintergrund von Bindung, Fürsorge und Neurobiologie interpretiert, sind viele Mechanismen einfach verständlich und auch erklärbar. Kinder sind hinsichtlich ihrer Bedürfnisse kompetent. Sie zeigen Verhalten, das sie in Anpassung an ihr soziales Umfeld entwickelt haben und drücken damit ihre aktuellen Bedürfnisse aus. Sie sind authentisch. Ihnen manipulative Absichten zu unterstellen, ist nicht zielführend. Kinder – ebenso wie Erwachsene – sind nur so bedürftig wie ihre unbefriedigten Bedürfnisse nach Nähe, Schutz, Sicherheit oder Ruhe.

> **Exkurs: Das kompetente Kind**
>
> Kinder spüren wie es ihnen geht und äußern sich entsprechend. Als Babys schreien und weinen sie, wenn es ihnen nicht gut geht, und sind ruhig oder lächeln und lachen bei positivem Befinden. Sie sind authentisch in der Kommunikation. Erst durch negatives Feedback wie bei distanzierter Fürsorge bzw. unfeinfühligem Verhalten lernen sie, den Ausdruck ihrer negativen Befindlichkeit zu unterdrücken. Andere wiederum zeigen übertrieben positiven Affekt, um ihre Bindungsfigur fürsorglich zu kontrollieren. Weint und schreit ein Kind, geht es ihm nicht gut, dann empfindet es Stress, Schmerz, Angst, Trauer oder andere negative Zustände. Kleinkinder, welche dies »manipulativ planend« demonstrieren, um »die Weltherrschaft« über das soziale Umfeld zu übernehmen, gibt es nicht. Weinen und schreien sie gezielt im Sinne auffälligen Sozialverhaltens, läuft im Hintergrund eine Stressreaktion.
>
> Kleine Kinder sind kompetent hinsichtlich ihrer Bedürfnisse (Imlau 2016). Der Begriff »kompetent« wird aber manchmal so interpretiert, wie es den Erwachsenen gerade passt. Favorisiert man eine frühe außerfamiliäre Betreuung, so legt man dar, dass die meisten Kinder »kompetent« sind, sich erfolgreich diesem Setting anzupassen. Das stimmt, Kinder sind in vielen Dingen kompetent und anpassungsfähig. Doch manchmal hat die Anpassung eben einen Preis, nämlich hohe Stresswerte und weitere somatische Auswirkungen wie häufige Krankheit und negatives Sozialverhalten und Befinden. Kindern wird meist dann »Kompetenz« zugesprochen, wenn sie ihr Verhalten den Erwachsenen und ihren

Zielen anpassen. Wird das Verhalten als störend empfunden, so ist das Kind eben gerade »nicht kompetent«. So ist sein Weinen über das nicht schmeckende Essen dann zum Beispiel ein »Sich-Anstellen«. Dass Kinder intuitiv Nahrungsmittel vermeiden, die ihnen nicht schmecken und auch bekommen (und niederschwellige Allergiesymptome auslösen), und dass optimale Ernährung sehr individuell ist, wird ignoriert. Natürlich gibt es Situationen, die das Kind nicht gut einschätzen kann, weil es sein Befinden in der Zukunft noch nicht vorwegnehmen kann, wie Bauchschmerzen durch zu viel Süßes und Frieren, wenn es gerade das neue Lieblingskleid oder T-Shirt vom Geburtstag bei Minusgraden anziehen will. Doch in Bezug auf ihr aktuelles Befinden sind Kinder kompetent. Weinen sie bei der Trennung von ihrer Bindungsfigur länger, fühlen sie sich bei der Betreuung nicht wohl und sicher. Sie zeigen ihr Bedürfnis nach Sicherheit, die eben die Bindungsfigur deutlich besser vermitteln kann. Wollen sie nicht allein, ohne Kontakt zur Bindungsfigur einschlafen, so haben sie ein Bedürfnis nach Nähe, das noch nicht befriedigt ist. Es gibt zahlreiche weitere Beispiele.

Das zu Beginn genannte John Bowlby zugeschriebene Zitat »Wir sind nur so bedürftig wie unsere unbefriedigten Bedürfnisse« verdeutlicht sehr präzise, dass der Ausdruck eines Bedürfnisses nie aus einer Laune heraus geschieht, sondern einen Hinweis auf ein unerfülltes Bedürfnis darstellt. Dies trifft auf Kinder ebenso zu wie auf Erwachsene und gilt insbesondere im Bindungskontext. Wollen Kinder Kontakt, so ist ihr Bedürfnis nach Kontakt, Sicherheit, Wohlbefinden oder einfach gemeinsamer guter Interaktion noch nicht befriedigt. Nicht immer zeigen sie ihr Bedürfnis direkt, der Wunsch nach Kontakt oder Anerkennung und Zuwendung kann sich auch in anderem Verhalten als der Suche nach Nähe zeigen. Lernerfahrungen können den Ausdruck des Bedürfnisses im Verhalten verändern – so kann auch Ärger, Aggression oder Rückzug das Bedürfnis nach Zuwendung ausdrücken. Dies gilt wie gesagt auch für Erwachsene – Eltern, die viel nachfragen, haben ein Bedürfnis nach Rückversicherung, um innerlich zur Ruhe zu kommen. Sie sind nur so bedürftig, wie ihr unbefriedigtes Bedürfnis nach Bestätigung, dass es ihrem Kind physisch und psychisch gut geht.

Literaturempfehlungen

Glüer, M. (2017). *Bindungs- und Beziehungsqualität in der KiTa.* Stuttgart: Kohlhammer.
Imlau, N. (2016). *Mein kompetentes Baby: Wie Kinder zeigen, was sie brauchen.* München: Kösel.
Textor, M. R. (2018). *Elternarbeit im Kindergarten. Ziele, Formen, Methoden.* 2. Aufl. Norderstedt: BoD.

8.2 Pränatale Bindung, postpartale Depression und kindliche Regulation

Die emotionale Verbindung der Mutter zu ihrem Kind beginnt schon lange vor der Geburt. In der Fachliteratur findet sich dafür der Begriff der pränatalen Bindung. Auch wenn dieser an sich irreführend ist – denn es handelt sich um Bezugnahme der Mutter zum Ungeborenen über ihre Fürsorgerepräsentation –, wird dieser Begriff hier beibehalten.

8.2.1 Pränatale Bindung

Die mütterliche pränatale Bindung zum Kind entwickelt sich bereits ab der zehnten Schwangerschaftswoche (SSW) – vielleicht sogar noch früher – und nimmt üblicherweise bis zum dritten Trimester zu (Condon 1993; Cranley 1981; Gloger-Tippelt 1999). Pränatale Bindung beschreibt eine geistige Beschäftigung mit dem Ungeborenen, Vorstellungen, wie es aussehen und sich verhalten wird, wie die aktuelle Beziehung und Interaktion zwischen Mutter und Kind ist und zukünftig sein wird, aber auch Fantasien vom Kind als von der Mutter getrenntes Wesen. Ebenso zählen das Gefühl auf die Mutterrolle vorbereitet zu sein und positive Gefühle gegenüber Kind und Mutterrolle zu dieser mentalen Repräsentation der pränatalen Bindung.

Je »besser« im Sinne flexibler Fürsorge die pränatale Bindung zum Kind ist, desto eher zeigt die werdende Mutter gesundheitsbewusstes Verhalten hinsichtlich der Schwangerschaft und adäquates Fürsorgeverhalten nach der Geburt (Lindgren 2001). Auch die Feinfühligkeit in der Fürsorge und die Entwicklung einer sicheren Bindung beim Kind stehen mit einer guten pränatalen Bindung in Zusammenhang (Trombetta et al. 2021). Das emotionale Befinden von Müttern mit guter pränataler Bindung ist besser, sie zeigen weniger Symptome einer postpartalen (nach der Geburt auftretenden) Depression (Goecke et al. 2012), weniger Selbstkritik und eine bessere Anpassung an die Mutterrolle (Priel & Besser 1999). Während sich eine gute pränatale Bindung und flexible Fürsorgerepräsentation positiv auf die Bindungssicherheit des Kindes und postpartale emotionale Befindlichkeit auswirken, stellen Erfahrungen wie eine traumatische Geburt, ein Notkaiserschnitt oder die intensivmedizinische Betreuung des Neugeborenen negative Einflussfaktoren dar (Trombetta 2021; Goecke et al. 2012; Rauh et al. 2012).

8.2.2 Postpartale Depression

Postpartale Depressionen betreffen mit einer Prävalenz von 8 bis 15 % eine relativ große Gruppe junger Mütter und zählen damit zu den häufigsten psychischen Störungen in dieser Bevölkerungsgruppe (Bergant et al. 1998). Depressive Symptome, die aber noch nicht für die Diagnose einer postpartalen Depression ausreichen, berichten sogar 30 % der Erstgebärenden (McMahon et al. 2005). Dazu zählen depressive Stimmung, Konzentrationsprobleme, Ängste und Veränderung von Schlaf und Nahrungsaufnahme. Die Veränderungen des täglichen Lebens durch die Geburt des ersten Kindes stellen einen Übergang, eine sogenannte Transition, im Leben der Eltern dar. In einigen Fällen kann diese Übergangsphase krisenhaften Charakter haben. Die Anpassung an die Versorgung eines Neugeborenen ist immer fordernd, selbst wenn große Freude über die Ankunft des Kindes herrscht. Erweiterte Familie und Freunde haben die Erwartungshaltung, dass die Eltern nun überglücklich sein müssten. Diese sind dagegen oft mit Schlafmangel, medizinischen Angelegenheiten bei der Mutter wie Geburtsverletzungen oder Erkrankungen des Kindes wie Neugeborenengelbsucht oder Schlaf-, Still- und Fütterproblemen belastet. Mütter mit postpartaler Depression oder Depressivität, die sich erschöpft, überlastet und traurig bis verzweifelt fühlen, empfinden diese Diskrepanz zwischen eigener und fremder Erwartungshaltung und postpartaler Realität oft noch ausgeprägter und als zusätzlich belastend. Faktoren, welche die Entstehung einer postpartalen Depression fördern, sind geringe soziale Unterstützung durch das Umfeld, eine eigene unsichere Bindungsrepräsentation, ein niedriger Bildungsgrad und sozioökonomischer Status sowie Fehlgeburten und Fehlbildungen des Kindes (Bifulco et al. 2004; McMahon et al. 2005).

Im Kontrast zu den sogenannten Blues Days, die bis zu 85 % der neuen Mütter in den ersten zwei Wochen nach der Geburt erleben, sind postpartale Depressivität und postpartale Depression langanhaltend, mehrere Wochen bis Jahre. Bei den Blues Days zeigen die Frauen Symptome wie Stimmungsschwankungen, Weinerlichkeit und Reizbarkeit. Bei einer postpartalen Depression treten starke Traurigkeit, ein niedriges Energieniveau, Ängste, intensive Weinanfälle, Reizbarkeit und Veränderungen von Schlaf und Essgewohnheiten auf (ICD-10-GM). Die postpartale Depression zählt zu den affektiven Störungen und macht neben sozialer und emotionaler Unterstützung aus dem Umfeld eine medizinisch-therapeutische Behandlung erforderlich. Die Therapie umfasst meist eine Gesprächspsychotherapie oder Beratung, manchmal auch mit medikamentöser Unterstützung.

Im Wochenbett, also den bis zu sechs Wochen nach der Geburt, beginnt bei manchen Frauen eine leichte psychische Verhaltensstörung – Antriebs- und Freudlosigkeit, Änderungen im Denken und Verhalten, auch das Hören und Sehen von Dingen, die nicht da sind (ICD-10-GM). Dazu können Gedanken auftreten, dem Kind oder sich etwas anzutun. In ausgeprägten Fällen, bei Vorliegen einer postpartalen Psychose, kann es tatsächlich auch zu gewalttätigen Handlungen gegenüber dem Kind, bis hin zur Tötung, teils begleitet vom Suizid der Mutter, kommen. Psychische Störungen, die nach der Geburt auftreten, sind ernstzunehmende Erkrankungen mit Gefahr für Mutter und Kind.

Problematisch sind die postpartalen psychischen Erkrankungen, weil sie in der Zeit nach der Geburt von den betreuenden Gynäkologen, Hebammen und Hausärzten der Mutter oder den Kinderärzten bei den regelmäßigen Untersuchungen des Kindes oft nicht erkannt werden, weshalb dann auch keine Unterstützung angeboten wird. Die Frauen haben zudem Schuld- oder Schamgefühle und wenden sich daher selten von sich aus an Ärzte oder Therapeuten (Pawils et al. 2022).

8.2.3 Postpartale Depression und kindliche Regulation

Eine postpartale Depression der Mutter, auch schon eine mittelgradige postpartale Depressivität, hat negative Auswirkungen auf die Regulationsfähigkeit des Kindes (Carter et al. 2001; Beetz et al. 2013). Ganz allgemein beeinträchtigen psychische Erkrankungen der Mutter, wie Angsterkrankungen, Depressionen und hohe Stresslevel, die kognitive und sozioemotionale Entwicklung des Kindes (Kingston, Tough & Whitfield 2012).

Eine schlechtere Regulationsfähigkeit des Kindes von Müttern mit postpartaler Depressivität spiegelt sich in einer höheren Auftretenswahrscheinlichkeit von Symptomen frühkindlicher Regulationsstörungen wider. Mütter, die aufgrund postpartaler Depressivität belastet sind, können ihr Kind nicht in gleichem Ausmaß bei der Regulation unterstützen wie gesunde Mütter. Dies betrifft den Schlaf-Wach-Rhythmus, Weinen bzw. Schreien sowie das Füttern. Auch die fein abgestimmte emotionale Synchronizität, Anlächeln des Kindes, spontan und als Antwort auf kindliches Lächeln, sind der Mutter kaum möglich. Übernimmt nicht eine andere Bindungsfigur, zum Beispiel der Vater, die externale Regulation des negativen Befindens des Babys, das dies selbst noch nicht leisten kann, so können sich hieraus kindliche Regulationsstörungen entwickeln. Da gerade in den ersten Lebensjahren heute noch überwiegend die Mutter die Versorgung des Kindes übernimmt, wirkt sich ihr psychisches Befinden direkt auf die kindliche Regulation aus. Diese Regulation betrifft Verhalten wie Schlaf oder Selbstberuhigung, im Grunde aber allgemein auch Stress und negatives Befinden. So berichten Mütter, die noch sechs bis 18 Monate nach der Geburt ihres Kindes depressiv sind, mehr Auffälligkeiten der kindlichen Regulation auf physischer und psychischer Ebene wie Hautausschläge, schlechten Schlaf, Fütterschwierigkeiten, Nervosität oder Verdauungsprobleme. Auch die Kinderärzte dokumentieren in den U-Untersuchungen (U5/U6) mehr Auffälligkeiten in der Entwicklung (Beetz et al. 2013).

Bereits in der frühen Kindheit wird über die externale Regulation durch Bindungsfiguren die Basis für einen effizienten Umgang mit Belastungen, darunter die Stressregulation, und damit für die psychische und physische Gesundheit gelegt. Kleine Kinder müssen erst über die externale Regulation mithilfe von Bindungsfiguren lernen, wie sie mit negativem Befinden gut umgehen können. Die internale Regulationsfähigkeit des Kindes, also seine Fähigkeit, negative Zustände in sich selbst regulieren zu können, entwickelt sich erst im Laufe der frühen Kindheit. Gelingt die Regulation, anfangs external oder später internal, nicht, so zeigen die Kinder über verschiedene Symptome Anzeichen dieser unzureichenden Stressregulation. Bereits im Säuglingsalter weisen 10 bis 20% der Kinder sogenannte Störungen der Selbstregulation auf (Papousek, Schieche & Wurmser 2004) und auch später in der frühen Kindheit sind bei bis zu 20% emotionale Auffälligkeiten oder Verhaltensauffälligkeiten zu beobachten (Ravens-Sieberer et al. 2015). Die Feinfühligkeit und Fürsorgerepräsentation der Bindungsfiguren haben dabei einen starken Einfluss auf die Emotions- und Stressregulation (Beetz 2013; Diamond, Hicks & Otter-Henderson 2008).

8.2.4 Kindliche Regulationsstörungen

Zu den kindlichen Regulationsstörungen zählen exzessives Schreien, Schlafstörungen sowie Fütter- und Gedeihstörungen. Im späten Säuglingsalter und im Kleinkindalter zeigt sich die Dysregulation in Erleben und Verhalten zum Beispiel in exzessivem Klammern, starker Ängstlichkeit oder Gehemmtheit, übermäßiger Trennungsangst oder aggressivem und oppositionellem Verhalten (Papousek, Schieche & Wurmser 2004). Dabei sollten kindliche Regulationsstörungen weniger als Auffälligkeit des Kindes allein verstanden werden, sondern eher als Ausdruck einer generellen Problematik der kindlichen Regulation im Rahmen der Eltern-Kind-Beziehung.

Die gesamte frühe Kindheit ist von einer rasanten Entwicklung in verschiedenen Bereichen wie Motorik, Kognition, Emotion, Sprache und körperliche Entwicklung geprägt. Es sind viele Aufgaben zu bewältigen, so wie die Entwicklung der Regulationsfähigkeit. Dazu zählt auch die Regulation physiologischer Prozesse wie Körpertemperatur, Verdauung und Verhalten. Die Regulation des Schlaf-Wach-Rhythmus beginnt etwa ab dem dritten Lebensmonat, ebenso wie die Aufmerksamkeitssteuerung. Sobald das Kind mobil wird, zwischen dem sechsten und zwölften Lebensmonat, kann es auch die Nähe zur Bindungsfigur selbst besser regulieren. Trennungsangst und die Angst vor Fremden, die sich im Fremdeln widerspiegelt, treten ab diesem Alter auf. Ab dem zweiten Lebensjahr spielt die Entwicklung von Autonomie eine zentrale Rolle.

Immer ist bei der Bewältigung der Entwicklungsaufgaben die Co-Regulation durch die Bindungsfigur relevant. Feinfühlig unterstützt die Bindungsfigur das Kind altersangemessen, damit es Strategien zur Selbstregulation erwerben und internalisieren kann.

So deutet beispielsweise die Mutter die Müdigkeitssignale ihres Babys richtig und nimmt es passend dazu auf den Arm, schaukelt es hin und her und summt dazu ein Schlaflied. Das Kind kann dies mit der Zeit dem inneren Zustand Müdigkeit zuordnen und sich darauf einlassen zur Ruhe zu kommen. Reagiert es also positiv auf das feinfühlige Verhalten der Mutter und schläft ein, trägt dies zum Kompetenzerleben von Kind und Mutter bei. Durch eine wiederholte gute Passung zwischen den kindlichen Bedürfnissen und Unterstützungsangeboten und Erwartungen der Bindungsfigur entsteht eine positive Gegenseitigkeit in der Interaktion und Zufriedenheit in der Beziehung. Die Bindungsfigur muss sich in Erwartung und Unterstützungsangebot immer wieder dem aktuellen Stand des Kindes anpassen, denn die kindlichen Bedürfnisse und Fähigkeiten verändern sich vielseitig und in engen zeitlichen Abständen. Dazu bedarf es der Feinfühligkeit die kindlichen Signale richtig wahrzunehmen, zu interpretieren und adäquat zeitnah darauf zu reagieren, auch wenn sich die Signale verändern. Gelingt dies nicht, kann dies zu Störungen in der Regulation führen, was sich beispielsweise in vermehrtem Schreien äußern kann (Benz & Scholtes 2014).

Kinder entwickeln verschiedene Bewältigungsstrategien, um mit ihrem negativen Befinden zurechtzukommen. Bereits ab dem Kleinkindalter werden externalisierende und internalisierende Strategien unterschieden, die sich in Auffälligkeiten manifestieren, wenn sie in der Regulation nicht effektiv sind (Barkmann &

Schulte-Markwort 2007). Internalisierende, also nach innen gerichtete Problembewältigungsstrategien beinhalten Ängste, Rückzugsverhalten, Depressionen, Essstörungen und Schlafstörungen. Zu den externalisierenden Auffälligkeiten, denen eine nach außen gerichtete Problembewältigungsstrategie zugrunde liegt, zählen motorische Unruhe sowie aggressives und regelbrechendes Verhalten. Ein Kind kann gleichzeitig internalisierende und externalisierende Auffälligkeiten zeigen, also zum Beispiel Depression und Aggression. Aus frühkindlichen Regulationsstörungen und Verhaltensauffälligkeiten können sich, wenn nicht unterstützend eingegriffen wird, verschiedene Störungen des Sozialverhaltens und emotionale Störungen wie Ängste, Zwänge oder psychosomatische Störungen entwickeln.

In der frühen Kindheit ist die Elternberatung die erste Stufe der Unterstützung. Bindungsbasierte Programme wie STEEP™/WIEGE oder SAFE® fördern die Feinfühligkeit der Eltern im Umgang mit dem Kind sowie Unterstützungsmöglichkeiten aus dem sozialen Umfeld, um die Eltern zu entlasten. Aufklärung entsprechend der Psychoedukation in der Beratung und Psychotherapie, die eine Erklärung des Störungsbildes und seiner möglichen Ursachen liefert, trägt zur Entlastung und zum Verständnis der Eltern bei. So können bei internalisierenden und externalisierenden Störungsbildern und frühkindlichen Regulationsstörungen genetische Faktoren, Erkrankungen (z. B. Epilepsie) oder Behinderungen (z. B. Trisomie 21) einen Einfluss haben (Barkmann & Schulte-Markwort 2007). Gesundheitsrelevantes Verhalten wie Rauchen oder Alkoholkonsum in der Schwangerschaft, aber auch Komplikationen bei Schwangerschaft und Geburt beeinflussen die Entwicklung der Regulationsfähigkeit negativ (Römer et al. 2018).

Regulationsstörungen werden nicht nur aufgrund der Symptome des Kindes, etwa die Weigerung zu essen oder trinken, exzessives Schreien oder Einschlaf- und Durchschlafstörungen, diagnostiziert. Es wird immer folgende Symptomtrias, die für mindestens einen Monat bestehen muss, in den Blick genommen (Thiel-Bonney & Cierpka 2014): Die Störungen der Verhaltensregulation des Kindes mit Schwierigkeiten im Bereich frühkindlicher Entwicklungsaufgaben, die assoziierten Belastungen der Eltern, die häufig mit einem Überlastungssyndrom einhergehen und dysfunktionale Interaktionsmuster zwischen Eltern und Kind.

Regulationsstörungen oder auch einfach eine nicht altersangemessene Verhaltensregulation beeinflussen nicht nur die Interaktion des Kindes mit den Eltern, sondern auch mit der pädagogischen Fachkraft und den anderen Kindern in der Kita. Durch die Dysregulation müde, erschöpfte und unausgeglichene Kinder stellen eine Herausforderung für die feinfühlige Fürsorge pädagogischer Fachkräfte und die Anpassung an das Gruppensetting dar. Wissen um die Entstehungsfaktoren kindlicher Dysregulation sowie weniger feinfühligen und kommunikativen Verhaltens von Müttern mit postpartaler Depressivität eröffnen ein anderes Verständnis für die Situation von Kind und Eltern. Damit kann sich auch die Einstellung gegenüber dem kindlichen Verhalten und den Eltern positiv verändern.

Fallbeispiel: »So eine unfähige Mutter!«

Berit, 31, hat ihre zweijährige Tochter Alva seit einigen Wochen in der Krippe. Die Eingewöhnung dauerte lang und war für alle Beteiligten anstrengend.

Kristin, die Bezugserzieherin, findet Berit im Umgang zwar stets freundlich, aber auch sehr zurückhaltend und recht distanziert. Sie hält kaum Augenkontakt, hält die Bring- und Holphasen immer so kurz wie möglich und fragt wenig nach, wie sich Alva am jeweiligen Tag verhalten hat. Alva weint häufig, kann in der Krippe kaum in den Schlaf finden, und bricht Spielinteraktionen immer wieder abrupt ab. Dies belastet die pädagogische Beziehung zu Kristin. Sie ist noch nicht lange Erzieherin und hat keine eigenen Kinder. Sie empfindet die Interaktionen sowohl mit der Mutter Berit als auch mit der kleinen Alva zunehmend als anstrengend und unbefriedigend. Nach drei Monaten hat sich ihre anfangs positive Einstellung zu den beiden stark verschlechtert. Inzwischen weint und schreit Alva täglich, wenn ihre Mutter sie abgibt, aber noch mehr, wenn sie abgeholt wird. Berits Mann, der in Vollzeit arbeitet, bringt sich kaum in die Versorgung der Tochter ein. Nach einer erneuten Schreiszene am Morgen, bei der auch Berit weinte und Kristin die Kleine einfach in den Arm drückte und dann flüchtete, sagt Kristin zu ihrer Kollegin: »So eine unfähige Mutter. Aber es darf ja jeder Kinder kriegen.«

Die Kollegin, Beate, die selbst seit 20 Jahren in Kitas arbeitet und drei eigene Kinder hat, erwidert darauf, dass sie vielleicht einmal zusammen mit Berit sprechen sollten. Vielleicht habe die Mutter ja irgendeine Belastung. Im Gespräch, das dann Beate mit Berit führt, da sie in einem Tür-und-Angel-Gespräch gleich eine gute Verbindung etablieren konnte, schüttet Berit ihr Herz aus: Schon seit der Geburt ist sie depressiv. Die Schwangerschaft war voller Komplikationen, sie musste die letzten drei Monate im Bett verbringen. Auch die Geburt war traumatisch und endete in einem Notkaiserschnitt, der ihr lange medizinische und psychische Probleme bereitete. Sie fühlt sich als Mutter inkompetent und schämt sich, dass sie nicht so gut mit ihrem Wunschkind Alva zurechtkommt, wie das andere Mütter anscheinend intuitiv können. Sobald ihr Mann morgens zur Arbeit geht, weint sie untertags viel. Sie kümmerte sich bisher ganztags allein um Alva, die lange Schreiphasen hat und schlecht schläft. Beate gibt Berit die Nummer eines Zentrums für seelische Gesundheit, das Beratung für Mütter mit postpartaler Depression anbietet. Sie informiert ihre Kollegin Kristin über die Hintergründe, was bei dieser die Einstellung zu Mutter und Kind deutlich verbessert, sodass sie Mutter und Kind mehr unterstützt.

Literaturempfehlungen

Cierpka, M. (Hrsg.) (2015). *Regulationsstörungen: Beratung und Psychotherapie für Eltern mit kleinen Kindern.* Berlin u. Heidelberg: Springer.
Rohde, A. (2014). Postnatale *Depressionen und andere psychische Probleme: Ein Ratgeber für betroffene Frauen und Angehörige.* Stuttgart: Kohlhammer.

8.3 Kindliche Regulation – Schreien und Schlafen

Sobald eine Frau heute Mutter wird (weniger betrifft dies Väter), erlaubt sich jeder eine Meinung dazu, ob und was sie in der Betreuung ihres Kindes richtig oder falsch macht. Das beginnt bei den Großeltern des Kindes, geht weiter im Freundeskreis und endet bei völlig Unbekannten, die sich in der Öffentlichkeit zu irgendeiner Mutter-Kind-Interaktion äußern. Ebenso betrifft dies pädagogische Fachkräfte. Diese werden jedoch teils auch gezielt zu bestimmten Themen gefragt, wenn Eltern dort eine Einschätzung eines bestimmten Verhaltens oder Rat bei Problematiken einholen. Im Folgenden werden Themen angesprochen, über die es in der Frühpädagogik immer noch sehr unterschiedliche Meinungen gibt. Dabei wird die aktuell immer beliebter werdende Perspektive vorgestellt, die an Evolutionsbiologie, Anthropologie, Bindung und Neurobiologie orientiert ist. Ein grundlegendes Werk dazu, auf das in diesem Kapitel überwiegend Bezug genommen wird, stammt von Renz-Polster (2009). Gerade Themen wie Schreien, Schlaf, Stillen oder das Bleiben bei nicht oder kaum bekannten Personen beschäftigen Eltern intensiv. Dies unterstreicht die hohe Anzahl an Elternratgebern und Anfragen an die Elternberatung dazu.

8.3.1 Schreien

Ein Baby schreit nie grundlos. Sein Schreien soll seine Bindungsfigur motivieren, seine Bedürfnisse zu stillen, wenn es durch andere, subtilere Formen der Kommunikation bereits erfolglos versucht hat, Aufmerksamkeit zu erhalten. Zu diesen subtileren, doch sehr gut beobachtbaren Signalen zählen Gähnen, Strecken, Hin- und Herdrehen, Verziehen des Gesichts, Saugbewegungen, Schmatzen und intensiver das Quengeln. Genügen diese Signale, um die gewünschte Zuwendung zu erhalten, wird das Kind meist nicht zum Schreien übergehen. Ein Baby bemüht sich, je nach Vorerfahrungen mit der Bindungsfigur, bis zu einer halben Stunde mittels dieser subtilen Signale, bevor es zu Schreien beginnt (Renz-Polster 2009).

Schreien stellt also ein spät eingesetztes Signal dar. Mit bis zu 82 Dezibel Lautstärke, was fast dem Geräuschpegel eines Presslufthammers entspricht, ist es nicht mehr zu ignorieren. So kann das Baby auch über Entfernung seine Bindungsfigur auf sich aufmerksam machen. Denn diese befindet sich ja anscheinend weiter weg, wenn sie die leiseren Signale nicht wahrnimmt. Kinder, die lauter und länger schreien, haben auch heute noch bei naturnah lebenden Völkern wie den Massai in Afrika bessere Überlebenschancen. An Betreuung in kleinen Wohnungen ist die Lautstärke jedoch nicht gut angepasst und führt leicht zu Stress bei der Bindungsfigur. In Kulturen, in denen das Baby viel Zeit im Körperkontakt mit der Mutter verbringt, schreien Säuglinge weniger bzw. kürzere Zeit.

Häufiger und länger weint ein Baby, wenn die Bindungsfigur die Signale des Kindes nicht richtig deutet und seine Bedürfnisse nicht stillt. In Studien wurden weitere Faktoren identifiziert, die mit vermehrtem Schreien von Babys assoziiert sind, unter anderem weil sie die feine Abstimmung in der Interaktion von Mutter und Kind ungünstig beeinflussen:

- Stress und Rauchen der Mutter in der Schwangerschaft
- das Temperament des Kindes
- Nähe zur Bindungsfigur: Körperkontakt, Tragen sowie prompte Reaktion reduzieren Schreien
- Stress der Bindungsfiguren
- Ernährung: Füttern bzw. Stillen nach Bedarf reduziert Schreien – striktes Einhalten von Fütterzeiten fördert Schreien.
- Frühgeburtlichkeit: Mehr als zwei Monate zu früh geborene und durch Notkaiserschnitt geborene Babys schreien mehr.
- Verletzungen des Babys unter der Geburt, die oft von den Ärzten nicht bemerkt oder als unbedenklich eingeschätzt werden (Zerrung der Nackenmuskulatur, Nabelbruch), aber dennoch Schmerzen verursachen

Schreien in den ersten Lebensmonaten ist noch ungerichtet und zeigt einen Erregungszustand an, der durch die vielen Anpassungs- und Reifungsprozesse häufig vorkommt. Das Baby braucht die Regulation durch seine Bindungsfigur, während es zum Beispiel einen Schlaf-Wach-Rhythmus entwickelt. Ab dem dritten Lebensmonat, in dem das »soziale Erwachen« stattfindet, können Babys Schreien gezielt zur Kommunikation einsetzen (Thiel-Bonney & Cierpka 2014).

Von exzessivem Schreien spricht man, wenn das Baby über einen Zeitraum von drei Wochen an mindestens drei Tagen pro Woche mehr als drei Stunden täglich schreit. Dies ist für die Eltern sehr belastend. Ungefähr jedes fünfte Baby (ca. 20%) erfüllt diese Kriterien und bei 60% von diesen bleibt das exzessive Schreien längerfristig bestehen und beeinflusst andere Entwicklungsbereiche negativ. Haben die Eltern wenig Ressourcen, mit dieser extremen Belastung durch das Schreien und mit Schlafmangel bei allen Beteiligten umzugehen, so ist das Risiko für negative Auswirkungen auf die kognitive und sozioemotionale Entwicklung des Kindes erhöht (Thiel-Bonney & Cierpka 2014).

Es belastet die Eltern, wenn sie ihr Kind durch kaum etwas beruhigen können. Sie geraten selbst unter Stress und Angst, was sich wiederum auf das Kind übertragen und das Weinen verstärken kann. Es entsteht ein Teufelskreis (Brisch 2014). Die Eltern-Kind-Interaktionen entwickeln sich negativ und können bis zur Kindeswohlgefährdung reichen. Exzessives Schreien, das die Eltern durch Fürsorge nicht beenden können, ist ein Haupttrigger für Misshandlungen im Säuglingsalter (Thiel-Bonney & Cierpka 2014).

Unterstützung und Interventionen setzen, nach Abklärung medizinischer Gründe beim Kind, meist bei den Eltern an. Diese sollen Wege finden, wie sie selbst entspannen können und ruhiger werden. Wichtig ist, dass wenigstens ein Erwachsener zur Verfügung steht, um dem Baby Körperkontakt und Nähe anzubieten. Eltern sollten sich abwechseln, auch Unterstützung durch weitere Personen ist in bestimmten Phasen sinnvoll und trägt zur Entlastung und Unterbrechung des Teufelskreises bei (Brisch 2014). Sobald die Bindungsfigur wieder ruhiger und entspannter ist, übernimmt sie die Fürsorge für das Kind wieder.

8.3.2 Schlafen

Wann und wie lange Babys und Kleinkinder schlafen, wie oft sie erwachen und was sie zum Wiedereinschlafen brauchen, beschäftigt viele Eltern. Denn schläft das Kind nicht, schläft auch seine Bezugsperson nicht, da diese geweckt und wachgehalten wird. Ein gestörter Schlaf und ein Schlafdefizit entstehen und tragen immens zur Stressbelastung bei. Nicht ohne Grund gibt es viele Elternratgeber zum Thema Schlafen und verschiedenste Ansichten darüber, wie Eltern idealerweise vorgehen sollen, um ihr Kind zum möglichst einfachen Ein- und Durchschlafen zu bringen.

Schlafprobleme bei Säuglingen und Kleinkindern werden überwiegend in westlichen Gesellschaften thematisiert, während Eltern in anderen Kulturen weniger Probleme mit den kindlichen Schlafgewohnheiten berichten. Inwieweit dies mit üblichen Schlafarrangements zusammenhängt, wird erst in den letzten Jahren vermehrt diskutiert (Renz-Polster 2009). Dabei werden Arrangements, in denen das Baby möglichst allein in seinem Zimmer schläft, kontrastiert mit für die westlichen Gesellschaften moderneren Arrangements, bei denen das Baby bei wenigstens einem Elternteil im Zimmer schläft oder sogar im Bett mit Möglichkeit zum Körperkontakt. In vielen nicht-westlichen Kulturen sind diese Mutter-nahen Schlafarrangements nicht modern, sondern seit langer Zeit Teil der Tradition der Kinderversorgung.

Schlaf aus evolutionsbiologischer und neurobiologischer Perspektive

Aus evolutionsbiologischer Sicht ist es für ein Baby überlebenswichtig, im Schutz vertrauter Erwachsener zu schlafen, die sie vor Gefahren schützen können (Renz-Polster 2009). Daher schlafen Babys und auch Kleinkinder am besten, wenn sie ganz nah bei der Mutter (oder der engsten Bezugsperson) schlafen, am besten mit Hautkontakt. Schlaffördernd sind zusätzlich das Wiegen, Schaukeln, die gewohnte Stimme und Rhythmen. Kinder schlafen nicht gut allein, da sie sich selbst nicht schützen können, und schon gar nicht in einem hilflosen Zustand wie dem Schlaf, in dem das Kind seine Umwelt nicht mehr auf Gefahren hin kontrollieren kann. Durch fehlende Selbstregulationsfähigkeiten ist auch das selbstständige Einschlafen problematisch. Aus evolutionsbiologischer Sicht sind kleine Kinder darauf ausgelegt, auf die Nähe zu ihrer Bindungsfigur zu bestehen, insbesondere in Situationen wie Dunkelheit, bei Müdigkeit und im Zustand des Schlafs. Weitere Faktoren wie noch fehlende Stabilität von Atmung und Körpertemperatur bei Säuglingen tragen dazu bei, dass die Nähe zur Mutter zur Regulation überlebenswichtig war. Menschen kommen als unreife Frühgeburten zur Welt, die zum Überleben die Nähe und Regulation der Mutter benötigen. In Kulturen, in denen Kinder im Kontakt mit Eltern schlafen, tritt auch der plötzliche Kindstod seltener auf als in westlichen Gesellschaften (Brisch 2014; Renz-Polster 2009). Die körperliche Nähe zu den Eltern stabilisiert die Regulation der Körperfunktionen, von der Körpertemperatur über die Atmung bis hin zum Herzschlag, und fördert entsprechend auch einen guten Schlaf (Renz-Polster 2009).

Fallbeispiel: »Du schläfst ja auch mit Papa in einem Bett, und ihr seid schon erwachsen!«

Der vierjährige Alexis lebt mit seinen Eltern, beide an der Universität tätige Psychologen, in einer Fünf-Zimmer-Altbau-Wohnung mit einem langen Gang, von dem die Zimmer mit hohen Decken und knarzenden Holzdielen ausgehen. Sein Kinderzimmer ist ganz am Ende des Ganges, das Wohnzimmer und Schlafzimmer der Eltern am anderen Ende. Seine Mutter hat Besuch einer Kollegin im Wohnzimmer, sein Vater ist noch bei der Arbeit. Alexis ist schon vor Ankunft des Besuchs von seiner Mutter im Kinderzimmer zu Bett gebracht worden, wie er es von klein auf gewohnt ist. Wie so oft kann er aber länger nicht einschlafen, lauscht dem Gespräch und entschließt sich aufzustehen, auch wenn er weiß, dass das seiner Mutter gar nicht passt. Er geht vorsichtig ins Wohnzimmer. Als seine Mutter ihn sieht, fragt sie: »Aber Alexis, kannst du wieder nicht schlafen? Muss ich mich wieder zu dir setzen? Du siehst doch, ich habe noch Besuch. Komm, ich bring dich schnell wieder ins Bett, dann versuchst du aber allein einzuschlafen!« Alexis ist zwar bewusst, dass sein Verhalten der Mutter nicht passt, aber er hatte ja schon versucht allein einzuschlafen und etwas ärgerlich erwiderte er: »Mama, das ist so gemein. Du schläfst ja auch mit Papa zusammen in einem Bett und ihr seid schon erwachsen! Ich bin ja erst vier und soll immer allein schlafen können!«

Besser als Alexis kann man die Problematik heute noch üblicher Schlafarrangements für Babys und Kleinkinder in Mitteleuropa und Nordamerika eigentlich nicht auf den Punkt bringen! Fragt man die Kinder oder achtet man auf die Signale des Babys, Erkenntnisse aus Studien zu Synchronisierung von Mutter und Kind sowie Elternberichte, dann scheinen es Babys und Kinder zu bevorzugen, bei den Eltern bzw. mit einer erwachsenen Bezugsperson (teils auch Omas oder Tanten) zu schlafen.

Aus bindungstheoretischer und evolutionsbiologischer Sicht, die den Schutz des Kindes und feine Synchronisationsprozesse zwischen Mutter und Baby in den Fokus rückt (Uvnäs-Moberg 2016a), ist also das gemeinsame Schlafen von Kind und Mutter zu präferieren. Bei stillenden Müttern erleichtert das Beieinander-Schlafen auch das nächtliche Stillen, das manche Kinder auch im Schlaf alle paar Stunden brauchen. Das Stillen im Halbschlaf erspart stärkere Aktivierung und verlängerte Wieder-Einschlafphasen. Zudem ist die biologische Mutter durch Schwangerschaft und Geburt auf die Synchronisation mit ihrem Kind neurobiologisch optimal vorbereitet. Mutter-Kind-Dyaden, die zusammen schlafen, synchronisieren ihre Schlafmuster. Stillen oder Füttern wird dann vom Baby in Phasen leichten Schlafes und nicht mitten im Tiefschlaf der Mutter gefordert und führt so zu einer besseren Schlafqualität, trotz mehrfachen nächtlichen Erwachens.

Kindlicher Schlaf in westlichen Gesellschaften

In westlichen Gesellschaften ist immer noch das Ideal verbreitet, dass Kinder möglichst früh allein in ihrem Zimmer schlafen sollen, möglichst allein ohne große Hilfen einschlafen sollen und möglichst früh bis zum Morgen durchschlafen sollen. Dies widerspricht den oben beschriebenen Bedürfnissen des Kindes nach Schutz, der Regulation von Emotionen wie Angst vor dem Dunkeln und Alleinsein sowie der Regulation körperlicher Vorgänge wie Atmung und Körpertemperatur. Selbstständig einzuschlafen muss erlernt werden. Allein schlafen ist aus evolutionsbiologischer Perspektive in der gesamten frühen Kindheit gefährlich, denn in diesem Alter stehen noch nicht viele Ressourcen zu Verfügung, um sich selbst zu schützen. Allein in einem dunklen Raum zu schlafen bedeutete in der Menschheitsgeschichte Gefahr. Babys und Kleinkinder können in solchen Settings starke Ängste, ja sogar Todesangst, entwickeln. Auch das mehrmalige Aufwachen, vier- bis sechsmal in der Nacht, ist evolutionsbiologisch sinnvoll, denn es dient der Orientierung. In Leichtschlafphasen erwachen die Kinder, wohl um sich der Nähe der Mutter zu versichern und die Umwelt kurz zu erfassen. Ist die Mutter da und stellt sie Kontakt her, schläft das Kind schnell wieder ein. Teils laufen diese Synchronisationshandlungen so unbewusst ab, dass beide kaum erwachen.

Diese natürlichen Schlafbedingungen und -muster werden jedoch in westlichen Gesellschaften als problematisch angesehen. Bei üblichen Schlafarrangements im eigenen Kinderzimmer führen die mehrmaligen Aufwachphasen, die viele Kinder zeigen, zu einem richtigen Erwachen des Kindes und Weinen bzw. Schreien, sodass ein Elternteil aufstehen, hingehen und es beruhigen muss. Die Beruhigung, bis wieder Schlaf eintritt, dauert dann aufgrund der hohen Aktivierung deutlich länger. Beiden fehlt Schlaf, die längeren Unterbrechungen sind anstrengend und ein Schlafdefizit akkumuliert sich, das heißt, die Summe fehlender Schlafstunden erhöht sich ständig. Es gibt jedoch auch Kinder, die nach Angaben der Eltern bereits in der frühen Kindheit allein in ihrem Kinderzimmer gut ein- und durchschlafen können. Wenn dies von den Eltern präferiert wird und gut funktioniert, stellt dies ebenfalls eine gute Option dar.

Kindlicher Schlaf – was ist normal und was ist eine Schlafstörung?

Im deutschsprachigen Raum wird bereits von einer kindlichen Schlafstörung gesprochen, wenn ein Kind ab dem sechsten Lebensmonat nur mithilfe eines Elternteils einschlafen kann oder mehr als dreimal in der Nacht aufwacht und nur mithilfe eines Elternteils wieder einschlafen kann (s. Deutsche Gesellschaft für Kinder- und Jugendmedizin 2019). Eine Interpretation wäre, dass das Kind nicht allein schlafen will oder kann, weil es sich noch nicht selbst gut regulieren kann. Laut einigen Experten ist die längerfristige Co-Regulation durch einen Elternteil jedoch hinderlich bei der Entwicklung genau dieser benötigten Selbstregulationsfähigkeit. Eine solche Interpretation widerspricht evolutionsbiologischen und entwicklungspsychologischen Erkenntnissen. Diese zeigen, dass die Co-Regulation durch die Bindungsfigur beim Erwerb der Selbstregulation unabdingbar ist.

Daten zum Schlaf von Kleinkindern zeigen, dass viele Kinder auch noch bis ins höhere Kleinkindalter nicht durchschlafen, sondern mindestens einmal pro Nacht aufwachen und sich bemerkbar machen – sonst wüssten die Eltern davon ja nichts und könnten es in Befragungen nicht berichten. Eine Befragung von Eltern in Deutschland erbrachte folgende Erkenntnisse zum Schlaf von Kindern im Alter von null bis fünf Jahren (Zahn et al. 2014). Mit sechs Monaten wachen ca. 20 % der Babys noch mehr als dreimal pro Nacht auf und etwa ein Viertel schläft durch. Von den Einjährigen wachen noch 38 % mindestens zweimal pro Nacht auf und von den Zweijährigen 24 %. Mit fünf Jahren wachen noch über 40 % der Kinder mindestens einmal pro Nacht auf. Insgesamt berichteten in dieser Studie deutlich mehr Eltern von mindestens einmal nächtlichem Aufwachen als in anderen Studien aus anderen Ländern. Nun kann man dieses Nicht-Durchschlafen bei jungen Kindern als schwere Schlafstörung interpretieren, wie die Autoren der Studie (ebd.). Alternativ können die Berichte der Eltern auch einfach als Information gewertet werden, dass eben ein großer Anteil der Kinder nachts noch erwacht, ohne dies zu pathologisieren, also dem einen Krankheitswert zuzuschreiben. Die negative Interpretation des nächtlichen Erwachens kann also einfach auch einer falschen Erwartung an das Durchschlafen in diesem Alter entsprechen – einer Fehlinformation darüber, was unter den jeweiligen Schlafbedingungen natürlich ist. Geht man von der Annahme aus, dass Alleinschlafen nicht zum Verhaltensrepertoire von Babys und Kleinkindern gehört, so kann das auch später noch auftretende Erwachen und die Weigerung allein wieder einzuschlafen eine Reaktion auf Schlafarrangements sein, die den kindlichen Bedürfnissen widersprechen. Die Kinder, die mit sechs Monaten und auch später also noch nicht allein ein- oder durchschlafen, haben demnach keine Störung, sondern verhalten sich ganz normal. Die Frage ist eben, wen es stört und wer dies daher als Störung betrachtet.

Im deutschsprachigen Raum herrschen Bedenken vor, dass das Kind durch das gemeinsame Schlafen mit einem Elternteil verwöhnt werde und dann nie lernen könne, wie es allein ein- und durchschläft und selbstständig wird. Man müsse das Kind also früh »trainieren«, damit es selbstständig und unabhängig funktioniert. Nach der Bindungstheorie und auch evolutionsbiologisch betrachtet können Babys und Kleinkinder nicht verwöhnt werden, wenn es um die Befriedigung ihrer Bedürfnisse nach Schutz und Nähe geht. Es gibt eher Hinweise dafür, dass Kinder, deren Nähebedürfnis in der frühen Kindheit erfüllt wurde, später selbstständiger sind als Kinder, die dies nicht erfahren durften.

Exkurs: »Die deutsche Mutter und ihr erstes Kind« – Anleitung zur Unfeinfühligkeit

Der Fokus auf frühe Unabhängigkeit und Selbstständigkeit von Babys hat sich im deutschsprachigen Raum über mehrere Generationen gehalten. Eine mögliche Rolle spielt dabei ein Erziehungsratgeber, der aus dem dritten Reich, aus dem Jahr 1934, stammt und in entnazifizierter Form in der letzten Auflage aus dem Jahr 1987 bis in die 1990er Jahre überaus häufig verkauft wurde: »Die deutsche Mutter und ihr erstes Kind«. Die Autorin Johanna Haarer verfasste auf

Wunsch von Adolf Hitler einen Erziehungsratgeber zur Säuglingspflege. Dieser sollte dazu dienen, dass die Mütter ihre Kinder zu idealen Soldaten erziehen, die sich nur Führer, Vaterland und Kameraden verpflichtet fühlen. Nach Normen einer nationalsozialistischen Mutter-Kind-Beziehung sollte die Mutter einen verfügbaren Menschen schaffen, durch Betonung von Ordnung, Sauberkeit, Regelmäßigkeit, Abhärtung und absolutem Gehorsam (Benz 1993). Das Werk weist die Mutter dazu an, das Kind schreien zu lassen, allein in einem Laufstall, lange und ohne Kontakt zur Mutter an der frischen Luft um seine Lungen zu stärken. Körperliche Nähe und Zuwendung waren als Verweichlichung zu unterlassen, frühe Sauberkeitserziehung war anzustreben, ebenso wie Nahrungsaufnahme und Schlafen zu vorgegebenen Zeiten.

Man kann diesen Ratgeber auch als eine »Anleitung zur Unfeinfühligkeit« betrachten bzw. wie am besten eine empathielose Generation aufgezogen werden kann. Glücklich die Kinder, deren Mütter keine Zeit oder kein Interesse daran hatten, diesen Ratgeber zu lesen und die dortigen Anweisungen im Befehlston umzusetzen. Glücklich auch deren Enkel und Urenkel – denn Erziehungsweisheiten werden oft über Generationen weitergegeben. Nicht wenige Omas, aber auch junge Menschen, empfehlen heute noch, doch nicht immer gleich zu »springen«, wenn das Kind weint, oder das Kind doch nicht zu verhätscheln, indem es bei den Eltern schläft oder nach Bedarf gefüttert wird.

Dass der Zwang zum Alleinschlafen bei kleinen Kindern nicht ihren Bedürfnissen entspricht und aufgrund von Stress und Angst in dieser Situation eher Schlafprobleme entstehen, scheint nachvollziehbar. Auch berichten ca. 20% der jungen Erwachsenen (18 bis 30 Jahre) in einer deutschen Studie (KiGGS; Bundesgesundheitsministerium 2018) von Ein- und Durchschlafschwierigkeiten. In diesem Alter, in dem unabhängig und selbstständig agiert werden kann, sind diese Schwierigkeiten nicht mehr normal, sondern wirklich problematisch. Ob diese Schlafprobleme durch bestimmte Schlafsettings und Schlafprobleme in der frühen Kindheit mitverursacht sind, ist nicht geklärt.

Exkurs: Schlafprobleme in der psychotherapeutischen Praxis

Schlafprobleme sind im Erwachsenenalter mit einer Prävalenz von 25%, also einem Vorkommen bei einem Viertel der Befragten, weitverbreitet (Robert Koch Institut & Statistisches Bundesamt 2005). Während viele Betroffene mit Medikamenten vom Hausarzt versuchen, besser oder mehr zu schlafen, begeben sich doch einige in spezielle Schlafambulanzen, um körperliche Ursachen und Schlafmuster abklären zu lassen. Einige suchen aber auch in der psychotherapeutischen Praxis nach Unterstützung. Sie wollen Ursachen bekämpfen, wie Sorgen, Konflikte, Probleme, die sie nachts wälzen und die sie wachhalten. Oder sie möchten Entspannungstechniken oder Selbsthypnose erlernen. In den Berichten der Erwachsenen finden sich häufig Erwähnungen, dass sie als Kind manchmal Angst allein in ihrem dunklen Zimmer hatten, wach lagen, aber nicht zu den Eltern gegangen sind, weil sie wussten, dass diese genervt reagiert

> hätten. Nicht selten »gestehen« dann manche Manager, dass sie, wenn sie unterwegs sind und allein auf Reisen in Hotelzimmern übernachten müssen, das Licht im Bad oder den Fernseher anlassen, weil sie sonst »Angst« bekommen. Dies ist schambesetzt, denn als Erwachsener fürchtet man sich doch nicht! Oder? Zu Hause mit dem Partner dagegen, vielleicht noch mit dem Hund vor dem Bett, der laut schnarcht, schlafen sie dagegen deutlich besser.
>
> Wenn so viele Erwachsene schon die Nähe eines anderen oder gar Körperkontakt für einen guten Schlaf brauchen oder sich zumindest wünschen und sich wohler damit fühlen, wieso sollten dann hilflose Babys und Kleinkinder ganz selbstverständlich allein schlafen?

Förderung eines guten Schlafs bei Babys und Kleinkindern

Darüber, wie guter Schlaf gefördert werden kann, sind sich verschiedene Wissenschaftler uneinig: Renz-Polster (2009; Renz-Polster & Imlau 2022) und weitere Autoren, die sich auf Bindungstheorie, Evolutionsbiologie und auch Neurobiologie beziehen, favorisieren das Co-Sleeping, also das gemeinsame Schlafen von Mutter (oder Elternteil) und Kind, da dies den Bedürfnissen des Kindes nach Schutz und Regulation entspricht. Diese Empfehlungen für guten kindlichen Schlaf gelten unter der Voraussetzung, dass sich ein Schlafarrangement finden lässt, das auch für den Erwachsenen passend ist. Sonst muss zwischen guter Eltern-Kind-Beziehung und Schlafmöglichkeiten abgewogen werden. Als Bedingungen für guten Schlaf von Kindern nennt Renz-Polster (2009): Müdigkeit, Entspannung und ein Gefühl von Geborgenheit, idealerweise durch Körperkontakt, Mitbestimmung über Schlafenszeiten nach den eigenen Schlaf-Wach-Rhythmen, Präsenz von Bindungsfiguren, um Ängsten vorzubeugen oder diese zu regulieren, und ideale Schlafbedingungen, teils auch mit Sinnesanregungen durch die Stimme der Eltern und gewohnte Geräusche.

Andere Autoren favorisieren dagegen das Alleine-Schlafen, ohne Einschlafhilfen, die angeblich Schlafprobleme fördern (Zahn et al. 2014). Ein Bestseller der Schlaf-Ratgeber (Kast-Zahn & Morgenroth 2013) empfiehlt ein Schlaftraining orientiert an der Ferber-Methode. Richard Ferber, ein amerikanischer Kinderarzt und Neurologe, beschreibt in seinem Schlaf-Programm (2006 [1985]), wie man Kindern abtrainieren kann, sich aufzuregen, wenn sie allein einschlafen sollen, und wie sie sich selbst beruhigen können, wenn sie nachts aufwachen. Nach einem fürsorglichen Einschlafritual, bei dem das Kind wach ins Bett gelegt wird, geht die Mutter aus dem Raum. Fängt das Kind an zu weinen, kehrt die Mutter zurück, beruhigt es kurz ohne es aus dem Bett zu nehmen und geht wieder. Dies wird in festgelegten Minutenabständen so lange wiederholt, bis das Kind irgendwann einschläft. Die Mutter soll das Kind nicht dauerhaft (aber doch einige Minuten, bis zu zehn Minuten) schreien lassen, ohne ins Zimmer zu gehen. Sie soll zeigen, dass sie da ist. Nach Ferber hat sich das Kind nach zwei Wochen an das Alleinschlafen gewöhnt, auch wenn die Methode nicht bei allen Kindern funktioniert.

Kritiker dieses Schlaftrainings zeigen auf, wie stressig es für Kind und Eltern ist, ein weinendes Kind im Zimmer zurückzulassen, wenn die kurze Beruhigung eben nicht funktioniert. Das Fürsorgesystem, das auf das kindliche Bindungssignal antworten will, muss unterdrückt werden. Dies führt bei der Mutter zu Stress. Das nicht seinen Bedürfnissen nach Nähe entsprechend, sondern nach einem Plan behandelte Kind erlebt ebenso Stress und Angst. Inzwischen gibt es eine Reihe von Experten, Kinderärzten und Psychologen, welche die Schlaftrainings nach der Ferber-Methode kritisieren, da sie das Kind möglicherweise traumatisieren. Zumindest lernen die Kinder, dass sie, egal was sie tun, in dieser Situation über Weinen und Schreien das Verhalten der Mutter nicht beeinflussen können. Die einkehrende Ruhe kann auch als Aufgeben interpretiert werden.

Studien, die langfristige negative Effekte dieser Einschlaftrainings dokumentieren, fehlen jedoch. Allerdings gibt es Bedenken, dass aufgrund von Schlaftrainings das Stillen in seinem natürlichen Rhythmus unterbrochen wird. Ein Review, das keine signifikanten positiven Effekte von Schlaftrainings auf die Aufwachhäufigkeit und Schlafdauer in fünf Studien fand, argumentiert, dass das Risiko für die Stillbeziehung größer ist als der Nutzen (Cassels & Rosier 2022). Hinsichtlich positiver Effekte auf den kindlichen Schlaf und möglicher Langzeitfolgen ist die aktuelle Studienlage nicht eindeutig. Viele Experten raten daher von den Schlaftrainings ab bzw. nur dazu an, wenn die Eltern aufgrund von Schlafmangel und hoher Stressbelastung gefährdet sind, ihr Kind zu misshandeln, was aber nur auf wenige der Ratgeber-Lesenden zutreffen wird.

Eltern, die unbedingt wollen, dass ihr Kind im eigenen Zimmer schläft, können den Schlaftrainings eine bindungsorientierte Eingewöhnung vorziehen. Es wird ein Ritual für das Zu-Bett-Bringen etabliert. Das Baby wird ins Bett gelegt und die Mutter (oder der Vater) verabschiedet sich. Vor der Tür lauscht sie, ob das Baby unruhig wird oder entspannt bleibt. Quengelt oder weint das Baby, geht die Mutter sofort hinein und beruhigt es über Körperkontakt. Schnelle Reaktion ist hier wichtig dafür, dass das Baby nicht in einen erhöhten Erregungszustand oder Panik verfällt. Dann folgt eine verkürzte Version des Rituals und die Vorgehensweise wird wiederholt, bis das Baby schläft. Das Baby wird in seinem Bedürfnis nach Nähe wahrgenommen und es wird prompt darauf reagiert. So lernt es, dass die Mutter verfügbar ist, wenn es Stress oder Angst hat. Die Mutter wird als verlässlich und unterstützend erlebt, auch wenn sie nicht im Raum ist. Der Erfolg der beschriebenen bindungsorientierten Herangehensweise wurde in einer Studie bestätigt (Brisch 2014). Babys, deren Mütter prompt auf das Weinen reagieren, schlafen schneller wieder ein und schlafen auf lange Sicht besser.

> **Fallbeispiel: »Monster unterm Bett – was für eine komische Idee!«**
>
> Raina ist Beraterin in den Frühen Hilfen und oft geht es um den schlechten Schlaf der Babys. Meist sind die üblichen Schlafarrangements, Kind allein im Kinderzimmer, zu finden. Das Zu-Bett-Bringen ist ein Kampf, führt zu Spannungen zwischen Eltern und Kindern und zwischen den Eltern. Das Kind wacht nachts mehrfach auf, braucht lange Zeit und elterliche Unterstützung, um wieder einzuschlafen. Von älteren, sprachfähigen Kindern wird meist der Wunsch geäußert, im Elternbett zu schlafen. Darf das Kind ins Elternbett, schlafen die Eltern oft schlecht, da sie weniger Platz haben, die Kinder Kör-

perkontakt suchen und sich nachts viel bewegen. Zudem fühlen sich die Eltern oft als Versager, weil sie nachgegeben haben und ihr Kind einfach nicht so gut schläft, wie das Elternratgeber, andere Eltern, ja sogar Richtlinien der Deutschen Gesellschaft für Schlafforschung und Schlafmedizin (2018 [2000]) vorgeben.

Meist fragt Raina, ob die Eltern offen für ein anderes Schlafarrangement wären – das Familienbett. Hier schlafen die Eltern und ihre kleinen Kinder in einem angemessen großen Bett im elterlichen Schlafzimmer. Wenn beide Eltern einverstanden sind, dies zu versuchen, entspannt sich die Schlafsituation häufig, denn ein Elternteil legt sich zum Einschlafen mit hin und auch nachts ist immer die körperliche Nähe zu den Erwachsenen da. Viele Eltern stehen auch noch einmal für ein bis zwei Abendstunden auf, wenn die Kinder in einen tieferen Schlaf gefunden haben, was meist nach ca. 20 Minuten der Fall ist.

Selbst hat Raina mit ihrer Partnerin und ihren zwei Kindern im Alter von drei und fünf Jahren ein Familienbett und kennt inzwischen einige gleichgesinnte Eltern. Natürlich spricht sie mit diesen auch über die Kinder, Ängste rund ums Einschlafen oder Schlafprobleme trotz Familienbett – denn das ist ja nicht die Lösung aller kindlichen Regulationsprobleme. Beim Nachdenken über ihre Klienten und die Ängste von deren Kindern vor Monstern unterm Bett oder anderen Gründen, die Anwesenheit der Eltern beim Einschlafen aktiv einzufordern, kommt ihr folgende Erkenntnis: »Monster unterm Bett – was für eine komische Idee!« – zumindest für Kinder, die von Anfang an mit den Eltern zusammenschlafen. Denn die Sicherheit durch die Anwesenheit eines Elternteils im Schlafzimmer macht es äußerst unwahrscheinlich, dass das Kind seine Ängste beim Einschlafen im eigenen Zimmer bzw. vor dem Alleinsein in der Dunkelheit auf Monster und andere Gefahren projiziert. Das Familienbett oder das gemeinsame Schlafen im Elternschlafzimmer führt also meist zu einer monsterfreien Zone!

Allerdings ist die Angst vor Monstern (eigentlich giftigen Tieren oder Ungeziefer) auch evolutionsbiologisch erklärbar. Diese Ängste treten in einem Alter auf, in dem Kinder früher oft abgestillt wurden, zum Beispiel weil die Mutter ein weiteres Kind bekam, und sie daher nicht mehr so nah im Kontakt mit der Mutter schliefen.

Schlafen in der Kita

Die Ausführungen zu Schreien und Schlafen von Babys und Kleinkindern sind zum einen in der Elternberatung relevant, zum anderen dient das Wissen einem anderen Verständnis von Situationen in der Kita. Bei der Betreuung von Null- bis Zweijährigen wird deutlich, dass das prompte Reagieren auf Signale von Unwohlsein der Kinder Schreien verhindern kann. Kommt es zum Schreien als Notsignal hilft feinfühlige Fürsorge mit Körperkontakt zur Beruhigung. Ideal ist das Erkennen von und Reagieren auf die subtileren Signale der Kinder.

Schlafen in der Kita ist oft problematisch. Gibt es genügend Zeit mit der Bezugserzieherin, um gut in den Schlaf zu finden, passt das Setting und helfen vielleicht ein Ritual und ein vertrautes Kuscheltier, schlafen Kinder eher. Passen die

Umstände nicht, so schlafen sie entweder gar nicht erst ein oder wachen in den kurzen Aufwachmomenten zur Orientierung ganz auf. Das Schlafbedürfnis und die Schlafenszeiten eines Kindes sind sehr individuell, der Schlaf ist empfindlich. Mehrere Kinder zeitlich so zu regulieren, dass sie zeitgleich müde und schlafbereit sind, und diese dann auch parallel feinfühlig in den Schlaf zu begleiten, kann schwierig bis unmöglich sein. Ältere Krippenkinder schlafen meist gar nicht mehr tagsüber. In der Krippe zögern aber diejenigen, die mittags noch schlafen, den Mittagsschlaf teils hinaus, bis sie zu Hause sind, gerade wenn sie nicht ganztags betreut werden. Auf der anderen Seite ist es bei Aktivitäten in Gruppen manchmal schwierig, ein gerade müdes Kind genau dann in den Schlaf zu begleiten. Doch ein müdes Kind muss schlafen dürfen – auch in der Kita! Guter, ruhiger erholsamer Schlaf ist wichtig für die Entwicklung. Er dient der Regeneration und das Träumen der Verarbeitung von Eindrücken des Tages. Darum ist es wichtig, sich mit der Förderung guten Schlafs bei Kindern zu Hause wie in der Kita (Renz-Polster 2017) zu beschäftigen.

Renz-Polster fasst seine zentralen Erkenntnisse zum Baby-Schlaf treffend zusammen (Renz-Polster 2017, S. 6):

»Und wir sollten Babys, wenn sie nicht allein in den Schlaf finden können, auch keine Schlafstörung unterstellen. Sie funktionieren im Grunde einwandfrei. Der spanische Kinderarzt Carlos Gonzales hat es einmal so ausgedrückt: »Wenn man mir die Matratze wegnimmt und mich zwingt, auf dem Boden zu schlafen, wird mir das Einschlafen sehr schwerfallen. Heißt das, ich leide unter Schlaflosigkeit? Natürlich nicht! Geben Sie mir die Matratze zurück, und Sie werden sehen, wie gut ich schlafen kann! Wenn man ein Kind von seiner Mutter trennt und ihm das Einschlafen schwerfällt, leidet es dann unter Schlaflosigkeit? Sie werden sehen, wie gut es schläft, wenn Sie ihm seine Mutter zurückgeben!«

8.3.3 Wie unabhängig und selbstständig muss ein Kleinkind sein?

Heute ist immer noch die Annahme verbreitet, dass es besonders wichtig für die kindliche Entwicklung sei, möglichst früh möglichst selbstständig und unabhängig zu sein. Aus bindungstheoretischer und evolutionsbiologischer Sicht ist die Angst, das Kind durch zu viel Zuwendung zu verhätscheln, unbegründet. Je mehr Zuwendung und Fürsorge das Kind erhält, je geborgener und sicherer es sich in Kindheit und Jugend fühlt, desto eher wird es sich zu einer selbstständigen, sozial kompetenten Persönlichkeit entwickeln. Im Übrigen ist es auch noch für Erwachsene wichtig, sich bei Partnern, Freunden und Familie angenommen und unterstützt zu fühlen. Bindung ist wichtig, von der Wiege bis zum Grab.

Nicht nur beim Schlafen, Essen, Nicht-Weinen oder Nicht-Schreien streben Eltern an, dass Kinder sich zügig selbst regulieren. Weitere Themen sind der Abschied von Schnuller, Flaschen, Windeln und das Bleiben bei Fremden. Natürlich gibt es dabei teils gesundheitliche Überlegungen wie Sorgen über die Zahnstellung. Aber Eltern üben oft Druck auf das Kind aus, den Schnuller abzugeben, obwohl es nur noch ein paar Minuten zum Einschlafen daran nuckelt. Oder sie wollen die Fläschchen am Morgen abschaffen, das der Dreijährige sicher nicht mehr braucht, aber zum Wohlfühlen nach dem Aufwachen trinken möchte. Natürlich kann man ein Kind auch schnell mit etwas Druck dazu bringen, diese Angewohnheiten zu unterlassen. Dabei geben Kinder diese oft von einem Tag zum anderen von selbst auf, ganz ohne Druck. Daher ist Gelassenheit bei manchen Angewohnheiten die Option, die für alle Beteiligten weniger Stress und Kampf bedeutet. Auch die frühe Sauberkeitserziehung ist ein angestrebtes Ziel, weil es im Alltag angenehmer ist und von Kindergärten erwartet wird. Hierbei gibt es ein individuelles Tempo. Natürlich helfen Aufmerksamkeit für Anzeichen des Kindes und prompte Unterstützung, damit es schnell lernt und die Autonomie durch die Benutzung der Toilette positiv empfindet.

Auch die Möglichkeit, das Kind anderen anzuvertrauen, selbst wenn es diese Personen nicht so häufig sieht, so wie eine weiter entfernt lebende Oma, ist aus Entlastungssicht erstrebenswert. Jedoch wird heute von Vier- bis Sechsjährigen erwartet, dass sie bei völlig fremden Sportlehrern brav beim Kinderturnen oder Schwimmkurs mitmachen, während die Eltern nicht dabei sein dürfen. Viele Kinder verweigern und lassen sich nicht auf diese Situation ein. Möglicherweise sind es gerade sicher gebundene Kinder, die aus ihrem Sicherheitsempfinden heraus mit Verweigerung reagieren. Wieso sollten sie auch einer völlig fremden Person vertrauen, in einer neuartigen Situation wie einem Schwimmbad? Das Schwimmen ist vielleicht angstbesetzt, der Trainer hat kaum Zeit, sich eins zu eins dem Kind zu widmen, da er sich zeitgleich um bis zu zehn weitere Kinder kümmern muss. Etwas später, mit sechs bis sieben Jahren, sind die meisten Kinder in der Lage sich auf die Situation Schule und auch außerschulische Angebote für Sport, Kunst oder Musik mit einer noch unbekannten Lehrkraft einzulassen, weil sie sich selbst besser regulieren können und ein anderes Verständnis der Abläufe haben. Druck bringt im Umgang mit Kindern selten den gewünschten Erfolg. Man kann zwar manchmal das gewünschte Verhalten beim Kind produzieren, aber nicht, dass es die Situation als positiv empfindet. Hierzu passt das afrikanische Sprichwort »Gras wächst nicht schneller, wenn man daran zieht.«

Auf westliche Unabhängigkeits- und Selbstständigkeitsideale umformuliert, könnte es auch heißen: Ein Kind lernt nicht schneller, unabhängig, selbstbewusst und selbstständig zu agieren, wenn man es unter Druck von sich wegschiebt. Erst wenn es von sich aus bereit ist und wenn es bis zu diesem Zeitpunkt allen Rückhalt und Geborgenheit erfahren durfte, um seine Fähigkeiten und Selbstsicherheit zu entwickeln, wird es von sich aus selbstbewusst in die Welt hinaus gehen.

Literaturempfehlungen

Renz-Polster, H. (2017) Kinderschlaf in Einrichtungen. Ein bedürfnisorientierter Leitfaden. *Theorie und Praxis der Sozialpädagogik, 2*, 4–9.

Renz-Polster, H. (2022). *Kinder verstehen: Born ob e wild: Wie die Evolution unsere Kinder prägt.* München: Kösel.

Renz-Polster, H. & Imlau, N. (2022). *Schlaf gut, Baby! Der sanfte Weg zu ruhigen Nächten.* Garmisch-Partenkirchen: Gräfe & Unzer.

Schmidt, N. & Meitert, C. (2021). *Artgerecht – Das andere Babybuch: Natürliche Bedürfnisse stillen. Gesunde Entwicklung fördern. Naturnah erziehen.* München: Kösel.

8.4 Eingewöhnung in Krippe und Kindergarten

Wenn Eltern sich entscheiden, dass ihr Kind ab einem bestimmten Zeitpunkt in eine Kita – sei es Krippe oder Kindergarten – gehen soll, stehen große Veränderungen für das Kind und die gesamte Familie an. Die Anpassung an die neuen zeitlichen Abläufe, den neuen Ort und neue Personen braucht einige Zeit. Es ist eine Zeit der Transition. Diesen Übergang von elterlicher Betreuung in die außerfamiliäre Betreuung bewältigen manche Familien scheinbar leicht, bei anderen dauert er länger und bei einigen funktioniert es zum gewählten Zeitpunkt nicht so, dass es allen Beteiligten damit gut geht. Im Fokus sollten die Entwicklung und das Wohlbefinden des Kindes stehen. Doch auch die Mutter, bzw. der Elternteil, der überwiegend betreut, muss das Kind mit einem guten Gefühl in der Kita oder bei der Tagesmutter lassen können, ohne sich ständig zu sorgen.

8.4.1 Eingewöhnungsmodelle

Mit der zunehmenden Betreuung Unter-Dreijähriger (U3) in Krippen verbreitete sich die Praxis einer Eingewöhnung. Es setzte sich die Erkenntnis durch, dass es problematisch ist, Babys und Kleinkinder einfach in der Einrichtung abzugeben. Ein Plan, dem pädagogische Fachkraft und Eltern beim Übergang folgen, ein sogenanntes Eingewöhnungsmodell, begünstigt dagegen einen erfolgreichen Übergang in die außerfamiliäre Betreuung. Es existieren heute mehrere Eingewöhnungsmodelle wie zum Beispiel das Berliner Modell (s. Laewen, Andres & Hédervári-Heller 2011), entwickelt in den 1980er Jahren, das Münchner Modell (s. Winner & Erndt-Doll 2009), entwickelt von Beller in den 1980er Jahren, das Tübinger Modell (s. Fink 2022; Cantzler 2022) und das Partizipatorische Eingewöhnungsmodell (Alemzadeh 2023). Explizit auf Basis von Bindungsforschung entwickelt wurde das Berliner Modell, wobei die Bindungstheorie auch in andere Modelle mit eingeflossen ist. Gemeinsam ist allen Modellen, dass die Eingewöhnung mehrere Wochen dauert und erst abgeschlossen ist, wenn das Kind Vertrauen in die Erzieherin(nen) und das Setting Kita aufgebaut hat und dort seine gebuchte Zeit mit allen Aktivitäten wie Essen oder Schlafen gut verbringt. Dies kann bei Einhaltung der im Modell angegeben Kriterien je nach Kind in der Praxis auch mehrere Monate dauern. Teils werden explizit Abbruchkriterien genannt, wenn also eine Eingewöhnung in die Krippe zu diesem Zeitpunkt oder in dieser Krippe nicht möglich erscheint. Anliegen solcher Modelle ist nicht nur eine erfolgreiche Eingewöhnung des Kindes, idealerweise ohne viel Stress und Tränen, sondern auch die Vermeidung einer Traumatisierung des Kindes durch plötzliche Trennung von der Hauptbezugsperson, ohne dass eine sekundäre Bindungsfigur zur Verfügung steht. Die Entwicklung einer Bindung zu einer sekundären Bindungsfigur benötigt jedoch Zeit und viel gemeinsame Interaktion bei feinfühliger Fürsorge.

8.4.2 Das Berliner Modell

Als Beispiel soll das Berliner Modell kurz vorgestellt werden, da hier bindungstheoretische Aspekte im Fokus stehen.

Das Berliner Eingewöhnungsmodell wurde speziell für Kinder unter drei Jahren entwickelt (Laewen, Andres & Hédervári-Heller 2011). Es gibt einen Rahmen vor, der Flexibilität im Ablauf in Abstimmung mit den Bedürfnissen des Kindes erlaubt und fordert. Als besonders wichtig wird die Beteiligung der Eltern gesehen. Sie sollen das Handeln der Erzieherinnen unterstützen und darüber einen Einblick in die Abläufe und den Umgang der Erzieherin mit ihrem Kind und den anderen gewinnen. Dies trägt zum Vertrauen in die Erzieherin bei sowie zur inneren Ruhe der Eltern, was sich wiederum positiv auf das Befinden des Kindes auswirkt. In der Eingewöhnung wird die Basis für die spätere Erziehungs- und Bildungspartnerschaft gelegt. Das Berliner Modell gliedert sich in fünf Phasen (Dreyer 2017, S. 83) – hier am Beispiel einer Mutter als begleitendes Elternteil:

1. Vorbereitungsphase: persönliches Kennenlernen und rechtzeitige Information über die erwartete Beteiligung der Mutter am Eingewöhnungsprozess sowie dessen Gestaltung
2. dreitägige Grundphase: Die Mutter bleibt mit dem Kind für ein bis zwei Stunden in der Kita. Sie soll sich eher passiv verhalten und an einem Ort als »sicherer Hafen« fungieren. Natürlich reagiert sie auf Signale ihres Kindes, initiiert jedoch kein Spiel oder exploriert gemeinsam. Es findet eine vorsichtige Kontaktaufnahme der pädagogischen Fachkraft zum Kind statt, beispielsweise in Form eines Spielangebots. Wickeln oder Ähnliches übernimmt noch die Mutter. Idealerweise hat die Bezugserzieherin Zeit, die beiden in diesen Situationen zu beobachten, um später selbst ähnlich zu agieren.
3. Erster Trennungsversuch am vierten Tag: Nachdem Mutter und Kind wieder gemeinsam in der Gruppe angekommen sind, verabschiedet sich die Mutter nach kurzer Zeit und verlässt den Raum. Je nach Reaktion des Kindes wird über die Länge der Trennung entschieden (Braukhane & Knobeloch 2011). Lässt es sich von der Bezugserzieherin trösten, kann diese erste Trennung 30 Minuten dauern. Lässt es sich nicht trösten, dauert diese erste Trennung nur zwei bis drei Minuten. Anhand der Reaktion auf den Trennungsversuch wird eine vorläufige Entscheidung über die Gesamtdauer der Eingewöhnung getroffen. Eine kurze Eingewöhnung wäre nach sechs Tagen abgeschlossen, eine lange Eingewöhnung nach zwei bis drei Wochen.
4. Stabilisierungsphase: Die pädagogische Fachkraft übernimmt im Beisein der Mutter Pflege-, Wickel-, und Fütteraufgaben. Die Trennungen werden auf eine Stunde ausgedehnt – die Mutter bleibt in der Nähe und ist jederzeit erreichbar. Mutter, Kind und Erzieherin können ein kurzes Abschiedsritual entwickeln. Soll das Kind in der Einrichtung auch schlafen, wird dies nun versucht, in Anwesenheit der Mutter. Bei einer kurzen Eingewöhnung bleibt das Kind am sechsten Tag bereits die gesamte vorgesehene Betreuungszeit allein in der Krippe.
Bei einer längeren Eingewöhnungszeit finden Schlafversuche in der Einrichtung erst ab dem neunten Tag statt. Lässt sich das Kind am zehnten Tag beim Tren-

nungsversuch von der Erzieherin trösten, gilt der elfte Tag als Stabilisierungstag. Ist das Kind am zehnten Tag bei der Trennung verunsichert, verlängert sich die Eingewöhnung um eine Woche.
Insgesamt gilt die Eingewöhnung als abgeschlossen, wenn sich das Kind in Abwesenheit der Mutter aktiv und neugierig verhält und sich bei der Trennung von der Bezugserzieherin trösten lässt. Ist ein Kind nach drei Wochen noch stark verunsichert und lässt sich nicht trösten, muss in einem Gespräch mit den Eltern geklärt werden, wie weiter zu verfahren ist. Die Eingewöhnung kann dann in dieser Zeit nicht erfolgreich abgeschlossen werden (Braukhane & Knobeloch 2011).

5. Schlussphase: Die Mutter ist ab der dritten Woche nicht mehr in der Einrichtung, aber jederzeit erreichbar. Die Beziehung zwischen Kind und Bezugserzieherin muss weiter vertieft werden, sie sollte als sicherer Hafen und sichere Basis fungieren.

Zudem gibt das Berliner Modell verschiedenste Hinweise für die Eltern und die Erzieherinnen, die dem Kind die Eingewöhnung erleichtern können. Diese zielen darauf ab, Irritationen des Kindes zu vermeiden (z. B. durch stark verändertes Aussehen der Erzieherin in der Eingewöhnungszeit wie eine andere Haarfarbe). Auch wird darauf hingewiesen, dass eine Eingewöhnung in einer Zeit ohne Druck, familiäre Veränderung wie Umzug, Geburt eines Geschwisterkindes etc. durchgeführt werden sollte. Auch Zeitdruck der Eltern ist hinderlich, wenn beispielsweise nur zwei Wochen bis zur Rückkehr an den Arbeitsplatz zur Verfügung stehen. Auch bei Krankheit des Kindes, selbst bei üblichen Erkältungen, sollte die Eingewöhnung verschoben werden. Dann ist das Bindungssystem stärker aktiviert, Exploration und Offenheit für neue Erfahrungen sind reduziert. Übergangsobjekte wie Schnuller oder Kuscheltier können die neue Situation für das Kind erleichtern.

Selbst wenn eine Eingewöhnung erfolgreich abgeschlossen wurde, gibt es immer wieder Situationen, in denen die Eltern angerufen werden müssen, da sich das Kind nicht beruhigen lässt. Das Kindeswohl steht hier im Vordergrund (ebd.).

Als Kriterium für eine erfolgreiche Eingewöhnung gilt, dass das Kind die Einrichtung gerne besucht und Freude am Alltag dort zeigt. Jedes Kind ist individuell und so ist jede Eingewöhnung individuell. Keine Phase des Berliner Eingewöhnungsmodells darf übersprungen werden. Aus Praxiserfahrungen schätzen wir eine Eingewöhnungszeit von drei Wochen als vergleichsweise kurz ein – viele Eingewöhnungen dauern länger, manchmal auch mehrere Monate, wenn wirklich ein tägliches freudiges In-die-Kita-Gehen und Sich-dort-Wohlfühlen als Kriterium herangezogen wird.

Kritik am Berliner Eingewöhnungsmodell gibt es hinsichtlich der Darstellung des Kindes als hilfloses Wesen, das seine Trennungsangst nicht bewältigen kann. Hier kann man widersprechen, dass ein Baby oder einjähriges Kind tatsächlich genau das ist – hilflos und auf den Schutz und die Fürsorge eines kompetenten Erwachsenen angewiesen. Auch die wenigsten Zweijährigen können sich in einer so andersartigen Situation ohne Eingewöhnung gut regulieren, selbst wenn manche, wie vermeidend gebundene Kinder, den Anschein geben.

8.4.3 Eingewöhnung in der Praxis

In der Praxis wird das Berliner Eingewöhnungsmodell seit Jahrzehnten erfolgreich umgesetzt – wenn es denn wirklich korrekt umgesetzt wird. Denn häufig fehlen personelle und damit zeitliche Kapazitäten für diese betreuungsintensive und individuell angepasste Eingewöhnung. Es wird dann zwar von der Einrichtung in der Theorie behauptet, dass sie nach dem Berliner Modell eingewöhnt. Die Praxis sieht jedoch so aus, dass Phasen nicht richtig umgesetzt oder verkürzt werden, Druck erzeugt wird, dass es innerhalb von zwei bis maximal drei Wochen funktionieren müsse. Feinfühligkeit, gegenüber Kind und eingewöhnender Mutter, hat dabei wenig Raum.

Orientiert sich eine Einrichtung stringent an einem Eingewöhnungsmodell, das auf die oben genannten Kriterien einer erfolgreichen Eingewöhnung besteht, kann eine feinfühlige Eingewöhnung durchaus längere Zeit in Anspruch nehmen, bis zu einigen Monaten. Diese Zeit wird von Erkrankungen des Kindes oder der Bezugserzieherin, Wechsel von Erzieherinnen in der Gruppe oder auch einer vorübergehenden Schließung der Einrichtung in den Ferien oder aufgrund von Pandemiemaßnahmen wie den Lockdowns der Coronapandemie unterbrochen. Selbst ein Wochenende stellt zu Beginn der Eingewöhnung einen Bruch dar, nach dem es dem Kind etwas schwerer fällt, sich wieder gut in der Gruppe und bei der Bezugserzieherin einzufinden. Für manches Kind ist auch ein erneuter Eingewöhnungsversuch zu einem späteren Zeitpunkt, mit einer anderen Bezugserzieherin oder in einer anderen Einrichtung die beste Option, falls die Eltern dies ermöglichen können.

8.4.4 Eingewöhnung im Kindergarten

Während es weitgehend akzeptiert ist, dass Kinder unter drei Jahren eine feinfühlige Eingewöhnung mit ausreichend Zeit benötigen, sieht es beim Übergang von zu Hause in den Kindergarten, üblicherweise im Alter von drei Jahren, anders aus. Viele Kindergärten bieten eine Eingewöhnung an, die einem Eingewöhnungsmodell folgt und das individuelle Tempo und die Bedürfnisse des Kindes berücksichtigt. So ist das Berliner Modell in seinen Grundprinzipien auch auf die Eingewöhnung in den Kindergarten anwendbar. Auf der anderen Seite gibt es heute noch einige Kita-Leitungen, die behaupten, dass Dreijährige überhaupt keine Eingewöhnung bräuchten und die Einrichtung somit keine Eingewöhnung anbiete. Das Kind wird am ersten Tag vom Elternteil gebracht und verbleibt sofort die gesamte Betreuungszeit allein in der Einrichtung. Andere Kitas wiederum bieten in der Theorie eine Eingewöhnung an, die jedoch keinen Beziehungsaufbau beinhaltet, sondern eher eine kurze Gewöhnung des Kindes an das Setting und die Gruppe.

Fallbeispiel: Ein Kindergarten mit Eingewöhnung – oder doch nicht?

Die Eingewöhnung für den dreijährigen Mischa wird seiner Mutter Anja wie folgt erklärt: Sie darf in den ersten ein bis zwei Tagen mit in den Gruppenraum und mit ihrem Kind spielen, soll dann aber ab dem dritten Tag vorwiegend im Eingangsbereich der Kita warten, nur bei Weinen darf Mischa zu ihr. Ab dem fünften Tag muss sie direkt nach dem Bringen gehen. Auf den Beziehungsaufbau zwischen neuem Kind und wenigstens einer der üblichen zwei Erzieherinnen in einer 25-köpfigen Gruppe von Kindern wird wenig Wert gelegt. Eine davon ist ohnehin in der »Eingewöhnungszeit« krank, jeden Tag vertritt eine andere Kinderpflegerin, die die Kinder nicht kennt. Es gibt kaum Zeit, um sich individuell mit einem Kind zu beschäftigen, denn in vier Wochen sollen zehn neue Kinder »eingewöhnt« werden und die restlichen 15 beschäftigen sich ja auch nicht von allein. In der zweiten Woche kommt es zweimal vor, dass die »Bezugserzieherin« Mischa übersieht und nicht begrüßt, als er in den Gruppenraum kommt. Sie trägt schon zwei weinende Kinder auf dem Arm. Mischa erzählt dann seiner Mutter, dass sie nicht gehen könne, denn die Erzieherin wisse ja gar nicht, dass er schon da sei. Er ist von zu Hause gewöhnt, dass man sich begrüßt. Das Weinen anderer Kinder, wenn ihre Eltern morgens gehen, stresst ihn zusätzlich. Er kommt nicht gut in der Gruppe an, empfindet vieles als unangenehm, wie den enormen Lärm und, dass die älteren Kinder ihm oft einfach Spielzeug wegnehmen oder seine Bauwerke kaputtmachen und es niemanden gibt, der ihn trösten kann, selbst wenn er sich von sich aus an die Erzieherin wendet, wenn er weinen muss.

Aus bindungstheoretischer und neurobiologischer Sicht ist eine Eingewöhnung in einem völlig unbekannten Kindergarten auch im Kindergartenalter notwendig. Mit dem dritten Geburtstag ist es nämlich nicht schlagartig so, dass das Kind spontan Fremden vertraut, sich allein schützen und auch gänzlich regulieren kann. Da es normalerweise etwas sprechen kann, kann es sich und seine Bedürfnisse jedoch teils schon mitteilen. Es hat mehr Kompetenzen und versteht (in der Theorie), dass seine Eltern es wieder abholen werden. Dennoch ist die neue Situation mit neuen Menschen fordernd, Stress auslösend und mit Ängsten besetzt. Das Kind ist in Konkurrenz mit vielen anderen Kindern um die Aufmerksamkeit und Zuwendung von zwei Erzieherinnen. Natürlich spielen Freundschaften zu den anderen Kindern in diesem Alter eine größere Rolle, aber es braucht einige Zeit, stabile Freundschaften zu etablieren. Positive soziale Interaktionen und Beziehungen sind effektive Mittel der Stressregulation. Allerdings zählen negative soziale Interaktionen und Beziehungen auch zu den bedeutendsten Stressoren. Negative Interaktionen, Erfahrung von Verletzung durch Beißen, Zwicken, Schubsen, Schlagen oder Kratzen oder unschöne Worte erleben Kinder häufig. Sie lassen sich im Kita-Alltag nicht immer verhindern. Doch braucht es die Unterstützung von Bindungsfiguren, um diese physischen und psychischen Schmerzen, verursacht durch die Aggression anderer, zu regulieren. Peers im Alter von drei bis sechs Jahren können dies kaum leisten. Eine Ausnahme ist der Trost eines vertrauten älteren Geschwisterkindes. In jedem Fall ist die Fürsorge einer Erzieherin in solchen Situationen angezeigt.

> **Exkurs: Geschwister in der gleichen Kita-Gruppe – immer schlecht?**
>
> In den meisten Kitas werden Geschwister in verschiedene Gruppen eingeteilt. Angeblich – es gibt unseres Wissens keine empirischen Daten dazu – würden sich die Kinder sonst nicht gut entwickeln, da sie zu abhängig voneinander seien und nicht offen für Interaktionen mit anderen Kindern. Aus Bindungsperspektive und unserer Erfahrung heraus ist dies nicht der Fall. Geschwister können den Übergang erleichtern, bei Weinen mit-trösten und sich gegenseitig unterstützen. Dennoch entwickeln sich Freundschaften mit anderen Kindern, dies kann auch gezielt von den Erzieherinnen gefördert werden. Eine Trennung der Geschwister ist dann empfehlenswert, wenn diese viele Konflikte haben und streiten.
>
> Falls Sie noch zweifeln, ob obige Ausführung wirklich Sinn macht, fragen Sie sich bitte, ob Sie lieber allein oder mit ihrem Partner, Ihrer Schwester oder Ihrem Bruder, mit der/dem Sie sich gut verstehen, auf eine Wildnis-Exkursion mit einer unbekannten Gruppe in einem unbekannten Land fahren würden. In der Sicherheit um die Unterstützung ihrer Vertrauensperson sind Sie möglicherweise sogar offener dafür, die Situation und die Interaktionen mit den unbekannten Gruppenmitgliedern zu genießen.

Insgesamt ist festzustellen, dass der Übergang von der elterlichen Betreuung in den Kindergarten, ebenso wie in die Krippe, mit Herausforderungen und Stress verbunden ist. Das belegen auch Messungen des Stresshormons Cortisol (▶ Kap. 8.5). Damit das Kind den Kita-Besuch und die tägliche Trennung von seiner Bezugsperson als positiv empfindet, muss eine richtige Eingewöhnung stattgefunden haben und eine sekundäre Bindungsfigur, auch für Kindergartenkinder, etabliert sein.

> **Fallbeispiel: »Bitte, bitte, lass mich nicht hier! Ich verspreche, ich bin ganz brav.«**
>
> Alltagsbeobachtungen der Autorinnen zeigen ein Bild vielfach nicht gelungener Eingewöhnung in Krippen und Kindergärten. Zum einen beobachten wir fast täglich Kinder, die morgens weinend in ihrer jeweiligen Kita abgegeben werden, die schon auf dem Weg im Fahrradanhänger dorthin weinen oder bereits im Hausflur zu Hause in Weinen und Schreien verfallen, wenn sie sich für die Kita anziehen sollen.
>
> Weitere Beobachtungen vor und in Kitas ergänzen dieses Bild vielfach ungenügender Eingewöhnung: In einem Kindergarten ca. sechs Wochen nach der üblichen »Eingewöhnungszeit« mit Beginn des Schuljahres standen vier Dreijährige ruhig, teils mit Tränen in den Augen, beim bodentiefen Fenster neben der Ausgangstür. Für mehr als zehn Minuten kam keine Erzieherin, um sich um

sie zu kümmern. In der gleichen Einrichtung saß bei einem Informationsgespräch einer Mutter mit der Kita-Leitung eine Vierjährige in der Zimmerecke auf einem Stuhl, leise vor sich hin weinend. Die Kita-Leitung war noch kurz draußen und die Mutter sprach das Kind freundlich an und fragte nach dem Kuscheltier in ihrem Arm. Da kam die Kita-Leitung herein und sagte: »Sprechen Sie die bloß nicht an, sonst heult die wieder los. Angeblich hat sie Bauchschmerzen. Die wird gleich abgeholt.« Bindung, Feinfühligkeit, Vertrauen, Unterstützung – anscheinend Fremdworte in dieser Kita. Und diese Einrichtung ist leider kein Einzelfall.

In einer anderen Einrichtung beobachtete eine der Autorinnen morgens, wie eine Dreijährige, die angeblich seit drei Wochen eingewöhnt war, ihren Vater in der Garderobe anflehte: »Bitte, bitte, Papa, lass mich nicht hier! Ich bin auch ganz brav und störe dich nicht beim Arbeiten. Nimm mich bitte wieder mit!« Der Vater hatte Tränen in den Augen, das Kind auch. Die Erzieherin bedeutete ihm, dass er endlich gehen solle. Anscheinend empfand das Mädchen den Kita-Besuch als Strafe, der sie durch besonderes Bravsein möglicherweise entgehen könnte. Gelungene Eingewöhnung sieht anders aus!

Übungsaufgabe: Ab nach Tokio

Für ein Kind, das bisher fast ausschließlich von seinen Eltern oder Großeltern betreut wurde, ist der Übergang von zu Hause in die Krippe oder von zu Hause in den Kindergarten eine Herausforderung. Die neuen Anforderungen beanspruchen die Regulationsfähigkeiten des Kindes, seine Fähigkeit, schnell Vertrauen zu fassen und sich zurechtzufinden, ohne seine sichere Basis und seinen sicheren Hafen. Oft vergessen Erwachsene, wie sie als Kind empfunden haben – viele erinnern sich nicht mehr daran. Daher folgt hier eine kleine Vorstellungsübung, die vielleicht vielen einen Einblick gibt.

Stellen Sie sich Folgendes vor: Ihre Vorgesetzte sagt, sie sollen nächste Woche allein nach Tokio fliegen und dort ein eintägiges Seminar über deutsche Kitas halten. Sie müssen alles vorbereiten, packen, und machen sich tagsüber wie auch nachts Gedanken, ob das alles klappen wird. Eigenes Handy und Laptop dürfen Sie nicht mitnehmen. In Tokio kennen Sie niemanden, Japanisch können sie auch nicht. Schon auf dem Weg dorthin wird Ihnen etwas mulmig. Sie werden am Flughafen von einer freundlichen Fahrerin abgeholt, die zwar Englisch spricht, aber nicht sehr verständlich. Doch sie lächelt viel, nickt freundlich und gestikuliert. Im Hotel angekommen teilt man ihnen noch mit, dass man sie in einer Stunde wieder abholt. Im traditionell japanischen Hotel – man möchte Ihnen ja die Kultur näherbringen – gibt es viele Regeln. Schon beim Eintreten müssen sie die Schuhe aus- und Pantoffeln anziehen. Ihre Begleitung verhindert gerade noch, dass sie ihre Schuhe falsch herum abstellen – denn das bringt Unglück und die Hotelmanagerin wäre nicht entzückt gewesen. Sie möchten auf die Toilette, die aber zur gemeinschaftlichen Nutzung auf dem Gang und ganz anders als zu Hause ist – ein Loch im Boden. Irgendwo hatten sie ein anderes WC-Zeichen gesehen und schauen nach. Da ist eine westliche Toilette.

Doch die 30 Knöpfe an der Toilette verwirren sie, wo ist die Spülung? Sie probieren und finden heraus: Einer heizt den Sitz, ein anderer spielt Musik. Als sie wieder hinausgehen, schüttelt ein anderer Gast im Vorbeigehen augenrollend den Kopf. Sie Unglücksrabe haben doch tatsächlich die Pantoffeln falschrum hingestellt, als sie sie für den Toilettengang gewechselt hatten. Wenigstens hatten sie erkannt, dass man vor dem Betreten der Toilette die Toilettenpantoffeln anzieht. So vieles, was man falsch machen kann! Sie sind schon ganz gestresst. Beim Vortrag dann viele Menschen, viel Nicken und Lächeln, schwer verständliches Englisch, sie fühlen sich verloren. Als sie sich mit einem Taschentuch laut die Nase putzen – die Klimaanlage im Flieger war nichts für Sie – lachen einige Zuhörer verschämt. Das gilt als unschicklich und Sie machen das auch noch auf dem Podium. Nach drei Stunden würden sie gerne gehen und sich in ihr Bett legen – naja, ein Futon auf dem Boden. Gerne würden Sie Ihren Partner anrufen, aber das können Sie nicht, sondern müssen warten, bis sie wieder zu Hause sind. Abends ist noch ein Abendessen für Sie in Gesellschaft von 30 Kolleginnen geplant, es ist laut, das Essen ist ungewohnt, und eigentlich sind sie echt geschafft. Im Hotel dann schlafen Sie schlecht ein, am nächsten Tag soll es ja wieder so weitergehen, dann sogar noch länger, bevor man Sie irgendwann wieder zum Flughafen fährt.

Natürlich gewöhnen Sie sich irgendwann an all das und es wird weniger stressig, aber es dauert eben. Entspannt wären der tägliche Umgang mit 40 bis 50 Kolleginnen, andere Gepflogenheiten, keine Möglichkeit von sich aus Kontakt zu Ihrem Partner aufzunehmen, dann jedoch auch nicht.

8.4.5 Traumatisierung durch fehlende oder unzureichende Eingewöhnung

In der Pädagogik wird die Möglichkeit, dass das Kind durch einen Kita-Besuch traumatisiert werden kann, kaum thematisiert (eine Ausnahme ist das Eingewöhnungsmodell von Alemzadeh 2023). Es wird prinzipiell angenommen, dass mit einer Eingewöhnung alle Kinder in der Kita von der staatlich garantierten Betreuung, Erziehung und Bildung profitieren. Stress und Angst behindern jedoch Lernen. Die Traumapädagogik beschäftigt sich vorrangig mit Kindern, die durch Misshandlung, Vernachlässigung, Flucht oder Kriegserfahrungen die üblichen Kriterien einer Traumatisierung erfüllen (▶ Kap. 8.9). Kinder können jedoch auch traumatisiert werden, wenn während der Trennung von der Mutter Situationen in der Kita bei ihnen Angst auslösen, ohne dass eine sekundäre Bindungsfigur diese auffangen kann. Solche Situationen ergeben sich aus subjektiver Sicht des Kindes häufiger, als sich dies vermuten lässt. Aus Erwachsenensicht ist es »kein Drama«, wenn ein Kind einmal von einem anderen gehauen oder geschubst wird und sich verletzt. Es ist aber ein »Drama«, wenn das Kind damit alleingelassen wird, wenn sich niemand kümmert oder die Erzieherin, die dazukommt, ihm kein Gefühl von Sicherheit und Schutz vermitteln kann. Das Kind erlebt, dass es in der Kita schutzlos ist, allein unter vielen Menschen. Noch bedrohlicher ist die Situation für das Kind, wenn die Erzieherinnen übergriffig sind (▶ Kap. 8.9 und ▶ Kap. 8.10). Wenn Kinder gegen ihren Willen festgehalten werden, wenn sie aus einer Situation fliehen oder der Mutter hinterherlaufen wollen, kann dies stark beängstigend sein, wenn noch keine gute Beziehung zur Erzieherin etabliert ist. Dann halten bedrohliche Fremde sie von ihrem sicheren Hafen fern. Auch Beschämen, psychische und physische Gewalt durch die pädagogische Fachkraft sind angstauslösend und das Kind ist hilflos, wenn keine andere Bindungsfigur zur Verfügung steht. Der tägliche Kita-Besuch kann dann Angst bis hin zur Panik auslösen – denn aus Sicht des Kleinkindes geht es um sein Leben. Es wird die evolutionär bedingte Angst ausgelöst, ohne den Schutz der Mutter nicht überleben zu können.

Angst- und Panikstörungen sind über Kognitionen, gerade in der frühen Kindheit (aber ebenso noch im Erwachsenenalter), wenig beeinflussbar. Diese lebenserhaltenden Programme laufen unbewusst ab, über das autonome Nervensystem und die dazugehörigen Hirnstrukturen. So können Trennungen im Rahmen des Kita-Besuchs bei ungenügender Eingewöhnung (Bindungs-)Traumata darstellen und mit Symptomen einer Traumafolgestörungen einhergehen. Die Kinder erleben Angst und Stress, sobald es in Richtung Kita geht, sie nässen nachts wieder ein, haben Alpträume, entwickeln weitere Ängste, zum Beispiel vor dem Alleinbleiben bei anderen Personen als den Eltern. Einige dieser Symptome können im Rahmen der Transition kurzfristig auftreten. Bei einer Traumatisierung bestehen sie jedoch längerfristig und die eindeutige Abneigung gegen den Kita-Besuch oder die Aussage im Kindergartenalter, dass sie nicht allein in der Kita bleiben wollen, sind ernst zu nehmende Hinweise (s. auch Fallbeispiel in ▶ Kap. 8.9).

Exkurs: Rituale und Routinen versus Sicherheit und Schutz in der Bindungs-Fürsorge-Beziehung

Kinder brauchen Rituale – das liest man immer wieder. Elternratgeber und Fachbücher der Kindheitspädagogik betonen, wie gut und sicherheitsvermittelnd Rituale für kleine Kinder sind. Das ist richtig. Doch kann man die Bedeutung von Ritualen, gerade im pädagogischen Kontext vor dem Hintergrund von Bindungstheorie und Neurobiologie auch einmal anders betrachten. Dies ist besonders dann angebracht, wenn diese strikt eingehalten werden müssen und nicht den Bedürfnissen des Kindes entsprechend flexibel gehandhabt werden. Eine solche andere Perspektive wird im Folgenden aufgezeigt, ohne dass damit die Sinnhaftigkeit von Ritualen und Routinen generell infrage gestellt werden soll.

Rituale sind Handlungen, die nach vorgegebenen Regeln ablaufen, manchmal einen formalen oder feierlichen Charakter haben, aber fast immer einen hohen Symbolgehalt. Wie man einen Geburtstag richtig in der Familie feiert, kann ein für diese Familie typisches Ritual sein: mit Geburtstagskuchen, Kerzen, Geburtstags-Tierzug, Blumen, Geschenken als Setting sowie Symbolen und Geburtstagslied, Kerzenausblasen und dann erst Geschenke-Auspacken als Handlung. Auch in Kitas werden Geburtstage nach einem Ritual gestaltet.

Viele Eltern etablieren, weil dies dem sicheren und zügigen Einschlafen dienen soll, Zubettgeh-Rituale mit ihrem Kind: zuerst der Schlafanzug angezogen, noch einmal auf die Toilette und Zähneputzen, dann ins Bett, wo Mama noch eine Geschichte vorliest, einen Gutenachtkuss gibt, dann das Nachtlicht anschaltet, aus dem Zimmer geht und eine gute Nacht wünscht, wobei sie die Zimmertür einen Spalt offenlässt.

Im Kontext der Kita fördern Rituale und Routinen wie Morgenkreis, Essen oder Geburtstage, dass Kinder schnell lernen, wie sie sich verhalten sollen und was sie zu erwarten haben. Bestimmte Handlungsabläufe in der Kita laufen automatisiert ab, sie stellen Routinen dar. Im Gegensatz zu Ritualen verfolgen Routinen keinen bewussten Zweck, man kann ihnen folgen, ohne weiter nachzudenken, sich anzustrengen oder etwas zu fühlen. Man »macht das eben so« oder »hat das schon immer so gemacht«. Routinen sparen in der Kita Zeit und geben eine einfache Anleitung, was wann von allen getan werden soll (z. B. Händewaschen vor dem Essen).

Rituale und Routinen geben den Kindern Sicherheit, weil sie voraussagen können, was nacheinander passiert. Auch die Betonung bestimmter Uhrzeiten bei Routinen (Mahlzeiten, Schlafen) trägt zur Vorhersehbarkeit des Kita-Alltags bei. Zudem finden wahrscheinlich Konditionierungsprozesse auf körperlicher Ebene statt. Bestimmte Uhrzeiten werden mit Schlaf oder Essen verknüpft und das Kind bereitet sich unbewusst darauf vor. Es hat Hunger oder wird müde. Denn Menschen haben eine innere Uhr, die bei einigen überaus exakt funktioniert. Doch nicht immer hat die zeitliche Strukturierung den gewünschten Effekt, weil das Kind eben früher oder später müde oder hungrig ist, zum Beispiel weil es sich gerade an diesem Tag viel draußen in der Kälte bewegt hat. Kälte und Bewegung erhöhen den Cortisolspiegel und können dazu führen, dass das Kind früher hungrig oder müde ist.

Viele Rituale machen den Kindern Freude. Sie wollen, dass Handlungen in bestimmter Art und Weise durchgeführt werden, wie die Geburtstagsfeier. Andere Rituale und Routinen wiederum werden von Erwachsenen in Situationen eingeführt, in denen etwas nicht optimal läuft, weil das Kind eben nicht gern allein einschlafen möchte oder bei Abgabe in der Kita nicht von der Bindungsfigur getrennt werden möchte. Dann geht es darum, dem Kind über den regelmäßigen Ablauf und über Symbole Sicherheit zu vermitteln. Doch wer benötigt Sicherheit? Ein Kind, das sich in dieser Situation nicht sicher fühlt, sondern unsicher, gestresst, ja vielleicht sogar schutzlos.

Aus bindungstheoretischer Sicht stellen viele Rituale in der Kita eine formalisierte und organisierte Art der Deaktivierung dar und entsprechen häufig eher funktionaler Fürsorge. Das Kind soll stiller und ruhiger werden, sich idealerweise sogar selbst regulieren. Es geht vorrangig um Regulation bzw. Verhinderung einer Aktivierung, nicht um Regulation über eine sichere Bindungsfigur. Dennoch funktionieren Routinen und Rituale, sie regulieren das Kind. Kinder internalisieren diese Art regulierender Erwartungen aufgrund von Routinen. Selbst wenn diese nicht zu einem Gefühl von Wohlbefinden oder Sicherheit beitragen, können Routinen und Zeitabfolgen dem Kind immerhin ein Gefühl des Geschütztseins vermitteln. Pädagogische Fachkräfte können über diese oft rein funktionale Fürsorge und Kommunikation, wie und wann man bestimmte Dinge tut, vermitteln, dass sie als stärkere, weisere Erwachsene das Kind schützen. Dieser Schutz ist immens wichtig für das Kind, auch auf physiologischer Ebene. Allerdings führt eine Weigerung von Kindern, Routinen und Ritualen so zu folgen, wie das die Erwachsenen erwarten, oft zu einem Entzug dieses minimalen Schutzes.

Bei ca. 50 % unsicherer Bindung bei Kindern und pädagogischen Fachkräften, Überlastung durch ungünstige Betreuungsschlüssel, Stress durch Lärm und die Trennung von der Bezugsperson sind Rituale und Routinen ein Hilfsmittel. Im Vergleich zu feinfühliger Fürsorge in Situationen, die für das Kind mit Unsicherheit belegt sind, sind Rituale und Routinen jedoch nur eine Krücke. Kinder in sicheren Bindungs-Fürsorge-Beziehungen sind erstaunlich flexibel und benötigen kaum Rituale, wenn sie ihre Bindungsfigur zum Beispiel beim Einschlafen bei sich haben. Natürlich haben auch sichere Eltern-Kind-Dyaden Rituale – weil sie sie schön finden, nicht weil sie sie brauchen.

8.4.6 Der Übergang in die Grundschule

Erfreulicherweise werden heute teilweise Maßnahmen in Kita und Grundschule ergriffen, um Kindern den Übergang von der Kita in die Grundschule zu erleichtern. Denn wieder gibt es viele fremde Kinder, eine völlig neue Lehrkraft. Viele Kinder kommen mit nicht einmal einem vertrauten Kind in diese völlig neue Situation. Es beginnt für die Familie ein ganz neuer Lebensabschnitt, der die Bildungsbiografie des Kindes prägt. Auch in der Grundschule ist die Bildungs- und Erziehungspartnerschaft aller Beteiligten ein wichtiger Faktor für den Schulerfolg des Kindes (Buse 2017). Je besser Kontakt und Bezug zwischen Schule und Familie und Kita hergestellt wird, umso positiver kann dieser Transitionsprozess gestaltet werden. Dazu dienen Elternabende schon vor Schulbeginn, mit Informationen über die Abläufe. Ein Besuch einer Lehrkraft in der Kita, bei dem sie mit den Vorschülern kleine Aufgaben macht, etablieren einen ersten Kontakt zum zukünftigen Schulkind. Die Kita bespricht in Entwicklungsgesprächen mit den Eltern den aktuellen Stand des Kindes, und woran man noch vorbereitend für den Übergang arbeiten könnte. Zudem beraten sie hinsichtlich der Schulfähigkeit bei Kindern, die aufgrund des Geburtsdatums auch ein Jahr später eingeschult werden können. Die Vorbereitung der Eltern, die dem Kind zu Hause ein positives Bild vom Schulbesuch vermitteln sollen, ist ebenso wichtig wie die Vorbereitung des Kindes. Dem Kind gibt es eine bessere Vorstellung davon, was es erwartet, wenn es schon in den Monaten vor Schulbeginn einmal einen »Schnupperunterricht« für 30 bis 45 Minuten in einer Kleingruppe besuchen kann. Manche Schulen bieten sogar im Abstand von drei Monaten zwei solche Termine an. All dies dient dazu, dass das Kind weniger Bedenken oder sogar Angst vor dem Schulbesuch hat, sondern sich darauf freuen kann, weil es schon eine Vorstellung davon hat, was es erwartet. Schulkinder sind zwar schon deutlich weiter in der Selbstregulation, doch ist auch in der Schule die Basis erfolgreichen Lernens eine vertrauensvolle Schüler-Lehrer-Beziehung (Pianta, Hamre & Allen 2012).

> **Literaturempfehlungen**
>
> Griebel, W. & Niesel, R. (2015). Der Eintritt in den Kindergarten- ein bedeutsames Ereignis für die Familie. https://www.familienhandbuch.de/kita/krippe/bis-schuleintritt/DerEintrittindenKinder-garten.php
> Hédervári-Heller, É. (2010). Eingewöhnung. In: W. Weegmann & C. Kammerlander (Hrsg.), *Die Jüngsten in der Kita. Ein Handbuch zur Krippenpädagogik.* Stuttgart: Kohlhammer.
> Wedewart, L. (2023). *Ankommen dürfen statt loslassen müssen: Bedürfnisorientierte Eingewöhnung in Kita, Krippe und Kindertagespflege.* München: Herder.

8.5 Auswirkungen des Kita-Besuchs auf Stress und Verhalten

Kindertagesstätten und Kindertagespflege haben gemäß des Kinder- und Jugendhilfegesetzes den staatlichen Auftrag der Betreuung, Bildung und Erziehung von Kindern zu verantwortlichen und gemeinschaftsfähigen Persönlichkeiten. Zudem sollen sie Erziehung und Bildung in den Familien unterstützen und ergänzen. Eltern sollen sie ermöglichen, Erwerbstätigkeit und Kindererziehung zu vereinbaren (Bayerisches Staatsministerium für Familie, Arbeit und Soziales 2024).

Die Zielsetzungen der Tagesbetreuung, insbesondere in Kitas, sind durchweg positiv – ob sie diesem eigenen und gesetzlichen Anspruch aber auch gerecht werden, wird im Folgenden anhand von Studien diskutiert. Es geht um Fragen wie: Ab welchem Alter soll ein Kind in der Kita betreut werden? Über wie lange Zeiträume sollten Kinder in der Kita betreut werden? Welche Auswirkungen hat die Betreuung in Kitas auf die Stressbelastung und das Verhalten der Kinder und unter welchen Bedingungen? Gibt es positive oder negative Effekte der Kita-Betreuung im Kontrast zur Betreuung durch die Eltern bzw. innerhalb der Familie?

Zuerst wird auf die aktuelle Datenlage zu Auswirkungen der außerfamiliären Betreuung auf die kindlichen Stresssysteme eingegangen. Dann folgt eine Zusammenfassung der Auswirkungen auf das kindliche und mütterliche Verhalten. Heute existieren zahlreiche Studien, die diese Zusammenhänge untersucht haben. Hier können nur beispielhaft einige davon vorgestellt und die vorhandene Datenlage zusammengefasst dargelegt werden.

8.5.1 Auswirkungen der außerfamiliären Betreuung auf die kindlichen Stresssysteme

Verschiedene Studien aus unterschiedlichen Ländern haben die Auswirkungen der außerfamiliären Betreuung auf die HHN-Achse des Kindes über den Spiegel des Stresshormons Cortisol im Speichel untersucht. In den überwiegenden Fällen ist die außerfamiliäre Betreuung dabei der Besuch einer Kita – also eine Fremdbetreuung in größeren Gruppen. Wenige Kinder aus der Tagespflege im Räumen der Tagesmutter oder im eigenen Zuhause sind an solchen Studien beteiligt.

De Vet und Kollegen (2023) haben in einer Metaanalyse von 24 Studien folgende Erkenntnisse zu Auswirkungen außerfamiliärer Betreuung auf die HHN-Achse der Kinder im Alter von null bis sechs Jahren zusammengefasst. Hintergrund der Analyse ist die Vermutung, dass die Trennung von den Eltern und komplexe Interaktionen mit Gleichaltrigen und pädagogischen Fachkräften (bzw. anderen Fürsorgepersonen wie in der Tagespflege) zu physiologischen Stressreaktionen führen (Vermeer & Groeneveld 2017). Dieses Thema hat in der internationalen Forschung in den letzten Jahrzehnten verstärkt Aufmerksamkeit erhalten (Gunnar 2021). Bei der Interpretation der Cortisolspiegel ist zu beachten, dass bis zu einem gewissen Maß eine zeitweise erhöhte Cortisolausschüttung auch adaptiv sein und die kindliche Entwicklung stimulieren kann (Tryphonopoulos, Letourneau & Azar 2014). Sind der Cortisolspiegel und die Reaktivität der HHN-Achse jedoch längerfristig verändert, wie beispielsweise bei erhöhten Cortisolspiegeln am Nachmittag, so ist dies als negativer Stress zu bewerten (Vermeer & Van IJzendoorn 2006). Üblicherweise, in Abwesenheit von Stressoren, folgt Cortisol im Tagesverlauf dem folgenden Muster: Es erreicht einen Spitzenwert kurz nach dem Aufwachen am Morgen, dann folgt ein deutlicher Abfall am Vormittag, gefolgt von einem langsameren Sinken des Spiegels im Laufe des Nachmittags, bis zu einem Tiefpunkt am Abend. Dies entspricht dem Tagesverlauf einer gesunden Person.

Beim Vergleich der Cortisolwerte eines Kindes an Tagen in der außerfamiliären Betreuung mit seinen Werten an Tagen, an denen es zu Hause ist, zeigen sich in der ersten Situation deutlich höhere Cortisolspiegel am Nachmittag. Während an den Tagen, an denen das Kind zu Hause betreut wird, der Cortisolspiegel einem normalen Tagesverlauf folgt, steigt er in der außerfamiliären Betreuung im Verlauf des Tages weiter an. Je mehr Stunden das Kind in der Betreuung verbringt, desto ausgeprägter ist die Stressreaktion. Die Qualität der Betreuung in Kitas hat dabei keinen Einfluss auf die Cortisolreaktion. In der Betreuung durch eine Tagesmutter im Zuhause des Kindes wirkt sich jedoch eine höhere Qualität der Betreuung positiv aus. Das Temperament des Kindes und die Gruppengröße scheinen ebenso kaum einen Einfluss auf die Cortisolreaktion zu haben.

Als Erklärung für den vermehrten Stress des Kindes werden die Trennung von den Eltern sowie die Anforderungen durch die komplexen Interaktionen mit anderen Kindern und Betreuern herangezogen. Möglicherweise tragen auch negative Erlebnisse dazu bei (▶ Kap. 8.6 bis ▶ Kap. 8.10). Zudem spielt das Alter der Kinder eine Rolle: Ältere Kinder (ca. zwei bis fünf Jahre) zeigen ausgeprägtere Cortisolreaktionen auf den Kita-Besuch (und Tagesbetreuung) als Babys und Kinder im

Vorschulalter. De Vet und Kollegen (2023) interpretieren dies folgendermaßen: Babys und Unter-Zweijährige interagieren noch selten mit anderen Kindern ihres Alters, eher mit den Betreuern. Dagegen interagieren ältere Kinder deutlich mehr mit Gleichaltrigen. Während Kinder im Schulalter bereits einige Kompetenzen im Umgang mit anderen entwickelt haben, sind sozioemotionale Fertigkeiten bei kleineren Kindern noch weniger entwickelt. Daher ergibt sich eine sogenannten kurvilineare Beziehung: Die Cortisolreaktion (Anstieg bis zum Nachmittag) auf die außerfamiliäre Tagesbetreuung ist vorhanden, aber bei Babys und sehr jungen Kindern geringer ausgeprägt. Am höchsten ist der Cortisolanstieg über den Tag hinweg bei Kindern im Alter von 36 Monaten. Immer noch vorhanden, wenn auch geringer ausgeprägt ist er bis zum Alter von fünf Jahren (60 Monaten), während Sechsjährige (> 70 Monate) in der außerfamiliären Betreuung keinen Cortisolanstieg vom Vormittag bis zum Nachmittag mehr aufweisen (Vermeer & Van IJzendoorn 2006). Dies wird von einigen Experten, die meist selbst zu Stress in der Fremdbetreuung geforscht haben, als Grund herangezogen, eine außerfamiliäre Betreuung in der Kita und bei Tagesmüttern frühestens ab einem Alter von drei Jahren zu empfehlen.

Ganztagsbetreuung, bzw. wie viele Stunden pro Woche in der Fremdbetreuung verbracht werden, steht zudem mit einer stärkeren Cortisolreaktion in Zusammenhang als Teilzeitbetreuung (De Vet et al. 2023; Vermeer & van IJzendoorn 2006). Es wird angenommen, dass Kinder in Halbtagsbetreuung am Nachmittag die Möglichkeit haben, ihren Stress abzubauen, ebenso wie Kinder, die nur an manchen Tagen unter der Woche fremdbetreut werden und ihren Stress an den Pausentagen herunterregulieren. Aufgrund dieser Befunde empfehlen einige Experten (z. B. Böhm 2023), die Betreuungszeiten zu reduzieren, sodass das Kind möglichst nicht mehr als den halben Tag außerfamiliär betreut wird.

Länderunterschiede erschweren eine eindeutige Interpretation der Datenlage: In den USA werden Kinder oft ganztags institutionell fremdbetreut und in den Kitas dort steht auch der Bildungsauftrag mehr im Vordergrund als beispielsweise in Europa. In den USA waren die Cortisolreaktionen auf die institutionelle Fremdbetreuung deutlich ausgeprägter als beispielsweise in Europa (De Vet et al. 2023).

Insgesamt bestätigen die Ergebnisse der Metaanalyse von De Vet et al. (2023) die Ergebnisse einer Metaanalyse von neun Studien von Vermeer und van IJzendoorn aus dem Jahr 2006. Auch diese dokumentierte einen Anstieg des Cortisolspiegels vom Morgen bis zum Nachmittag an Tagen in außerfamiliärer Betreuung und einen Abfall an Tagen zu Hause. Dabei spielte die Betreuungsqualität keine signifikante Rolle. Auch in Kitas guter bis sehr guter Qualität zeigten 70 bis 90 % der ganztags dort betreuten Kinder diesen Cortisolanstieg.

Gestützt werden diese Erkenntnisse durch eine Studie aus Norwegen, die Cortisolwerte bei Kindern im Alter von zehn bis 32 Monaten untersuchte (Nystad et al. 2022). Dabei wurde zusätzlich zu den Cortisolwerten früh und nachmittags noch ein Wert am Abend erfasst, das Wohlbefinden der wurde Kinder erhoben und die Messung erstreckte sich über ein gesamtes Kita-Jahr. Wie in den anderen Studien findet sich ein Cortisolanstieg vom Morgen bis zum Nachmittag an Kita-Tagen. Nach vier Monaten und neun Monaten in der Kita zeigen sich horizontale Profile an Kita-Tagen, das heißt, der Cortisolwert bleibt bis zum Nachmittag stabil

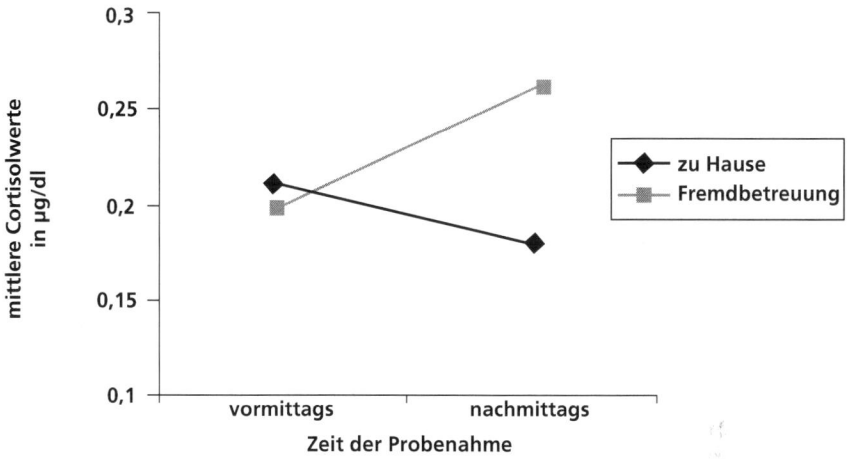

Abb. 8.1: Tagesverlauf des Cortisolspiegels (nach Vermeer & van IJzendoorn 2006); KV = Kortisolwert vormittags, KN = Kortisolwert nachmittags

hoch, während es an Tagen zu Hause den üblichen Abfall des Cortisolspiegels gibt. Die Abendwerte des Cortisols zeigen über den Verlauf von neun Monaten einen signifikanten Anstieg. Dies bewerten die Autoren als eine kumulativ zunehmende Stressbelastung durch die außerfamiliäre Betreuung in Kitas über diesen Zeitraum. Der Stress häuft sich also an und kann anscheinend an den Pausentagen nicht gänzlich herunterreguliert werden. Das kindliche Wohlbefinden steht in engem Zusammenhang mit den Cortisolwerten. Je höher der Cortisolspiegel, desto niedriger ist das Wohlbefinden des Kindes.

Neben den Auswirkungen auf den Cortisolspiegel untersuchte eine Studie (Ahnert et al. 2004) die Bindung von Kindern im Alter von 15 Monaten, die in die Krippe eingewöhnt wurden. Speichelproben zur Cortisolbestimmung wurden früh zu Hause und am Vormittag in der Krippe genommen. In der Eingewöhnung, wenn die Mutter noch anwesend ist (im Durchschnitt zwei Wochen), weisen Kinder mit sicherer Bindung einen geringeren Cortisolanstieg auf als unsicher gebundene Kinder. Sobald die Mutter jedoch nicht mehr dabei ist, die Kinder also den Tag allein in der Krippe verbringen, steigt der Cortisolspiegel im Vergleich zu den Werten zu Hause um 70 bis 100% an, unabhängig von der Bindung. Der ganztägige Aufenthalt in der Krippe ohne die Anwesenheit der Mutter ist also für Kinder so überwältigend, dass auch eine sichere Bindung dies nicht abpuffern kann. Das Kind ist ohne die Anwesenheit seiner Mutter unfähig, seinen Stress selbstständig oder über die Interaktion mit der pädagogischen Fachkraft zu regulieren. Die Situation ist überfordernd und führt zu Stress. Auch nach fünf Monaten in der Krippe steigt der Cortisolwert über den Verlauf des Vormittags noch an.

Die Bindung des Kindes zur Mutter wird durch den Krippenaufenthalt per se nicht beeinflusst (Ahnert et al. 2004). Sicher gebundene Kinder haben überwiegend weiter eine sichere Bindung zur Mutter. Doch Kinder von Müttern mit unregelmäßigen und langen Arbeitszeiten weisen nach dem Übergang in die Krippe eher eine unsichere Bindung auf oder entwickeln sich dann in Richtung einer unsicheren Bindung, wohl durch die zusätzliche Belastung der Mutter-Kind-Interaktion.

Langfristige Effekte der Betreuung in Kitas auf die HHN-Achse werden nur selten untersucht. Roisman et al. (2009) führten bei 869 Teilnehmern der NICHD-SECCYD-Studie (s. u.), die in den ersten drei Lebensjahren entweder mütterliche Unsensibilität und/oder Betreuung in der Krippe erlebt hatten, mit 15 Jahren eine Cortisolmessung am Morgen durch. Bei diesen Jugendlichen sind die Cortisolwerte nach dem Aufwachen signifikant niedriger als bei anderen Jugendlichen. Dabei spielt die Qualität der Krippenbetreuung im Alter von null bis drei Jahren keine Rolle. Dieser erniedrigte Cortisolwert am Morgen passt zu Befunden anderer Studien, dass früher interpersonaler Stress zu einer Herabsetzung der basalen Cortisolwerte im späteren Leben führt. Die HHN-Achse passt sich also an erhöhten Stress an, indem sie ihre grundlegende Einstellung dauerhaft auf einem niedrigeren Niveau hält.

Im Sinne der Stressbelastung stellt die Betreuung kleiner Kinder in Krippen ein Risiko dar. Die Datenlage ist hierzu eindeutig. Doch auch im Kindergartenalter, bis zum Alter von fünf bis sechs Jahren, zeigen Kinder noch deutliche Stressreaktionen auf die außerfamiliäre Betreuung im Kontrast zur familiären Betreuung zu Hause (Böhm 2023; de Vet et al. 2023; Vermeer & van IJzendoorn 2006; Ahnert et al. 2004). Die Studienergebnisse verweisen zudem auf ein noch weiter erhöhtes Risiko durch mehr verbrachte Zeit in der außerfamiliären Betreuung. Eine halbtägige Betreuung, im Gegensatz zur Ganztagsbetreuung, gibt dem Kind die Möglichkeit, Stressreaktionen am gleichen Tag wieder herunterzuregulieren. Dies gilt auch für Kinder über drei Jahren. Erst ab dem Alter von fünf bis sechs Jahren ist die Stressreaktion durch die außerfamiliäre Fremdbetreuung im Durchschnitt nicht mehr signifikant.

Einzelne Kinder können jedoch auch in diesem Alter durch die Betreuung in der Kita Stressreaktionen zeigen. Es ist zu beachten, dass in den vorgestellten Studien Gruppen von Kindern untersucht wurden und Durchschnittswerte herangezogen wurden. Es mag auch Kinder geben, die in der Betreuung in Kita oder einer Tagesbetreuung weniger Stress erleben als zu Hause, zum Beispiel wenn zu Hause Vernachlässigung, familiäre Gewalt oder Missbrauch stattfindet. Zudem sind neben der Stressbelastung auch andere Faktoren wie Sprachentwicklung und sozioemotionale Entwicklung von Bedeutung, die möglicherweise in einer hochqualitativen pädagogischen Betreuung besser gefördert werden können.

Eine hohe Qualität der Betreuung gewinnt jedoch im Hinblick auf die Stressreaktionen erst im höheren Kindergartenalter an Bedeutung und mildert die Stressreaktion der Kinder ab. Stress in der außerfamiliären Betreuung bei wenig feinfühliger mütterlicher Fürsorge kann die Stresssysteme der Kinder über Jahrzehnte hinweg prägen, da zu dem Stress in der Fremdbetreuung hinzukommt, dass dieser daheim nicht feinfühlig co-reguliert wird. Darüber hinaus wirkt sich chronischer Stress nicht nur negativ auf das kindliche Wohlbefinden aus, sondern erhöht auch das Risiko für somatische und psychische Erkrankungen und epigenetische Veränderungen, die ein Leben lang bestehen bleiben (zusammengefasst in Böhm 2023; Gunnar 2021). Insbesondere die frühkindliche Fremdbetreuung von Unter-Dreijährigen in Kitas erhöht, basierend auf erhöhtem Stress und möglichen weiteren negativen Einflüssen, das Risiko für Adipositas und ungünstige epigenetische Veränderungen von Genen, die für den Neurotransmitterstoffwechsel, Stressregulation, Lernen und Gedächtnis zuständig sind.

> **Exkurs: Häufige Infekte bei Kita-Kindern**
>
> Eltern, die ihr Kind in einer Kita betreuen lassen, klagen oft über dessen häufige Erkrankungen, gerade in der Winterzeit. Das kranke Kind muss zu Hause betreut werden und oft stecken sich auch die Eltern an und häufen neben arbeitsfreien Tagen zur Versorgung eigene Krankheitstage an. Tatsächlich haben Kita-Kinder zwei- bis dreimal mehr Infekte als Kinder, die zu Hause betreut werden (Laursen 2018). Der Grund dafür ist nicht nur der Kontakt mit vielen Viren und Bakterien (Exposition), sondern auch »crowding«, also der enge Kontakt mit vielen anderen Personen auf engem Raum, sowie eine verminderte Funktion des Immunsystems durch langanhaltenden Stress. Zudem ist das Immunsystem bis zum Alter von vier Jahren noch nicht vollständig ausgereift. Kinder, die eine Kita besuchen, sind daher deutlich anfälliger für Infekte, eben auch weil sie durch den Kita-Besuch unter einer chronischen Stressbelastung leiden, die das Immunsystem schwächt (Watamura et al. 2010).
>
> Bedauerlicherweise wird oft, selbst noch von Kinderärzten, behauptet, dass die vielen Infekte im frühen Kindesalter das Immunsystem trainieren und die Kinder im Endeffekt dadurch ein »besseres« Immunsystem entwickeln. Dies wird als ein weiterer angeblicher Vorteil der frühkindlichen Gruppenbetreuung genannt. Experten auf diesem Gebiet widersprechen diesen Behauptungen jedoch entschieden: Es ist heute belegt, dass häufige Infekte in der frühen Kindheit das Immunsystem nicht stärken oder vor Allergien schützen, sondern eher ein Risiko zum Beispiel für chronische Erkrankungen wie Asthma darstellen. Zudem erhalten die Kinder mehr Antibiotikagaben (Kekulé 2017; Egert 2018).
>
> Die häufigen Erkrankungen der Kita-Kinder sind also keineswegs Schicksal oder gar positiv zu sehen und sollten aufgrund der gesundheitlichen Belastung der gesamten Familie nicht auf die leichte Schulter genommen werden.

8.5.2 Auswirkungen des Kita-Besuchs auf das kindliche und mütterliche Verhalten

Neben Untersuchungen zur Stressbelastung durch die außerfamiliäre Betreuung in Kitas und Tagespflege haben sich zahlreiche Studien den Auswirkungen auf die sozioemotionale Entwicklung und das Verhalten von Kind und Mutter gewidmet.

Am bekanntesten und umfassendsten ist die NICHD-Studie (auch NICHD-SEC-CYD-Studie genannt). Diese »Study of Early Child Care and Youth Development (SECCYD)« wurde vom National Institute of Child Health and Human Development (NICHD), einer Abteilung des National Institute of Health (NIH), in den USA finanziert und von den 1990er bis in die 2000er Jahre durchgeführt. Dabei wurde die Entwicklung von über 1.300 Babys in verschiedenen Betreuungssettings bis zum Alter von viereinhalb Jahren und deren Auswirkungen bis ins Jugendalter (15 Jahre) hinein beobachtet. Die wichtigsten Erkenntnisse dieser Studie (Belsky et al. 2007; Vandell et al. 2010; NICHD Early Child Care Research Network 2002; 2005) werden im Folgenden zusammengefasst.

Ein positiver Effekt frühkindlicher außerfamiliärer Betreuung in Kita und Tagespflege ist, dass die Kinder im Alter von zwei bis drei Jahren etwas bessere sprachliche und kognitive Fähigkeiten aufweisen als Kinder, die nur in der Familie betreut wurden. Dieser Vorsprung hält sich bis in das Jugendalter. Voraussetzung dafür ist jedoch eine sehr hohe Qualität der frühkindlichen außerfamiliären Betreuung. Schon bei einer mittleren Qualität der Betreuung zeigt sich keine positive Wirkung auf Sprache und Kognition mehr. Ähnlich findet eine Studie aus der Schweiz (Stamm et al. 2012) leicht positive Effekte der außerfamiliären Betreuung auf Kognition und Sprache bei Kindern aus der gebildeten Mittelschicht. Diese Effekte werden jedoch von familiären Faktoren wie Bildung der Mutter und Vorhandensein von Geschwistern überlagert, das heißt, diese Faktoren haben einen weitaus stärkeren Effekt auf die kognitive und sprachliche Entwicklung als der Kita-Besuch. Auch weitere Studien (Ahnert 2004; Loeb et al. 2004) weisen auf Vorteile der familienergänzenden Kita-Betreuung hinsichtlich der kognitiven und sprachlichen Entwicklung hin, wohl weil dieses Setting im Durchschnitt etwas anregender ist. Die Ergebnisse der NICHD-Studie legen nahe, dass insbesondere Kinder ab dem Alter von eineinhalb Jahren aus benachteiligten Familien von der außerfamiliären Betreuung in dieser Hinsicht profitieren.

Negative Auswirkungen in der NICHD-Studie sind, dass außerfamiliäre Betreuung zu mehr problematischem Sozialverhalten gegenüber Gleichaltrigen und externalisierenden Verhaltensauffälligkeiten im Alter von 15 Jahren führt. Dazu zählen: Aggression, oppositionelles Verhalten, Trotz, häufige Wutanfälle, Zerstörung von Gegenständen, Impulsivität, dysfunktionale Risikobereitschaft wie zum Beispiel Drogenkonsum, selbstschädigendes und illegales Verhalten, Lehrer-Schüler-Konflikte und mangelnde Empathie (Vandell et al. 2010). Auch internalisierendes Verhalten wird häufiger gezeigt, wie Rückzug in sich selbst, Depression oder Kontaktschwäche. Die Werte liegen zwar nicht im klinischen Bereich, das heißt, das ungünstige sozioemotionale Verhalten ist noch nicht stark genug ausgeprägt für eine Diagnose. Doch im täglichen Zusammenleben und in Interaktionen mit Lehrkräften, Peers und Eltern können diese Verhaltenstendenzen dennoch störend wirken. Die negativen Effekte sind umso ausgeprägter, je früher die außerfamiliäre Betreuung begonnen wird und je mehr Zeit die Kinder dort verbringen. Insgesamt hat die Qualität der Mutter-Kind-Beziehung bzw. das Elternhaus jedoch einen stärkeren Einfluss auf die sozioemotionale, kognitive und sprachliche Entwicklung des Kindes als die Tatsache der außerfamiliären Betreuung an sich.

Ähnliche Studien aus dem Vereinigten Königreich (FCCC – Family, Children and Child Care Study; Stein et al. 2013) und der Schweiz (FRANZ – Früher an die Bildung – erfolgreicher in die Zukunft; Stamm et al. 2012) bestätigen für den Durchschnitt der Kinder einige ungünstige Auswirkungen frühkindlicher institutioneller Fremdbetreuung. Je mehr Zeit Kinder im Alter von null bis sieben Jahren in Gruppenbetreuung in Kitas verbringen, desto mehr Probleme zeigen sie in Bezug auf aggressives Verhalten, motorische Unruhe, Aufmerksamkeitsdefizit, externalisierendes Verhalten, Angst und Depression.

Weitere Erkenntnisse zu Auswirkungen der Krippenbetreuung von Unter-Dreijährigen berichtet das Quebecer Projekt »5 Dollar pro Tag für Kindesbetreuung« aus Kanada (Baker, Gruber & Milligan 2008; Kottelenberg & Lehrer 2013). Müttern sollte ermöglicht werden, ihre Berufstätigkeit wieder aufzunehmen, indem die außerfamiliäre Betreuung in Kitas und Tagespflege durch fünf Dollar pro Tag vom Staat subventioniert wurde. Die Familien nahmen die Förderung gern an, die Berufstätigkeit von Müttern nahm zu, ebenso die Anzahl an Kindern, die fremdbetreut wurden und die Anzahl an Stunden, die sie pro Tag betreut wurden. In Befragungen der Eltern berichteten diese jedoch bei ihren Kindern vermehrt Hyperaktivität, Angst, Aggressivität und Krankheitsanfälligkeit. Zudem beobachteten die Eltern mehr Probleme mit der Erziehung, ihrer Effektivität als Eltern und schlechtere Interaktionen mit ihren Kindern. Die Eltern hatten nun selbst mehr Stresssymptome, Gesundheitsprobleme und mehr Probleme in der Partnerbeziehung. Aufgrund dieser negativen Auswirkungen der außerfamiliären Betreuung bei Unter-Dreijährigen und der mütterlichen Berufstätigkeit auf das Kind und die Familie folgern die Autoren der Quebecer Studie, dass die Erziehung und Betreuung von Kindern diesen Alters innerhalb der Familie unterstützt werden sollte. Zudem sollte die Qualität der Kitas verbessert werden.

Aus der NICHD-Studie stammen Erkenntnisse zu kindlicher Bindung und außerfamiliärer Betreuung (Belsky 2003). Den größten Einfluss auf die kindliche Bindung hat die feinfühlige responsive Fürsorge der Mutter. Eine erste Analyse der Daten legte nahe, dass mehr als 20 Stunden pro Woche außerfamiliärer Betreuung im ersten Lebensjahr das Risiko für eine unsichere Bindung erhöhen. Bei einer differenzierteren Analyse zeigte sich, dass unfeinfühlige Fürsorge schon bei mehr als zehn Stunden Fremdbetreuung pro Woche in den ersten 15 Lebensmonaten das Risiko einer unsicheren Bindung erhöht, ebenso wie die Kombination aus unfeinfühliger Fürsorge mit schlechter nicht-mütterlicher Betreuungsqualität (Kita, Tagesmutter) oder mit einem Wechsel der außerfamiliären Betreuung. Zudem interagieren die Mütter umso weniger feinfühlig mit ihren Kindern, je mehr Zeit diese bis zum Alter von drei Jahren in Fremdbetreuung verbringen.

Eine Studie aus Israel (Haifa-Studie; Sagi-Schwartz et al. 2002) dokumentiert eine deutlich höhere Rate (48 %) an ambivalenter Bindung bei Kindern, die in Kitas betreut werden, im Kontrast zu Kindern, die innerhalb der Familie betreut werden. Insgesamt führt die institutionelle außerfamiliärer Betreuung in dieser Studie zu einer höheren Rate unsicherer Bindung an die Mutter. Die Betreuungsrate in den Kitas der Untersuchungsteilnehmer liegt im Durchschnitt bei 8:1. Ungünstige Erfahrungen in der Kita kann auch mütterliche Feinfühligkeit anscheinend nicht mehr kompensieren.

Je nach Land und dortigen Bedingungen unterscheiden sich die möglichen Auswirkungen der frühkindlichen Betreuung in Kitas und Tagespflege. Die Daten aus Studien mit vielen Teilnehmern zeigen, dass ein ungünstiger Betreuungsschlüssel die Wahrscheinlichkeit unsicherer Bindungsmuster erhöht, ebenso wie eine hohe Dauer der wöchentlichen außerfamiliären Betreuung. Bei extremen Betreuungszeiten (NICHD-Studie) wie 60 Stunden ohne mütterliche Betreuung ab einem Alter von sieben Monaten zeigen Kinder signifikant mehr desorganisierte Bindungen gegenüber ihren Müttern (Umemura & Jacobvitz 2014).

Exkurs: Kitafrei

Obwohl die Betreuung in Kitas heute von den meisten Eltern genutzt wird, spätestens ab einem Alter von drei Jahren, entschließen sich auch manche Eltern, ihre Kinder selbst zu betreuen. Diese Selbstbetreuung kann sich auf das Alter von null bis drei Jahren oder auch auf null bis sechs Jahre beziehen. »Kindergartenfrei« oder »Kitafrei« sind neben »Selbstbetreuen« die gängigsten Begriffe dazu (s. Mikosch 2018).

Für die kitafreie Betreuung, meist durch Mutter oder Vater, teils auch in Kombination mit Großeltern, gibt es verschiedene Gründe. Eher selten stehen ideologische Einstellungen dahinter, wie strenge religiöse Ansichten oder generelle Abneigung gegen Konformismus, den man bei einer Gruppenbetreuung vermutet. Viel eher zeigen Erfahrungsberichte von Selbstbetreuerinnen folgende Gründe für die Entscheidung zum Kitafrei:

- Sie halten eine Betreuung vor dem Alter von drei Jahren für zu überfordernd für das Kind und können es sich leisten, ihr Kind bzw. ihre Kinder selbst zu betreuen.
- Ab einem Alter von drei Jahren wurde der Besuch eines Kindergartens versucht. Das Kind fühlte sich aber nicht wohl in der Einrichtung und es gab auch keine passenden Alternativen, sodass die Selbstbetreuung wieder übernommen wurde.
- Die Eingewöhnung in die Krippe funktionierte nicht so, dass sich das Kind dort wohlfühlte, es gab keine Alternativen. Nur ein Teil dieser Gruppe entscheidet sich nach dem Alter von drei Jahren, es gar nicht erst mit dem Besuch eines Kindergartens zu versuchen.
- Die Mütter sind selbst Erzieherinnen, haben Einblick in die Krippenbetreuung und lehnen die Betreuung ihres Kindes in einer Krippe aufgrund eigener Erfahrung ab. Den Besuch eines Kindergartens ab dem Alter von drei Jahren dagegen probieren sie meist aus.
- Gerade der Besuch von Krippen kostet in einigen Regionen viel Geld, das erst einmal erwirtschaftet werden muss. Ist der Verdienst des Elternteils, der sonst das eigene Kind betreuen würde, gering, sodass die Krippenkosten dieses Geld fast aufbrauchen, lohnt sich der Krippenbesuch finanziell oft nicht.
- Es gibt genügend Mütter (und Väter), die es vorziehen, den gesamten Tag mit ihrem Kind zu genießen, solange dies noch nicht durch die Schulpflicht

unmöglich ist. Sie gestalten jeden Tag und jede Woche individuell, entspannt und genießen die Freiheit und das Zusammensein.
- In manchen Familien fällt der Beginn einer möglichen institutionellen außerfamiliären Betreuung mit der Geburt eines Geschwisterkindes zusammen, das ohnehin für die nächsten Jahre zu Hause betreut wird. Manche Eltern entschließen sich dann, das ältere Geschwisterkind weiter selbst zu betreuen, da sie in dieser Zeit ohnehin keiner Berufstätigkeit nachgehen möchten. Im Kontrast zur Allgemeinheit, die zumindest den Besuch eines Kindergartens ab dem Alter von zwei bis drei Jahren für selbstverständlich hält, priorisieren diese Eltern gemeinsame Zeit in der Familie.
- Einige Eltern kennen auch die hier vorgestellten Studien zur Stressbelastung und zu negativen Auswirkungen der Fremdbetreuung und entscheiden daher, ihr Kind nicht in eine Kita oder zu einer Kindertagespflege zu geben. Andere dagegen haben selbst bei ihrem Kind negative Veränderungen im Zuge des Kita-Besuchs festgestellt bzw. negative Erlebnisse mit Erzieherinnen gehabt (▶ Kap. 8.6 und ▶ Kap. 8.10) und sich dann für eine Selbstbetreuung entschieden.

Kritiker der Selbstbetreuung beäugen diese Eltern misstrauisch und unterstellen ihnen, den Kindern wichtige Erfahrungen mit Gleichaltrigen vorzuenthalten. Dabei organisieren sich viele dieser Eltern in Netzwerken (z. B. https://www.kindergartenfrei.org; https://www.familiengarten.org) oder suchen vor Ort Gleichgesinnte, um sich regelmäßigen mit anderen Eltern und Kindern auf Spielplätzen oder privat zu treffen. Sie unternehmen viel mit den Kindern, Ausflüge, Besuche in Museen, Theater, Aktivitäten, sodass die Kinder genügend Anregungen erhalten. Ausnahmen gibt es ebenso. So gibt es heute eine relevante Anzahl an Kindern, die keine Kita besuchen und dann beim Schuleintritt über ungenügende Sprachkenntnisse und motorische Fertigkeiten verfügen und sozioemotional nicht altersgemäß entwickelt sind.

Fallbeispiel: Kitafrei – und trotzdem ganz normal ...

Eva, Diplompsychologin, 35 Jahre alt, lebt mit ihrem Mann, einem Ingenieur, und den Söhnen Quinn (5) und Ben (3) in einer Großstadt. Als Quinn auf die Welt kam, hörte Eva auf zu arbeiten. An sich wollte sie nur ein Jahr im Job aussetzen, doch als sie sich vor Quinns erstem Geburtstag verschiedene Krippen ansah, hatte sie das starke Gefühl, dass sie ihren Kleinen dort nicht hingeben wollte. Auch die Idee einer Tagesmutter sagte ihr nicht zu – sie fand, dass Quinn den Kontakt zu ihr brauchte, und wenn sie einmal ein paar Stunden nicht da war, dann nur gut bei ihrem Mann oder der Oma aufgehoben war. Die Szenarien morgens in manchen Krippen riefen bei ihr sofort das Bedürfnis wach, ihren Sohn davor zu schützen. Daher verlängerte sie ihre Elternzeit, und als sie erneut schwanger war, sah sie dann auch nicht den idealen Zeitpunkt, wieder einzusteigen. Zum Glück verdiente ihr Mann genug, und gelegentlich nahm sie sich Zeit für sich, um Fortbildungen zu besuchen oder sich auch ohne Kind zu beschäftigen. Die Geburt von Ben führte zwar zu einer Mehrbelastung, doch die Oma half aus. Die Idee, Quinn mit zwei Jahren in die Kita zu geben, während sie mit dem Baby zu Hause blieb, fand sie seltsam. Nur an besonders anstrengenden Tagen zog sie diese Lösung in Erwägung. Sie selbst und ihr Bruder waren auch erst mit drei in den Kindergarten gegangen. Als Quinn dann drei Jahre alt war, hatten sie einen Kindergarten in der Nähe ausgesucht, der einen schönen Garten hatte. Für die Eingewöhnung durfte sie jedoch nur drei Tage lang früh für 20 Minuten mit hineingehen, dann musste sie außen warten. Quinn hatte sich zwar auf die Kita gefreut, aber die ersten Erfahrungen fand er gar nicht so schön – es war laut, unruhig, es gab zu wenig Platz, und die Bezugserzieherin hatte wenig Zeit für ihn. Nach einer Woche, in der er morgens schon immer nicht in die Kita wollte, aber auf Bitten von Eva doch ging, wurde er krank. Wieder gesund, war das Bringen morgens schwierig – Quinn weinte, wollte bei Eva und seinem kleinen Bruder bleiben und schrie nach Mama, wenn man ihn doch in den Gruppenraum bugsierte. Mittags beim Abholen sah Quinn sie oft noch verweint und vorwurfsvoll an. Er schlief schlecht, suchte viel ihre Nähe und wollte auf einmal nicht mehr ohne sie bei der Oma bleiben. Eva sah sich das drei Wochen lang an, in der Hoffnung auf Besserung, dann hielt sie es nicht mehr aus. Sie besprach sich mit ihrem Mann und beide stimmten überein, dass Quinn doch auch mit ihr zu Hause bleiben und man dann mit vier Jahren noch einen Versuch starten könne. Sie meldeten Quinn ab, Eva informierte sich im Internet über Selbstbetreuung.

Kontakt und Spielen mit anderen Kindern verschiedener Altersgruppen plant Eva wöchentlich mehrmals für Quinn und Ben ein, ebenso wie Ausflüge. Sie genießen es, nicht nach einem Plan von Montag bis Freitag, 8 bis mindestens 12 Uhr, funktionieren zu müssen. Sind sie müde, schlafen sie aus, ist einer krank, ist das nicht problematisch. Eva erinnert sich noch daran, wie gestresst sie teils war, pünktlich zur Kita zu kommen. Kam sie mal zehn Minuten später, wurde sie von der Erzieherin wie ein kleines Kind gerügt. Sie wollte aber vor ihrem Sohn keinen Streit über dieses unangemessene Verhalten anfangen. In einem Gespräch mit ihrem Mann, der schon 20 Jahre ohne Unterbrechung berufstätig ist, sagt sie: »Stell dir mal vor, die Einjährigen könnten schon verstehen, dass mit der Krippe ein Leben beginnt, bei dem sie montags bis freitags, halbtags oder ganztags, fremdbestimmt sind und funktionieren müssen. Dann würden sie noch viel mehr schreien, aus Protest. Schön, dass wir unseren Kindern mehr Freiraum und Flexibilität ermöglichen können. Und ich genieße diese Zeit auch.« Eva betreut weiterhin selbst – fragt Quinn aber, ob er vielleicht mit fünf Jahren doch noch in eine Kita möchte oder erst mit sechs dann in die Schule.

8.5.3 Gründe für Stress in der Kita

Die obigen Studien gehen davon aus, dass insbesondere die Trennung von der Mutter bzw. Hauptbezugsperson in der Familie, in Kombination mit der Anpassung an Interaktionen mit pädagogischen Fachkräften und vielen Kindern eine Überforderung darstellt. Es dauert eine längere Zeit, weit über eine Eingewöhnung hinaus, bis die Kinder keinen Stress mehr in der außerfamiliären Betreuung empfinden. Es spielen dabei Faktoren wie das Alter des Kindes und die Betreuungsdauer eine Rolle und ab einem höheren Alter auch die Qualität der außerfamiliären Betreuung. Aufgrund der bisherigen Ausführungen sind auch folgende Faktoren wahrscheinlich an der Stressbelastung, insbesondere in der Kita, mitbeteiligt: hohe Lautstärke, kleine Räumlichkeiten mit wenig Rückzugsmöglichkeiten, wenig feinfühlige pädagogische Fachkräfte (▶ Kap. 8.6 und ▶ Kap. 8.10), unflexible Abläufe, ein ungünstiger Betreuungsschlüssel mit zu vielen Kindern pro Erwachsenem, hoher Krankenstand und hohe Fluktuation der pädagogischen Fachkräfte. Auch individuelle Faktoren des Kindes können hier hineinspielen, wie Hochsensibilität (▶ Kap. 8.8), Behinderung (▶ Kap. 8.7) oder eine Traumatisierung (▶ Kap. 8.9). Sicher tragen in manchen Fällen auch psychische und physische Misshandlung durch pädagogische Fachkräfte (▶ Kap. 8.10) dazu bei. Zudem sollten pädagogische Konzepte wie zum Beispiel immer beliebter werdende »offene Konzepte« hinsichtlich ihrer Stressbelastung für die Kinder reflektiert werden. Für Kinder im Krippenalter, aber auch manche älteren Kinder können die vielen Optionen und Interaktionen mit vielen Kindern ohne Begleitung durch die Bezugserzieherin überfordernd sein.

Kinder sollen in ihrer Entwicklung optimal begleitet werden. Dafür braucht es im Falle der außerfamiliären Betreuung eine sehr hohe Qualität. Nur bei einer hohen Qualität der Kita ergeben sich positive Effekte auf die Sprachentwicklung und kognitive Entwicklung, und negative Effekte fallen zumindest bei älteren Kindern weniger stark aus. Allerdings legen Daten aus der NUBBEK-Studie (Nationale Untersuchung zur Bildung, Betreuung und Erziehung in der frühen Kindheit; Beckh et al. 2015) aus Deutschland nahe, dass der Großteil (80 %) der Kitas mittelmäßig ist, 10 % wirklich unzureichende Betreuungsqualität bieten und nur 10 % gute bis sehr gute Qualität in der Betreuung erreichen (Tietze et al. 2013).

Die Daten zur Stressbelastung in außerfamiliärer Betreuung (Kita, Tagesbetreuung) sind in der Gesamtschau eindeutig. Auch mögliche negative Auswirkungen auf die sozioemotionale Entwicklung der Kinder und die psychische Befindlichkeit der Eltern sind wissenschaftlich dokumentiert, ebenso wie einige positive Effekte der Betreuung in Kitas auf Aspekte der kindlichen Entwicklung. Nun ist es jedoch derzeit im deutschsprachigen Raum überaus kritisch, wenn sich Autoren zu diesen Themen negativer Auswirkungen des Krippen-/Kita-Besuchs äußern. Es wird schnell unterstellt, dass man generell gegen den Besuch von Kitas argumentiere. Daher sei hier angemerkt, dass wir versucht haben, einen Einblick in die verfügbaren Studien zum Thema zu geben, ohne Anspruch auf Vollständigkeit. Welche Empfehlungen daraus abzuleiten sind, muss sich immer am individuellen Kind und den Eltern orientieren. Für das eine, unauffällig entwickelte Kind mit Eltern, die sich Zeit nehmen können und wollen, schafft vielleicht die familiäre Betreuung ideale Entwicklungsbedingungen. Für ein anderes Kind, das zu Hause keine guten Entwicklungsbedingungen vorfindet oder dessen Eltern aufgrund beruflicher Verpflichtungen, Erkrankungen etc. keine Zeit haben, kann die halbtägige Betreuung in einer Kita hoher Qualität die bessere Option darstellen. Und zuletzt gibt es Kinder, die zu Hause so ungünstige Bedingungen vorfinden, dass sie möglicherweise selbst in einer Kita mittlerer Qualität günstigere Entwicklungsbedingungen vorfinden.

Es ist unserer Meinung nach wichtig für pädagogische Fachkräfte (und Eltern), diese Studien und deren Ergebnisse zu kennen, um vor diesem Hintergrund Kinder, deren Entwicklung und deren Eltern besser zu verstehen und pädagogisch zu begleiten. Weiterhin gehen wir davon aus, dass sich die Mehrheit der pädagogischen Fachkräfte in der Kindheitspädagogik überaus engagiert und kompetent um die ihnen anvertrauten Kinder kümmert. Doch tragen verschiedene Faktoren wie Betreuungsschlüssel, Gruppengrößen, Lärm, aber vor allem das kindliche Bedürfnis nach Kontakt zu seiner Bindungsfigur dazu bei, dass der Besuch einer Kita oder Kindertagespflege zu einem langanhaltenden Stresspegel bei den Kindern führt, der ihre psychische und physische Gesundheit gefährdet. Auch wenn das Elternhaus den stärksten Einfluss auf die kognitive, emotionale und soziale Entwicklung hat, dürfen diese negativen Auswirkungen der außerfamiliären Betreuung auf die kindliche Entwicklung nicht vernachlässigt werden.

Literaturempfehlungen

Böhm, R. (2023). Außerfamiliäre Betreuung von unter Dreijährigen. Lange »Arbeitstage« stressen Kleinkinder. Pädiatrie 35 (S1), 68–73. https://www.fachportal-bildung-und-seelische-gesundheit.de/wp-content/uploads/2023/11/Ausserfamiliaere-Betreuung-von-unter-Dreijaehrigen-Boehm-2023-Paediatrie-final.pdf

Mänken, S. (2022). *Mütter der Neuen Zeit: Wir plädieren für eine kindgerechte Entwicklung.* Saarbrücken: Verlag Neue Erde.

Sulz, S. K. D., Walter, A. & Sedlacek, F. (Hrsg.) (2018). *Schadet die Kinderkrippe meinem Kind?* München: CIP-Medien.

Zemp, M. Bodenmann, G. & Zimmermann, P. (2019). *Außerfamiliäre Betreuung von Kleinkindern. Bindungstheoretische Hinweise für Therapeuten, Pädagogen und Pädiater.* Heidelberg: Springer.

8.6 Beschämen in der Erziehung

Kinder in der Kita zu beschämen ist keine Erziehungsmethode, die man in aktuellen Lehrbüchern findet. Beschämen als Methode ist schwarze Pädagogik und muss unterlassen werden. Dennoch ist das Beschämen von Kindern in manchen pädagogischen Einrichtungen Alltag und stellt eine Form emotionaler bzw. psychischer Gewalt dar. Nicht immer ist es Fachkräften bewusst, was alles zu beschämendem Verhalten und Sprachgebrauch zählt. Ebenso ist anzunehmen, dass beschämendes Verhalten gegenüber einem Kind oft eher unter Stress gezeigt wird, ohne dass eine pädagogische Fachkraft beabsichtigt, Beschämen gezielt als Erziehungsmaßnahme einzusetzen. Welche Auswirkungen das Beschämen auf die kindliche Psyche und die Beziehung zur pädagogischen Fachkraft und zu den anderen Kindern hat, wird dagegen kaum thematisiert oder reflektiert. Aus der

Psychotherapie und Psychologie stammen einige Überlegungen, die auch für die Kindheitspädagogik relevant sind und im Folgenden kurz, als Denkanstoß, dargestellt werden. Scham (wie auch Verlegenheit und Schuld) sind mit spezifischen Aktivierungsmustern des Gehirns assoziiert, unter anderem auch mit Stressreaktionen. Dies soll nur den Zusammenhang zur Neurobiologie aufzeigen, ohne dass hier weiter auf die physiologischen Reaktionen bei Scham eingegangen wird.

8.6.1 Scham

Scham ist einer von neun angeborenen Affekten (Emotionen), die das Affektsystem bilden. Alle Menschen besitzen angeborene Programme für diese Affekte, das Gefühl und den Ausdruck, und deren Ausdruck insbesondere über das Gesicht und die Körperhaltung (Kaufman 1992). Der Affekt Scham ist oft verbunden mit Misserfolgen hinsichtlich der eigenen Person bzw. eines Ideal-Selbstbildes. Scham kann selbstbewertende Gedanken beinhalten, weil man zum Beispiel einen Fehler gemacht hat. Oder Scham ist interpersonal verursacht, indem eine andere Person bewusst oder unbewusst beschämt. Grundsätzlich erhöht Scham als Affekt die Aufmerksamkeit und verbindet das auslösende Ereignis mit den folgenden Reaktionen, wie Gedanken, Verhalten oder Erinnerungen.

Nach Kaufmann (1992, S. xii-xiii) erfüllt Scham generell eine adaptive Funktion und:

- ist zentral für die Entwicklung einer Identität, des Bewusstseins, eines Gefühls der Würde, des Selbstwerts und auch von Intimität
- beginnt als vorübergehende Erfahrungen, die weder global noch automatisch schädigend ist
- kann erlebt werden, ohne dass andere Personen anwesend sind
- wird in allen Altersstufen erlebt und in verschiedensten sozialen Kontexten wie Familie, Partnerschaft, Beruf oder Freundschaften
- muss unterschieden werden in seine Urform, in der Scham einfach die Aufmerksamkeit für ein Ereignis erhöht und adaptives Verhalten ermöglicht, und Scham, die internalisiert und vergrößert wurde bis zu einem Grad, dass das Selbst davon eingenommen und dominiert wird
- zeigt sich auch in verschiedenen Formen wie Schüchternheit oder Schuldgefühlen
- ist zu unterscheiden von negativen Selbstbewertungen
- ist nicht allein das Resultat dysfunktionaler Familien oder anderer Sozialbeziehungen
- hat einen bedeutenden Einfluss auf die Persönlichkeit, psychische Gesundheit und zwischenmenschliche Beziehungen

8.6.2 Scham und Beschämen in der Frühpädagogik

Die Bedeutung von Scham bei Kindern und das Beschämen im Rahmen von Erziehung wurden in der Pädagogik bisher wenig thematisiert (Leitch 1999), obwohl beides in der Frühpädagogik in der täglichen Arbeit zu beobachten ist. Ballmann (2022) geht aufgrund von Beobachtungen in Kitas davon aus, dass psychische Gewalt, und darunter fällt das Beschämen, sehr häufig vorkommt, selbst wenn sie teilweise nur von einer und nicht von allen Erzieherinnen einer Einrichtung ausgeht. Jedoch schreiten die Kolleginnen meist nicht ein, sondern ignorieren das Fehlverhalten. Neben grobem und sogar physisch misshandelndem Erzieherinnenverhalten in Kitas sind Beschämen und Entwürdigung eine Form gewalttätigen Verhaltens (Maywald 2019b). Während bei physischen Übergriffen von pädagogischen Fachkräften eher im Team eingegriffen und reflektiert wird, ist der Umgang mit psychischer Gewalt scheinbar eher verhalten. Oft ist es Erzieherinnen, wie auch Eltern und Lehrkräften in Schulen, überhaupt nicht bewusst, dass sie mit dem, was sie zu Kindern sagen, Scham auslösen. Auf der anderen Seite nutzen einige Personen das Beschämen von Individuen oder Gruppen strategisch, um unerwünschtes Verhalten abzustellen und erwünschtes Verhalten zu fördern (Leitch 1999). Beschämen ist per se nicht ungewöhnlich, selbst im Tierreich behandeln Tiereltern den Nachwuchs bei unerwünschtem Verhalten so, dass dieser Reaktionen zeigt, die Scham ähneln. Gelegentlich die Aufmerksamkeit für das eigene Verhalten zu erhöhen, zum Beispiel durch einen sozialen Vergleich mit anderen Kindern gleichen Alters, was bei den meisten zu einer vorübergehenden Schamreaktion führt, hat meistens nicht unbedingt nachhaltig negative Auswirkungen. Sonst wäre Scham im Laufe der Evolution sicher nicht in seiner adaptiven Funktion beibehalten worden. Beschämen erfolgt oft unreflektiert und ohne die negative Absicht, ein Kind, Eltern oder Kolleginnen zu schädigen. Wird jedoch häufig beschämt oder wird das Beschämen bewusst strategisch eingesetzt, so sind negative Folgen für die Psyche des Beschämten wahrscheinlich. Gerade in Institutionen wie Schulen (Leitch 1999) und Kitas müssen die Erwachsenen Scham bei den Kindern und sich selbst verstehen, Beschämen reflektieren und, wenn möglich, vermeiden. Aus bindungstheoretischer Sicht führt das Beschämen zu einer Verletzung der Vertrauensbeziehung und zu Asynchronie. Wie bei anderen psychischen Verletzungen ist es jedoch auch beim Beschämen möglich, über Wiedergutmachung, Entschuldigung und Erklärung die Verletzung der Beziehung zu »heilen«. Voraussetzung dafür ist, dass man Beschämung erkennt und im Rahmen einer guten Beziehung trotzdem noch genügend Kontakt für eine Versöhnung herstellen kann.

Beschämen im pädagogischen Umgang mit Kindern kann unter anderem folgende Formen annehmen:

- Vergleich mit einer sozialen Norm oder mit anderen Kindern wie Freunden oder Geschwistern, etwa: »Ben kann das schon und ist viel jünger als du.«
- Zuweisung von Labeln wie Störenfried, Baby (je nach Alter), Hosenscheißer, Heulsuse (ja auch diese Begriffe hört man leider gelegentlich noch in pädagogischen Einrichtungen, wenngleich hier Einigkeit besteht, dass solche Bezeich-

nungen definitiv zu unterlassen sind), Problemkind, Dauerkranke, Triefnäschen, Tollpatsch etc. – »Es war ja klar, dass du mal wieder nicht hörst und alles kaputtmachst.«
- Hinweis auf wiederholtes Versagen bei einer Aufgabe bzw. Fertigkeit (immer noch kleckern, Glas umwerfen beim Essen): »Das müsstest du jetzt doch schon langsam können«, »Immer machst du eine Ferkelei beim Essen.«
- Verortung einer Unfähigkeit in der Person (z. B. das Kind sei generell dumm oder böse), nicht in den Umständen (z. B. zu jung, um das zu können, oder es hat die Fähigkeit noch nicht erlernt):«Stell dich doch nicht so dumm an«, »Du bist so ungeschickt«, »Wieso bist du immer so böse zu den anderen Kindern?«
- Sich-lustig-Machen über das Kind oder sein Nicht-Können oder Missgeschicke und diese ins Lächerliche ziehen: »Schaut mal, wie lustig, bei Pia kann man den ganzen Speiseplan von heute am Shirt ablesen.«

Folgende Faktoren beeinflussen, wie intensiv und tiefgreifend Scham empfunden wird:

- Wichtigkeit des Anteils des Selbst, den die Scham betrifft – zum Beispiel, ob es dem Kind wichtig ist, sportlich gut zu sein oder nicht, wenn es in einem Wettrennen Letzter wurde
- Scham in der Öffentlichkeit vor anderen, Bedeutung der anderen Personen bzw. der Beziehung zu ihnen: So ist es zum Beispiel verletzender vor Freunden beschämt zu werden als vor Fremden, denen man nie wieder begegnen wird.
- Wer beschämt: Menschen, zu denen eine intensive Beziehung besteht, wie Eltern oder Geschwister, sodass das Beschämen die Beziehung verletzt, oder Fremde ohne Bezug zum Kind
- Häufigkeit der Beschämung
- Fähigkeit, den Affekt Scham kurzzeitig zu tolerieren, bzw. über Strategien verfügen, um aus diesem Affekt herauszufinden

Fallbeispiel: Beschämen in der Kita – ein von der Kita-Leitung vorgelebter Ansatz

Christa, 42 Jahre alt, ist Leitung einer viergruppigen Kita eines kirchlichen Trägers. Neben ihrer Leitungsfunktion ist sie noch als Erzieherin in der Sonnengruppe tätig, die 25 Kinder umfasst. Sie legt besonders viel Wert auf Regeln und gutes Benehmen. Selbst ist sie im Umgang mit den Eltern freundlich und höflich und lebt ihre Werte vor. Wenn sich die Kinder in der Gruppe nicht benehmen und Regeln brechen, dann werden sie ermahnt, teils für einen timeout in den Gang geschickt (auch dies ist eine überholte Methode, die keine Anwendung mehr finden sollte, auch weil sie die Aufsichtspflicht verletzt). Wenn viel los ist und die Kinder etwas wilder sind, wird sie laut und auch verbal aggressiv. Häufig trifft sie dann Äußerungen, welche die Kinder beschämen:

- Priya ist sechs Jahre alt, kommt aber nach den Sommerferien noch für ein weiteres Jahr in die Kita und nicht in die Schule. Nach sechs Wochen mit

ihren Eltern in Indien fällt ihr die Umstellung schwer. Sie weint am ersten Kita-Tag und will wieder mit der Mutter nach Hause. Christa geht zu ihr und sagt: »Aber Pryia, du bist hier jetzt das älteste Kind und heulst noch!« Sie wendet sich an die Gruppe: »Kinder, schaut mal, unsere Priya heult wie ein Baby, nur weil sie in der Kita bleiben soll, dabei ist es so schön hier bei uns.«
- Mika ist fünf Jahre alt und häufig laut und wild. Er schlägt auch schon einmal andere Kinder, um seinen Willen zu bekommen. Wenn Christa, die inzwischen von Mika generell genervt ist, einschreitet, dann meist mit den Worten: »Das war mir ja klar, dass du wieder Streit anfängst. Du bist der Unruhestifter hier in der Gruppe. Ohne dich ist es hier viel schöner. Geh raus in den Gang, bis du dich wieder vernünftig zu benehmen weißt. So wollen wir dich hier nicht.«
- Alle Kinder der Sonnengruppe sind fertig, um in den Garten zu gehen. Die kleine Angela deutet auf den vierjährigen Jason und sagt: »Der Jason stinkt.« Christa geht zu ihm und stellt fest, dass Jason sein großes Geschäft in die Unterhose gemacht hat. Sie nimmt ihn mit angeekeltem Gesichtsausdruck mit zum Wickelraum, zieht sich Handschuhe an, macht Jason sauber und zieht ihm neue Sachen an. Währenddessen murmelt sie wütend vor sich hin: »Immer gibt es Ärger mit dir. Jetzt muss ich deine Sauerei wegmachen, wie bei einem Baby. Wie das stinkt, furchtbar«. Danach geht sie zurück zur Gruppe und verkündet: »So, wegen Jason, der in die Hose gemacht hat, musstet ihr jetzt alle warten. Jetzt können wir endlich raus.«

Während es zwar nachvollziehbar ist, dass das Verhalten und die Missgeschicke der Kinder Christa stören, so ist sie jedoch nicht unterstützend, sondern versucht das störende Verhalten der Kinder abzustellen, indem sie sie beschämt und zurückweist. Christa selbst hat ein distanziertes Fürsorgeverhalten. Selbst beschreibt sie sich als gute Erzieherin, die alles im Griff hat, gut organisieren kann, und den Kindern das vermittelt, was man so zum Leben braucht – das Einhalten von Regeln in der Gruppe und gutes Benehmen.

In einem Austauschgespräch verschiedener Kita-Leitungen mit der Direktorin der Grundschule merkt sie an: »Ohje, wir bringen euch wieder fünf Verhaltensauffällige. Schrecklich, wie das immer mehr wird. Mit denen werdet ihr euren Spaß haben.« Im Vergleich zu den anderen Kitas sind das prozentual mehr angeblich auffällige Kinder als im Durchschnitt, obwohl alle Kitas eine ähnliche Mischung an Kindern aufweisen. Schon die selbst gestellte »Diagnose Verhaltensauffälligkeit« liegt so nicht in ihrer Kompetenz, ist abwertend gegenüber den Kindern, und die Direktorin nimmt die Anmerkung nur schweigend auf.

Dieses Beispiel ist heute in der Ausbildung in der Frühpädagogik ein deutliches Negativbeispiel. Keine pädagogische Fachkraft würde behaupten, dass dieses Verhalten akzeptabel ist. Dennoch scheint es in der Praxis immer wieder vorzukommen, zumindest wird es von Einzelpersonen berichtet (repräsentative Daten zur Häufigkeit von Beschämungen in der Kita liegen nicht vor).

Zum Aspekt der »Verhaltensauffälligkeit« ist anzumerken, dass ausagierendes oder aggressives Verhalten von Kindern meist einen guten Grund hat – es ist eine Anpassung an eine soziale Umwelt, in der die Kinder keine anderen Mittel sehen, als so ihre Wünsche durchzusetzen bzw. ihre Bedürfnisse befriedigt zu bekommen. Druck und Beschämen sowie wenig Unterstützung bei der Emotions- und Verhaltensregulation begünstigen dieses Verhalten. Anstatt den Kindern Störungen zuzusprechen sollte hinterfragt werden, inwieweit das kindliche Verhalten eine Anpassung an ein gestörtes System (Familie, Kita) darstellt.

8.6.3 Konsequenzen von Beschämung

Nach Kaufman (1992) führen Schamerfahrungen in der vorsprachlichen Phase zwar vorübergehend zu negativen Emotionen und Rückzug von anderen, eine Verbindung zur Identität bildet sich jedoch erst, wenn diese Schamerfahrungen in Worte gefasst werden und Bedeutung hinsichtlich der eigenen Person erhalten. Neuere Erkenntnisse zur Gedächtnisbildung in den ersten drei Lebensjahren legen jedoch nahe, dass wiederholte gezielte Beschämung durch nahestehende Personen sich bereits hier negativ auswirken kann.

Scham zu fühlen, bedeutet zu fühlen, dass man in einem schmerzhaft herabwürdigenden Sinn gesehen wird. Das Selbst ist exponiert, gegenüber sich selbst und anderen anwesenden Personen. Scham beinhaltet das Bewusstsein für sich selbst als defizitäre Person und geht mit einem Gefühl der Ohnmacht, dieses negative Gefühl abzustellen, einher. Andererseits braucht es auch gelegentliche Schamerfahrungen, um überhaupt lernen zu können, mit diesen umzugehen. Gerade mit feinfühliger Unterstützung von Bindungsfiguren kann ein Kind erlernen, dass man sich zwar für bestimmtes Verhalten, das sozial nicht erwünscht ist, momentan schämt (»Hier habe ich etwas falsch gemacht, nicht gekonnt, etc.«), dies aber nicht zwingend dazu führen muss, dass man sich auch für sich als Person langfristig und andauernd schämt (»Ich bin schlecht, unfähig, keiner mag mich.«).

Scham zeigt sich im Gesichtsausdruck, dem Abwenden von anderen und der Vermeidung von Blickkontakt. Der Kopf wird hängengelassen, spontane Bewegung unterdrückt ebenso wie Sprache. Daher kann Scham im entsprechenden Moment kaum kommuniziert werden, wenn sie überhaupt als solche erkannt wird. Die Beobachtung ist nach innen fokussiert, teils wirkt Scham paralysierend, also lähmend. Selbst ist die beschämte Person davon überzeugt, dass andere Anwesende sie beobachten und dabei genau wissen, wie unzureichend sie ist. Scham führt zu einer Entfremdung von sich selbst und anderen und damit zu Isolation.

Die negativen Auswirkungen von Scham für das Selbst werden vor anderen Personen verborgen. Andere können jedoch aufgrund folgender sogenannter sekundärer Reaktionen auf Scham auf den Affekt schließen: Angst, Leid oder Wut.

Die Angst betrifft die aktuelle Bloßstellung und weitere zukünftige Bloßstellung und Schamerfahrungen. Leid, auch negativer Stress, stellt den gefühlten Schmerz dar, der Schamerfahrungen begleitet. Plötzlich auftretende Wut, die entweder offen gezeigt wird oder in sich zurückgehalten wird, bietet dem Selbst überlebenswichtigen Schutz vor weiterer Bloßstellung. Es ist eine Abwehrstrategie im Dienst des Selbstschutzes. Die Wut hält andere, gerade Verursacher oder Zeugen der Scham, auf Distanz. Dabei könnten diese Personen trösten oder, im Fall des Verursachers, die Beziehung wieder reparieren, und damit Isolation verhindern.

Denn das Beschämen führt immer zu einem Bruch in der Beziehung zwischen Beschämendem und Beschämten. Manchmal richtet sich die Wut aber auch gegen sich selbst, was sich in negativen Gedanken und Handlungen (z. B. selbstverletzendes Verhalten) hinsichtlich der eigenen Person äußert.

Fallbeispiel: shame rage – die Wut darüber, beschämt worden zu sein

Nia ist fünf und ein ganz normales Kind – das einzig »Auffällige« ist, dass sie doch deutlich öfter als andere beim Essen das Trinkglas umschüttet, sich stößt, Dinge aus Versehen herunterwirft. Beim sonntäglichen Abendessen mit den Eltern am schön gedeckten Tisch passiert es wieder. Sie unterhält sich lebhaft mit ihrem Vater, gestikuliert viel. Bereits zweimal hat ihre Mutter sie ermahnt aufzupassen und ihr Trinkglas mehr zur Mitte des Tisches gestellt. Nia trinkt, stellt das Glas bei sich ab, erzählt weiter und wirft auf einmal das noch fast volle Glas mit Saft um. Es rollt über die Tischkante und zerbricht auf dem Parkettboden, der Saft überschwemmt Tischdecke und Boden zwischen den Glassplittern. Nia erschrickt, ihre Mutter springt auf und fährt sie an: »Immer dasselbe mit dir, ich hab doch gesagt, pass auf! Wieder ein Glas kaputt, und ich darf wieder alles aufwischen. Mir reicht es jetzt, wenn du dich wie ein Kleinkind benimmst, dann kriegst du ab jetzt auch wieder Plastikgeschirr wie ein Baby!« Nia hält sich schon währenddessen die Ohren zu, schreit wütend »Nein!«, dann springt sie auf, rennt in ihr Zimmer, knallt die Tür zu und wirft sich auf ihr Bett und weint. Als ihre Mutter zehn Minuten später in ihre Zimmer kommt und nach ihr sehen will, ist Nia noch wütend und sagt: »Geh raus, lass mich in Ruhe!«

Die Beschämung durch die Mutter ruft bei Nia zum einen Scham hervor, aber gleichzeitig auch Wut über diese wiederholte Beschämung. Ein bisschen ist sie auch wütend auf sich selbst, weil ihr das immer wieder passiert. Aber »shame rage«, zu Deutsch »Wut über Beschämung« richtet sich gegen die Person, die beschämt. Nicht alle Kinder fühlen diese Wut, es gibt Kinder und Erwachsene, die zwar die Scham fühlen, aber nicht Wut, da es unvorstellbar wäre, Aggressionen gegenüber der Bindungsfigur zu haben, die beschämt, geschweige denn die Aggression zudem zu zeigen. Gerade in unsicheren Bindungsbeziehungen, in denen der Schutz und die Versorgung von Bedingungen des Wohlverhaltens abhängen, also nicht bedingungslos gewährt werden, kann Scham-Wut oft nicht gefühlt und ausgedrückt werden.

Dieser Bruch in der Beziehung, gerade wenn es eine für das kindliche Überleben wichtige Beziehung wie eine Bindungsbeziehung ist, wird oft ignoriert. Dabei muss die Beziehung wieder repariert werden, wenn negative Auswirkungen für das Selbst des Beschämten und die Beziehung verhindert werden sollen. Das Beschämen führt zu einem Vertrauensverlust. Sicherheit und Schutz, die die Bindungsfigur gewährleisten soll und will, gehen verloren. Bei Kleinkindern ist teils zu beobachten, dass sie bereits innerhalb der Schmerz- oder Wutreaktion den Kontakt zur Bindungsfigur suchen, selbst wenn diese sie gerade beschämt hat. Auch wenn die beschämende Person teilweise selbst mit Wut auf die Wut des Kindes reagiert, oder aus Wut beschämt hat, ist es hier von Vorteil, die eigene Emotion zu unterdrücken und den Kontakt auf Wunsch des Kindes herzustellen. Im frühkindlichen Alter ist Trost und Versöhnung nur über Körperkontakt und Nähe möglich. Später, wenn sich Sprache entwickelt hat, sind die Kontaktaufnahme unter Einräumen des eigenen Fehlverhaltens und das Angebot von Trost und Beziehung angezeigt. Leider wird viel zu selten der Beziehungsbruch durch solches Verhalten des Beschämenden repariert. Eher werden die Kinder mit ihrer Scham alleingelassen, es erfolgt nach einiger Zeit wieder Aufnahme formaler Interaktionen, beispielsweise über funktionale Fürsorge oder ritualisierte gemeinsame Aktivitäten. Hierbei bleiben jedoch das Leid, die Angst oder Wut und der Schaden für die Beziehung bestehen.

Das Erleben von Scham und Beschämen durch Bindungsfiguren wie Eltern, sekundäre Bindungsfiguren wie pädagogische Fachkräfte oder auch Mitglieder der Peergroup lassen sich im Leben nie ganz vermeiden. Im pädagogischen Setting ist es jedoch notwendig, Scham, beschämendes Verhalten gegenüber den anvertrauten Kindern oder auch gegenüber Eltern zu reflektieren und zu versuchen, entsprechendes Verhalten zu minimieren oder die Beziehung danach wieder zu reparieren. Einige Beispiele von Beschämung sind relativ einfach zu erkennen, andere wiederum deutlich weniger einfach. So sind beispielsweise Versprechen über gemeinsame Aktivitäten in der Zukunft, die dann einfach »vergessen« werden, auch beschämend für den Vergessenen. Das Vergessen des anderen wird so interpretiert, dass man selbst oder die Beziehung nicht wichtig genug ist, als dass das Versprechen eingehalten wird.

Fallbeispiel: Unbeabsichtigtes Beschämen durch »Vergessen«

In der Sternengruppe bauen die großen Kinder mit den großen Stoffbausteinen eine Burg. Die Kleinen wollen das aber auch, und um Weinen zu vermeiden, überredet die Erzieherin Jana die fünf Vorschulkinder, das Spielfeld den Kleinen zu überlassen. Die meisten sind zwar verstimmt, finden aber andere Beschäftigung. Doch Emil spielt besonders gern in der selbst gebauten Burg, interessiert sich wenig für die anderen Aktivitäten. In dieser Woche wird er wiederholt in seinem Spiel unterbrochen und Jana hat auch sonst wenig Zeit für ihn, um das aufzufangen. Daher verspricht ihm Jana, dass sie, wenn sie in zwei Wochen die neuen Sommerblumen für den Garten holen, seine Blume ganz allein mit ihm einpflanzen wird. Emil liebt Gartenarbeit und hatte es im Vorjahr richtig genossen, mit ihr und den anderen großen Kindern pflanzen zu dürfen. Emil ist jedoch genau in der Woche krank, in der Jana mit den anderen Vorschülern Pflanzen kauft und auch gleich einpflanzt. Als Emil wiederkommt, fordert sie ihn auf, den schönen Garten anzusehen und hat dabei ihr Versprechen vergessen. Emil sagt nichts, setzt sich in eine Ecke. Als Jana zu ihm geht und ihn anspricht, fährt er sie an »Lass mich in Ruhe!« – eine typische Scham-Wut Reaktion. Dies wiederum führt bei Jana zur Reaktion »Sag mal, Emil, wie sprichst du denn mit mir? Ich hab' dir doch gar nichts getan!«. Dann lässt sie ihn in der Ecke sitzen, auch weil sich im Hintergrund drei kleinere Kinder streiten und sie eingreifen muss. Der Vorfall wird aufgrund von Zeitnot und gegenseitiger Verstimmung nicht weiter thematisiert. Emil ist jedoch in der Folgezeit deutlich abweisend und auch teils verbal aggressiv Jana gegenüber.

> **Literaturempfehlungen**
>
> Ballmann, A. E. (2022). *Seelenprügel. Was Kindern in Kitas wirklich passiert. Und was wir dagegen tun können.* München: Kösel.
> Kaufman, G. (1992). *Shame – the power of caring.* Rochester, VT: Schenkman Books.
> Maywald, J. (2019). *Gewalt durch pädagogische Fachkräfte verhindern.* Freiburg: Herder.

8.7 Diversität, Behinderung und Inklusion

Inklusion ist inzwischen gesellschaftlich weitgehend akzeptiert und gesetzlich verankert. Inklusion bedeutet, dass jeder Mensch Teil der Gesellschaft ist, unabhängig von Faktoren wie Herkunft, Behinderung, Sprache, Aussehen, Geschlecht, Religion oder Alter. Dieses Recht auf Inklusion ist in der UN-Behindertenrechtskonvention, einem Vertrag, den auch die deutschsprachigen Länder unterschrieben haben, festgeschrieben. Die Umsetzung von Inklusion ist in verschiedenen Bereichen, Ländern und Bundesländern unterschiedlich fortgeschritten. Jedes Kind hat heute das Recht, inklusive Einrichtungen zu besuchen. Häufig existieren inklusive Einrichtungen der Betreuung und Bildung parallel zu heil- oder sonderpädagogischen Einrichtungen. Eltern sollten theoretisch die Wahl haben, ob sie ihr Kind in einer inklusiven oder in einer speziell heil- oder sonderpädagogisch ausgerichteten Einrichtung betreuen bzw. beschulen lassen. In der Realität ist diese Wahl nicht immer gegeben, auch weil es nicht immer inklusive Einrichtungen in der Umgebung gibt, die Kinder mit jeder Art von Behinderung betreuen können oder wollen.

8.7.1 Diversität und Inklusion

Diversität beschreibt die Vielfalt von Menschen in verschiedensten Aspekten: individuell, sozial und strukturell. Gängige Diversitätsdimensionen sind:

- ethnischer Hintergrund
- Geschlecht
- sexuelle Orientierung
- Alter
- körperliche und geistige Fähigkeiten
- Religion und Weltanschauung
- soziale Herkunft

Ziel der Thematisierung von Diversität und Inklusion ist die Schaffung einer vielfältigen Gesellschaft, in der alle Menschen die gleichen Chancen und Rechte haben. Das gilt auch in Einrichtungen wie Kitas. Sie sollen allen Kindern offenstehen. Ein Aspekt von Inklusion ist, dass der Mensch in seiner Individualität in Entscheidungsprozesse, die ihn betreffen, einbezogen wird – im Falle von Kleinkindern bezieht sich dies vorrangig auf die Eltern. Immer mehr setzen sich aber auch partizipative Ansätze in der Kita durch, das heißt, die Kinder werden in Entscheidungen, die sie betreffen, eingebunden. Zudem soll sich der Mensch in seiner Umgebung akzeptiert und respektiert fühlen. Inklusion soll ein unterstützendes Umfeld schaffen, in dem jeder Mensch sein volles Potenzial entfalten kann (https://www.aktion-mensch.de/dafuer-stehen-wir/was-ist-inklusion/diversitaet-diversity).

Viele Kitas sind heute inklusiv. Allerdings wird im Rahmen der Gruppenzusammensetzung durchaus darauf geachtet, wie ausgeprägt der Betreuungsaufwand für ein bestimmtes Kind wahrscheinlich ausfallen wird. Teils sind Behinderungen oder Diversitätsmerkmale bereits bekannt, teils werden bestimmte Merkmale erst beim Kita-Besuch deutlich. Sinnesbehinderungen sind meist bereits diagnostiziert, ein anderer sprachlicher Hintergrund wird von den Eltern bei der Anmeldung angegeben. Soziale, neurologische oder psychische Merkmale wie Autismus, auffälliges Sozialverhalten, Hochsensibilität (▶ Kap. 8.7) oder Ängste und Traumatisierung (▶ Kap. 8.8) werden oft erstmals im Rahmen eines Kita-Besuchs thematisiert. Viele Kitas, selbst solche, die sich als inklusiv bezeichnen, nehmen nicht jedes Kind unabhängig von einer Behinderung auf. Es fehlt an heilpädagogisch ausgebildetem Personal, der Personalschlüssel ist zu gering, und auch andere Kostenfaktoren spielen eine Rolle, sodass oft nur wenige sogenannte »Inklusionskinder« betreut werden.

8.7.2 Inklusive Kitas aus individueller neurobiologischer Perspektive

Vor einem neurobiologischen Hintergrund sind folgende Überlegungen relevant: Ist die Einrichtung die richtige für das individuelle Kind? Wo kann es sich wahrscheinlich am besten voll entfalten und wird optimal in seiner Entwicklung begleitet? Jenseits vom Ideal hundertprozentiger Inklusion und den Forderungen nach Abschaffung jeglicher heil- und sonderpädagogischer Einrichtungen sollten diese Themen kritisch reflektiert werden.

So gibt es Kinder, die bereits aufgrund einer Behinderung, Erkrankung oder eines neurologischen Merkmals wie Hochsensibilität eine höhere Stressbelastung haben, da sie leichter Stress entwickeln und diesen oft schlechter regulieren können. Wie berichtet, bedeutet aber der Alltag in einer durchschnittlichen Kita zusätzlichen Stress – die Lautstärke, oft mehr als 25 andere Kinder in der Gruppe, noch mehr Kinder bei den Zeiten im Außenbereich, wenig Raum für individuelle Bedürfnisse nach Ruhe und Rückzugsmöglichkeiten tragen dazu bei. Dazu steht wenig Zeit mit einer der wenigen (zwei bis drei) Erzieherinnen pro Gruppe zur Verfügung, um Sicherheit aufzutanken und Stress zu regulieren. Selbst bei den feinfühligsten Bemühungen, Wissen der pädagogischen Fachkraft um besondere Bedürfnisse dieses individuellen Kindes und auch Willen, diese zu berücksichtigen, sind durch den Personal- und Zeitmangel in der derzeitigen Praxis der Fürsorge für jedes einzelnes Kind Grenzen gesetzt. In heilpädagogisch ausgerichteten Kitas kümmern sich spezifisch in der Heilpädagogik oder Heilerziehungspflege ausgebildete pädagogische Fachkräfte um deutlich weniger Kinder pro Gruppe. Die Einrichtung ist meist barrierefrei und auf Kinder mit verschiedenen Merkmalen und Behinderungen ausgelegt. Bilder an der Wand verdeutlichen Abläufe und markieren Räume optisch, es gibt eher Rückzugszonen, Snoezelräume für die Entspannung und gezielte Förderung bestimmter Fähigkeiten wie zum Beispiel Motorik. Es ist wahrscheinlich, dass Kinder in diesem meist ruhigeren Setting mit mehr Eins-zu-eins-Betreuungszeit weniger Stress entwickeln und Stressreaktionen bei Bedarf mit mehr Unterstützung reguliert werden können.

Die Stressbelastung ist nicht der einzige Faktor, der bei der Entscheidung für die optimale Betreuung und Teilhabe eines Kindes zu berücksichtigen ist. Aber es ist ein Aspekt, der bisher kaum Aufmerksamkeit erhalten hat. Die Entscheidung liegt bei den Eltern, aber räumliche Nähe und ob überhaupt ein Betreuungsplatz verfügbar ist, schränken diese Wahl für eine optimale Versorgung ihres Kindes ein. Viele Diversitätsmerkmale und Behinderungen sind nicht mit vermehrtem Stress assoziiert – hier stehen andere Aspekte in der Frühpädagogik im Vordergrund. Die neurobiologische Perspektive ist jedoch relevant für die optimale Betreuung und Entwicklungsbegleitung jedes Kindes, egal, ob mit oder ohne Behinderung bzw. Förderbedarf.

8.7.3 Behinderung und Bindung

Für die Beratung und Begleitung in den Frühen Hilfen, aber auch für die Arbeit in Kitas sind die folgenden Erkenntnisse über den Zusammenhang von Behinderung und Bindung relevant. Allerdings ist darauf hinzuweisen, dass die folgenden Aussagen auf wenigen und teils schon älteren Studien basieren. Inzwischen haben sich durch die Verankerung von Inklusion in der Gesellschaft, die Aufklärung über Behinderung und mehr Möglichkeiten der Förderung und Entwicklungsbegleitung möglicherweise Veränderungen ergeben.

Aus diesen wenigen Studien ist bekannt, dass Kinder mit bestimmten Behinderungen häufiger eine unsichere Bindung entwickeln als Kinder ohne diese Behinderung, ohne dass die Behinderung die Bindungsqualität direkt beeinflussen würde (Howe 2006). So zeigen beispielsweise Babys, bei denen später festgestellt wird, dass sie auf dem Autismus-Spektrum liegen, weniger Blickkontakt, sie schreien häufiger exzessiv, sind nicht gut reguliert in Bezug auf Schlaf, Selbstberuhigung und Essen und genießen Körperkontakt weniger. Dadurch fordern sie ihre Eltern in besonderem Maße. Bei einer besonders feinfühligen Mutter entwickeln auch diese Kinder auf dem Autismus-Spektrum sichere Bindungsmuster. Ein höherer Prozentsatz jedoch als in der Vergleichsgruppe neurotypischer Babys weist unsichere, insbesondere desorganisierte Bindungen auf (s. Rauh 2008). Bei Kindern auf dem Autismus-Spektrum führen genetische und epigenetische Faktoren zu einer reduzierten Aktivierung des Oxytocinsystems und seiner Effekte. Vielen Eltern fällt es deutlich schwerer, mit ihrem neuro-atypischen Baby Synchronizität herzustellen und feinfühlig zu bleiben. Sicher gebundene Kinder mit späterer

Autismus-Diagnose entwickeln bessere kommunikative Fähigkeiten als unsicher gebundene Kinder auf dem Autismus-Spektrum (ebd.).

Bei Kindern mit Down-Syndrom (Trisomie 21) war in einer Studie die desorganisierte Bindung am häufigsten, jedoch meist mit einer dahinterliegenden sicheren Bindungsstrategie. Diese sichere Bindung, die nur in bestimmten Situationen von Desorganisation unterbrochen wird, ist mit einer positiven Entwicklung der Kinder bis ins Schulalter assoziiert. Am günstigsten ist die Entwicklung bei Kindern mit Down-Syndrom, wenn sie eine sichere Bindung haben. Selbst bei einer langsameren Entwicklungsgeschwindigkeit während der ersten beiden Lebensjahre zeigen sie eine zügige kognitive Entwicklung, sobald sie mehr verbal kommunizieren können (Rauh 2008). Für die Eltern und andere Personen sind diese Kinder im Umgang angenehm und kooperativ und an sie werden meist keine überzogenen Leistungserwartungen gestellt. Kinder mit Down-Syndrom und unsicher-vermeidender Bindung haben eher ehrgeizige Eltern mit höheren Leistungserwartungen, die auch mehr Förderung und Therapien organisieren. Diese wirken sich nach Rauh (2008) zwar positiv auf die motorische Entwicklung aus. Im Vergleich zu sicher und sicher-desorganisiert gebundenen Kindern mit Down-Syndrom verläuft ihre sprachliche und kognitive Entwicklung jedoch langsamer. Kinder mit Körper- oder Sinnesbehinderungen haben ebenso ein höheres Risiko, eine unsichere Bindung zu entwickeln. Gehörlose Kinder entwickeln eine sichere Bindung am ehesten, wenn die Eltern ebenfalls gehörlos sind. Dagegen zeigen gehörlose Kinder hörender Eltern häufigere Abbrüche in der Interaktion, wodurch die Synchronisation gestört wird (Rauh 2008).

Werden die Eltern von einer körperlich sichtbaren Behinderung des Kindes bei der Geburt überrascht oder hat das Kind während der Geburt durch Sauerstoffmangel Gehirnschädigungen erlitten, können viele keine gute Beziehung zum Kind aufbauen. Depressionen und Aggressionen der Eltern sind in dieser Situation häufiger und insgesamt ist die Wahrscheinlichkeit einer unsicheren Bindung erhöht.

Zusammengefasst haben Kinder mit verschiedenen Behinderungen häufiger unsichere bzw. desorganisierte Bindungen als gesunde oder neurotypische Kinder ohne weitere Risikofaktoren wie Frühgeburtlichkeit. Daher ist es umso wichtiger, dass diese Kinder hinsichtlich ihrer Resilienz unterstützt werden. Denn zusätzlich tragen sie ein erhöhtes Risiko für Folgeerkrankungen wie psychische Erkrankungen oder für eine Anhäufung von Risikofaktoren wie fehlende Autonomie und problematische Sozialbeziehungen (ebd.).

Literaturempfehlungen

Groschwald, A. & Rosenkötter H. (2021). *Inklusion in Krippe und Kita: Ein Leitfaden für die Praxis.* Müchen: Herder.
Rauh, H. (2008). Kindliche Behinderung und Bindungsentwicklung. In L. Ahnert (Hrsg.), *Frühe Bindung – Entstehung und Entwicklung* (S. 313–331). München: Ernst Reinhardt.
Sarimski, K., Holodynski, M., Gutknecht, D. & Schöler, H. (2021). *Kinder mit Behinderungen in inklusiven Kindertagesstätten.* Stuttgart: Kohlhammer.

> Wilken, U. (Hrsg.) (2023). *Elternarbeit und Behinderung: Partizipation – Kooperation – Inklusion.* 2. überarb. Aufl. Stuttgart: Kohlhammer.

8.8 Hochsensibilität

Die Hochsensibilität ist ein Thema, das bisher kaum in pädagogischer oder psychologischer Fachliteratur aufgegriffen wird (Schöberl & Beetz 2023). Ratgeber dazu gibt es jedoch inzwischen einige, da immer mehr Menschen aufgrund verschiedener Probleme, viele davon stressbedingt, vermuten, dass sie selbst oder ihr Kind hochsensibel sind. Teilweise thematisieren Eltern eine mögliche Hochsensibilität auch gegenüber pädagogischen Fachkräften in der Kita.

Hier wird ein Einblick in das Phänomen Hochsensibilität mit dem Fokus auf Kinder gegeben und dargestellt, wie pädagogische Fachkräfte diese Kinder unterstützen können. Zudem wird kurz auf Hochsensibilität bei Fachkräften in der Frühpädagogik eingegangen. Denn Hochsensibilität wächst sich nicht aus und ist nicht therapierbar, da sie ein Persönlichkeitsmerkmal ohne Krankheitswert ist. Es gibt also keine Diagnose »Hochsensibilität«. Mitunter deswegen beschäftigen sich bisher kaum Mediziner, Psychologen oder Pädagogen mit der Hochsensibilität und viele zweifeln deren Existenz als eigenständiges Phänomen an (Aron 2012).

8.8.1 Was ist Hochsensibilität?

Hochsensible Menschen verarbeiten Informationen aus der Umwelt und dem eigenen Körper anders, nämlich intensiver und detailreicher als nicht hochsensible Personen. Dadurch sind an der Verarbeitung beteiligte Hirnareale mit mehr Information konfrontiert, was zu einer höheren Hirnaktivität bei verschiedenen Aktivitäten führt (s. Aron, Aron & Jagiellowicz 2012). Hochsensibilität gibt es nicht nur beim Menschen, sondern ist auch bereits bei verschiedenen Tierarten wie zum Beispiel Hunden nachgewiesen worden. Etwa 15 bis 20 % der Bevölkerung sind hochsensibel. Sie nehmen Gefahren und andere Informationen aus der Umwelt niederschwelliger und damit schneller wahr und reagieren darauf. Daher sind sie im Durchschnitt auch vorsichtiger. Diese Eigenschaft der Hochsensibilität bei einem Teil der Bevölkerung war im Laufe der Evolution von Vorteil. Dieser Anteil der sozialen Gruppe konnte bereits früh Gefahren wie Feinde, Unwetter, Naturphänomene wie Erdbeben wahrnehmen und den Rest der Gruppe alarmieren. Dies trug zum Überleben aller Gruppenmitglieder bei (ebd.).

Häufig werden hochsensible Menschen von anderen als »Mimose« bezeichnet. Obwohl dies abfällig gemeint ist, treffen einige Eigenschaften dieser faszinierenden Pflanze tatsächlich auf die Betroffenen zu. Eine Strauchpflanze mit filigranen rosa Blüten, zeichnet sich die Mimose durch eine hohe Geschwindigkeit der Reizleitung aus. Berührt man ein Blättchen ihrer fedrig aufgebauten Blätter, klappt sie in kurzer

Zeit das gesamte Blatt zusammen. Sie reagiert ebenso auf schnelle Änderungen in Temperatur oder Lichteinfall, sie ist hier besonders sensibel.

8.8.2 Neuronale Besonderheiten bei Hochsensibilität

Verschiedene Studien haben neuronale Unterschiede zwischen hochsensiblen und nicht hochsensiblen Personen dokumentiert (Acevedo et al. 2014; 2017; 2021; Jagiellowicz et al. 2011). Eine familiäre Häufung weist auf eine genetische Disposition für Hochsensibilität hin (Aron et al. 2012; Homberg et al. 2016).

Hochsensible Personen nehmen nicht »mehr« wahr als nicht hochsensible Personen. Die neuronalen Filtermechanismen des Thalamus und anderer Hirnareale sortieren jedoch weniger Informationen als unwichtig aus. Daher werden mehr Informationen an weitere Hirnareale weitergeleitet. Dies führt dazu, dass mehr Information im zentralen Nervensystem bewusst verarbeitet werden muss und bewusst wahrgenommen wird. Dagegen laufen bei Nicht-Hochsensiblen viele Wahrnehmungen unbewusst ab und es wird viel mehr Information einfach als irrelevant ausgefiltert (Aron et al. 2012). Die tiefgehende neuronale Verarbeitung stellt eine zentrale Funktion von Hochsensibilität dar. Dabei sind die verschiedenen Gehirnareale, die für Aufmerksamkeitskontrolle, Gedächtnisbildung, bewusste Gedanken und physiologisches Gleichgewicht zuständig sind, auch im Ruhezustand miteinander im Austausch (Acevedo et al. 2021). Es existiert die Theorie, dass bei hochsensiblen Personen mehr Reize über den Thalamus in die Amygdala gelangen, auch potenziell angstauslösende Reize. Da ihr Stresssystem aufgrund dessen häufiger von der Amygdala aktiviert wird, sind hochsensible Menschen stressanfälliger und akkumulieren mehr Stress als nicht hochsensible Personen (Benham 2006). So können Umgebungen, die für nicht hochsensible Personen noch erträglich sind, wie der Lärm in einer Großstadt mit hupenden Autos oder viele Menschen auf engem Raum, für hochsensible Menschen zu starken Stressreaktionen führen. Auch der übliche Lärm in großen Kita-Gruppen, die vielen anderen Kinder und Erzieherinnen mit ihren Gerüchen, Stimmen, Bewegungen, die beengten Räumlichkeiten bewirken bei hochsensiblen Kindern mehr Stress. Durch diesen Stress und weil das Gehirn und die Zwischenspeicher wie das Arbeitsgedächtnis schnell an ihre Grenzen geraten, sind hochsensible Personen schneller überreizt. Durch den Stress können sie sich auch schlechter konzentrieren und die Impulskontrolle kann nur über kürzere Zeitspannen optimal aufrechterhalten werden. Um all die vielen Reize verarbeiten zu können, benötigen sie mehr Ruhe und Pausen.

Testungen der Geräuschempfindlichkeit dokumentieren, dass 15 % der getesteten Personen bereits bei einer geringeren Lautstärke ein Geräusch als unangenehm empfinden. Dagegen nehmen 85 % der Getesteten das Geräusch erst viel später wahr (Parlow 2015). Hochsensible Personen benötigen auch mehr Zeit, um Fehler in Suchbildern zu finden. Dabei ist eine stärkere Aktivierung von Hirnarealen zu beobachten, welche die visuelle Aufmerksamkeit steuern, was für eine tiefere sensorische Wahrnehmung spricht (Jagiellowicz et al. 2011). Betrachten hochsensible Personen Fotos des Partners oder eines glücklichen Fremden, so sind vermehrt

Hirnareale aktiv, die für Empathie, Aufmerksamkeit und Gedanken über sich und andere zuständig sind. Hochsensible Personen achten verstärkt auf soziale Informationen (Acevedo et al. 2014).

8.8.3 Weitere Besonderheiten von hochsensiblen Personen

Frühkindliche Erfahrungen prägen die neuronale Aktivität hochsensibler Personen besonders stark. Bei einer positiven sozialen Umwelt in der frühen Kindheit zeigen die hochsensiblen Personen günstigere Aktivierungsmuster in Hirnarealen, die für Lernen, Erinnerungen, Selbstreflexion und physiologische Reaktion auf Emotionen zuständig sind. Ungünstige frühe Erfahrungen wirken sich negativ diesbezüglich aus (Acevedo et al. 2017). Dies trifft natürlich auch auf nicht hochsensible Personen zu, jedoch ist der Zusammenhang bei Hochsensibilität stärker und somit das Risiko durch eine schädliche frühe Umwelt nochmals größer.

Hochsensible Personen setzen sich oft tagelang mit sozialen Konflikten und Interaktionen auseinander und beziehen Aussagen und Blicke anderer Personen leicht auf sich. Durch die verstärkte Aktivierung und das schnellere Erreichen kritischer Stresswerte sind hochsensible Personen auch anfälliger für Ängste. Das Risiko für Ängstlichkeit ist besonders erhöht, wenn in der frühen Kindheit ungünstige Umweltfaktoren vorherrschen, wie übertriebene, inadäquate oder fehlende elterliche Fürsorge (Liss et al. 2005). Bei einer günstigen frühen Kindheit sind hochsensible Personen nicht mehr oder weniger anfällig für Depressionen oder Angststörungen als nicht hochsensible Personen. Negative Umweltfaktoren fallen bei Hochsensiblen mehr ins Gewicht (Aron et al. 2005).

8.8.4 Verschiedene Bereiche der Hochsensibilität

Die Hochsensibilität kann sich als verstärkte bewusste Wahrnehmung in verschiedenen Bereichen zeigen, wobei auch eine Kombination mehrerer Aspekte möglich ist (Aron 2014; Parlow 2015):

- sensorisch: Gerüche, Geräusche, Geschmack, Berührungen/Tastsinn, optische Eindrücke, Details im Umfeld erkennen, Schmerzen, körperliche Symptome und körperliche Prozesse allgemein
- emotional: Stimmungen/Befindlichkeiten/Emotionen anderer, Erkennen komplexer sozialer Beziehungen und Dynamiken zwischen Menschen
- kognitiv: komplexe Gedankengänge, Perspektivenwechsel, Erkennen von komplexen Zusammenhängen

8.8.5 Hochsensible Kinder in der Kita

Im Vergleich zu nicht hochsensiblen Kindern sind hochsensible Kinder schneller reizüberflutet und überfordert. Sie benötigen länger für Aufgaben und können sich weniger lange konzentrieren. Daher fallen sie in für sie anstrengenden und überfordernden Situationen häufiger durch geistige Abwesenheit auf, sie wirken unaufmerksam und desinteressiert (Aron 2012). In der Kita kann dies bei Übungen, die mit Leistung assoziiert sind, wie Vorschulübungen, auftreten. Auch Situationen wie der Morgenkreis in einer großen Gruppe mit Regeln, engem Beisammensitzen und dem Erzählen von sich können solche Situationen darstellen. Denn sie haben eine hohe Reizdichte, die nicht hochsensiblen Personen so kaum bewusst wird.

Nimmt ein hochsensibles Kind Berührungen sehr intensiv wahr, so ist es reizintensiv, lange mit anderen eng zusammenzusitzen. Zum einen wird im Morgenkreis die Individualdistanz unterschritten, die auch schon Kinder haben. Die Individualdistanz bezeichnet den Abstand von einer anderen Person, mit dem man sich wohl fühlt bzw. bei dem noch kein Ausweichen oder Aggressionsverhalten gezeigt wird. Je nach kulturellem Hintergrund und Enge der Beziehung variiert die Individualdistanz. Nicht immer kann ein Kind sich aussuchen, neben wem es sitzt, oft ja so eng, dass Körperkontakt entsteht. Dann wird seine Wohlfühldistanz unterschritten, es entsteht Stress. Zudem riecht und hört es die Person neben sich noch intensiver, was als unangenehm empfunden werden kann, insbesondere bei Hochsensibilität für Gerüche und Geräusche.

Besteht Hochsensibilität für Körperempfindungen, wird jede kleine Missempfindung normaler Körpervorgänge wie Verdauung besonders intensiv wahrgenommen, teils sogar als Schmerz, auch Hitze und Kälte werden intensiver erlebt (Parlow 2015; Aron 2012). Schon der Waschzettel im T-Shirt kann unerträglich »kratzen«, ein winziger Stein im Schuh unerträglich drücken – Dinge, die nicht hochsensible Kinder meist ausblenden können.

In der Kita werden hochsensible Kinder eher gemobbt, weil sie sich oft zurückziehen, Situationen mit Reizüberflutung meiden und sich einfach anders verhalten. Als Reaktion auf ihren hohen Stresspegel sind sie teils selbst lauter oder leicht ablenkbar. Die üblichen 76 Dezibel Geräuschatmosphäre in der Kita stressen sie mehr als andere. Auch positive Reize wie interessante Beobachtungen ermüden hochsensible Kinder schneller.

8.8.6 Verwechslungen der Hochsensibilität mit ADS und Autismus

Durch die verkürzte Aufmerksamkeitsspanne und das geistige Abdriften bzw. Träumen wird bei vielen Hochsensiblen schnell ein Aufmerksamkeitsdefizit (ADS) unterstellt und sie erhalten oft fälschlicherweise die Diagnose ADS/ADHS (Aron 2012; 2014). Anders als Kinder mit zutreffender ADS/ADHS-Diagnose können sich hochsensible Kinder jedoch, wenn sie gerade nicht überreizt sind, sehr wohl konzentrieren, kontrollieren und zeigen nicht die üblichen Auffälligkeiten.

Eine weitere häufige Fehldiagnose ist Autismus. Da sich hochsensible Kinder bei Überstimulation zurückziehen, dann auch Blickkontakt und soziale Interaktionen vermeiden, um sich vor weiteren Reizen zu schützen, erscheinen sie in diesen Situationen ähnlich einem Kind auf dem Autismus-Spektrum. Anders als Kinder auf dem Autismus-Spektrum sind sie jedoch sehr wohl in der Lage, sich empathisch in andere einzufühlen. Sie wissen, wie sie sich in sozialen Situationen verhalten sollten. Sind sie selbst entspannt, können sie sich ganz nach den erwarteten sozialen Normen verhalten. Zudem haben sie meist vielfältige Interessen und lebhafte Reaktionen auf soziale Reize, anders als Kinder auf dem Autismus-Spektrum, die weniger auf soziale Reize reagieren und zu Inselbegabungen neigen (Aron 2012; 2014).

8.8.7 Zum Umgang mit der Hochsensibilität

Obwohl die besondere Reizverarbeitung und Sensibilität später in spezifischen Berufen sehr wertvoll sein können, sind die heute üblichen Erziehungsumgebungen wie Kitas für hochsensible Kinder überwiegend unpassend. Geruchssensible Erwachsene können gefragte Parfumeure werden, Personen mit ausgeprägtem Geschmackssinn hervorragende Köche, Sozial-Feinsinnige wunderbare Therapeuten oder Körpersensible hervorragende Sportler. Hier stellt die Hochsensibilität eine gefragte Ressource dar. Doch Settings, wie sie heute in der institutionellen Betreuung kleiner Kinder vorherrschen, bieten meist zu viele Reize. Das hochsensible Kind ist schnell überfordert und »funktioniert« nicht gut. Schon das Fertigmachen zu Hause morgens unter Zeitdruck, da viele Einrichtungen feste Bringzeiten haben und wenig Flexibilität zeigen, vielleicht eine kalte windige Fahrt auf dem Kindersitz des Fahrrads durch den morgendlichen Berufsverkehr mit einem Helm, der »drückt«, dann das Ankommen in einer Garderobe mit 70 anderen Kindern sind schon mehr als genug Reize. Dann muss sich das Kind in der Kita-Gruppe erst einmal zurückziehen und wieder beruhigen. Dies wäre zumindest eine Strategie, die es erlaubt, Stress herunterzufahren. Bei Geräuschempfindlichkeit ist das Achten auf geringere Lautstärke ebenso für alle andern Anwesenden von Vorteil. Eltern können berücksichtigen, dass der Kita-Besuch an sich schon genügend Reize bietet und das Kind danach eine Ruhepause zu Hause benötigt. Weitere Musik- oder Sportstunden im Anschluss an die Kita sind für hochsensible Kinder oft zu viel.

Mit älteren Kindern sollten Strategien erarbeitet werden, wie sie sich vor Reizüberflutung schützen können. Sie berichten schon selbst, was sie als unangenehm empfinden und sollten hier ernst genommen werden. Die subjektive Wahrnehmung ist individuell: Die Erzieherin in der Kita oder die Mutter zu Hause mögen es nicht nachvollziehen können, dass der Waschzettel in der Kleidung kratzt und entfernt werden muss. Oder sie finden, der Käse beim Abendessen riecht doch überhaupt nicht, während das Kind ihn als entsetzlich stinkend wahrnimmt, sich fast übergibt und den Raum verlassen will. Allerdings können doch viele Eltern, aufgrund eigener Hochsensibilität, Verständnis für ihr Kind aufbringen. Teils ist es für sie jedoch problematisch, ihr »Nachgeben« zu rechtfertigen, das von anderen als Verhätscheln und »Sich-auf-der-Nase-herumtanzen-Lassen« interpretiert wird.

Gerade junge hochsensible Kinder brauchen besonders viel Schutz durch Erwachsene, da sie selbst noch keinerlei Strategien haben, sich selbst zu schützen. Eltern wie pädagogische Fachkräfte sollten im Wissen um das Phänomen Hochsensibilität offener dafür sein, dass Kinder etwas anders empfinden als sie selbst. Bemerkungen wie folgende, sind nicht hilfreich, sondern sprechen dem Kind seine

Wahrnehmung und Empfindung ab: »Prinzessin auf der Erbse«, »Das kannst du gar nicht spüren«, »Stell Dich nicht so an«, »Das tut nicht weh«, »Jetzt mach endlich weiter«, »Sei nicht so empfindlich«. Dabei sollen Kinder ja gerade lernen, Gefühle und Empfindungen wahrzunehmen, zu differenzieren, zu verbalisieren und idealerweise auch selbstständig zu regulieren.

Aufgrund der intensiveren Reizverarbeitung braucht das hochsensible Kind mehr Pausen, Ruhe und Rückzugsmöglichkeiten. Dauerreize wie eine ständige Geräuschkulisse wie laufendes Radio, TV, aber auch grelles Licht, intensive Farben, Gerüche (Raumdüfte, Parfums) sollten vermieden werden. Reizintensive Erlebnisse wie zum Beispiel der Besuch von Indoor-Kinderspielplätzen, Einkaufszentren, Sportturnieren sollten, wenn möglich, kürzer geplant werden oder es sollte direkt danach eine Ruhezeit möglich sein. Weniger Spielzeug in der Kita oder dem Kinderzimmer, indem ein Teil immer für einige Zeit in den Keller geräumt und gewechselt wird, hilft ebenso bei der Reizreduktion. Tagesabläufe mit geplantem Wechsel von Aktivitäten und Ruhezeiten sind von Vorteil.

8.8.8 Ansetzen beim Erwachsenen

Überwiegend zielen pädagogische Ansätze darauf ab, direkt das Verhalten des Kindes zu beeinflussen. In den Frühen Hilfen zumindest gilt aber heute schon die Erkenntnis, dass das kindliche Verhalten maßgeblich von der Beziehung und Interaktionen mit den Eltern abhängt. Doch auch ältere Kinder agieren in Beziehungen, sei es mit Eltern oder pädagogischen Fachkräften. Daher wird das kindliche Verhalten durch die Stimmung und innere Haltung der Erwachsenen beeinflusst. Nach Juul (2012) sind für die Beziehung zwischen Kind und Erwachsenem immer die Erwachsenen verantwortlich. Denn Kinder sind normalerweise kooperativ, wollen akzeptiert werden und dazugehören und versuchen sich entsprechend anzupassen. Das Kind allein kann ein bestehendes Beziehungsgefüge nicht ändern. Der Erwachsene kann aber seine Einstellung, Stimmung und Handlungsweisen gezielt ändern und somit dem Kind die Möglichkeit eröffnen, auch sein Verhalten anzupassen (Juul 2012).

Bei hochsensiblen Kindern hilft den Erwachsenen das Wissen um das Phänomen Hochsensibilität. Sie können sich dann um noch mehr Feinfühligkeit, Akzeptanz und Geduld bemühen. Es gibt Skalen, mit denen eingeschätzt werden kann, ob bei einem Kind tatsächlich eine Hochsensibilität vorliegt. Kinder kann es entlasten, wenn man ihnen erklärt, dass sie Dinge anders wahrnehmen als andere Kinder, die sie kennen, und dass das in Ordnung so ist. Sie müssen eben lernen, damit umzugehen, indem sie zum Beispiel mehr Pausen machen oder auch noch einen Mittagsschlaf, selbst wenn die anderen das nicht mehr machen. Die Erkenntnis, dass das hochsensible Kind in bestimmten Situationen mehr Unterstützung benötigt, ist für Eltern und pädagogische Fachkräfte wichtig, um das Kind optimal in seiner Entwicklung zu begleiten.

Wie bei allen Kindern, aber eben insbesondere bei hochsensiblen, sind Druck und überzogene Erwartungshaltungen der Erwachsenen zu vermeiden. Die Haltung, das Verständnis und die Einstellung, die auf dem Umgang mit Diversität und dem Inklusionsgedanken basieren, kommen hochsensiblen Kindern sehr entgegen. Hochsensibilität ist eben ein weiteres Diversitätsmerkmal. Der Individualität so viel Raum wie möglich zu geben und rigide Strukturen und Einstellungen fallen zu lassen ermöglichen Kindern eine optimale Entwicklung und Entfaltung ihrer individuellen Potenziale. Funktionieren-Müssen und Orientierung an Leistung anstatt von Beziehung bewirken das Gegenteil (Hüther 2018).

8.8.9 Hochsensible Erwachsene in der Pädagogik

Hochsensibilität begleitet einen Menschen sein Leben lang. Im Laufe des Lebens verändern sich jedoch die individuellen Ressourcen, mit dieser Besonderheit in Wahrnehmung und Informationsverarbeitung umzugehen. Einige strukturieren ihren Alltag so, dass sie Überreizung, etwa durch laute Umgebungen und viele Menschen, vermeiden oder zumindest immer wieder Rückzugspausen einlegen können. Im Laufe von Kindheit und Jugend müssen hochsensible Kinder mithilfe von Erwachsenen herausfinden, was sie besonders fordert, wie sie Überreizung vermeiden und sich erholen können. Bei erfolgreicher Selbstregulation sind hochsensible Personen sehr gute in der Lage, einer anspruchsvollen Arbeit nachzugehen und in einem für sie gutem Maß Sozialkontakte und private Beziehungen zu pflegen.

Wie in der Allgemeinbevölkerung, ist ein Anteil pädagogischer Fachkräfte hochsensibel. In der Einzelarbeit oder aufsuchenden Familienhilfe wird es seltener zur Überlastung kommen. Die derzeitige Situation in den meisten Kitas (s. NUBBEK-Studie; Tietze et al. 2013) birgt jedoch viele mögliche Reizüberforderungen wie zum Beispiel die Lautstärke, Interaktionen mit vielen Personen, zu große Gruppen, Gerüche, Sitzen auf zu kleinen Stühlen oder auf dem harten Boden, Zeitdruck, unvorhergesehene Ausfälle von Kollegen bei zu wenig Personal, Anforderungen durch Diversität und Inklusion und besonderen Unterstützungsbedarf von Kindern. Diese Herausforderungen bringen bereits nicht hochsensible pädagogische Fachkräfte an ihre Grenzen. Es herrschen eine hohe Fluktuation von Personal, ein hoher Krankenstand und das Risiko für einen Burn-out. Hochsensible sind unter diesen besonders fordernden Umständen stärker gefährdet.

> **Übungsaufgabe: Der Morgenkreis für Erwachsene**
>
> Wie anstrengend gemeinsame Gruppenaktivitäten für manche Kinder sind, wurde bereits angedeutet. Für das eine Kind ist der Morgenkreis ein geliebtes Ritual mit Freunden, bei dem sie gemeinsam Spaß haben und sich austauschen. Für ein anderes Kind ist es der Teil des Vormittags, den sie am liebsten überspringen würden: neben einem sitzen Kinder, die nicht unbedingt Freunde sind, innerhalb des persönlichen Nahraums, vielleicht sogar mit Körperkontakt; dann soll das Kind auch noch »Leistung« bringen, indem es möglichst gut gelaunt mitsingt, tanzt oder von seinem Wochenende erzählt, wo es doch gerade am liebsten flüchten möchte. Für hochsensible Kinder sind Rituale wie der Mor-

genkreis manchmal überaus fordernd oder überfordernd, sodass sie die Teilnahme verweigern.

Wir bitten Sie, sich einmal Folgendes vorzustellen. (Da Sie erwachsen und kompetent sind, wurde die Situation in der folgenden Aufgabe diesem Entwicklungsstand angepasst.) Sie sind in einem Seminarraum mit 40 anderen pädagogischen Fachkräften. Es geht um Selbstreflexion pädagogischen Umgangs mit schwierigem Verhalten von hochsensiblen Kindern. Weil die Seminarleiterinnen Selbsterfahrung großschreiben, müssen sie sich alle die Schuhe ausziehen, ein dünnes hartes Filzkissen nehmen und sich eng nebeneinander in drei ineinander liegenden Kreisen auf dem Boden setzen. Links und rechts neben Ihnen Fremde, Ellenbogen an Ellenbogen, vor Ihnen und hinter Ihnen eine weitere Person, die Ihre Füße fast in ihr Kreuz drückt. Sie spüren die Körperwärme der anderen und es wird Ihnen schnell warm. Der Fußschweißgeruch der 40 anderen Teilnehmer dringt in ihre Nase, ebenso wie der Parfumgeruch von mindestens 30 weiteren, die sich entschieden haben, weil ja mal keine Kinder dabei sind, endlich mal wieder den Lieblingsduft aufzulegen. Die Fenster sind gekippt, das hilft aber nur wenig. Es herrscht lautes Dauermurmeln und eine gewisse Spannung, bis die Seminarleiterinnen beginnen. Dann sollen sie alle aufstehen und gemeinsam ein Lied singen – dabei sollen Sie zappeln, sich im Kreis drehen und auf und nieder hüpfen. Es wird noch wärmer, der knappe Raum, der ihnen zur Verfügung steht, wird ihnen so richtig bewusst, als sie versuchen, keinen Vorder-, Hinter- oder Nebenmann zu berühren. Dann sollen sie einzeln berichten, wie sie mit schwierigem Verhalten umgehen und vor allem auch reflektieren, wo Sie pädagogisch nicht optimal gehandelt haben. Jetzt ist diese Aufgabe nicht direkt mit dem Erlebnisbericht vom Wochenende vergleichbar, aber vielen Kindern, gerade den schüchternen, fällt es sehr schwer, Privates zu erzählen oder überhaupt vor der Gruppe zu sprechen. Sie aber sind ja kompetent und haben Ressourcen, da darf die Aufgabe schon mal schwieriger sein. Die Seminarleiterinnen geben jedem auch noch spontan eine Kopfrechenaufgabe, das Ergebnis ist schnell und laut zu verkünden – das steigert den Stress durch die Angst vor sozialer Bewertung. Das ganze Prozedere dauert, sie können kaum mehr sitzen – Kinder empfinden Zeit, gerade bei unangenehmen Aktivitäten, deutlich länger, daher ist das schon in Ordnung für Sie als Erwachsene. Als Sie kurz mit der unbekannten Erzieherin neben sich sprechen, wie lange das wohl noch dauert, ermahnt sie eine der Seminarleiterinnen vor allen anderen Teilnehmern zum Schweigen.

Fragen Sie sich, wie Sie sich nach dieser ersten Stunde fühlen. Wahrscheinlich wollen sie an die frische Luft, etwas für sich sein, Abstand zu anderen haben, ihren persönlichen Nahraum wieder einnehmen und sich mit etwas Positivem von der Innenschau ihres möglichen pädagogischen Fehlverhaltens oder Ihres vielleicht falschen Rechenergebnisses ablenken. Erschöpfend, oder? Wer bräuchte da nicht eine Pause und fragt sich, ob er sich einer solchen Prozedur täglich wieder aussetzen würde?

8.8.10 Fazit

Hochsensibilität ist ein besonderes Merkmal eines Teils der Bevölkerung, der Vorteile, aber auch Belastungen mit sich bringen kann, insbesondere in der frühen Kindheit. Kinder müssen mit Unterstützung erwachsener Bezugspersonen Strategien erlernen, mit ihrer besonderen Wahrnehmung und Reizverarbeitung umzugehen. Viele hochsensible Kinder brauchen bei eigenständigen Aktivitäten über das durchschnittliche Alter hinaus noch Unterstützung, denn die Situationen können viel fordernder für sie sein als für nicht hochsensible Kinder: der Besuch einer Kita-Gruppe mit vielen anderen Kindern und Lärm, Bus- und Bahnfahren oder allein bei unbekannten Personen oder in neuen Räumen wie einem Schwimmbad oder einer Sporthalle zu sein. Je nach Bereichen der individuellen Hochsensibilität sind verschiedene Situationen besonders reizintensiv. Sie können nicht wie andere viele der Reize einfach aussortieren. Sie müssen erst lernen mit den vielen Reizen umzugehen. Das braucht Zeit, Verständnis und unterstützende Anleitung. Für alle, aber insbesondere hochsensible Personen bringt das folgende Zitat eine wichtige Erkenntnis auf den Punkt: »Die Weisheit des Lebens besteht im Weglassen des Unwesentlichen« (Lin Yutang, in Yutang & Süskind 1982).

> **Literaturempfehlungen**
>
> Aron, E. (2012). *Das hochsensible Kind: Wie Sie auf die besonderen Schwächen und Bedürfnisse Ihres Kindes eingehen.* München: mvg Verlag.
> Parlow, G. (2015). *Zart besaitet – Selbstverständnis, Selbstachtung und Selbsthilfe für hochsensible Menschen.* Wien: Festland Verlag.
> Schöberl, I. & Beetz, A. (2023). Hochsensibilität – vom Umgang mit besonders feinfühligen Kindern. Das Kita-Handbuch. https://www.kindergartenpaedagogik.de/facharti kel/psychologie/hochsensibilitaet-vom-umgang-mit-besonders-feinfuehligen-kindern/

8.9 Traumatisierung

Viele Kinder erleben schon in der frühen Kindheit Traumatisierungen. Diese können nachhaltige Veränderungen in Erleben und Verhalten des Kindes nach sich ziehen. Es können sich sogenannte Traumafolgestörungen entwickeln. Reaktionen auf ein Trauma beeinflussen die Beziehungen zu anderen Menschen, Vertrauen, Stressreaktivität und Stressregulation, Impuls- und Emotionskontrolle sowie das Angst- bzw. Sicherheitsempfinden. In der Pädagogik beschäftigt sich die Traumapädagogik damit, wie Kinder, die unter Folgen von Traumata leiden, unterstützt und begleitet werden können. Die Traumapädagogik integriert Wissen aus der Psychotraumatologie, Bindungstheorie, Resilienzforschung und Traumatherapie. Ihr Ziel ist es, betroffene Kinder emotional und sozial zu stabilisieren (Bundesarbeitsgemeinschaft Traumapädagogik 2011). Die Basis dafür ist, dass die pädagogische Fachkraft hilft, einen sicheren Ort und vertrauensvolle Beziehungen für das Kind zu schaffen. Die Traumapädagogik vermittelt Pädagogen eine neue Sicht auf problematisches Verhalten von Kindern, nämlich ein Verständnis vor dem Hintergrund einer Traumatisierung und des Verhaltens als Versuch, damit zurechtzukommen. Dieses Wissen kann bei der pädagogischen Fachkraft Gefühle der Unzulänglichkeit und Hilflosigkeit im Umgang mit betroffenen Kindern reduzieren und alternative Handlungsweisen aufzeigen. Die Traumapädagogik zielt darauf ab, alle Beteiligten im pädagogischen Alltag zu entlasten.

8.9.1 Traumatisierung in der frühen Kindheit

Kinder im Alter von null bis sechs Jahren haben ein hohes Risiko, ein Trauma zu erleben (De Young, Kenardy & Cobham 2011). Aufgrund ihrer eingeschränkten Ressourcen, das Trauma selbst zu verarbeiten, und ihrer hohen Abhängigkeit vom Schutz und der Fürsorge ihrer Bindungsfiguren haben sie zudem ein erhöhtes Risiko, Traumafolgestörungen zu entwickeln. In der Traumaforschung wurde diese Altersgruppe jedoch lange Zeit vernachlässigt und rückte erst in den letzten zwei Jahrzehnten vermehrt in den Fokus. Die üblichen diagnostischen Kriterien für eine Traumafolgestörung in anderen Altersgruppen sind nicht entwicklungssensitiv und daher unpassend für die frühe Kindheit. Aufgrund dessen wurde die Häufigkeit von Traumafolgestörungen in der frühen Kindheit meist unterschätzt. In der frühen Kindheit muss ein Trauma immer im Kontext der Eltern-Kind-Beziehung betrachtet werden (ebd.).

8.9.2 Traumata und Traumafolgestörungen

Ein Trauma ist ein für die Person erschütterndes Ereignis, das mit einer außergewöhnlichen Bedrohung für das Leben oder die physische oder psychische Gesundheit einhergeht. Es ist eine Erfahrung, die außerhalb der üblichen Erfahrungen liegt, und es ist nachvollziehbar, dass betroffene Personen mit Furcht und Entsetzen reagieren. Ein wichtiger Aspekt ist auch das Empfinden, keine Kontrolle über das Ereignis zu haben, was zu einem Gefühl der Hilflosigkeit führt. Traumata können danach unterschieden werden, ob sie einmalig sind (Typ-I-Trauma), wie ein Unfall oder eine Naturkatastrophe, oder wiederholt durchlebt werden, wie bei wiederkehrendem physischen, sexuellen oder psychischen Missbrauch (Typ-II-Trauma).

Kinder im Alter von null bis vier Jahren sind am häufigsten Missbrauch oder Vernachlässigung ausgesetzt (Australian Institute of Health and Welfare 2010). In den USA sind 56% der Opfer von Kindesmisshandlung jünger als sieben Jahre (U. S. Department of Health and Services 2009). Kinder unter fünf Jahren haben zudem das höchste Risiko für unfallbedingte Traumata wie Autounfälle, Verbrennungen, Hundebisse, Herunterfallen und Ertrinken (AIHW 2009). Im Alter von sechs bis 36 Monaten haben 23% der Kinder ein potenzielles Trauma erlebt (Mongillo et al. 2009).

Kinder, die nach dem Erleben eine Traumafolgestörung wie eine posttraumatische Belastungsstörung (PTBS) entwickeln, erholen sich normalerweise nicht spontan. Jeder zweite Vorschüler mit der Diagnose PTBS zeigt mehr als zwei Jahre lang Symptome (Scheeringa et al. 2005). Traumatisierung und Traumafolgestörungen erhöhen das Risiko des Kindes, im weiteren Verlauf der Kindheit und Jugend Gesundheits- und Verhaltensprobleme wie Depressionen, Ängste, Süchte und Verhaltensauffälligkeiten zu entwickeln (Green et al. 2010).

8.9.3 Symptome einer posttraumatischen Belastungsstörung

Zu den Symptomen einer PTBS zählen das Wiedererleben traumatischer Ereignisse durch intrusive Erinnerungen, Vermeidung traumabezogener Situationen und Reize, Gefühlstaubheit sowie chronische Übererregung (De Young, Kenardy & Cobham 2011). Unter Gefühlstaubheit versteht man, sich emotional taub und abgestumpft zu fühlen, meist im Wechsel mit Phasen gesteigerter Empfindsamkeit. Auch das Gefühl, von der Welt entfremdet und abgetrennt zu sein, gehört dazu. Zur chronischen Übererregung, also ausgeprägtem Stress, trägt bei, dass das Gefühl von Sicherheit verloren gegangen ist. Die Umgebung wird ständig nach Gefahren abgesucht, das Kind ist überaus schreckhaft, reizbar, hat oft Konzentrationsstörungen und Schlafprobleme. Kleine Kinder berichten vielleicht nicht vom Trauma, sondern zeigen ihre Traumatisierung, indem sie das Trauma im posttraumatischen Spiel immer wieder durchspielen (Gaensbauer 1995). Dieses Spiel ist rigide, wiederholt sich und hat eine ängstliche Qualität.

Neben diesen Symptomen einer PTBS haben kleine Kinder vermehrt Trennungsängste, sind ihrer Bindungsfigur gegenüber sehr anhänglich und entwickeln neue Ängste, die scheinbar unabhängig vom erlebten Trauma sind, zum Beispiel davor, allein auf die Toilette zu gehen (Scheeringa et al. 2003). Auch neu auftretende physische Aggressionen gegenüber Familienmitgliedern, Peers oder Tieren sind manchmal zu beobachten, ebenso eine Rückentwicklung hinsichtlich Toilettentraining (wieder auftretendes Einnässen oder Einkoten), Durchschlafen oder Sprache sowie altersunangemessenes sexualisiertes Verhalten (Scheeringa 2005). Manche Kinder ziehen sich von Freunden und Familienmitgliedern zurück, wirken weniger emotional, sondern abgestumpft und zeigen weniger Interesse, Exploration und Teilnahme an Aktivitäten (Scheeringa et al. 2003).

Traumata des Typs I sind eher mit klassischen Symptomen einer PTBS assoziiert, Traumata des Typs II mit komplexen PTBS bzw. Entwicklungstraumata (van der Kolk 2005).

8.9.4 Traumatisierung durch eine Bindungsfigur

Besonders dramatisch ist die Situation für ein Kind, das wiederholt von seiner Bindungsfigur traumatisiert wird, zum Beispiel durch emotionalen, physischen oder sexuellen Missbrauch (Brisch 2018). Die Person, die das Kind schützen soll und an die es sich zwecks Schutz wenden soll, ist der Grund für die Bedrohung von Leben und Gesundheit. Das Kind hat niemanden, an den es sich in dieser Situation wenden kann, es ist allein, hilf- und schutzlos. Hat es weitere Bezugspersonen, zum Beispiel die Mutter bei Misshandlungen durch den Vater, oder eine pädagogische Fachkraft, ist dies eine Möglichkeit, Hilfe zu suchen. Doch oft bedrohen Täter Kinder mit Gewalt gegen diese möglicherweise hilfreichen Personen oder gegen Heimtiere, wenn sie etwas verraten. Zudem erklären sie dem Kind entweder, dass das Verhalten normal sei oder dass ihm ohnehin niemand glauben würde. Der Täter isoliert das Kind also gezielt, sodass dieses kaum selbst Unterstützung suchen kann.

8.9.5 Traumatisierte Kinder und ihre Bindungsfiguren

Eltern wie pädagogische Fachkräfte können Symptome einer PTBS und eine dahinterliegende Traumatisierung anhand von Verhaltensänderungen des Kindes vermuten. Das Trauma kann die Bindung zu den Eltern auch dann stören, wenn diese nicht verantwortlich für das Trauma sind. Die erlebte Schutzlosigkeit und Hilflosigkeit, weil die Bindungsfigur das Kind im Moment der Traumatisierung nicht geschützt hat, kann zu einem Vertrauensverlust führen. Oft zeigt das Kind kaum mehr Zuneigung und das veränderte Verhalten belastet die Eltern-Kind-Beziehung zusätzlich (De Young, Kenardy & Cobham 2011).

Traumata und Traumafolgestörungen sind für die Bindungs-Fürsorge-Beziehung und auch die Beziehung zwischen pädagogischer Fachkraft und Kind herausfordernd. Erschüttertes Vertrauen, Desinteresse, Rückzug, verändertes Verhalten und erhöhte Stressbelastung durch die chronische Übererregung und Angst sind Symptome, mit denen das Kind sowie seine primären und sekundären Bindungsfiguren konfrontiert werden. Traumatisierungen erhöhen die neurobiologische Vulnerabilität des Kindes, also sein Risiko für ungünstige neurobiologische Veränderungen. Dazu zählt eine mögliche Veränderung der Stresssysteme durch die permanente Überreizung. Ebenso kann sich das Gehirn, das sich durch die vielen Veränderungen in der frühen Kindheit in einer hochsensiblen bzw. kritischen Entwicklungsphase befindet, ungünstig verändern (Perry et al. 1995). In einer Studie wurde beobachtet, dass der Hippocampus bei Sieben- bis 13-jährigen Kindern mit PTBS und erhöhten Cortisolwerten im Verlauf von zwölf bis18 Monaten signifikant schrumpfte (Carrion, Weems & Reiss 2007).

Für die kindliche Entwicklung ist es überaus wichtig, Traumatisierungen und Traumafolgestörungen auch bei Kindern im Alter von null bis sechs Jahren zu erkennen und Eltern und Kinder zu unterstützen. Im Falle von Missbrauch und Vernachlässigung innerhalb der Familie sind erneute Missbrauchshandlungen zu verhindern. In jedem Fall sind auch in der Kita traumapädagogische Ansätze empfehlenswert. Zentral ist die Vermittlung von Sicherheit und Schutz. Dies ist per se wichtig, aber auch weil ständige Angst und Stressreaktionen im Körper schnell zur Überlastung führen und langfristige negative Auswirkungen auf die Neurobiologie und psychosoziale Entwicklung haben. Kinder mit PTBS haben schneller eine kritische Stressbelastung und Überreizung erreicht. Ähnlich wie hochsensible

Kinder brauchen sie mehr Rückzugsmöglichkeiten, einen sicheren Ort und Hilfe bei der Emotions- und Stressregulation. Die Eltern, die durch die veränderte Beziehung und die Verhaltensänderungen ihres Kindes besorgt und belastet sind, benötigen ebenso Unterstützung. Kinder mit PTBS entwickeln neben mehr externalisierenden Auffälligkeiten auch mehr internalisierende Auffälligkeiten, Probleme mit Verdauung oder Schlaf. Denn je nach Alter können sie sich kaum ausdrücken wie ältere Kinder und Erwachsene und das Trauma nicht mithilfe gängiger traumatherapeutischer Unterstützung bewältigen. Daher benötigt es kleinkindgerechte traumatherapeutische und traumapädagogische Ansätze.

8.9.6 Traumatisierung in der Kita

In manchen Kitas wird psychische und auch physische Gewalt von pädagogischen Fachkräften gegenüber den ihnen anvertrauten Kindern gezeigt. Das belegen neuere Studien und Berichte (▶ Kap. 8.10). Diese Gewalterfahrungen können Kinder traumatisieren, denn wenn die sekundäre Bindungsfigur, die eigentlich schützen soll, Angst auslöst, so hat das Kind in der Einrichtung kaum eine Möglichkeit, über soziale Unterstützung seine Angst zu regulieren. Ähnliches gilt, wenn andere, oft ältere Kinder es durch Aggression in Angst versetzen und die pädagogische Fachkraft nicht eingreift, weil sie es nicht mitbekommt oder für unnötig hält. Diese Erlebnisse, auch wenn sie objektiv nicht »dramatisch« erscheinen, sind im subjektiven Erleben eines Kindes im Alter von null bis sechs Jahren aus evolutionärer Sicht durchaus lebensbedrohlich. Das Bindungssystem ist aktiviert, es steht keine Bindungsfigur zum Schutz zur Verfügung. Bei intensiven traumatischen Einzelsituationen oder wiederholten niederschwelligen Ereignissen, sind dann Symptome einer Traumafolgestörung zu beobachten: Weigerung in die Kita zu gehen als Form der Vermeidung, Angst vor Personen, wiederauftretendes nächtliches Einnässen, Alpträume, generell vermehrte Angst vor bisher nicht angstauslösenden Situationen oder vermehrte Kontaktsuche zu den Eltern.

Wenige Eltern erkennen dies. Oft wird ihnen von den pädagogischen Fachkräften gesagt, dass diese Verhaltensweisen beispielsweise im Rahmen einer Eingewöhnung normal seien. Treten sie nach der Eingewöhnung auf, wird der Grund meist bei den Eltern und deren Fehlern im Erziehungsverhalten gesucht. Zu wenig ist über Traumafolgen bei Kindern im Alter von null bis drei Jahren bekannt. Mit der Sprachfähigkeit können Kinder wenigstens den Eltern von dem Erlebten berichten, sodass diese bei älteren Kindern eher informiert sind und Maßnahmen ergreifen können.

> **Fallbeispiel: »So eine spontane Panik, nur weil man die Mama nicht sieht, habe ich noch nie erlebt!« – posttraumatische Belastungssymptome nach dem Kita-Besuch**
>
> Chris kommt mit drei Jahren in den Kindergarten. Er freut sich einerseits, andererseits hat er aber auch etwas Angst davor. Die von der Kita sehr kurz gehaltene Eingewöhnung von vier Tagen verläuft relativ gut. Chris sagt seiner

8 Verstehen und Handeln in der Frühpädagogik aus einer anderen Perspektive

Mutter, dass sie gehen kann und ihn aber mittags pünktlich holen soll. Das macht Katharina auch. Chris erzählt wenig von der Kita, ist mittags ziemlich müde und hält dann sogar Mittagsschlaf. Nach drei Tagen berichtet Chris auf dem Nachhauseweg, dass er lange geweint hat. Das wundert Katharina, denn sie hatte beim Abholen mit der Bezugserzieherin gesprochen, die nichts erwähnt hat. Am nächsten Morgen darauf angesprochen, wird bestätigt, dass Chris eine halbe Stunde geweint hatte. Katharina weist nochmals mit Nachdruck darauf hin, dass man sie in solchen Fällen doch anrufen solle. Sie arbeite von zu Hause, es sei kein Problem Chris zu holen. Vier Tage später erzählt Chris dann wieder, dass er lange geweint habe, weil man ihm eine falsche Jacke anziehen wollte. Kein Anruf und kein Wort von den Erzieherinnen beim Abholen, aber Bestätigung am nächsten Morgen. Katharina erzählt Chris nun nicht mehr guten Gewissens, dass er beruhigt in die Kita gehen könne, denn sie würde ja verständigt und ihn abholen, wenn etwas sei. Chris will sie jetzt morgens nicht mehr gehen lassen. Nur durch Versprechen der Erzieherinnen, anzurufen und ihm besonders attraktive Spiele im Nebenraum machen zu lassen, lässt er sich überzeugen zu bleiben. Katharina kommt etwas früher zum Abholen und beobachtet im Garten beim Spielen Folgendes: Chris schaut sich eine kleine Hütte an. Ein größerer Junge kommt, schubst ihn grob, sodass er hinfällt und dann weint. Keine der Erzieherinnen, die auf Stühlen verteilt im Gartens sitzen, steht auf und geht zu ihm. Katharina macht sich bemerkbar, wird reingelassen und tröstet Chris. Nachts bemerkt Katharina in dieser Zeit, dass Chris unruhig schläft, im Schlaf jammert und auch öfter weinend aufwacht.

Dann ist Chris für eine Woche krank. Beim nächsten Kita-Morgen will er seine Mutter nicht gehen lassen, sie bleibt im Vorraum. So läuft es auch die nächsten drei Tage. Am vierten Morgen wollen die Erzieherinnen, dass Chris mit zum Sport in die kleine Turnhalle geht. Mütter sind dort nicht erlaubt. Katharina versichert Chris, der schon den Tränen nahe ist, dass sie im Vorraum der Turnhalle bleibt, er solle doch Sport mitmachen. Nach einer Minute, sie spricht noch kurz mit einer Erzieherin vor der Turnhalle, hört sie Chris in Panik schreien und nach ihr rufen. Die ältere Erzieherin hält sie zurück mit den Worten: »Gehen Sie weg, der heult doch nur so, weil er weiß, dass sie hier draußen sind. Sie klammern zu sehr und schaden Ihrem Kind! Der muss das lernen, die heulen doch alle am Anfang!« Katharina ist nicht nur erstaunt ob dieser Kaltschnäuzigkeit, sondern spontan extrem wütend – ihr Fürsorgesystem fährt in Sekundenschnelle auf maximale Aktivität hoch. Ihr Kind ruft um Hilfe! Sie fährt die Erzieherin an, reißt die Tür zur Turnhalle auf. Zwei Erzieherinnen halten Chris an den Armen fest, der versucht von ihnen wegzukommen. Beim Anblick von Katharina lassen sie los. Katharina nimmt Chris sofort hoch und tröstet ihn und teilt den Anwesenden mit, dass sie beide nun gehen würden.

Auf dem Heimweg kommen sie an einer anderen Kita vorbei, bei der sie immer nur wenige Kinder mit zwei bis drei Erwachsenen spielen sehen. Chris ist wieder ruhig und will mit Katharina diese Kita ansehen, was spontan auch möglich ist. Chris staunt, so viel Platz und gar kein Lärm. Hier möchte er hingehen. Nachts wacht Chris in den Folgewochen mindestens einmal pro Nacht schreiend auf und ist auch tagsüber extrem anhänglich. Geht Katharina einmal in den Keller und er bekommt nicht mit, dass sie ihm Bescheid gesagt hat, schreit er in Panik, wenn er sie auf einmal nicht mehr sieht. Obwohl er nachts trocken war, ist die Nachtwindel nun zwei- bis dreimal pro Woche nass.

Zwei Monate später hat Chris einen Platz in der »leisen« Kita. Dort versorgen zwei Erzieherinnen zusammen mit einem Elternteil 14 Kinder. Katharina darf zur Eingewöhnung mit in den Gruppenraum und mit ihm spielen. Nach drei Wochen erlaubt Chris Katharina, sich in einen Nebenraum zu setzen. Er kann jederzeit zu ihr gehen, er besteht darauf, dass sie in der Kita bleibt. Eines Morgens ist Katharina auf der Toilette. Sie hatte Chris Bescheid gesagt, der jedoch intensiv im Spiel vertieft war. Nach einer Minute hört sie Chris in Panik schreien. Als sie hinauskommt, weint er, die Erzieherin tröstet, doch er lässt sich erst beruhigen, als er bei Katharina auf dem Arm ist. Die Erzieherin sagt: »Das hab' ich so noch nie gesehen, dass ein Kind so spontan in Panik ist, weil es Mama nicht sieht!« In dieser Nacht ist die Nachtwindel wieder nass, Chris sucht intensiv den Körperkontakt und jammert im Schlaf viel.

Das Fazit dieses längeren Berichts ist, dass der Übergang in die Kita eine Krise darstellen und zu deutlichen psychischen Belastungen, bis hin zu einer Traumatisierung führen kann. Die Gründe sind folgende: a) Die Unzuverlässigkeit und Unfeinfühligkeit der Erzieherinnen in der ersten Kita, die nicht anrufen, und damit Katharina als Mutter Lügen strafen und das Vertrauen zwischen Kind und Mutter untergraben. Das Kind ist dem Willen der Erzieherinnen völlig ausgeliefert und eine ausreichende Bindung zu einer Erzieherin besteht nicht. b) Ein stressauslösendes Umfeld mit vielen Kindern, hoher Lautstärke, teils groben, körperlich übergriffigen anderen Kindern und kaum emotionaler Unterstützung durch die Erzieherinnen. c) Ein unbekannter Auslöser für die Panik in der Turnhalle, dann körperliches Überwältigen, als Chris versucht selbst durch die Tür zu seiner Mutter zu kommen. Dies führt zu einem Kontrollverlust in einer als bedrohlich erlebten Situation.

Chris hat auch im Verlauf des weiteren Kita-Besuchs das Bedürfnis nach Kontrolle. Katharina muss ihn überpünktlich abholen, er lernt mit drei Jahren, die Uhr zu lesen und weint, wenn er nicht auf die Minute genau abgeholt wird. Zudem kann er mit drei Jahren telefonieren und kennt Katharinas Handynummer auswendig. Er besteht darauf zu probieren, seine Mama selbst mit dem Kita-Telefon anzurufen. Ausflüge ohne Katharina sind in den ersten beiden Jahren nicht möglich, danach schon. Auch zu Hause will Chris immer genau wissen, wie lange seine Eltern weg sind, wenn er einmal bei der Oma bleiben soll.

Mit sechs Jahren nimmt Chris gelöst bei Ausflügen teil und der Übergang in die Schule funktioniert problemlos. Das zuverlässige und feinfühlige Fürsorgeverhalten der Eltern und der neuen Erzieherinnen ist die Basis für diese positive Entwicklung – denn Traumafolgestörungen wachsen sich nicht einfach aus!

8.9.7 Trauma und Traumafolgestörung bei pädagogischen Fachkräften

Traumata in der Kindheitspädagogik betreffen nicht nur die Kinder oder deren Eltern. Auch die pädagogischen Fachkräfte können betroffen sein.

Die Wahrscheinlichkeit, einmal im Leben eine Traumafolgestörungen zu entwickeln, liegt in der erwachsenen Allgemeinbevölkerung bei 1,5 bis 2,3 %. Die Angaben variieren – andere Autoren schätzen die Wahrscheinlichkeit, einmal im Leben an einer PTBS zu erkranken, für Frauen auf 10 bis 12 % und für Männer auf 5 bis 6 %. Nur etwa 10 % der Personen, die ein Trauma durchlebt haben, entwickeln eine PTBS (Deutscher Bundestag 2016). Im Umkehrschluss heißt dies, dass die Mehrheit der Bevölkerung traumatische Erfahrungen gemacht hat, diese aber verarbeiten und integrieren konnten ohne Traumafolgestörungen zu entwickeln. Es ist jedoch auch möglich, dass einige Traumafolgestörungen nicht korrekt diagnostiziert werden und Symptome Angsterkrankungen oder stressbedingten Erkrankungen zugeschrieben werden.

In der Arbeit mit Kindern mit Traumafolgestörungen kann das kindliche Verhalten unverarbeitete Traumata bei der pädagogischen Fachkraft triggern, ebenso wie Verhaltensweisen unauffälliger Kinder, die jedoch Trigger für das eigene Trauma darstellen, wie schrilles Schreien, Schlagen oder Beleidigungen. Dies betrifft nicht nur Traumata, die alle Diagnosekriterien erfüllen, sondern auch Bindungstraumata (▶ Kap. 2.1), die ebenso mit Angst, Hilflosigkeit und Schutzlosigkeit assoziiert sind. In potenziell bindungstraumatisierenden Situationen löst die Bindungsfigur entweder selbst Angst beim Kind aus oder ist selbst verängstigt und kann das Kind in einer subjektiv gefährlichen Situation nicht schützen. Obwohl das Erlebnis von außen betrachtet vielleicht wenig bedrohlich erscheint, erlebt sich das Kind als schutz- und hilflos. Für ein Kind im Alter von null bis sechs Jahren, das völlig abhängig von Schutz und Fürsorge der Eltern ist, bedeutet dies evolutionsbiologisch betrachtet immer eine Lebensbedrohung. Die Angst des Kindes beinhaltet auch die Angst vor dem Verlust der Bezugsperson, ohne die es nicht überlebensfähig ist.

Pädagogische Fachkräfte sollten im Zuge der Selbstfürsorge und Prävention stressbedingter Erkrankungen wie zum Beispiel Burn-out, eigene Traumata, Bindungstraumata und Symptome einer posttraumatischen Belastungsstörung reflektieren. Eine PTBS bleibt oft lange unerkannt, die Betroffenen versuchen, sich selbst zu helfen und zu regulieren, was nicht immer gelingt. Die Unterstützung in einer Traumatherapie ist daher für die persönliche Gesundheit ebenso wie für die feinfühlige kindheitspädagogische Arbeit wichtig.

Literaturempfehlungen

Brisch, K. H. (2018). *Bindungstraumatisierungen: Wenn Bindungspersonen zu Tätern werden.* Stuttgart: Klett-Cotta.
Dabbert, L. & Zimmermann, D. (Hrsg.) (2021). *Traumapädagogik in der Kita: wissen kompakt.* München: Herder.

König, L. (2020). *Trauma und Bindung in der Kindheit: Grundwissen für Fachkräfte der frühen Bildung.* Stuttgart: Kohlhammer.
Korritko, A. (2021). *Posttraumatische Belastung bei Kindern und Jugendlichen: Erkennen, verstehen, lösen. Das Elternbuch.* Heidelberg: Carl-Auer.

8.10 Macht und Gewalt in der Frühpädagogik

Das Thema Macht ist in allen Feldern der Pädagogik relevant, wird jedoch insbesondere in der Heilpädagogik und Sozialen Arbeit diskutiert. Denn hier sind die Adressaten bzw. Klienten oft in einem eindeutigen Abhängigkeitsverhältnis, da die pädagogische Fachkraft Entscheidungen treffen und Ressourcen verwalten kann, die das Leben nachhaltig beeinflussen (Kraus & Krieger 2021). In der Schulpädagogik sind Kinder und Jugendliche aufgrund der Schulpflicht mit der Machtstellung der Lehrkräfte konfrontiert, etwa bei der Leistungsbewertung – und dies hört auch in der Ausbildung oder an der Universität nicht auf. Machtstrukturen herrschen in der Gesellschaft und am Arbeitsplatz. Macht ist situationsabhängig (Misamer 2023). Eine Person kann in einer Situation, zum Beispiel als Lehrkraft in der Schule, Macht haben, aber als Elternteil wenig Einfluss auf Entscheidungen der Kita-Leitung haben, die ihr eigenes Kind betreffen. Jeder Mensch ist Machtdynamiken ausgesetzt, in Form gegenseitiger sozialer Beeinflussung.

8.10.1 Was ist Macht in der Frühpädagogik?

Macht kann verstanden werden als die Fähigkeit »auf das Verhalten anderer Einfluss zu nehmen« (Argyle 1990, S. 248). Im Positiven können beispielsweise Pädagogen oder Therapeuten über ihr Wissen das Lernen und Verhalten von Klienten so beeinflussen, dass diese in ihrer Entwicklung profitieren. Sie können aber genauso Wohlbefinden, Gesundheit und Entwicklung der Klienten negativ beeinflussen, absichtlich oder unabsichtlich, sogar ohne dass es ihnen bewusst wird. Daher ist es für Pädagogen relevant, eine Sensibilität für ihre Machtposition und Machtausübung zu entwickeln.

Machtsensibilität umfasst das Wissen um den eigenen Status, um Wege, die zum Machtmissbrauch führen, Eigenwirkung von Machtpositionen und verschiedene Wahrnehmungen der Anwendung von Macht je nach Person und Standpunkt (Misamer & Hennecken 2022). Für den professionellen Umgang mit Macht müssen pädagogische Fachkräfte sensibel werden für ihre Machtposition und dafür, wie sie täglich Macht ausüben, und ihre Handlungen immer wieder reflektieren.

Mittel, über die sich Macht in der Pädagogik ausdrücken kann, sind unter anderem (in Anlehnung an Misamer 2023, S. 16):

- Expertise – also Fach- und Expertenwissen auf einem Gebiet
- Entscheidungsmacht – indem Entscheidungen über andere getroffen werden können
- Wissen um Handlungsoptionen – welches man dem Betroffenen mitteilen oder vorenthalten kann
- Ressourcenmacht – indem man befugt ist zu entscheiden, ob jemandem bestimmte Ressourcen (Geld, Zeit, Material) zuteilwerden bzw. wie diese verteilt werden
- Rollenvorbild – als positives Beispiel oder auch als negatives Beispiel dienen

In der Frühpädagogik nehmen pädagogische Fachkräfte zum einen in der Betreuung, Erziehung und Bildung in Kitas eine besondere Machtposition ein. Kinder im Alter von null bis sechs Jahren sind ihnen, den Erwachsenen, ohne Schutz der Eltern, vollends ausgeliefert und abhängig von deren Wohlwollen und Fürsorge. In vielen Kitas haben die Eltern kaum einen Einblick in den Kita-Alltag. Bei noch nicht sprachfähigen Kindern hat die pädagogische Fachkraft daher die Informationsmacht darüber, wie es dem Kind in der Kita am jeweiligen Tag ergangen ist. Zum anderen sind auch Eltern in den Frühen Hilfen abhängig. Sie sind Klienten, weil sie ohnehin schon belastet sind und die Beziehungen und Interaktionen zwischen Eltern und Kind sich schwierig gestalten. Die Einflussnahme pädagogischer Fachkräfte ist hier groß, auch wenn es manchmal anders scheint. Ratschläge werden von Eltern, die sich bemühen, das Beste für ihr Kind zu tun, oft als Kritik empfunden. Die Angst und den Druck, den viele Eltern bei dem Versuch haben, die Beratungsvorschläge umzusetzen, verschärfen eine komplizierte Familiensituation oft weiter. Daher ist es wichtig für pädagogische Fachkräfte, hier feinfühlig hinsichtlich der eigenen Machtposition zu handeln.

8.10.2 Macht und Gewalt gegenüber den Kindern in Kitas

In Kitas haben pädagogische Fachkräfte Macht über die ihnen anvertrauten Kinder. Der Großteil der dort tätigen Fachkräfte ist engagiert, Kindern positiv gegenüber eingestellt und bemüht sich die Kinder bei allen widrigen Umständen wie Personalnot, Zeitnot, Lärm und wenig Raum bestmöglich zu betreuen und in ihrer Entwicklung zu begleiten, ja sie sogar zu bilden.

Doch gibt es immer wieder pädagogische Fachkräfte, die Kindern gegenüber psychische und physische Gewalt anwenden. Sie nutzen ihre körperliche Überlegenheit und Machtposition aus, gerade wenn ein Kind sich nicht so verhält, wie sie es gerne hätten.

In den letzten Jahren häufen sich in den Medien und einigen (Fach-)Büchern Berichte über Gewalt in Kitas. Kinder werden zum Essen von Speisen, die sie ablehnen, gedrängt oder sogar zwangsgefüttert. Sie werden festgebunden, am Arm durch den Raum gezerrt, gegen ihren Willen festgehalten, zum Stillliegen bei der Schlafenszeit genötigt, beschimpft und beschämt, vor anderen bloßgestellt (Ballmann 2022; Falkus 2018; Görgen 2020; Maywald 2019b). Eine Studie (Boll & Remsperger-Kehm 2021), in der Studierende pädagogischer Fachrichtungen, die in

Kitas tätig waren, zu Beobachtungen von Gewaltausübung von Fachkräften in Kitas befragt wurden, untermauert die Bedeutung des Themas. Deutlich häufiger als zuvor vermutet handeln die pädagogischen Fachkräfte in Kitas so, dass ihr Verhalten den Kindern Angst macht und Würde und Wille der Kinder gebrochen werden. Die Integrität des Kindes wird verletzt (Maywald 2019a; 2019b). In einer Befragung von Kita-Leitungen (NIFBE 2022) gaben ca. 20 % an, verletzendes Verhalten gegenüber Kindern sogar häufig in der Kita zu beobachten. Meist geschieht dies, wenn die pädagogische Fachkraft stark emotional beteiligt ist, also ihre Emotionen selbst nicht gut regulieren kann, sich hilflos, ohnmächtig, verzweifelt fühlt oder Angst oder Scham empfindet (Boll & Remsperger-Kehm 2021). Gründe für diese Zustände verorten die gewaltausübenden Fachkräfte in ihrer eigenen Biografie, persönlichen Problemen oder prekären Rahmenbedingungen in der Kita.

Im Sinne der Bindungstheorie triggert das Verhalten des Kindes in einer bestimmten Situation bei der pädagogischen Fachkraft vielleicht eine eigene traumatische Erfahrung, was zum Kontrollverlust führt. Oder das Verhalten des Kindes wird als unkooperativ empfunden, was unter Stress bei der Erzieherin anstatt zu Verständnis zu Ärger und Aggression führt. Denn bei aktivierten Stresssystemen ist neben Flucht oder Einfrieren eine weitere Reaktionsmöglichkeit der Kampf, also die Aggression. Dies ist umso eher eine günstige Wahl, je schwächer das Gegenüber ist – und kleine Kinder sind in diesen Situationen schwach und abhängig.

Von eigener Gewaltausübung betroffene Fachkräfte benötigen die Bereitschaft, sich mit Experten mit diesem unangenehmen Thema auseinanderzusetzen, persönliche Ursachen zu reflektieren und daran zu arbeiten – und sie brauchen dabei Unterstützung. Diejenigen, die grundsätzlich eine wertschätzende pädagogische Haltung zu den Kindern haben, können sich dann oft besser regulieren. Es gibt jedoch auch pädagogische Fachkräfte, die ihre Handlungen weiterhin als gerechtfertigt sehen und Kinder als unfertige Wesen, die man zurechtbiegen muss, wenn nötig auch mit Gewalt. Hier mangelt es grundlegend an der pädagogischen Haltung und die Kinder sind die Leidtragenden, ebenso wie deren Eltern. Pädagogische Fachkräfte, die Machtmissbrauch und Gewalt gegenüber Kindern und Eltern bei anderen beobachten, sind durch ihren Schutzauftrag aufgefordert, diese zu unterbinden. Dies stellt eine schwierige Aufgabe dar und reicht vom verständnisvollen Ansprechen und dem Anbieten von Unterstützung bis hin zur Meldung an Vorgesetzte. Zum professionellen Handeln gehört es, Kinder auch in diesen für einen selbst unangenehmen Situationen zu schützen.

8.10.3 Zum Umgang mit Fehlern im frühpädagogischen Handeln

Prof. Dr. Jörg Maywald, Pädagoge, ehemaliger Geschäftsführer der Deutschen Liga für das Kind in Familie und Gesellschaft e. V. äußert sich zum Umgang mit Fehlern im frühpädagogischen Handeln wie folgt:

> »Es ist schmerzhaft, über eigene Fehler oder das Fehlverhalten von Kolleginnen und Kollegen zu sprechen. Das positive Selbstbild und darüber hinaus das Image einer ge-

samten Berufsgruppe können dadurch beschädigt werden. Auch eine falsch verstandene Solidarität (›Eine Krähe hackt der anderen kein Auge aus‹), die das ›Überleben‹ in einem harten beruflichen Alltag erleichtern soll, kann eine Rolle spielen.

Die Furcht vor arbeitsrechtlichen Folgen und in manchen Fällen sogar strafrechtlichen Sanktionen tragen ebenfalls dazu bei. Bei Leitungen und Trägern kann die Sorge hinzukommen, dass das positive Bild der Institution in der Öffentlichkeit durch die Thematisierung unprofessionellen Verhaltens Schaden nehmen könnte. Nicht zuletzt fördert das Fehlen einer positiven Leitorientierung – eine Ethik pädagogischer Beziehungen – die Neigung zu Stillschweigen und Verheimlichung.

Zum anderen können mangelndes Hinsehen und Gutgläubigkeit bei den Eltern zur Tabuisierung von Fehlverhalten beitragen« (Maywald 2019b).

Die Ausführungen zeigen das starke Spannungsfeld, in dem sich alle Beteiligten beim Thema der Gewaltausübung durch frühpädagogische Fachkräfte gegenüber Kindern bewegen. Viele Aspekte spielen in dieses Thema hinein und es bedarf einer besonderen Sensibilität im Umgang mit den betroffenen Kindern, Eltern aber auch der gewaltausübenden Fachkraft, Kolleginnen und Vorgesetzten. Der Schutz der Kinder muss jedoch, trotz aller Unannehmlichkeiten, die solche Vorfälle mit sich bringen, immer höchste Priorität haben.

8.10.4 Macht gegenüber den Eltern

Ihre Macht üben pädagogische Fachkräfte auch gegenüber den Eltern aus, teils ohne dass ihnen das bewusst ist. Gewalt umfasst nicht nur körperliche Gewalt, die in der Interaktion mit Eltern kaum eine Rolle spielen dürfte. Doch psychische Gewalt durch Drohungen, verletzende verbale Äußerungen, emotionales Erpressen oder Isolieren ist in der Frühpädagogik auch gegenüber Eltern zu beobachten.

Eine Aufgabe der Frühen Hilfen ist es, Kinder mit Risikofaktoren für die Entwicklung über die Unterstützung und Beratung der Eltern zu fördern. Daher ist es Teil der Ausbildung, eine akzeptierende Haltung und einen nicht beschämenden, belehrenden oder bedrohenden Umgang mit den Eltern zu erlernen. Ein wertschätzender Umgang und eine vertrauensvolle Arbeitsbeziehung mit den Eltern in der Elternarbeit ist natürlich ebenso in der Kita wichtig. Da es sich aber um Interaktionen mit Erwachsenen handelt, scheint das eigene Handeln hinsichtlich Macht und psychischer Gewalt hier zumindest bisher noch weniger reflektiert zu werden.

Eine Form von Macht gegenüber Eltern liegt im Besitz von Expertenwissen und dem damit verbundenen pädagogischen Expertenstatus. Die meisten Eltern haben keine kindheitspädagogische Ausbildung und gehen davon aus, dass die pädagogische Fachkraft mehr Wissen zur Entwicklung ihres Kindes hat als sie selbst. Zudem sind viele Eltern heute durch die Vielzahl an Ratgebern, Bemerkungen von Freunden und Familie, was sie deren Meinung nach alles falsch machen und anders machen sollten, stark in ihrem intuitiven Fürsorgeverhalten verunsichert. Es ist davon auszugehen, dass Eltern nur das Beste für ihr Kind wollen. Nur wenigen ist ihr Kind egal oder sie behandeln es absichtlich schlecht. Eltern vertrauen der Erzieherin ihr Kind an, teils für bis zu zehn Stunden am Tag – wieso sollten sie dann nicht deren Fachexpertise vertrauen, wenn sie schon ihrer Fürsorge für ihr wertvollstes Gut vertrauen?

Teilt also eine pädagogische Fachkraft zum Beispiel einer Mutter mit, dass ihr Kind sich anders, auffälliger als die anderen verhalte, so löst dies Sorgen bis hin zu Ängsten hinsichtlich der Entwicklung aus. Nur wenige Mütter sind aufgrund eigener Expertise oder einfach eigener Erfahrung hundertprozentig überzeugt, es besser zu wissen. Ratschläge der Erzieherin, was die Eltern zu Hause oder beim Bringen oder Holen anders machen sollten, werden daher oft als Kritik aufgenommen. Die Kritik gefährdet das Selbstbild als bemühte und kompetente Eltern. Der Rat wird als »Schlag« wahrgenommen, eine Abwehrreaktion ist ebenso möglich wie eine Annahme des Vorschlags. Es ist eine feinfühlige Kommunikation notwendig, damit den Eltern vermittelt wird, dass dies ein Unterstützungsangebot und keine Kritik ist.

Im negativen Extremfall wird Eltern bei störenden Verhaltensweisen ihres Kindes in der Kita angedroht, dass es die Kita verlassen muss. Ein weiteres Negativbeispiel sind Entwicklungsgespräche, in denen das Kind mit dem Vorzeigekind der Kita verglichen wird, sodass seine Entwicklung äußerst ungünstig scheint – wofür natürlich die Eltern verantwortlich seien. Noch viel zu selten werden problematische Verhaltensweisen in der Kita auf ungünstige Beziehungen und Interaktionen in der Kita selbst zurückgeführt, was an sich die naheliegendere Interpretation wäre, da Verhalten zum Großteil situationsbedingt ist.

Diese offene oder versteckte Kritik am Kind oder an der elterlichen Erziehungskompetenz führen zu Stress und Ängsten bei den Eltern. Die Drohung, dass sie ihr Kind in einer anderen Einrichtung unterbringen müssen, stellt meist eine zusätzliche Belastung dar, da wohnortnahe und passende Kita-Plätze schwer zu finden sind. In vielen Familien ist heute die Erwerbstätigkeit beider Elternteile notwendig, sodass sie keine Möglichkeit sehen, ihr Kind über die frühe Kindheit hinweg selbst zu betreuen. Daher ertragen die meisten Eltern negatives Befinden nach Gesprächen mit den pädagogischen Fachkräften. Viele fragen sich bei Kritik am eigenen Erziehungsverhalten und am Kind, was sie falsch machen. Einige Eltern nehmen sogar teils wissentlich in Kauf, dass ihr Kind nicht optimal betreut wird und psychischer Gewalt ausgesetzt wird, damit es überhaupt betreut wird. Nur wenige trauen sich, im Gespräch mit pädagogischen Fachkräften Kritik bezüglich des pädagogischen Handelns zu äußern. Einige haben Bedenken, ob die kritisierte pädagogische Fachkraft sich dann noch fürsorglich um ihr Kind kümmert.

Der gesellschaftliche Druck auf Mütter, während der frühen Kindheit des Nachwuchses zu arbeiten, ist heute hoch. Neben Faulheit und Verschwendung erwerbsfähiger Jahre und guter Ausbildung wird ihnen vorgeworfen, ihrem Kind wichtige entwicklungsnotwendige Erfahrungen vorzuenthalten, wenn es nicht in eine Krippe oder später in den Kindergarten geht. Selbstbetreuer werden kritisch beäugt, spätestens ab einem Alter von drei Jahren wird den Müttern ganz offen vorgeworfen, sie würden klammern und hätten ein psychisches Problem. Solche Aussagen, ohne fachlich kompetente Diagnose und wertschätzende Kommunikation und ohne Unterstützungsangebot sind eine Form psychischer Gewalt. Umso negativer wirken sich solche Aussagen aus, wenn sie durch eine Person in einer pädagogischen Machtposition getroffen werden.

Exkurs: Mütter machen ohnehin immer alles falsch

Es ist ein Phänomen der letzten zehn bis 15 Jahre, dass egal, was Mütter tun, sie eigentlich alles falsch machen. Zeitgleich begannen Politik und Wirtschaft die intensive Förderung der U-3-Betreuung in Kitas sowie Ganztagsbetreuung für Drei- bis Sechsjährige. Es scheint ganz so, als nehme sich ab dem Zeitpunkt der festgestellten Schwangerschaft jeder das Recht heraus, die Frau zu beraten, zu belehren und zu kritisieren (Kelle 2017) – egal ob selbst kinderlos, pädagogisch gebildet oder anderweitig qualifiziert. Väter sind hier bei Weitem nicht so stark im Fokus der Kritik, werden für ihr elterliches Engagement dagegen überaus bewundert, selbst wenn dies deutlich geringer ausfällt als bei der Frau.

Kritiker von Frauen sind überwiegend andere Frauen. Es scheint zum Schutz deren Selbstbildes zu gehören, dass jede Frau, die etwas anders macht als sie selbst, eben dieses falsch macht. Nur wenige sind offen genug anderen zuzugestehen, dass sie vielleicht für ihr Kind individuell richtig handeln.

Mütter werden schnell mit diskriminierenden und unreflektierten Labeln versehen. Selbst wenn in der Presse noch genderinklusiv von Rabeneltern, Helikopter-Eltern oder Schneepflugeltern die Rede ist, hören wir viel häufiger den Begriff der Rabenmutter, der Glucke, der Helikopter-Mama als den des Rabenvaters oder des Helikopter-Papas. In manchen Kitas verwenden pädagogische Fachkräfte diese Begriffe gegenüber Müttern, teils ganz offen und nicht hinter vorgehaltener Hand nur gegenüber Kolleginnen. Diese abwertende, wenig verständnisvolle Einstellung gegenüber Müttern, die aufgrund der Trennung von ihrem Kind angespannt, in Sorge, gestresst oder gar ängstlich sind, ist pädagogisch inakzeptabel. Zudem führen diese Bemerkungen als ausgelebte Aggression vielleicht zur kurzzeitigen Befriedigung der angespannten pädagogischen Fachkraft, es hilft aber dem Kind in keiner Weise weiter. Auch unter Stress und ungünstigen Arbeitsbedingungen gehören der respektvolle Umgang und ein Bemühen um das Verstehen möglicher Entstehungsbedingungen schwieriger Verhaltensweisen zur pädagogischen Professionalität. Denn jedes Verhalten hat einen emotionalen Hintergrund. Es gibt einen Grund, warum die Mutter sich nicht trennen möchte oder warum sie laut pädagogischer Fachkraft »klammert«. Versteht man die Ursache des Verhaltens, zum Beispiel Ängste der Mutter oder dass Mutter und Kind einfach noch nicht bereit sind für eine außerfamiliäre Betreuung, kann entsprechend feinfühlig reagiert werden.

Exkurs: Kritische Auseinandersetzung mit neuen Erkenntnissen aus Wissenschaft und Praxis

Unserer Meinung nach zählt es zur pädagogischen Professionalität, den eigenen Wissensstand immer wieder zu aktualisieren. Es gibt fortlaufend neue Erkenntnisse zur kindlichen Entwicklung, neue Studien zur Stressbelastung der Kinder in der institutionellen außerfamiliären Betreuung und zu Auswirkungen bestimmter pädagogischer Ansätze auf die kindliche Entwicklung. In der Beratung von Eltern ist es professionell, alle Aspekte zu kennen und zu berücksichtigen, um individuell für die Familie passende Optionen aufzuzeigen, unabhängig davon, was man selbst für sich favorisieren würde. Grundlage dafür ist nicht nur das Lesen von Fachbüchern und Fachzeitschriften und der Besuch von Fortbildungen, sondern auch die kritische Auseinandersetzung mit den dort beschriebenen Inhalten und neuen Methoden. Gerade in der Pädagogik sind neuartige Konzepte nicht immer an größeren Gruppen erprobt und deren positive Effekte durch aussagekräftige empirische Studien belegt. So konnten sich zumindest für einige Zeit auch überaus kindeswohlgefährdende Angebote wie das »Original Play« verbreiten, bevor es durch die Regierungen verschiedener Bundesländer in Deutschland verboten wurde. Bei »Original Play« kommen fremde Erwachsene in die Kita, um mit den Kindern Kampf-, Rangel- und Kitzelspiele auf Bodenmatten zu machen. Dabei geraten die Erwachsenen in engen Körperkontakt mit den Kindern, teils auch im Intimbereich. Der Begründer des »Original Play«, argumentiert, dass den Kindern heute solche körperlichen Rangelspiele fehlen würden, die sie früher mit Vätern oder Geschwistern erlebt hätten. Diese seien aber wichtig für die Entwicklung des Körpergefühls.

Es wurde völlig ignoriert, dass die Voraussetzung für das positive Empfinden solcher engen körperlichen Interaktionen eine Vertrauensbeziehung ist – wie zu Vater, Mutter, Geschwistern oder engen Freunden. Viele Kita-Leitungen haben sich von der Argumentation überzeugen lassen und wurden anscheinend auch nicht misstrauisch, als vorwiegend Männer zum »Spielen« kamen. Auch Sorgen von Eltern wischten sie in ihrer pädagogischen Machtposition einfach vom Tisch. Erst nach Anzeigen wegen sexueller Übergriffe während oder neben dem »Original Play« und Hinweise durch verschiedene Experten der Entwicklungspsychologie, Pädiatrie sowie Kinderpsychotherapie wurde »Original Play« in mehreren Ländern und Bundesländern verboten. In der Rückschau stellt sich die Frage, wieso pädagogisches Wissen nicht verhindert hat, dass überhaupt irgendeine Kita das Konzept umsetzt. Eine Recherche nach wissenschaftlicher Literatur zum »Original Play« und eine kritische Reflexion des Wissens zu Bindung, Entwicklung und sexuellem Missbrauch hätte deutlich gemacht, dass dies kein wissenschaftlich fundierter pädagogischer Ansatz war.

Eltern verbringen viel Zeit und Energie damit, das Beste für ihre Kinder zu tun und zu organisieren. Wenn sie sich für eine außerfamiliäre Betreuung entscheiden, gewähren sie den pädagogischen Fachkräften einen Vertrauensvorschuss, denn sie kennen sie ja kaum. Eine gewisse Unsicherheit bleibt, wenn die Kita die Eltern nicht regelmäßig zu Hospitationen im Regelbetrieb einlädt und beobachten lässt. Diese Erfahrungen geben vielen Eltern Sicherheit, wenn sie sehen, dass sich ihr Kind in der Kita und mit den anderen Kindern und Erzieherinnen wohlfühlt. In den meisten Kitas dürfen Eltern jedoch nach der Eingewöhnung nicht mehr beim Tagesgeschehen dabei sein. Gerade bei den Babys und Kleinkindern, die noch nicht gut sprechen können, bekommen sie vom Kind keine Berichte. Sie können nur anhand des Verhaltens beim Bringen, Abholen und zu Hause vermuten, wie es ihrem Kind in der Einrichtung geht. Nicht immer entsprechen die Versicherungen der pädagogischen Fachkraft, dass das Kind den ganzen Tag viel Spaß gehabt hat, den Tatsachen. Das belegen die Berichte und Studien über Gewalt in Kitas und die Probleme vieler Kinder mit dem Kita-Besuch, die Eltern in die Beratung bringen.

Aus bindungstheoretischer und evolutionsbiologischer Perspektive löst es Sorge und Unsicherheit bei den Eltern aus, ihr Kind fremden Personen anzuvertrauen. Sie können nicht sicher wissen, dass es von diesen unbekannten Personen, die bisher keinen Bezug zu ihm hatten, geschützt und gut versorgt wird. Evolutionär gesehen ist die heutige Praxis an sich ein sehr risikoreiches Fürsorgeverhalten, bis die Eltern die Erzieherinnen gut kennen und aufgrund von eigener Erfahrung einschätzen können. Pädagogische Berufe und Kinderbetreuung gegen Bezahlung gab es in der frühen Entwicklungsgeschichte des Menschen nicht. Nur vertrauten Personen der eigenen Gruppe wurden Kinder anvertraut. Der Umgang mit besorgten und in heutiger Zeit und Kultur vorschnell als überfürsorglich bezeichneten Eltern sollte dies entsprechend berücksichtigen.

Literaturempfehlungen

Boll, A. & Remsperger-Kehm, R. (2021). *Verletzendes Verhalten in Kitas. Eine Explorationsstudie zu Formen, Umgangsweisen, Ursachen und Handlungserfordernissen aus der Perspektive der Fachkräfte.* Leverkusen: Verlag Barbara Budrich.
Maywald, J. (2019). *Gewalt durch pädagogische Fachkräfte verhindern.* München: Herder.
Misamer, M. (2023). *Machtsensibilität in der Sozialen Arbeit.* Stuttgart: Kohlhammer.

9 Fazit für die frühpädagogische Praxis

Soziale Interaktionen und Beziehungen bedürfen einer feinen Abstimmung zwischen den beteiligten Menschen, damit sie positiv erlebt werden. Oft gelingt dies ohne größere Probleme. In Interaktionen synchronisieren sich manche Personen unbewusst wie von selbst miteinander und genießen den Austausch, häufig begleitet von einer Ausschüttung des Hormons Oxytocin. In synchronen Beziehungen entwickeln die Erwachsenen und Kinder eine zielkorrigierte Partnerschaft. Sie achten darauf, dass beide Beziehungspartner ihre Bedürfnisse befriedigen können. So passen die Erwachsenen ihr Verhalten und das Verfolgen von Interessen an den kindlichen Entwicklungsstand an. Ebenso lernt das Kind im Laufe seiner Entwicklung, mehr und mehr Rücksicht auf die Bedürfnisse der Eltern zu nehmen. In solchen sicheren Bindungs-Fürsorge-Beziehungen können die Kinder durch den Schutz und die feinfühlige Fürsorge ihrer Eltern Sicherheit fühlen und Stress und Emotionen gut regulieren. Die Eltern wiederum empfinden es als befriedigend, ihren Kindern Zeit, Schutz, Nähe und Fürsorge zu geben, was ebenso mit einer Oxytocinausschüttung einhergeht.

Gelingen soziale Interaktionen und Beziehungen ohne weitere Unterstützung, ist eine gute Basis für die sozioemotionale Entwicklung und Lernen gegeben. Doch ebenso häufig ergeben sich Probleme in der Eltern-Kind-Interaktion und Beziehung. Diese entstehen aus Asynchronie und fehlender Passung von Bedürfnissen und Verhalten in der Bindungs-Fürsorge-Beziehung. So können die Eltern falsche Erwartungen hinsichtlich des kindlichen Verhaltens haben, es treten Komplikationen in der Schwangerschaft und nach der Geburt auf wie zum Beispiel postpartale Depressivität oder andere Belastungsfaktoren, etwa geringe soziale Unterstützung im Umfeld oder Regulationsprobleme beim Kind bis hin zu bestimmten kulturellen Erwartungen, die nicht erfüllt werden. Die Liste möglicher Problempunkte ist lang. Hier kann und soll die Frühpädagogik unterstützen. Denn Beziehungen und Interaktionen sind zwar am besten in der Lage, Stress und Angst zu regulieren – zugleich zählen problematische Interaktionen und Beziehungen zu den größten Stressoren.

In den Frühen Hilfen und in der Elternberatung benötigen die Eltern und ihre Kinder Hilfe dabei, ihre Bindungs-Fürsorge-Beziehung zu verbessern. Das hier vorgestellte Wissen ermöglicht frühpädagogischen Fachkräften in dieser Situation zu begleiten und zu unterstützen, ausgehend von einem Verständnis für evolutionsbiologische, neurobiologische und bindungstheoretische Aspekte. Ebenso können frühpädagogische Fachkräfte in der Betreuung, Erziehung und Bildung in der außerfamiliären Betreuung weitere Perspektiven auf die pädagogische Praxis einnehmen. Wichtige Themen können neu bewertet werden,

9 Fazit für die frühpädagogische Praxis

- etwa die Betreuung in Kitas und Tagespflege, ob, zu welchem Zeitpunkt und in welchem zeitlichen Umfang diese für die jeweilige Familie passend ist,
- die optimale Gestaltung von Übergängen stringent nach bindungstheoretischen Gesichtspunkten,
- die Notwendigkeit stressreduzierender und stressvermeidender Maßnahmen bei Kindern, Eltern und pädagogischen Fachkräften in der Kita,
- das Überdenken althergebrachter pädagogischer Routinen,
- eine individuelle optimale Lösung, je nach Bindung, familiärer Konstellation, Wunsch oder Notwendigkeit zur elterlichen Berufstätigkeit, Besonderheiten des Kindes wie Hochsensibilität oder Traumatisierung,
- deutlichere Beachtung des Fürsorgeverhaltenssystems und der Machtstrukturen in der Elternarbeit,
- Aufmerksamkeit für Gewalt und Machtmissbrauch pädagogischer Fachkräfte.

Voraussetzung für eine gelungene frühpädagogische Arbeit ist es, den Eltern und den Kindern zuzuhören, bzw. bei den Kleinkindern genau auf ihr Verhalten und ihren Emotionsausdruck zu achten. Die meisten kommunizieren auf ihre Art, was sie an Unterstützung benötigen oder was sie stört und ihnen Stress bereitet. Sich mit Verweis auf Traditionen, Regeln und darauf, dass man es schon immer so gemacht hat, über den kindlichen Willen oder elterliche Bedenken hinwegzusetzen, ist mit Feinfühligkeit gegenüber dem Individuum unvereinbar. Familien zu unterstützen ist Auftrag der Frühpädagogik, denn die Eltern und das Elternhaus mit seinem sozioökonomischen, sozialen und kulturellen Hintergrund haben nachweislich den stärksten Einfluss auf die kindliche Entwicklung. Doch auch die außerfamiliäre Betreuung beeinflusst die kindliche Entwicklung, direkt und indirekt über die Unterstützung der Familie. Eine sehr hohe Qualität in Kitas und Tagespflege ist anzustreben, denn nur dann stellen sie eine gute Unterstützungsmöglichkeit für Familien dar und fördern Kinder so gut wie möglich vor dem Hintergrund potenzieller negativer Auswirkungen auf Stressbelastung, Gesundheit und sozioemotionale Entwicklung.

Wissen um Bindung, Fürsorge, Stressregulation und das Oxytocinsystem sowie um das evolutionäre Erbe von Menschenkindern, das ihre Bedürfnisse und ihr Erleben und Verhalten prägt – all das trägt zum Verstehen von Kindern und ihren Eltern bei. Im weiteren Bezug zur pädagogischen Praxis wurden viele Themen, bei denen dieses Wissen hilfreich ist, wie beispielsweise kindliche Regulation von Schlaf, Hochsensibilität, postpartale Depression oder Scham und Beschämen angesprochen. Wir hoffen, dass diese Anwendungsbezüge neben dem Grundwissen zu den neurobiologischen und bindungstheoretischen Grundlagen hilfreich für Ihre Tätigkeit in der Kindheitspädagogik sein werden. Denn unser Anliegen ist es, Fachkräfte in der Kindheitspädagogik mit der Integration dieses Wissens dabei zu unterstützen, Kinder und ihre Familien noch besser zu verstehen und zu begleiten.

An dieser Stelle möchten wir nochmals betonen, dass viele engagierte und gut ausgebildete Fachkräfte in der Frühpädagogik hochqualitative Arbeit in der Betreuung und Bildung der ihnen anvertrauten Kinder leisten. Dabei gibt es zahlreichen Stressoren, welche die frühpädagogische Arbeit erschweren, wie beispielsweise Personalmangel, mangelnde gesellschaftliche und finanzielle

Anerkennung oder Lärm. Die hier gewählten Beispiele, die überwiegend negative Interaktionen zwischen pädagogischer Fachkraft und Kind oder Eltern beschreiben, sollen zur Reflexion anregen. Denn ähnliche Situationen treten in der frühpädagogischen Praxis immer noch zu häufig auf und wirken sich negativ auf Kinder und ihre Familien aus. Die strukturellen und organisatorischen Faktoren, die hierbei eine Rolle spielen, kann eine einzelne Fachkraft kurzfristig kaum ändern. Aber ihr eigenes Verhalten kann sie auf Basis des hier vorgestellten Wissens durchaus zeitnah reflektieren und verändern, falls dies angebracht erscheint.

Fallbeispiel: Falsch verstanden und schlecht beraten aus Bindungssicht

Ingrid und ihr Mann leben mit ihrer knapp dreijährigen Tochter Maja und ihrem Sohn Finn, 14 Monate alt, in einem kleinen Reihenhaus. Ingrid sucht bei einer frühpädagogischen Beratungsstelle Hilfe hinsichtlich des Umgangs mit ihren Kindern und berichtet Folgendes:

Schon die erste Schwangerschaft war schwierig, die letzten Monate musste Ingrid viel ruhen und liegen. Maja entwickelte sich dann nach der Geburt zu einem Schreibaby, wobei auch Schwierigkeiten beim Schlafen auftraten. Auch die zweite Schwangerschaft war schwierig, Ingrid war bereits vor der Geburt leicht depressiv und litt nach der Geburt wohl an einer postpartalen Depression, die jedoch nicht diagnostiziert wurde.

Als Maja zwei Jahre alt ist, entschließen sich Ingrid und ihr Mann, sich bei einer Beratungsstelle Hilfe zu holen, denn sie fühlen sich beide überfordert mit den zwei Kindern. Insbesondere mit Maja hat Ingrid keine harmonische Beziehung. In der Beratungsstelle hat Ingrid regelmäßig einmal pro Woche zusammen mit Maja einen Termin, gelegentlich wird auch ihr Mann dazu gebeten. Die Frühpädagogin, die nach eigener Aussage einen Hintergrund in Bindungstheorie hat, ist nach wenigen Terminen der Ansicht, Maja klammere zu sehr an ihrer Mutter und müsse unabhängiger werden. Daher läuft fast jeder Termin so ab, dass nach einer Begrüßung eine Ergotherapeutin kommt und Maja auffordert, mit ihr in den Nebenraum mit Spielsachen zu gehen, damit Mama in Ruhe mit der Kollegin sprechen kann. Maja weigert sich meist, weint und will nicht gehen. Manchmal setzt sie sich durch, was jedoch zu weiteren kritischen Blicken der Pädagogin gegenüber Ingrid führt. Die Pädagogin betont, wie wichtig es sei, dass Maja sich von der Mutter trennt – sonst werde sich das Problem, dass sie nicht gerne in die Krippe gehe, nie lösen lassen. In manchen Sitzungen wird Maja weinend hinausgeführt. Im Nebenzimmer spielt sie nie, sie ruft nach ihrer Mutter. Manchmal kann Ingrid es nicht mehr ertragen und geht zu ihr. Der Druck, den Ingrid und Maja durch die Pädagogin und die Ergotherapeutin spüren, wird im Laufe mehrerer Monate immer größer. Maja hat inzwischen Angst, mittwochnachmittags überhaupt in das Gebäude zu gehen, und beginnt schon am Eingang zu weinen. Abends will sie immer, dass ihre Mutter bis zum Einschlafen bei ihr bleibt. Die Pädagogin hat jedoch davor gewarnt: Ingrid soll nach einer Geschichte gehen und Maja soll bei angelehnter Tür lernen selbst einzuschlafen. Oft dauert dies mit mehrfachem Aufstehen anderthalb Stunden. Nach drei bis vier Stunden wacht Maja dann auf und will ins Elternbett. Da Ingrid und ihr Mann selten die Energie haben, sie im eigenen Zimmer wieder zum Einschlafen zu bringen, erlauben sie es ihr. Finn dagegen schläft von Anfang an im eigenen Zimmer und zeigt sich in dieser Zeit hinsichtlich seines Schlafverhaltens recht problemlos. Die ganze Familie gerät immer mehr unter Druck. Es klappt nicht mit der Krippe, es klappt nicht mit dem Schlaf, Ingrid fühlt sich immer noch überfordert und so, als ob sie alles falsch mache, was die Pädagogin ihr ja auch so rückmeldet. Nach einem Jahr dieser Tortur, in dem nicht von der Vorgehensweise abgewichen wird, beenden sie die Beratung dort und holen sich anderweitig Rat.

Die hinzugezogene Psychologin hört sich die Leidensgeschichte der Familie an und fragt Ingrid, was sie selbst fühlt, was Maja sucht und braucht. Ingrid weint und meint: »Sie will mich, sie will bei mir sein, das sagt sie ja auch. Aber sie muss doch in die Kita und unabhängig werden, lernen im eigenen Zimmer zu schlafen!« Die Psychologin schlägt vor, dass sie ihrem Gefühl folgen und versuchen soll, Maja mehr Nähe zu geben. Sie sollen Zeit zu zweit verbringen, ohne den kleinen Bruder, und Ingrid solle Maja im Elternbett beim Kuscheln einschlafen lassen, da sie dort ja ohnehin meist endet. So bekommt auch Ingrid mehr Schlaf. Da sie nicht arbeitet, ist es einfach für sie, Maja einmal nicht in die Krippe zu bringen, wenn sie sich nicht danach fühlt. Nach zwei Wochen berichtet Ingrid, dass Maja entspannter erscheint, nun schnell im Elternbett einschläft und die Trennungen beim Bringen in die Krippe besser funktionieren. Sie schafft es, sich mehr Zeit für Maja zu nehmen und mehr Körperkontakt zu erlauben. Ingrid berichtet, dass sie die Erklärung, die ihr die Psychologin in der ersten Sitzung gab, überaus hilfreich fand: »Wir sind nur so bedürftig wie unsere unbefriedigten Bedürfnisse« (John Bowlby).

Maja bedarf körperlicher Nähe zu ihrer Mutter, anscheinend hat sie hier ein Defizit. Wird diesem Bedürfnis nachgekommen und kann sie »Nähe auftanken«, sind alle entspannter, auch Ingrid. Im Kontrast dazu verstärkt es das Problem, gegen dieses Bedürfnis zu arbeiten, noch weniger Nähe zu erlauben und dabei noch Bindungsverhalten durch Trennung und Angst zu aktivieren.

Eine weitere Weisheit kommt der Psychologin in den Sinn, als sie mit Ingrid das vergangene Jahr in der Beratung reflektiert, das zu deutlich mehr Stress in einer ohnehin belasteten Mutter-Kind-Beziehung führte: »Die Definition von Wahnsinn ist: immer wieder das Gleiche zu tun und andere Ergebnisse zu erwarten« (Albert Einstein).

Abschließend möchten wir dazu anregen, vor dem Hintergrund des hier vorgestellten Wissens immer wieder eigene Handlungsweisen zu reflektieren und zu überdenken – dies gilt natürlich insbesondere dann, wenn das pädagogisch professionelle Handeln einmal mit einem Kind und/oder seinen Eltern nicht so leichtfällt oder man bemerkt, dass man ungünstig reagiert oder durch die Interaktionen belastet ist.

Althergebrachte Vorgehensweisen dürfen immer neu betrachtet und bei Bedarf geändert werden. Doch manchmal stellt sich auch heraus, dass »veraltete« Vorstellungen aus einer bestimmten Perspektive gar nicht so falsch waren. Als Beispiel könnte man die außerfamiliäre Betreuung von Kindern bis in die 1990er Jahre heranziehen. Damals gingen die meisten Kinder frühestens mit drei Jahren, manchmal auch erst mit vier Jahren, halbtags in den Kindergarten. Weniger Mütter waren berufstätig, in Teilzeit oder Vollzeit – Väter waren noch eher selten für die familiäre Betreuung in der frühen Kindheit zuständig. Dies ist mit der heutigen Lebensrealität, mütterlicher Berufstätigkeit und gesellschaftlichen Erwartungen deutlich schlechter vereinbar. Dennoch betreuen je nach Region bis zu zwei Drittel der Familien ihre Kinder bis zum Alter von drei Jahren auch heute noch selbst. Im Hinblick auf die Stressbelastung der Kinder war und ist die familiäre Betreuung, gerade in dieser Altersspanne, von Vorteil. Bei solchen Überlegungen wird Autoren aktuell aber reflexartig eine anti-feministische Haltung unterstellt, obwohl dies nicht aus den berichteten wissenschaftlichen Ergebnissen ableitbar ist. So kann zum Beispiel die Betreuung vor dem Kita-Besuch und beim später halbtäglichen Besuch des Kindergartens durch den Vater oder beide Eltern (oder Großeltern) gemeinsam im Wechsel geleistet werden. Dies praktiziert heute ein großer Teil der Eltern so. Oder es werden Tagesmütter, Leih-Omas oder andere Mütter, die im Wechsel die Kinder betreuen, einbezogen. Es ist allerdings auch möglich, dass die positiven Aspekte der außerfamiliären Betreuung für ein individuelles Familiensystem die Stressbelastung des Kindes durch den Kita-Besuch aufwiegen. Dann kann auch die Entscheidung für einen Krippenbesuch die optimale Lösung für das gesamte Familiensystem darstellen. Individuell zugeschnittene Empfehlungen unter Berücksichtigung verschiedener relevanter Faktoren und des aktuellen wissenschaftlichen Kenntnisstandes gehören zum professionellen pädagogischen Handeln.

So wie sich die Gesellschaft und deren Umgang mit Familien verändern, so muss sich auch die Frühpädagogik an veränderte Gegebenheiten anpassen. Dennoch bleibt der Mensch, gerade in der frühen Kindheit, von seinem evolutionären Erbe geprägt. Das Bedürfnis nach Bindung, Schutz und Fürsorge beim Kind und das elterliche Bedürfnis, das eigene Kind bestmöglich in seiner Entwicklung zu begleiten, haben sich wenig verändert. Dies gilt ebenso für die dazugehörigen neurobiologischen Vorgänge und das Bindungs- und Fürsorgeverhalten. Das Wohlergehen der Kinder und ihrer Familien sowie eine gute kindliche Entwicklung und Bildung sollten im Fokus frühpädagogischer Bemühungen stehen.

Gregory Bateson, ein bekannter Anthropologe, wies darauf hin, dass Menschen sich oft gut gemeinte logische Lösungsansätze für Probleme ausdenken, aber Menschen, insbesondere Kinder, eben nicht gemäß dieser Logik funktionieren, sondern immer gemäß ihrem evolutionären Erbe: »Die größten Probleme in der Welt sind das Ergebnis des Unterschieds dazwischen, wie die Natur funktioniert und wie Menschen denken« (Bateson 2000 [1972]; Übers. d. A.).

Unserer Erfahrung nach ist es immer zielführend in der frühpädagogischen Arbeit, die im Laufe der Menschheitsgeschichte entstandenen kindlichen Bedürfnisse nach Schutz und Fürsorge und das elterliche Bedürfnis, die eigenen Kinder zu schützen und zu versorgen, zu berücksichtigen. Fachkräfte in der Frühpädagogik sind häufig die ersten Ansprechpartner für Eltern oder erkennen Probleme in Familien als Erste. Sie können Unterstützungsmöglichkeiten aufzeigen oder im Kita-Alltag, in der Beratung oder den Frühen Hilfen selbst entwicklungsfördernd mit Eltern und ihren Kindern interagieren. Neben der bereits herausfordernden alltäglichen Arbeit in der Frühpädagogik tragen die frühpädagogischen Fachkräfte somit eine besonders große Verantwortung, da sie über ihren Expertenstatus Eltern stark beeinflussen können. Daher ist es umso wichtiger, die für die Frühpädagogik relevanten Grundlagen zur Neurobiologie und Bindungstheorie zu kennen und in die frühpädagogische Arbeit zu integrieren.

Teil IV

Literaturverzeichnis

Acevedo, B. P., Aron, E. N., Aron, A., Sangster, M. D., Collins, N. & Brown, L. L. (2014). The highly sensitive brain: an fMRI study of sensory processing sensitivity and response to others' emotions. *Brain and Behavior, 4*(4), 580–594.

Acevedo, B. P., Jagiellowicz, J., Aron, E., Marhenke, R. & Aron, A. (2017). Sensory processing sensitivity and childhood quality's effects on neural responses to emotional stimuli. *Clinical Neuropsychiatry, 14*(6), 359–373.

Acevedo, B. P., Santander, T., Marhenke, R., Aron, A. & Aron, E. (2021). Sensory processing sensitivity predicts individual differences in resting-state functional connectivity associated with depth of processing. *Neuropsychobiology, 80*(2), 185–200.

Ahnert, L. (2004). *Frühe Bindung. Entstehung und Entwicklung.* München: Ernst Reinhardt.

Ahnert, L., Gunnar, M. R., Lamb, M. E. & Barthel, M. (2004). Transition to child care: associations with infant-mother attachment, infant negative emotion, and cortisol elevations. *Child Development, 75*(3), 639–650. https://doi.org/10.1111/j.1467-8624.2004.00698.x

Ahnert, L., Lamb, M. E. & Seltenheim, K. (2000). Infant-care provider attachments in contrasting child care settings 1: Group-oriented care before German reunification. *Infant Behavior & Development, 23*, 197–209.

Ahnert, L., Pinquart, M. & Lamb, M. E. (2006). Security of children's relationships with nonparental care providers: a meta-analysis. *Child Develppment, 77*(3), 664–679.

AIHW – Australian Institute of Health and Welfare (2009). *A picture of Australia's children 2009.* Cat. no. PHE 112. Canberra: AIHW.

AIHW – Australian Institute of Health and Welfare (2010). *Child protection Australia 2008–2009.* Cat. no. CWS 35. Canberra: AIHW.

Ainsworth, M. D. (1963). The development of infant-mother interaction among the Ganda. In B. M. Foss (Hrsg.), *Determinants of infant behavior* (S. 67–112). New York: Wiley.

Ainsworth, M. D. S. (1967). *Infancy in Uganda: infant care and the growth of love.* Baltimore, MA: Johns Hopkins Press.

Ainsworth, M. D. S. (1991). Attachments and other affectional bonds across the life cycle. In C. M. Parkes, J. Stevenson-Hinde & P. Marris (Hrsg.), *Attachment across the life cycle* (S. 33–51). New York: Routledge.

Ainsworth, M. D., Bell, S. M. & Stayton, D. J. (1971). Individual differences in strange-situation behaviour of one-year-olds. In H. R. Schaffer (Hrsg.), *The origins of human social relations.* London: Academic Press.

Ainsworth, M., Blehar, M., Waters, E. & Wall, S. (2015 [1978]). *Patterns of attachment: A psychological study of the strange situation.* Bristol: Psychology Press.

Ainsworth, M. D. & Wittig, B. A. (1969). Attachment and exploratory behavior of one-year-olds in a strange situation. In B. M. Foss (Hrsg.), *Determinants of infant behavior* (Bd. 4, S. 113–136). London: Methuen.

Alemzadeh, M. (2023). *Partizipatorische Eingewöhnung.* Freiburg i. B.: Herder.

Argyle, M. (1990). The psychology of interpersonal behaviour. Harmondsworth: Penguin.

Armstrong, L., Bergeron, M., Lee, E., Mershon, J. & Armstrong, E. (2022). Overtraining syndrome as a complex systems phenomenon. *Frontiers in Network Physiology, 1*, 794392. https://doi.org/10.3389/fnetp.2021.794392

Aron, E. N. (2012). *Das hochsensible Kind: Wie Sie auf die besonderen Schwächen und Bedürfnisse Ihres Kindes eingehen.* München: mvg Verlag.

Aron E. N. (2014). *Hochsensible Menschen in der Psychotherapie.* Paderborn: Junfermann.

Aron, E. N., Aron, A. & Davies, K. M. (2005). Adult shyness: The interaction of temperamental sensitivity and an adverse childhood environment. *Personality and Social Psychology Bulletin, 31*(2), 181–197.

Aron, E. N., Aron, A. & Jagiellowicz, J. (2012). Sensory processing sensitivity: A review in the light of the evolution of biological responsivity. *Personality and Social Psychology Review, 16*(3), 262–282.

Arnold, M. (2020). Brain-Based Learning and Teaching – Prinzipien und Elemente. In U. Herrmann (Hrsg.), *Neurodidaktik: Grundlagen für eine Neuropsychologie des Lernens* (S. 245–259). Weinheim: Beltz.

Aureli, F. & de Waal, F. B. M. (Hrsg.). (2000). *Natural conflict resolution.* Berkeley u. a.: University of California Press.

Baker, M., Gruber, J. & Milligan, K. (2008). Universal child care, maternal labor supply and family well-being. *Journal of Political Economy, 116*(4), 709–745.

Bakermans-Kranenburg, M. J., van Ijzendoorn, M. H. & Juffer, F. (2003). Less is more: meta-analyses of sensitivity and attachment interventions in early childhood. *Psychological Bulletin, 129*(2), 195–215. https://doi.org/10.1037/0033-2909.129.2.195

Ballmann, A. E. (2022). *Seelenprügel: Was Kindern in Kitas wirklich passiert. Und was wir dagegen tun können.* München: Penguin.

Barkmann, C. & Schulte-Markwort, M. (2007). Psychische Störungen im Kindes- und Jugendalter. *Monatsschrift Kinderheilkunde, 155*(10), 906–914. https://doi.org/10.1007/s00112-007-1588-4

Bateson, G. (1979). *Mind and nature. A neccesary unity.* Cresskill, NJ: Hampton Press.

Bateson, G. (2000 [1972]). *Steps to an ecology of mind.* Chicago u. London: The University of Chicago Press.

Bauer, J. (2006). *Warum ich fühle, was Du fühlst. Intuitive Kommunikation und das Geheimnis der Spiegelneurone.* München: Heyne.

Bayrisches Staatsministerium für Familie, Arbeit und Soziales (2024). Pädagogik. https://www.stmas.bayern.de/kinderbetreuung/paedagogik/index.php

Bechmann, C. & Reimer, D. (2022). *Ich kann schon schlafen! Entspannte Nächte für Dein Kind und Dich. Bindungsorientierte Lösungen zum Ein- und Durchschlafen. Liebevolle Schlafbegleitung ohne Druck.* Hannover: Humboldt.

Becker-Stoll, F., Beckh, K. & Berkic, J. (2018). *Bindung – eine sichere Basis fürs Leben: Das große Elternbuch für die ersten 6 Monate.* München: Kösel.

Beckh, K., Mayer, D., Berkic, J. & Becker-Stoll, F. (2015). Ergebnisse der NUBBEK-Studie zu Qualitätsdimensionen in der Kindertagesbetreuung: Interpretation aus bindungstheoretischer Sicht. *Diskurs Kindheits- und Jugendforschung, 2,* 183–201.

Beetz, A. (2013). Bindungsbasiertes Training von pädagogischen Fachkräften als Intervention in der Sonderpädagogik: Zur Bedeutung von Rapport, Synchronisation und Reflexion. *Heilpädagogik, 56*(4), 17–23.

Beetz, A. (2014). Zur Problematik unsicherer Bindung bei Lehrern und Erziehern in der Sonderpädagogik mit dem Förderschwerpunkt soziale und emotionale Entwicklung. *Heilpädagogische Forschung, 2,* 77–86.

Beetz, A. (2021). Tiergestützte Pädagogik. In Beetz, A., Riedel, M. & Wohlfarth, R. (Hrsg.), *Tiergestützte Interventionen. Handbuch für die Aus- und Weiterbildung* (S. 238–241). München: Ernst Reinhardt.

Beetz, A., Gaass, K., Beckmann, M. & Goecke, T. (2013). Der Einfluss mütterlicher Bindung und postpartaler Depressivität auf Entwicklungsauffälligkeiten des Kindes bis zum 18. Lebensmonat. *Empirische Sonderpädagogik, 5*(4), 300–314. https://doi.org/10.25656/01:9227

Beetz, A. & Julius, H. (2013). Bindungstheoretisch basierte Beobachtungen von Lehrerverhalten in der Arbeit mit verhaltensauffälligen Kindern und Jugendlichen. *Heilpädagogische Forschung, 1,* 26–35.

Beetz, A., Uvnäs-Moberg, K., Julius, H. & Kotrschal, K. (2012). Psychosocial and psychophysiological effects of human-animal interactions: The possible role of oxytocin. *Frontiers in Psychology/Psychology for Clinical Settings, 3.* https://doi.org/10.3389/fpsyg.2012.00234

Belsky, J. (2003). The politicized science of day care: A personal and professional odyssey. *Family Policy Review, 1,* 23–40.

Belsky, J., Jaffee, S. R., Sligo, J., Woodward, L. & Silva, P. A. (2005). Intergenerational transmission of warm-sensitive-stimulating parenting: A prospective study of mothers and fathers of 3-year-olds. *Child Development, 76*(2), 384–396. https://doi.org/10.1111/j.1467-8624.2005.00852.x

Belsky, J., Vandell, D. L., Burchinal, M., Clarke-Stewart, K. A., McCartney, K., Owen, M. T. & NICHD Early Child Care Research Network (2007). Are there long-term effects of early child care? *Child Development, 78*(2), 681–701. https://doi.org/10.1111/j.1467-8624.2007.01021.x

Benham, G. (2006). The highly sensitive person: Stress and physical symptom reports. *Personality and Individual Differences, 40*(7), 1433–1440.

Benoit, D., Parker, K. C. H. & Zeanah, C. H. (1997). Mothers' representations of their infants assessed prenatally: Stability and association with infants' attachment classifications. *Child Psychology & Psychiatry & Allied Disciplines, 38*(3), 307–313. https://doi.org/10.1111/j.1469-7610.1997.tb01515.x

Benz, M. & Scholtes, K. (2014). Von der normalen Entwicklungskrise zur Regulationsstörung. In M. Cierpka (Hrsg.), *Frühe Kindheit 0–3 Jahre*. Berlin u. Heidelberg: Springer.

Benz, U. (1993). *Frauen im Nationalsozialismus. Dokumente und Zeugnisse*. München: C. H. Beck.

Bergant, A. M., Nguyen, T., Heim, K., Ulmer, H. & Dapunt, O. (1998). German language version and validation of the Edinburgh postnatal Depression scale. *Deutsche Medizinische Wochenschrift, 123*(3), 35–40.

Bifulco, A., Figueiredo, B., Guedeney, N., Gorman, L. L., Hayes, S., Muzik, M. et al. (2004). Maternal attachment style and depression associated with childbirth: preliminary results from a European and US cross-cultural study. *British Journal of Psychiatry, 184*(46), 31–37.

Blaffer Hrdy, S. (2000). *Mutter Natur: Die weibliche Seite der Evolution*. Berlin: Berlin Verlag.

Blaffer Hrdy, S. (2011). *Mothers and others. The evolutionary origins of mutual understanding*. Cambridge, MA: Belknap Press.

Boll, A. & Remsperger-Kehm, R. (2021). *Verletzendes Verhalten in Kitas. Eine Explorationsstudie zu Formen, Umgangsweisen, Ursachen und Handlungserfordernissen aus der Perspektive der Fachkräfte*. Opladen: Verlag Barbara Budrich.

Bowlby, J. (1944). Forty-four juvenile thieves: Their characters and home life. *International Journal of Psychoanalysis, 25*, 19–52.

Bowlby, J. (1951). *Maternal care and mental health. A report prepared on behalf of the World Health Organization as a contribution to the United Nations programme for the welfare of homeless children*. Genf: World Health Organization.

Bowlby, J. (1953). *Child care and the growth of love*. London: Penguin Books.

Bowlby, J. (1958). The nature of the child's tie to his mother. *International Journal of Psychoanalysis, 39*, 350–373.

Bowlby, J. (1969). *Attachment and loss. Volume I, Attachment*. New York: Basic Books.

Bowlby, J. (1973). *Attachment and Loss II – Separation, Anxiety and Anger*. London: Hogarth Press.

Bowlby, J. (1979). *The making and breaking of affectional bonds*. Milton Park: Routledge.

Bowlby, J. (1980). *Attachment and loss. Vol. III: Loss, sadness and depression*. New York: Basic Books.

Bowlby, J. (1982a). Attachment and loss: Retrospect and prospect. *American Journal of Orthopsychiatry, 52*(4), 664–678. https://doi.org/10.1111/j.1939-0025.1982.tb01456.x

Bowlby, J. (1982b). *Das Glück und die Trauer. Herstellung und Lösung affektiver Bindungen*. Stuttgart: Klett-Cotta.

Bowlby, J. (1988). *A secure base: Parent-child attachment and healthy human development*. New York: Basic Books.

Bowlby, J. (2006). *Bindung und Verlust. Mutterliebe und kindliche Entwicklung*. München u. Basel: Ernst Reinhardt.

Böhm, R. (2023). Außerfamiliäre Betreuung von unter Dreijährigen. Lange »Arbeitstage« stressen Kleinkinder. *Pädiatrie, 35*(S1), 68–73.

Braukhane, K. & Knobeloch, J. (2011). Das Berliner Eingewöhnungsmodell – Theorie und praktische Umsetzung. Kita-Fachtexte. https://www.kita-fachtexte.de/fileadmin/Redakti on/Publikationen/KiTaFT_Braukhane_Knobeloch_2011.pdf

Brazelton, T. B. & Greenspan, S. I. (2002). *Die sieben Grundbedürfnisse von Kindern. Was jedes Kind braucht, um gesund aufzuwachsen, gut zu lernen und glücklich zu sein.* Weinheim Beltz.

Bretherton, I. (1987). New perspectives on attachment relations: Security, communication, and internal working models. In J. D. Osofsky (Hrsg.), *Handbook of infant development* (S. 1061–1100). 2. Aufl. New York: John Wiley & Sons.

Bretherton, I. (1999). Updating the »internal working model« construct: Some reflections. *Attachment & Human Development, 1*(3), 343–357. https://doi.org/10.1080/146167399 00134191

Bretherton, I. & Munholland, K. A. (1999). Internal working models in attachment relationships: A construct revisited. In J. Cassidy & P. R. Shaver (Hrsg.), *Handbook of attachment: Theory, research, and clinical applications* (S. 89–111). New York: Guilford Press.

Brisch, K. H. (2008). Bindung und Umgang. In Deutscher Familiengerichtstag (Hrsg.), *Siebzehnter Deutscher Familiengerichtstag vom 12. bis 15. September 2007 in Brühl. Brühler Schriften zum Familienrecht, Band 15* (S. 89–135). Bielefeld: Verlag Gieseking Bielefeld.

Brisch, K. H. (2014). *Säuglings- und Kleinkindalter. Bindungspsychotherapie – Bindungsbasierte Beratung und Therapie.* Stuttgart: Klett-Cotta.

Brisch, K. H. (Hrsg.). (2018). *Bindungstraumatisierungen.* 2. Aufl. Stuttgart: Klett-Cotta.

Brisch, K. H. (2022). *Bindungsstörungen: Von der Bindungstheorie zur Beratung und Therapie.* Stuttgart: Klett-Cotta.

Brisch, K. H., Hilmer, C., Oberschneider, L. & Ebeling, L. (2018). Bindungsstörungen. *Monatsschrift Kinderheilkunde, 166*, 533–544. https://doi.org/10.1007/s00112-018-0465-7

Brockington, G., Gomes Moreira, A. P., Buso, M. S., Gomes da Silva, S., Altszyler, E., Fischer, R. & Moll, J. (2021). Storytelling increases oxytocin and positive emotions and decreases cortisol and pain in hospitalized children. *Proceedings of the National Academy of Sciences of the United States of America, 118*(22), e2018409118. https://doi.org/10.1073/pnas.20184 09118

Bruce, J., Kroupina, M., Parker, S. & Gunnar, M. R. (2000). The relationships between cortisol, growth retardation, and developmental delay in post-institutionalized children. Paper presented at the International Conference on Infant Studies. Brighton, England.

Brunsting, M. (2020). Exekutive Funktionen, Selbstregulation und ihre Bedeutung für die Neuropsychologie des Lernens. In U. Herrmann (Hrsg.), *Neurodidaktik: Grundlagen für eine Neuropsychologie des Lernens* (S. 188–203). Weinheim: Beltz.

Buchheim, A. (2002). Bindung und Psychopathologie im Erwachsenenalter. In B. Strauß, A. Buchheim & H. Kächele (Hrsg.), *Klinische Bindungsforschung. Theorien – Methoden – Ergebnisse* (S. 214–230). Stuttgart: Schattauer.

Buchheim, A. (2016). *Bindung und Exploration. Ihre Bedeutung im klinischen und psychotherapeutischen Kontext.* Stuttgart: Kohlhammer.

Buchheim, A., Heinrichs, M., George, C., Pokorny, D., Koops, E., Henningsen, P., O'Connor, M. F. & Gündel, H. (2009). Oxytocin enhances the experience of attachment security. *Psychoneuroendocrinology, 34*(9), 1417–1422. https://doi.org/10.1016/j.psyneuen.2009.04. 002

Buchheim, A. & Kächele, H. (2002). *Klinische Bindungsforschung. Theorien, Methoden, Ergebnisse.* Stuttgart: Schattauer.

Bugental, D. B., Martorell, G. A. & Barraza, V. (2003). The hormonal costs of subtle forms of infant maltreatment. *Hormones and Behavior, 43*(1), 237–244. https://doi.org/10.1016/ S0018-506X(02)00008-9.

Bundesarbeitsgemeinschaft Traumapädagogik (BAG TP) e.V. (2011). *Standards für traumapädagogische Konzepte in der stationären Kinder- und Jugendhilfe. Ein Positionspapier der BAG Traumapädagogik.* Gnarrenburg: Bundesarbeitsgemeinschaft Traumapädagogik e.V.

Bundesgesundheitsministerium (2018). KIGGS – Wie geht es den Kindern und Jugendlichen in Deutschland? https://www.bundesgesundheitsministerium.de/fileadmin/Dateien/5_Pu blikationen/Praevention/Berichte/ErgebnisbroschuereKiGGS.pdf

Buse, M. (2017). *Eltern zwischen Kindertageseinrichtung und Grundschule. Rekonstruktion interaktionaler Prozesse und transitionstheoretische Reflexion.* Wiesbaden: Springer.
Bystrova, K., Ivanova, V., Edhborg, M., Matthiesen, A. S., Ransjö-Arvidson, A. B., Mukhamedrakhimov, R., Uvnäs-Moberg, K. & Widström, A. M. (2009). Early contact versus separation: Effects on mother-infant interaction one year later. *Birth, 36,* 97–109.
Bystrova, K., Matthiesen, A. S., Vorontsov, I., Widström, A. M., Ransjö-Arvidson, A. B. & Uvnäs-Moberg, K. (2007). Maternal axillar and breast temperature after giving birth: effects of delivery ward practices and relation to infant temperature. *Birth, 34,* 291–300.
Bystrova, K., Widstrom, A.-M., Matthiesen, A.-S., Ransjö-Arvidson, A.-B., Welles-Nyström, B., Wassberg, C., Vorontsov, I. & Uvnäs-Moberg, K. (2003). Skin-to-skin contact may reduce negative consequences of »the stress of being born«: A study on temperature in newborn infants, subjected to different ward routines in St. Petersburg. *Acta Paediatrica, 92*(3), 320–326. https://doi.org/10.1111/j.1651-2227.2003.tb00553.x
Caine, G. & Caine R. N. (1994). *Making connections: Teaching and the human brain.* Menlo Park, CA: Addison-Wesley.
Caine, G. & Caine R. N. (1997). *Unleashing the power of perceptual change: The potential of brain-based teaching.* Alexandria, VA: Association for Supervision and Curriculum Development.
Caine, R., Caine, G., McClintic, C. & Klimek, K. (2005). *12 brain/mind learning principles in action: The field book for making connections, teaching and the human brain.* Thousand Oaks, CA: Corwin Press.
Cantzler, A. (2022). *Peergroup-Eingewöhnung.* Mülheim an der Ruhr: Verlag an der Ruhr.
Carlson, M. & Earls, F. (1997). Psychological and neuroendocrinological sequelae of early social deprivation in institutionalized children in Romania. *Annals of the New York Academy of Sciences, 807,* 419–428. https://doi.org/10.1111/j.1749-6632.1997.tb51936.x
Carnelley, K. B., Pietromonaco, P. R. & Jaffe, K. (1996). Attachment, caregiving, and relationship functioning in couples: Effects of self and partner. *Personal Relationships, 3*(3), 257–278.
Carpenter, E. M. & Kirkpatrick, L. A. (1996). Attachment style and presence of a romantic partner as moderators of psychophysiological responses to a stressful laboratory situation. *Personal Relationships, 3*(4), 351–367. https://doi.org/10.1111/j.1475-6811.1996.tb00121.x
Carpenter, L. L., Carvalho, J. P., Tyrka, A. R., Wier, L. M., Mello, A. F., Mello, M. F., Anderson, G. M., Wilkinson, C. W. & Price, L. H. (2007). Decreased adrenocorticotropic hormone and cortisol responses to stress in healthy adults reporting significant childhood maltreatment. *Biological Psychiatry, 62*(10), 1080–1087. https://doi.org/10.1016/j.biopsych.2007.05.002
Carrion, V., Weems, C. F. & Reiss, A. L. (2007). Stress predicts brain changes in children: A pilot longitudinal study on youth stress, posttraumatic stress disorder, and the hippocampus. *Pediatrics, 119*(3), 509–516.
Carter, C. S., Altemus, M. & Chrousos, G. P. (2001). Neuroendocrine and emotional changes in the post-partum period. *Progress in Brain Research, 133,* 241–249. https://doi.org/10.1016/s0079-6123(01)33018-2
Cassels, T. G. & Rosier, J. G. (2022). The effectiveness of sleep training: Fact or fiction? *Clinical Lactation, 13,* 65–76.
Cassidy, J. (2000). Adult romantic attachments: A developmental perspective on individual differences. *Review of General Psychology, 4*(2), 111–131. https://doi.org/10.1037/1089-2680.4.2.111
Cassidy, J. (2008). The nature of the child's ties. In J. Cassidy & P. R. Shaver (Hrsg.), *Handbook of attachment: Theory, research, and clinical applications* (S. 3–22). 2. Aufl. New York: Guilford Press.
Cassidy, J. & Berlin, L. J. (1994). The insecure/ambivalent pattern of attachment: theory and research. *Child Development, 65*(4), 971–91. PMID: 7956474.
Champagne, F. A. (2008). Epigenetic mechanisms and the transgenerational effects of maternal care. *Frontiers in Neuroendocrinology, 29,* 386–397.
Champagne, F. A. & Meaney, M. J. (2007). Transgenerational effects of social environment on variations in maternal care and behavioural response to novelty. *Behavioral Neuroscience, 121,* 1353–1363.

Chen, F. S., Kumsta, R., von Dawans, B., Monakhov, M., Ebstein, R. P. & Heinrichs, M. (2011). Common oxytocin receptor gene (OXTR) polymorphism and social support interact to reduce stress in humans. *Proceedings of the National Academy of Sciences, 108*(50), 19937–19942.

Chess, S. & Thomas, A. (1982). Infant bonding: Mystique and reality. *American Journal of Orthopsychiatry, 52,* 213–222. https://doi.org/10.1111/j.1939-0025.1982.tb02683.x

Christensson, K., Cabrera, T., Christensson, E., Uvnäs-Moberg, K. & Winberg, J. (1995). Separation distress call in the human neonate in the absence of maternal body contact. *Acta Paediatrica, 84,* 468–473.

Cockrem, J. F. (2013). Individual variation in glucocorticoid stress responses in animals. *General Comparative Endocrinology, 181,* 45–58. https://doi.org/10.1016/j.ygcen.2012.11.025

Cole, M. & Cole, S. (1996). *The development of children.* 3 Aufl. New York: Scientific American Books.

Condon, J. T. (1993). The assessment of antenatal emotional attachment: Development of a questionnaire instrument. *British Journal of Medical Psychology, 66*(2), 167–183. https://doi.org/10.1111/j.2044-8341.1993.tb01739.x

Condon J. T. & Corkindale C (1997). The correlates of antenatal attachment in pregnant women. *British Journal of Medical Psychology, 70*(4), 359–372.

Cooper, G., Hoffman, K., Marvin, R. & Powell, B. (1999). Secure and limited circles of security. Unveröffentlichtes Material. Spokane, WA: Centre for Clinical Intervention.

Cranley, M. S. (1981). Development of a tool for the measurement of maternal attachment during pregnancy. *Nursing Research, 30*(5), 281–284.

Crouch, M. & Manderson, L. (1995). The social life of bonding theory. Social *Science & Medicine, 41,* 837–844. https://doi.org/10.1016/0277-9536(94)00401-E

Curley, J. P. & Keverne E. B. (2005). Genes, brains and mammalian social bonds. *Trends in Ecology & Evolution, 20*(10), 561–567.

Cutuli, J. J., Wiik, K. L., Herbers, J. E., Gunnar, M. R. & Masten, A. S. (2010). Cortisol function among early school-aged homeless children. *Psychoneuroendocrinology, 35*(6), 833–845. https://doi.org/10.1016/j.psyneuen.2009.11.008

Cyr, C., Euser, E. M., Bakermans-Kranenburg, M. J. & van Ijzendoorn, M. H. (2010). Attachment security and disorganization in maltreating and high-risk families: a series of meta-analyses. *Development and Psychopathology, 22*(1), 87–108. https://doi.org/10.1017/S0954579409990289

De Bellis, M. D., Baum, A. S., Birmaher, B., Keshavan, M. S., Eccard, C. H., Boring, A. M., Jenkins, F. J. & Ryan, N. D. (1999). A. E. Bennett Research Award. Developmental traumatology. Part I: Biological stress systems. *Biological Psychiatry, 45*(10), 1259–1270. https://doi.org/10.1016/s0006-3223(99)00044-x

Destatis – Statistisches Bundesamt (2024). Soziales: Kindertagesbetreuung. https://www.destatis.de/DE/Themen/Gesellschaft-Umwelt/Soziales/Kindertagesbetreuung/_inhalt.html

Deutsche Gesellschaft für Kinder- und Jugendmedizin e. V. (2019). »Mein Kind schläft nicht« – Wie viele Stunden Schlaf braucht ein Kind? https://www.dgkj.de/eltern/dgkj-elterninformationen/elterninfo-kind-schlaeft-nicht#c5558

Deutsche Gesellschaft für Schlafforschung und Schlafmedizin (2018 [2000]). Patientenratgeber: Schlafstörungen bei Säuglingen, Kleinkindern, Kindern und Jugendlichen. https://www.dgsm.de/fileadmin/patienteninformationen/ratgeber_schlafstoerungen/Schlafstoerungen_bei_Saeuglingen_Kleinkindern_Kindern_und_Jugendlichen.pdf

Deutscher Bundestag (2016). Posttraumatische Belastungsstörung. https://www.bundestag.de/resource/blob/490504/8acad12ffbf45476eecdfeff7d6bd3f4/wd-9-069-16-pdf-data.pdf

De Vet, S. M., Vrijhof, C. I., van der Veek, S. M. C., Linting, M. & Vermeer, H. J. (2023). Young children's cortisol levels at our-of-home child care: A meta-analysis. *Early Childhood Research Quarterly, 63*(2), 204–218.

DeVries A. C., Glasper E. R., Detillion C. E. (2003). Social modulation of stress responses. *Physiol. Behav.* 79, 399–407 10.1016/S0031-9384(03)00152-5

de Waal, F. (2022). *Der Unterschied: Was wir von Primaten über Gender lernen können.* Stuttgart: Klett-Cotta.

De Young, A. C., Kenardy, J. A. & Cobham, V. E. (2011). Trauma in early childhood: A neglected population. *Clinical Child and Family Psycholgy Review, 14*, 231–250. https://doi.org/10.1007/s10567-011-0094-3

Diamond, L. M. (2001). Contributions of psychophysiology to research on adult attachment: Review and recommendations. *Personality and Social Psychology Review, 5*, 276–295.

Diamond, L. M., Hicks, A. M. & Otter-Henderson, K. D. (2008). Every time you go away: Changes in affect, behavior, and physiology associated with travel-related separations from romantic partners. *Journal of Personality and Social Psychology, 95*(2), 385–403. https://doi.org/10.1037/0022-3514.95.2.385

Ditzen, B. & Heinrichs, M. (2014). Psychobiology of social support: the social dimension of stress buffering. *Restorative Neurology and Neuroscience, 32*(1), 149–162.

Dreyer, R. (2017). *Eingewöhnung und Beziehungsaufbau in Krippe und Kita. Modelle und Rahmenbedingungen für einen gelungenen Start.* Freiburg i. Br.: Herder.

Domes, G., Heinrichs, M., Michel, A., Berger, C. & Herpertz, S. C. (2007). Oxytocin improves »mind-reading« in humans. *Biol Psychiatry,* 61(6), 731–733. doi: 10.1016/j.biopsych.2006.07.015Duranton, C. & Gaunet, F. (2015). Canis sensitivus: Affiliation and dogs' sensitivity to others' behavior as the basis for synchronization with humans? *Journal of Veterinary Behavior: Clinical Applications and Research, 10*(6), 513–524.

Egert, M (2018). Die Küche ist ein Paradies für Mikroben. *Frankfurter Allgemeine*, 5.8.2018.

Egle, U. T., Heim, C., Strauß, B. & Känel, R. v. (Hrsg.). (2024). *Psychosomatik – neurobiologisch fundiert und evidenzbasiert. Ein Lehr- und Handbuch.* 2. erw. u. überarb. Aufl. Stuttgart: Kohlhammer.

Ehry-Gissel, J. (2018). *Selbstbetreuen und Geld verdienen. Diese 15 Mamis haben Lösungen gefunden.* Eigenverlag.

Ein-Dor, T., Verbeke, W. J., Mokry, M. & Vrtička, P. (2018). Epigenetic modification of the oxytocin and glucocorticoid receptor genes is linked to attachment avoidance in young adults. *Attachment & Human Development, 20*(4), 439–454. https://doi.org/10.1080/14616734.2018.1446451

Eisfeld, M. (2014). *Bindung und IQ: eine empirische Studie zum Bindungsverhalten von Kindern im Grundschulalter und der Zusammenhang zu ihren kognitiven Fähigkeiten.* Dissertation, Philosophische Fakultät der Universität Rostock. https://doi.org/10.18453/rosdok_id00001562

Engert, V., Joober, R., Meaney, M. J., Hellhammer, D. H. & Pruessner, J. C. (2009). Behavioral response to methylphenidate challenge: influence of early life parental care. *Developmental Psychobiology, 51*(5), 408–416. https://doi.org/10.1002/dev.20380

Entringer, S., Buss, C. & Heim, C. (2016). Frühe Stresserfahrungen und Krankheitsvulnerabilität. *Bundesgesundheitsblatt, Gesundheitsforschung Gesundheitsschutz, 59*(19), 1255–1261. https://doi.org/10.1007/s00103-016-2436-2

Falkus, M. (2018). *Die Kita-Katastrophe: Was in Kindergärten wirklich vor sich geht, wenn die Eltern nicht dabei sind.* Norderstedt: Books on Demand.

Feeney, B. C. & Kirkpatrick, L. A. (1996). Effects of adult attachment and presence of romantic partners on physiological responses to stress. *Journal of Personality and Social Psychology, 70*(2), 255–270. https://doi.org/10.1037/0022-3514.70.2.255

Feldman, R. (2007). Parent-infant synchrony: Biological foundations and development. *Current Directions in Psychological Science, 16*(6), 340–345. https://doi.org/10.1111/j.1467-8721.2007.00532.x

Feldman, R. (2014). Synchrony and the neurobiological basis of social affiliation. In M. Mikulincer & P. R. Shaver (Hrsg.), *Mechanisms of social connection: From brain to group* (S. 145–166). Washington D. C.: American Psychological Association.

Feldman, R., Gordon, I. & Zagoory-Sharon, O. (2011). Maternal and paternal plasma, salivary, and urinary oxytocin and parent-infant synchrony: considering stress and affiliation components of human bonding. *Developmental Science, 14*(4), 752–761. https://doi.org/10.1111/j.1467-7687.2010.01021.x

Feldman, R., Magori-Cohen, R., Galili, G., Singer, M. & Louzoun, Y. (2011). Mother and infant coordinate heart rhythms through episodes of interaction synchrony. *Infant Behavior & Development, 34*(4), 569–577. https://doi.org/10.1016/j.infbeh.2011.06.008

Feldman, R., Weller, A., Zagoory-Sharon, O. & Levine, A. (2007). Evidence for a neuroendocrinological foundation of human affiliation: Plasma oxytocin levels across pregnancy and the postpartum period predict mother-infant bonding. *Psychological Science, 18*(11), 965–970. https://doi.org/10.1111/j.1467-9280.2007.02010.x

Ferber, R. (2006 [1985]). *Solve your child's speep problems.* New York: Touchstone.

Ferreira, R. C., Alves, C. R. L., Guimarães, M. A. P., Menezes, K. K. P. & Magalhães, L. C. (2020). Effects of early interventions focused on the family in the development of children born preterm and/or at social risk: a meta-analysis. *Jornal de pediatria, 96*(1), 20–38. https://doi.org/10.1016/j.jped.2019.05.002

Fink, H (2022). Die Eingewöhnung in der Peer – das Tübinger Modell. Kita Fachtexte. https://www.kita-fachtexte.de/fileadmin/Redaktion/Publikationen/220327_KitaFachtexte_Fink_02.pdf

Fisher, H. (2000). Lust, attraction, attachment: Biology and evolution of the three primary emotion systems for mating, reproduction, and parenting. *Journal of Sex Education and Therapy, 25*(1), 96–104. https://doi.org/10.1080/01614576.2000.11074334

Foley, P. & Kirschbaum, C. (2010). Human hypothalamus-pituitary-adrenal axis responses to acute psychosocial stress in laboratory settings. *Neuroscience and Biobehavioral Reviews, 35*(1), 91–96. https://doi.org/10.1016/j.neubiorev.2010.01.010

Gaensbauer, T. J. (1995). Trauma in the preverbal period: Symptoms, memories, and developmental impact. *The Psychoanalytic Study of the Child, 50,* 122–149. https://doi.org/10.1080/00797308.1995.11822399

Garcia-Rodríguez, L., Redin, C. I. & Abaitua, C. R. (2023). Teacher-student attachment relationship, variables associated, and measurement: A systematic review. *Educational Research Review, 38,* 100488. https://doi.org/10.1016/j.edurev.2022.100488

George, C., Main, M. & Kaplan, N. (1985). Adult Attachment Interview (AAI) [database record]. APA PsycTests. https://doi.org/10.1037/t02879-000

George, C. & Solomon, J. (1996). Representational models of relationships: Links between caregiving and attachment. *Infant Mental Health Journal, 17*(3), 198–216. https://doi.org/10.1002/(SICI)1097-0355(199623)17:3<198::AID-IMHJ2>3.0.CO;2-L

George, C. & Solomon, J. (2011). Caregiving helplessness: Development of a questionnaire to screen for maternal caregiving disorganization. In J. Solomon & C. George (Hrsg.), *Disorganized attachment and caregiving* (S. 133–163). New York: Guilford Press.

George, C. & Solomon, J. (2008a). The caregiving system: A behavioral systems approach to parenting. In J. Cassidy & P. R. Shaver (Hrsg.), *Handbook of attachment: Theory, research, and clinical applications* (S. 833–856). 2. Aufl. New York: Guilford Press.

George, C. & Solomon, J. (2008b). Caregiving representation rating manual: Rating scales and Caregiving Interview protocol. [vorherige Versionen: 1993, 1996, 2002]. Unveröffentlichtes Manuskript. MillsCollege, Oakland, CA.

George, C. & West, M. L. (2012). *The Adult Attachment Projective Picture System: Attachment theory and assessment in adults.* New York: Guilford Press.

George, C. & West, M. L. (2021). Adult Attachment Projective Picture System Protocol and Classification Scoring System Version 2021.2 (October 2021) © Carol George, Malcolm West, Odette Pettem (1997). Adult Attachment Projective.

George, C. & West, M. (2023). Adult Attachment Projective Picture System. Attachment Trauma Risk Screening System. Version Sept. 2023. Unveröffentlichtes Manual.

George, C., West, M. L. & Pettem, O. (1997). The adult attachment projective. Unpublished attachment measure and coding manual. Mills College, Oakland, CA, USA.

Gloger-Tippelt, G. (1999). Das Bild vom Kind während der Schwangerschaft. In Deutscher Familienverband (Hrsg.), *Handbuch Elternbildung, Band 1: Wenn aus Partnern Eltern werden* (S. 209–230). Opladen: Leske + Budrich.

Gloger-Tippelt, G., Vetter, J. & Rauh, H. (2000). Untersuchungen mit der »Fremden Situation« in deutschsprachigen Ländern: Ein Überblick. *Psychologie in Erziehung und Unterricht, 47*(1), 87–98.

Glüer, M. (2017). *Bindungs- und Beziehungsqualität in der KiTa – Grundlagen und Praxis.* Stuttgart: Kohlhammer.

Goecke, T. W., Burger, P., Fasching, P. A., Bakdash, A., Engel, A., Häberle, L., Voigt, F., Faschingbauer, F., Raabe, E., Maass, N., Rothe, M., Beckmann, M. W., Pragst, F. & Kornhuber, J. (2014). Meconium indicators of maternal alcohol abuse during pregnancy and association with patient characteristics. *BioMed Research International, 1*, 702848. https://doi.org/10.1155/2014/702848

Goecke, T., Voigt, F., Faschingbauer, F., Spangler, G., Beckmann, M. W. & Beetz, A. (2012). The association of prenatal attachment and perinatal factors with postpartum depression in first-time mothers. *Archives of Gynecology and Obstetrics, 285*(1), https://doi.org/10.1007/s00404-012-2286-6

Gordon, I., Zagoory-Sharon, O., Leckman, J. F. & Feldman, R. (2010). Prolactin, oxytocin, and the development of paternal behavior across the first six months of fatherhood. *Hormones and behavior, 58*(3), 513–518. https://doi.org/10.1016/j.yhbeh.2010.04.007

Gordon, I., Zagoory-Sharon, O., Schneiderman, I., Leckman, J. F., Weller, A. & Feldman, R. (2008). Oxytocin and cortisol in romantically unattached young adults: Associations with bonding and psychological distress. *Psychophysiology, 45*, 349–352.

Görgen, P. (2020). *Sorgenkind Kita: Die Wahrheit über den Alltag im Kindergarten*. Hamburg. tredition.

Goldman, M., Marlow-O'Connor, M., Torres, I. & Carter, C. S. (2008). Diminished plasma oxytocin in schizophrenic patients with neuroendocrine dysfunction and emotional deficits. *Schizophrenia Research, 98*(1–3), 247–255. https://doi.org/10.1016/j.schres.2007.09.019

Graham, A. M., Rasmussen, J. M., Entringer, S., Ben Ward, E., Rudolph, M. D., Gilmore, J. H., Styner, M., Wadhwa, P. D., Fair, D. A. & Buss, C. (2019). Maternal cortisol concentrations during pregnancy and sex-specific associations with neonatal amygdala connectivity and emerging internalizing behaviors. *Biological Psychiatry, 85*(2), 172–181. https://doi.org/10.1016/j.biopsych.2018.06.023

Grawe, K., Donati, R. & Bernauer, F. (2001 [1994]). *Psychotherapie im Wandel – Von der Konfession zur Profession*. Göttingen: Hogrefe.

Green, J. G., McLaughlin, K. A., Berglund, P. A., Gruber, M. J., Sampson, N. A., Zaslavsky, A. M. et al. (2010). Childhood adversities and adult psychopathology in the National Comorbidity Survey Replication (NCS-R) I: Associations with first onset of DSM-IV disorders. *Archives of General Psychiatry, 67*, 113–123.

Gregory, S. G., Connelly, J. J., Towers, A. J., Johnson, J., Biscocho, D., Markunas, C. A. & Pericak-Vance, M. A. (2009). Genomic and epigenetic evidence for oxytocin receptor deficiency in autism. *BMC Medicine, 7*, 62.

Grinder, J. & Bandler, R. (2007). *Therapie in Trance. NLP und die Struktur hypnotischer Kommunikation*. Stuttgart: Klett-Cotta.

Grossmann, K. E. (2014). Die Bedeutung von Bindung im Kontext der Familienbildung. Vortrag am Fachtag des Staatsinstituts für Familienforschung an der Universität Bamberg, 3. Juli 2014.

Grossmann, K. E., Bretherton, I., Waters, E. & Grossmann, K. (2013). Maternal sensitivity: Observational studies honoring Mary Ainsworth's 100th year. *Attachment and Human Development, 15*(5–6), 443–447.

Grossmann, K. E. & Grossmann, K. (Hrsg.) (2003). *Bindung und menschliche Entwicklung. John Bowlby, Mary Ainsworth und die Grundlagen der Bindungstheorie und Forschung*. Stuttgart: Klett-Cotta.

Grossmann, K. E. & Grossmann, K. (2006). Bindung und Bildung – Über das Zusammenspiel von Psychischer Sicherheit und Kulturellem Lernen. *Archiv frühe Kindheit, 6*. https://liga-kind.de/fk-606-grossmann/

Grossmann, K. & Grossmann, K. E. (2014). *Bindungen – das Gefüge psychischer Sicherheit*. 6. Aufl. Stuttgart: Klett-Cotta.

Grunwald, M. (2017). *Homo Hapticus: Warum wir ohne Tastsinn nicht leben können*. Droemer.

Guastella, A. J., Einfeld, S. L., Gray, K. M., Rinehart, N. J., Tonge, B. J., Lambert, T. J. & Hickie, I. B. (2010). Intranasal oxytocin improves emotion recognition for youth with autism spectrum disorders. *Biological Psychiatry, 67*, 692–694.

Guastella, A. J., Howard, A. L., Dadds, M. R., Mitchell, P. & Carson, D. S. (2009). A randomized controlled trial of intranasal oxytocin as an adjunct to exposure therapy for social anxiety disorder. *Psychoneuroendocrinology, 34*, 917–923.

Gunnar, M. R. (2021). Forty years of research on stress and development: What have we learned and future directions. *American Psychologist, 76*(9), 1372–1384. https://doi.org/10.1037/amp0000893

Gunnar, M. R., Brodersen, L., Nachmias, M., Buss, K. & Rigatuso, J. (1996). Stress reactivity and attachment security. *Developmental Psychobiology, 29*(3), 191–204. https://doi.org/10.1002/(SICI)1098-2302(199604)29:3<191::AID-DEV1>3.0.CO;2-M.

Gunnar, M. R., Larson, M. C., Hertsgaard, L., Harris, M. L. & Brodersen, L. (1992). The stressfulness of separation among nine-month-old infants: effects of social context variables and infant temperament. *Child Development, 63*(2), 290–303.

Gurrieri, F. & Neri, G. (2009). Defective oxytocin function: a clue to understanding the cause of autism? *BMC Medicine, 7*, 63.

Haarer, J. (1934). Die deutsche Mutter und ihr erstes Kind. München u. Berlin: J. F. Lehmanns. https://muvs.org/media/pdf/die-deutsche-mutter-und-ihr-erstes-kind.pdf

Hadertauer, C. & Zehetmair, H. (Hrsg.) (2013). *Bildung braucht Bindung.* München: Hanns-Seidel-Stiftung e. V. https://www.hss.de/publikationen/bildung-braucht-bindung-pub31.pdf

Handlin, L., Jonas, W., Petersson, M., Ejdebäck, M., Ransjö-Arvidson, A. B., Nissen, E. & Uvnäs-Moberg, K. (2009). Effects of sucking and skin-to-skin contact on maternal ACTH and cortisol levels during the second day postpartum-influence of epidural analgesia and oxytocin in the perinatal period. *Breastfeeding Medicine, 4*, 207–220.

Harkness, K. L., Stewart, J. G. & Wynne-Edwards, K. E. (2011). Cortisol reactivity to social stress in adolescents: role of depression severity and child maltreatment. *Psychoneuroendocrinology, 36*(2), 173–181. https://doi.org/10.1016/j.psyneuen.2010.07.006

Harlow, H. (1958) »The Nature of Love«, 66. Vortrag auf der Tagung der American Psychological Association in Washington, D. C., 31. August 31 1958.

Harlow, H. F., Dodsworth, R. O. & Harlow, M. K. (1965). »Total social isolation in monkeys«. *Proceedings of the National Academy of Sciences of the United States of America, 54*(1), 90–99. Paper abrufbar unter: https://psychclassics.yorku.ca/Harlow/love.htm

Hastings, P. D., Kahle, S., Fleming, C., Lohr, M. J., Katz, L. F. & Oxford, M. L. (2019). An intervention that increases parental sensitivity in families referred to Child Protective Services also changes toddlers' parasympathetic regulation. *Developmental Science, 22*(1), e12725. https://doi.org/10.1111/desc.12725

Hattie, J. (2017). *Lernen sichtbar machen für Lehrpersonen.* 3. Aufl. Hohengehren: Schneider.

Heim, C., Newport, D. J., Mletzko, T., Miller, A. H. & Nemeroff, C. B. (2008). The link between childhood trauma and depression: insights from HPA axis studies in humans. *Psychoneuroendocrinology, 33*(6), 693–710. https://doi.org/10.1016/j.psyneuen.2008.03.008

Heim, C., Young, L., Newport, D., Mletzko, T., Miller, A. & Nemeroff, C. (2009). Lower CSF oxytocin concentrations in women with a history of childhood abuse. *Molecular Psychiatry, 14*(10), 954–958.

Heiming, R. S., Jansen, F., Lewejohann, L., Kaiser, S., Schmitt, A., Lesch, K. P. & Sachser, N. (2009). Living in a dangerous world: the shaping of behavioral profile by early environment and 5-HTT genotype. *Frontiers in Behavioral Neuroscience, 3.* https://doi.org/10.3389/neuro.08.026.2009

Heinicke, C. M. & Westheimer, I. (1965). *Brief separations.* New York: International Universities Press.

Heinrichs, M., Baumgartner, T., Kirschbaum, C. & Ehlert, U. (2003). Social support and oytocin interact to suppress cortisol and subjective responses to psychosocial stress. *Biological Psychiatry, 54*(12), 1389–1398. https://doi.org/10.1016/s0006-3223(03)00465-7

Heinrichs, M., Stächele, T. & Domes, G. (2015). *Stress und Stressbewältigung.* Göttingen: Hogrefe.

Hennessy, M. B., Kaiser S. & Sachser, N. (2009). Social buffering of the stress response: diversity, mechanisms, and functions. *Frontiers in Neuroendocrinology, 30*(4), 470–482.

Herrmann, U. (2020). *Neurodidaktik: Grunldagen für eine Neuropsychologie des Lernens.* Weinheim: Beltz.
Hertsgaard, L., Gunnar, M., Erickson, M. F. & Nachmias, M. (1995). Adrenocortical responses to the strange situation in infants with disorganized/disoriented attachment relationships. *Child Development, 66*(4), 1100–1106.
Hinde, R. A. (1982). *Ethology, its nature and relations with other sciences.* Oxford: Oxford University Press.
Hinde, R. A. & Stevenson-Hinde, J. (1991). Perspectives on attachment. In C. M. Parkes, J. Stevenson-Hinde & P. Marris (Hrsg.), *Attachment across the life cycle* (S. 52–65). London u. New York: Routledge.
Hoge, E. A., Pollack, M. H., Kaufman, R. E., Zak, P. J. & Simon, N. M. (2008). Oxytocin levels in social anxiety disorder. *CNS Neuroscience & Therapeutics, 14*(3), 165–170.
Hollander, E., Bartz, J., Chaplin, W., Phillips, A., Sumner, J., Soorya, L., Anagnostou, E. & Wasserman, S. (2007). Oxytocin increases retention of social cognition in autism. *Biological Psychiatry, 61*, 498–503.
Homberg, J. R., Schubert, D., Asan, E. & Aron, E. N. (2016). Sensory processing sensitivity and serotonin gene variance: Insights into mechanisms shaping environmental sensitivity. *Neuroscience & Biobehavioral Reviews, 71*, 472–483.
Howe, D. (2006). Disabled children, maltreatment and attachment. *The British Journal of Social Work, 36*(5), 743–760.
Howes, C. & Hamilton, C. E. (1992). Children's relationships with child care teachers: Stability and concordance with parental attachments. *Child Development, 63*(4), 867–878. https://doi.org/10.2307/1131239
Hüther, M. (2018). *Kindheit 6.7: Eine Geschichte der familialen Sozialisation, Kindheit, Erziehung und Beschulung des Menschen.* Melk an der Donau: Edition Liberi & Mundo.
Imlau, N. (2016). *Mein kompetentes Baby. Wie Kinder zeigen, was sie brauchen.* München: Kösel.
Isabella, R. A. & Belsky, J. (1991). Interactional synchrony and the origins of infant-mother attachment: A replication study. *Child Development, 62*(2), 373–384. https://doi.org/10.2307/1131010
Jacobsen, T., Edelstein, W. & Hofmann, V. (1994). Children's attachment representations: longitudinal relations to school behavior and academic competency in middle childhood and adolescence. *Developmental Psychology, 30*(1), 112–124.
Jagiellowicz, J., Xu, X., Aron, A., Aron, E., Cao, G., Feng, T. & Weng, X. (2011). The trait of sensory processing sensitivity and neural responses to changes in visual scenes. *Social Cognitive and Affective Neuroscience, 6*(1), 38–47.
Jobst, A., Padberg, F., Mauer, M. C., Daltrozzo, T., Bauriedl-Schmidt, C., Sabass, L., Sarubin, N., Falkai, P., Renneberg, B., Zill, P., Gander, M. Gander, M. & Buchheim, A. (2016). Lower oxytocin plasma levels in borderline patients with unresolved attachment representations. *Frontiers in Human Neuroscience, 10*, 125.
Jonas, W., Nissen, E., Ransjö-Arvidson, A. B., Matthiesen, A. S. & Uvnäs-Moberg, K. (2008). Influence of oxytocin or epidural analgesia on personality profile in breastfeeding women: a comparative study. *Archives of Women's Mental Health, 11*(5–6), 335–345. https://doi.org/10.1007/s00737-008-0027-4
Juchmall, U. (2022). *Selbstfürsorge in helfenden Berufen. Wie Achtsamkeit im Arbeitsalltag gelingt.* Stuttgart: Kohlhammer.
Julius, H. (2001). Die Bindungsorganisation von Kindern, die an Erziehungshilfeschulen unterrichtet werden. *Sonderpädagogik, 31*, 74–93.
Julius, H., Beetz, A., Kotrschal, K., Turner, D. C. & Uvnäs-Moberg, K. (2014). *Bindung zu Tieren. Psychologische und neurobiologische Grundlagen tiergestützter Interventionen.* Göttingen: Hogrefe.
Julius, H., Gasteiger-Klicpera, B. & Kissgen, R. (2009). *Bindung im Kindesalter: Diagnostik und Intervention.* Göttingen: Hogrefe.
Julius, H., Uvnäs-Moberg, K. & Ragnarsson, S. (2020). *Am Du zum Ich – Bindungsgeleitete Pädagogik: Das CARE®-Programm.* Reykjavik: Kerlingaholl.
Juul, J. (2012). *Vier Werte, die Kinder ein Leben lang tragen.* München: Gräfe & Unzer.

Karimi, F. Z., Miri, H. H., Salehian, M., Khadivzadeh, T. & Bakhshi, M. (2019a). The effect of mother-infant skin to skin contact after birth on third stage of labor: A systematic review and meta-analysis. *Iranian Journal of Public Health, 48*, 612–620.

Karimi, F. Z., Sadeghi, R., Maleki-Saghooni, N. & Khadivzadeh, T. (2019b). The effect of mother-infant skin to skin contact on success and duration of first breastfeeding: A systematic review and meta-analysis. *Taiwanese Journal of Obstetrics and Gynecology, 58*, 1–9. https://doi.org/10.1016/j.tjog.2018.11.002

Kast-Zahn, A. & Morgenroth, H. (2013). *Jedes Kind kann schlafen lernen.* München: Gräfe & Unzer.

Kaufman, G. (1992). *Shame: The power of caring.* Rochester, VT: Schenkman Books.

Kekulé, A. (2017). Können Infektionen das Immunsystem der Kinder trainieren? *Die Zeit,* Nr. 10.

Kelle, B. (2017). *Muttertier: Eine Ansage.* Lüdenscheid: Frontis.

Kennell, J. H., Trause, M. A. & Klaus, M. H. (1975). Evidence for a sensitive period in the human mother. *Ciba Foundation Symposium, 33*, 87–101.

Kermoian, R. & Liederman, P. (1986). Infant attachment to mother and child caretaker in an East African community. *International Journal of Behavioral Development, 9*, 455–469.

Kertes, D. A., Gunnar, M. R., Madsen, N. J. & Long, J. D. (2008). Early deprivation and home basal cortisol levels: a study of internationally adopted children. *Development and Psychopathology, 20*(2), 473–491. https://doi.org/10.1017/S0954579408000230

Kikusui, T., Winslow, J. T. & Mori, Y. (2006). Social buffering: relief from stress and anxiety. *Philosophical Transactions of the Royal Society B: Biological Sciences, 361*(1476), 2215–2228.

Kingston, D., Tough, S. & Whitfield, H. (2012). Prenatal and postpartum maternal psychological distress and infant development: a systematic review. *Child Psychiatry and Human Development, 43*(5), 683–714. https://doi.org/10.1007/s10578-012-0291-4

Kirsch, P., Esslinger, C., Chen, Q., Mier, D., Lis, S., Siddhanti, S., Gruppe, H., Mattay, V. S., Gallhofer, B. & Meyer-Lindenberg, A. (2005). Oxytocin modulates neural circuitry for social cognition and fear in humans. *The Journal of Neuroscience, 25*(49), 11489–11493. https://doi.org/10.1523/JNEUROSCI.3984-05.2005

Kirschbaum, C., Klauer, T., Filipp, S. H. & Hellhammer, D. H. (1995). Sex-specific effects of social support on cortisol and subjective responses to acute psychological stress. *Psychosomatic Medicine, 57*(1), 23–31.

Kirschbaum, C., Pirke, K. M. & Hellhammer, D. H. (1993). The »Trier Social Stress Test« – a tool for investigating psychobiological stress responses in a laboratory setting. *Neuropsychobiology, 28*(1–2), 76–81. https://doi.org/10.1159/000119004

Kisilevsky, B. S., Hains, S. M. J., Lee, K., Xie, X., Huang, H., Ye, H. H., Zhang, K. & Wang, Z. (2003). Effects of experience on fetal voice recognition. *Psychological Science, 14*(3), 220–224. https://www.jstor.org/stable/40063892

Klaus, M. H., Jerauld, R., Kreger, N. C., McAlpine, W., Steffa, M. & Kennel, J. H. (1972). Maternal attachment. Importance of the first post-partum days. *The New England Journal of Medicine, 286*, 460–463. https://doi.org/10.1056/NEJM197203022860904

Klaus, M. H. & Kennell, J. H. (1970). Mothers separated from their newborn infants. *Pediatric Clinics of North America, 17*(4), 1015–1037. https://doi.org/10.1016/S0031-3955(16)32493-2

Klaus, M. H. & Kennell, J. H. (1976). *Maternal-infant bonding.* St. Louis, MO: C. V. Mosby Company.

Kinsey, C. B. & Hupcey, J. E. (2013). State of the science of maternal-infant bonding: A principle-based concept analysis. *Midwifery, 29*, 1314–1320. https://doi.org/10.1016/j.midw.2012.12.019

Knorring, A.-L. v., Söderberg, A., Austin, L. & Uvnäs Moberg, K. (2008). Massage decreases aggression in preschool children: a long-term study. *Acta Paediatrica, 97*, 1265–1269.

Knox, S. S. & Uvnäs-Moberg, K. (1998). Social isolation and cardiovascular disease: An atherosclerotic pathway? *Psychoneuroendocrinology, 23*, 877–890.

Koolhaas, J. M., Bartolomucci, A., Buwalda, B., de Boer, S. F., Flügge, G., Korte, S. M., Meerlo, P., Murison, R., Olivier, B., Palanza, P., Richter-Levin, G., Sgoifo, A., Steimer, T., Stiedl, O., van Dijk, G., Wöhr, M. & Fuchs, E. (2011). Stress revisited: a critical evaluation of the stress concept. *Neuroscience and Biobehavioral Reviews, 35*(5), 1291–1301. https://doi.org/10.1016/j.neubiorev.2011.02.003

Koolhaas, J. M., Korte, S. M., De Boer, S. F., Van Der Vegt, B. J., Van Reenen, C. G., Hopster, H., De Jong, I. C., Ruis, M. A. & Blokhuis, H. J. (1999). Coping styles in animals: current status in behavior and stress-physiology. *Neuroscience and Biobehavioral Reviews, 23*(7), 925–935. https://doi.org/10.1016/s0149-7634(99)00026-3

Kottelenberg, M. J. & Lehrer, S. F. (2013). New evidence on the impacts of access to and attending universal child-care in Canada. *Canadian Public Policy, 39*(2), https://doi.org/10.3138/CPP.39.2.263

Kraus, B. & Krieger, W. (2021). *Macht in der Sozialen Arbeit: Interaktionsverhältnisse zwischen Interaktion, Partizipation und Freisetzung.* 5. überarb. Aufl. Detmold: Jacobs Verlag.

Laewen, H.-J., Andres, B. & Hédervári-Heller, É. (2011). *Die ersten Tage – Ein Modell zur Eingewöhnung in Krippe und Tagespflege.* 8. Aufl. Berlin: Cornelsen.

LAGUS – Landesamt für Gesundheit und Soziales Mecklenburg-Vorpommern (2015). Jahresbericht 2015. https://www.lagus.mv-regierung.de/serviceassistent/_php/download.php?datei_id=1576945

Laurent, H. & Powers, S. (2007). Emotion regulation in emerging adult couples: Temperament, attachment, and HPA response to conflict. *Biological Psychology, 76*(1–2), 61–71.

Laursen, R. P. & Hojsak, I. (2018). Probiotics for respiratory tract infections in children attending day care centers – a systematic review. *European Journal of Pediatrics, 177*(7), 979–994.

Lazarus, R. S. & Folkman, S. (1984). *Stress, appraisal and coping.* New York: Springer.

Leitch, R. (1999). The shaming game: The role of shame and shaming rituals in education and Development. Ohne Verlag. Vortrag an der Jahreskonferenz der American Educational Research Association, Montreal, Quebec, 19.–23. April, 1999. https://files.eric.ed.gov/fulltext/ED433483.pdf

Lerer, E., Levi, S., Salomon, S., Darvasi, A., Yirmiya, N. & Ebstein, R. P. (2008). Association between the oxytocin receptor (OXTR) gene and autism: Relationship to Vineland Adaptive Behavior Scales and cognition. *Molecular Psychiatry, 10*, 980–988.

Levine, A., Zagoory-Sharon, O., Feldman, R. & Weller, A. (2007). Oxytocin during pregnancy and early postpartum: individual patterns and maternal-fetal attachment. *Peptides, 28*(6), 1162–1169. https://doi.org/10.1016/j.peptides.2007.04.016

Liesegang, J. (2022). *Fetale Alkoholspektrumstörung (FASD) bei Kindern und Jugendlichen: Praxisbuch zur Teilhabe-Ermöglichung.* Weinheim: Beltz.

Lindgren, K. (2001). Relationships among maternal-fetal attachment, prenatal depression, and health practices in pregnancy. *Research in Nursing & Health, 24*(3), 203–217. https://doi.org/10.1002/nur.1023.

Liotti, G. (1999). Disorganization of attachment as a model for understanding dissociative psychopathology. In J. Solomon & C. George (Hrsg.), *Attachment disorganization* (S. 291–317). New York: Guilford Press.

Liss, M., Timmel, L., Baxley, K. & Killingsworth, P. (2005). Sensory processing sensitivity and its relation to parental bonding, anxiety, and depression. *Personality and individual differences, 39*(8), 1429–1439.

Loeb, S., Bridges, M., Bassok, D., Fuller B. & Rumberger, R. (2004). How much is too much? The influence of preschool centers on children's social and cognitive development. Working Paper 11812. *Economics of Education Review, 26*(1), 52–66.

Lorenz, K. (1943). Die angeborenen Formen möglicher Erfahrung. *Zeitschrift für Tierpsychologie, 5*(2), 235–409.

Luecken, L. (2000). Parental caring and loss during childhood and adult cortisol responses to stress. *Psychology and Health, 15*(6), 841–851.

Lukas, D. & Huchard, E. (2014). The evolution of infanticide by males in mammalian societies. *Science, 346*(6211), 841–844. https://doi.org/10.1126/science.1257790.

Lyons-Ruth, K. & Jacobvitz, D. (2008). Attachment disorganization: Genetic factors, parenting contexts, and developmental transformation from infancy to adulthood. In J. Cassidy & P. R. Shaver (Hrsg.), *Handbook of attachment: Theory, research, and clinical applications* (S. 666–697). 2. Aufl. New York: Guilford Press.

MacMillan, H. L., Georgiades, K., Duku, E. K., Shea, A., Steiner, M., Niec, A., Tanaka, M., Gensey, S., Spree, S., Vella, E., Walsh, C. A., De Bellis, M. D., Van der Meulen, J., Boyle, M. H. & Schmidt, L. A. (2009). Cortisol response to stress in female youths exposed to childhood maltreatment: results of the youth mood project. *Biological Psychiatry, 66*(1), 62–68. https://doi.org/10.1016/j.biopsych.2008.12.014

Madigan, S., Fearon, R. M. P., van Ijzendoorn, M. H., Duschinsky, R., Schuengel, C., Bakermans-Kranenburg, M. J., Ly, A., Cooke, J. E., Deneault, A.-A., Oosterman, M. & Verhage, M. L. (2023). The first 20,000 strange situation procedures: A meta-analytic review. *Psychological Bulletin, 149*(1–2), 99–132. https://doi.org/10.1037/bul0000388

Main, M. & Cassidy, J. (1988). Categories of response to reunion with the parent at age 6: Predictable from infant attachment classifications and stable over a 1-month period. *Developmental Psychology, 24*(3), 415–426. https://doi.org/10.1037/0012-1649.24.3.415

Main, M. & Hesse, E. (1990). Parents' unresolved traumatic experiences are related to infant disorganized attachment status: Is frightened and/or frightening parental behavior the linking mechanism? In M. T. Greenberg, D. Cicchetti & E. M. Cummings (Hrsg.), *Attachment in the preschool years: Theory, research, and intervention* (S. 161–182). Chicago: The University of Chicago Press.

Main, M. & Morgan, H. (1996). Disorganization and disorientation in infant strange situation behavior: Phenotypic resemblance to dissociative states. In L. K. Michelson & W. J. Ray (Hrsg.), *Handbook of dissociation: Theoretical, empirical, and clinical perspectives* (S. 107–138). New York: Plenum Press. https://doi.org/10.1007/978-1-4899-0310-5_6

Main, M. & Solomon, J. (1986). Discovery of an insecure-disorganized/disoriented attachment pattern. In T. B. Brazelton & M. W. Yogman (Hrsg.), *Affective development in infancy* (S. 95–124). New York: Ablex Publishing.

Main, M. & Solomon, J. (1990). Procedures for identifying infants as disorganized/disoriented during the Ainsworth Strange Situation. In M. T. Greenberg, D. Cicchetti & E. M. Cummings (Hrsg.), *Attachment in the preschool years: Theory, research, and intervention* (S. 121–160). Chicago: The University of Chicago Press.

Martins, R. C., Blumenberg, C., Tovo-Rodrigues, L., Gonzalez, A. & Murray, J. (2020). Effects of parenting interventions on child and caregiver cortisol levels: systematic review and meta-analysis. *BMC Psychiatry, 20*(1), 370. https://doi.org/10.1186/s12888-020-02777-9

Marvin, R. S. & Britner, P. A. (2008). Normative development: The ontogeny of attachment. In J. Cassidy & P. R. Shaver (Hrsg.), *Handbook of attachment: Theory, research, and clinical applications* (S. 269–294). 2. Aufl. New York: Guilford Press.

Maywald, J. (2019a). *Gewalt durch pädagogische Fachkräfte verhindern*. Freiburg i. Br.: Herder.

Maywald, J. (2019b). Gewalt durch pädagogische Fachkräfte – ein Tabuthema: Beschämen, festhalten, anschreien …. *Kindergarten heute, 49*, 9, 20–23.

McEwen, B. S. & Wingfield, J. C. (2003). The concept of allostasis in biology and biomedicine. *Hormones & Behavior, 43*, 2–15. https://doi.org/10.1016/S0018-506X(02)00024-7

McMahon, C., Barnett, B., Kowalenko, N. & Tennant, C. (2005). Psychological factors associated with persistent postnatal depression: past and current relationships, defence styles and the mediating role of insecure attachment style. *Journal of Affective Disorders, 84*(1), 15–24.

Meewisse, M. L., Reitsma, J. B., de Vries, G. J., Gersons, B. P. & Olff, M. (2007). Cortisol and post-traumatic stress disorder in adults: systematic review and meta-analysis. *The British Journal of Psychiatry: The Journal of Mental Science, 191*, 387–392. https://doi.org/10.1192/bjp.bp.106.024877

Mikosch, S. (2018). *Kindergartenfrei in der Praxis: Wie du als Mutter Selbstbetreuung und Selbstverwirklichung unter einen Hut bekommst*. Leipzig: Tologo Verlag.

Misamer, M. (2023). *Machtsensibilität in der Sozialen Arbeit*. Stuttgart: Kohlhammer.

Misamer, M. & Hennecken, L. (2022). Machtsensibilität in der Praxis Sozialer Arbeit. Eine explorative Analyse. *Evangelische Jugendhilfe, 99*(4), 194–201.

Miyake, A., Friedman, N. P., Emerson, M. J., Witzki, A. H., Howerter, A. & Wager, T. D. (2000). The unity and diversity of executive functions and their contributions to complex »FrontalLobe« tasks: A latent variable analysis. *Cognitive Psychology, 41*, 49–100.

Modahl, C., Green, L., Fein, D., Morris, M., Waterhouse, L., Feinstein, C. & Levin, H. (1998). Plasma oxytocin levels in autistic children. *Biological Psychiatry, 43*(4), 270–277. https://doi.org/10.1016/s0006-3223(97)00439-3

Mongillo, E. A., Briggs-Gowan, M., Ford, J. D. & Carter, A. S. (2009). Impact of traumatic life events in a community sample of toddlers. *Journal of Abnormal Child Psychology, 37*(4), 455–468.

Montagu, A. (1986). *Touching: the human significance of the skin*. 3. Aufl. Harper and Row, New York. [Deutsche Ausgabe (2004): *Körperkontakt – die Bedeutung der Haut für die Entwicklung des Menschen*. Übers. von Eva Zahn. 11. Aufl. Stuttgart: Klett-Cotta].

Moss, E., Dubois-Comtois, K., Cyr, C., Tarabulsy, G. M., St-Laurent, D. & Bernier, A. (2011). Efficacy of a home-visiting intervention aimed at improving maternal sensitivity, child attachment, and behavioral outcomes for maltreated children: a randomized control trial. *Development and Psychopathology, 23*(1), 195–210. https://doi.org/10.1017/S0954579410000738

Nachmias, M., Gunnar, M. Mangelsdorf, S., Parritz, R. H. & Buss, K. (1996). Behavioral inhibition and stress reactivity: the moderating role of attachment security. *Child Development, 67*(2), 508–522.

Neumann, I. D. (2008). Brain oxytocin: A key regulator of emotional and social behaviours in both females and males. *J. Neuroendocrinol. 20*, 858e865.

NICHD Early Child Care Research Network (2002). The interaction of child care and family risk in relation to child development at 24 and 36 months. *Applied Developmental Science, 6*(3), 144–156.

NICHD Early Child Care Research Network (2005). Predicting individual differences in attention, memory, and planning in first graders from experiences at home, child care, and school. *Developmental Psychology, 41*(1), 99–114.

NIFBE – Niedersächsisches Institut für frühkindliche Bildung und Entwicklung (2022). Zwischen verletztendem und anerkennendem Verhalten in der KiTa (Interview von K. Herrmann, 10. 2. 2022). https://nifbe.de/zwischen-verletzendem-und-anerkennendem-verhalten-in-der-kita/

Nissen, E., Gustavsson, P., Widstrom, A. M. & Uvnäs-Moberg, K. (1998). Oxytocin, prolactin, milk production and their relationship with personality traits in women after vaginal delivery or cesarean section. *Journal of Psychosomatic Obstetrics and Gynaecology, 19*, 49–58.

Nissen, E., Uvnäs-Moberg, K., Svensson, K., Stock, S., Widström, A. M. & Winberg, J. (1996). Different patterns of oxytocin, prolactin but not cortisol release during breastfeeding in women delivered by caesarean section or by the vaginal route. *Early Human Development, 45*, 103–118.

Nystad, K., Drugli, M. B., Lydersen, S., Lekhal, R. & Buøen, E. S. (2022). Change in toddlers' cortisol activity during a year in childcare. Associations with childcare quality, child temperament, well-being and maternal education. *Stress, 25*(11), 156–165.

O'Connor, T. & Zeanah, C. H. (2003). Attachment disorders: assessment strategies and treatment approaches. *Attachment & Human Development 5*, 223–244.

Oosterman, M., De Schipper, J. C., Fisher, P., Dozier, M. & Schuengel, C. (2010). Autonomic reactivity in relation to attachment and early adversity among foster children. *Development and Psychopathology, 22*(1), 109–118. https://doi.org/10.1017/S0954579409990290

Papousek, M., Schieche, M. & Wurmser, H. (Hrsg.). (2004). *Regulationsstörungen der frühen Kindheit. Frühe Risiken und Hilfen im Entwicklungskontext der Eltern-Kind-Beziehung*. Bern: Hans Huber.

Parker, A. J., Hamlin, G. P., Coleman, C. J. & Fitzpatrick, L. A. (2003). Dehydration in stressed ruminants may be the result of a cortisol-induced diuresis. *Journal of Animal Science, 81*(2), 512–519. https://doi.org/10.2527/2003.812512x

Parlow, G. (2015). *Zart besaitet – Selbstverständnis, Selbstachtung und Selbsthilfe für hochsensible Menschen*. Wien: Festland Verlag.

Pawils, S., Kochen, E., Weinbrenner, N., Loew, Döring, K., Daehn, D., Martens, C., Kaczmarek, P. & Renneberg, B. (2022). Postpartale Depression – wer kümmert sich? Versorgungszugänge über Hebammen, Gynäkologie, Pädiatrie und Allgemeinmedizin. *Bundesgesundheitsblatt, 65*, 658–667. https://doi.org/10.1007/s00103-022-03545-8

Perry, B. D., Pollard, R. A., Blakley, T. L., Baker, W. T. & Vigilante, D. (1995). Childhood trauma, the neurobiology of adaptation, and »use-dependent« development oft he brain: How »states« become »traits«. *Infant Mental Health Journal, 16*(4), 271–291.
Pianta, R. C. (1997). Adult-child relationship processes and early schooling. *Early Education and Development, 8*(1), 11–26. https://doi.org/10.1207/s15566935eed0801_2
Pianta, R. C. (1999). Enhancing relationships between children and teachers. Washington, DC: American Psychological Association. https://doi.org/10.1037/10314-000
Pianta, R. C., Hamre, B. K. & Allen, J. P. (2012). Teacher-student relationships and engagement: Conceptualizing, measuring, and improving the capacity of classroom interactions. In S. L. Christenson, A. L. Reschly & C. Wylie (Hrsg.), *Handbook of research on student engagement* (S. 365–386). New York: Springer. https://doi.org/10.1007/978-1-4614-2018-7_17
Pierrehumbert, B., Torrisi, R., Ansermet, F., Borghini, A. & Halfon, O. (2012). Adult attachment representations predict cortisol and oxytocin responses to stress. *Attachment & Human Development, 14*(5), 453–476.
Pierrehumbert, B., Torrisi, R., Laufer, D., Halfon, O., Ansermet, F. & Beck Popovic, M. (2010). Oxytocin response to an experimental psychosocial challenge in adults exposed to traumatic experiences during childhood or adolescence. *Neuroscience, 166*(1), 168–177. https://doi.org/10.1016/j.neuroscience.2009.12.016
Powell, B., Cooper, G., Hoffman, K. & Marvin, R. S. (2009). The circle of security. In C. H. Zeanah, Jr. (Hrsg.), *Handbook of infant mental health* (S. 450–467). 3. Aufl. New York: Guilford Press.
Powell, B., Cooper, G., Hoffman, K. & Marvin, R. (2007). The Circle of Security Project: A case study – »It hurts to give that which you did not receive«. In D. Oppenheim & D. F. Goldsmith (Hrsg.), *Attachment theory in clinical work with children* (S. 172–202). New York: Guilford Press.
Powers, S. I., Pietromonaco, P. R., Gunlicks, M. & Sayer, A. (2006). Dating couples' attachment styles and patterns of cortisol reactivity and recovery in response to a relationship conflict. *Journal of Personality and Social Psychology, 90*(4), 613–628. https://doi.org/10.1037/0022-3514.90.4.613
Priel, B. & Besser, A. (1999). Vulnerability to postpartum depressive symptomatology: dependency, self-criticism and the moderating role of antenatal attachment. *Journal of Social and Clinical Psychology, 19*(2), 240–253.
Pritchett, R., Pritchett, J., Marshall, E., Davidson, C. & Minnis, H. (2013). R-active attachment disorder in thegeneral population: a hidden ESSENCE disorder. *Scientific World Journal*, PMID: 23710150. https://doi.org/10.1155/2013/818157
Pryce, C. R. (1995). Determinants of motherhood in human and nonhumans primates: A biosocial model. In C. R. Pryce, R. D. Marin & D. Skuse (Hrsg.), *Motherhood in human and nonhuman primates: Biosocial determinants* (S. 1–15). Basel: Karger.
Quirin, M., Pruessner, J. C. & Kuhl, J. (2008). HPA system regulation and adult attachment anxiety: individual differences in reactive and awakening cortisol. *Psychoneuroendocrinology, 33*(5), 581–590. https://doi.org/10.1016/j.psyneuen.2008.01.013
Rao, U., Hammen, C., Ortiz, L. R., Chen, L. A. & Poland, R. E. (2008). Effects of early and recent adverse experiences on adrenal response to psychosocial stress in depressed adolescents. *Biological Psychiatry, 64*(6), 521–526. https://doi.org/10.1016/j.biopsych.2008.05.012
Rauh, H. (2008). Kindliche Behinderung und Bindungsentwicklung. In L. Ahnert (Hrsg.), *Frühe Bindung – Entstehung und Entwicklung* (S. 313–331). München: Ernst Reinhardt.
Rauh, C., Beetz, A., Burger, P., Engel, A., Häberle, L., Fasching, P. A., Kornhuber, J., Beckmann, M. W., Goecke, T. W. & Faschingbauer, F. (2012). Delivery mode and the course of pre- and postpartum depression. *Archives of Gynecology and Obstetrics, 286*, 1407–1412. https://doi.org/10.1007/s00404-012-2470-8
Ravens-Sieberer, U., Otto, C., Kriston, L., Rothenberger, A., Döpfner, M., Herpertz-Dahlmann, B., Barkmann, C., Schön, G., Hölling, H., Schulte-Markwort, M. & Klasen, F. (2015). The longitudinal BELLA study: Design, methods and first results on the course of mental health problems. *European Child and Adolescent Psychiatry, 24*(6), 651–663. https://doi.org/10.1007/s00787-014-0638-4

Rensing, L., Koch, M., Rippe, B. & Rippe, V. (2006). *Mensch im Stress: Psyche, Körper, Moleküle.* Heidelberg u. München: Springer.
Rensing, L., Koch, M., Rippe, B. & Rippe, V. (2013). *Mensch im Stress: Psyche, Körper, Moleküle.* Berlin u. Heidelberg: Springer.
Renz-Polster, H. (2009). *Kinder verstehen. Born to be wild: Wie die Evolution unsere Kinder prägt.* München: Kösel.
Renz-Polster, H. (2017). Kinderschlaf in Einrichtungen. Ein bedürfnisorientierter Leitfaden. *Theorie und Praxis der Sozialpädagogik, 2,* 4–9.
Renz-Polster, H. & Imlau, N. (2022). *Schlaf gut Baby! Der sanfte Weg zu ruhigen Nächten.* München: Gräfe & Unzer.
Robert Koch Institut & Statistisches Bundesamt (2005). *Schlafstörungen. Gesundheitsberichterstattung des Bundes, Heft 27.* https://edoc.rki.de/bitstream/handle/176904/3178/23zMV5WzsY6g_44.pdf
Robertson, J. & Robertson, J. (1971). Young children in brief separation. *The Psychoanalytic Study of the Child, 26*(1), 264–315, https://doi.org/10.1080/00797308.1971.11822374
Rogers, C. R. (1983). *Die klientenzentrierte Gesprächspsychotherapie.* Frankfurt a. M.: Fischer.
Rogers, C. R. (2017). *Der neue Mensch.* Stuttgart: Klett-Cotta.
Rohde, A. (2014). *Postnatale Depressionen und andere psychische Probleme: Ein Ratgeber für betroffene Frauen und Angehörige.* Stuttgart: Kohlhammer.
Roisman, G. I., Susman, E., Barnett-Walker, K., Booth-LaForce, C., Owen, M. T., Belsky, J., Bradley, R. H., Houts, R., Steinberg, L. & NICHD Early Child Care Research Network (2009). Early family and child-care antecedents of awakening cortisol levels in adolescence. *Child Development, 80*(3), 907–920. https://doi.org/10.1111/j.1467-8624.2009.01305.x
Romero, T., Nagasawa, M., Mogi, K., Hasegawa, T. & Kikusui, T. (2014). Oxytocin promotes social bonding in dogs. *Proceedings of the National Academy of Sciences of the United States of America, 111*(25), 9085–9090.
Roth, R., Tam, S.-Y., Ida, Y., Yang, J. X. & Deutch, A. (2006). Stress and the mesocorticolimbic dopamine systems. *Annals of the New York Academy of Sciences, 537,* 138–147.
Römer, P., Reinelt, T., Petermann, F. & Teickner, C. (2018). Alkoholkonsum während der Schwangerschaft. Welche Auswirkungen auf die frühkindliche Entwicklung sind bekannt. *Kindheit und Entwicklung, 28*(1), https://doi.org/10.1026/0942-5403/a000267
Sagi-Schwartz, A., Koren-Karie, N., Gini, M., Ziv, Y. & Joels, T. (2002). Shedding further light on the effects of various types and quality of early child care on infant-mother attachment relationship: The Haifa study of early child care. *Child Development, 73*(4), 1166–1186.
Sapolsky, R. M., Romero, L. M. & Munck, A. U. (2000). How do glucocorticoids influence stress responses? Integrating permissive, suppressive, stimulatory, and preparative actions. *Endocrine Reviews, 21*(1), 55–89. https://doi.org/10.1210/edrv.21.1.0389
Sawchenko, P. E. & Swanson, L. W. (1982). Immunohistochemical identification of neurons in the paraventricular nucleus of the hypothalamus that project to the medulla or to the spinal cord in the rat. *The Journal of Comparative Neurology, 205,* 260–272.
Scheeringa, M. S., Zeanah, C. H., Myers, L. & Putnam, F. W. (2003). New findings on alternative criteria for PTSD in preschool children. *Journal of the American Academy of Child & Adolescent Psychiatry, 42*(5), 561–570.
Scheeringa, M. S., Zeanah, C. H., Myers, L. & Putnam, F. W. (2005). Predictive validity in a prospective follow-up of PTSD in preschool children. *Journal of the American Academy of Child and Adolescent Psychiatry, 44*(9), 899–906. https://doi.org/10.1097/01.chi.0000169013.81536.71
Scheiber, I. B. R., Weiss, B. M., Frigerio, D. & Kotrschal, K. (2005). Active and passive social support in families of Greylag geese (Anseranser). *Behaviour, 142,* 1535–1557.
Schmidt, N. & Meitert, C. (2021). *Artgerecht – Das andere Babybuch: Natürliche Bedürfnisse stillen. Gesunde Entwicklung fördern. Naturnah erziehen.* München: Kösel.
Schore, A. N. (2000). Attachment and the regulation of the right brain. *Attachment & Human Development, 2*(1), 23–47. https://doi.org/10.1080/146167300361309
Schöberl, I. & Beetz, A. (2023). Hochsensibilität – vom Umgang mit besonders feinfühligen Kindern. In A. Bostelmann & M. R. Textor (Hrsg.), *Das Kita-Handbuch.* https://www.kinder

gartenpaedagogik.de/fachartikel/psychologie/hochsensibilitaet-vom-umgang-mit-besonders-feinfuehligen-kindern

Schöberl, I., Wedl, M., Beetz, A. & Kotrschal, K. (2017). Psychobiological factors affecting cortisol variation in human-dog dyads. *PLosONE*. https://doi.org/10.1371/journal.pone.0170707

Schommer, N. C., Hellhammer, D. H. & Kirschbaum, C. (2003). Dissociation between reactivity of the hypothalamus-pituitary-adrenal axis and the sympathetic-adrenal-medullary system to repeated psychosocial stress. *Psychosomatic Medicine, 65*(3), 450–460. https://doi.org/10.1097/01.psy.0000035721.12441.17

Selye, H. (1950). *The physiology and pathology of exposure to stress.* Calgary: Acta Inc.

Selye, H. (1956). *The stress of life.* New York: McGraw Hill.

Silber, M., Larsson, B. & Uvnäs-Moberg, K. (1991). Oxytocin, somatostatin, insulin and gastrin concentrations vis-à-vis late pregnancy, breastfeeding and oral contraceptives. *Acta Obstetricia et Gynecologica Scandinavica, 70*, 283–289.

Solomon, J. & George, C. (1996). Defining the caregiving system: Toward a theory of caregiving. *Infant Mental Health Journal, 17*(3), 183–197. https://doi.org/10.1002/(SICI)1097-0355(199623)17:3<183::AID-IMHJ1>3.0.CO;2-Q

Solomon, J. & George, C. (1999). The place of disorganization in attachment theory: Linking classic observations with contemporary findings. In J. Solomon & C. George (Hrsg.), *Attachment disorganization* (S. 3–32). New York: Guilford Press.

Solomon, J. & George, C. (2011a). Disorganization of maternal caregiving across two generations: The origins of caregiving helplessness. In J. Solomon & C. George (Hrsg.), *Disorganized attachment and caregiving* (S. 25–51). New York: Guilford Press.

Solomon, J. & George, C. (2011b). *Disorganized attachment and caregiving.* New York: Guildford Press.

Spangler, G., Fremmer-Bombik, E. & Grossmann, K. (1996). Social and individual determinants of infant attachment security and disorganizsation. *Infant Mental Health Journal, 17*(2), 127–139.

Spangler, G. & Grossmann, K. E. (1993). Biobehavioral organization in securely and insecurely attached infants. *Child Development, 64*(5), 1439–1450. https://doi.org/10.1111/j.1467-8624.1993.tb02962.x

Spangler, G. & Schieche, M. (1998). Emotional and adrenocortical responses of infants of the strange situation: The differential function of emotional expression. *International Journal of Behavioral Development, 22*(4), 681–706. https://doi.org/10.1080/016502598384126

Spork, P. (2016). Fötus raucht mit. Newsletter Epigenetik – Grundlagenforschung. 28. Juni 2016. https://www.newsletter-epigenetik.de/author/peter-spork/page/41/

Sroufe, L. A., Egeland, B., Carlson, E. & Collins, W. A. (2005). Placing early attachment experiences in developmental context: The Minnesota Longitudinal Study. In K. E. Grossmann, K. Grossmann & E. Waters (Hrsg.), *Attachment from infancy to adulthood: The major longitudinal studies* (S. 48–70). New York u. London: Guilford Press.

Sroufe, L. A. & Fleeson, J. (1986). Attachment and the construction of relationships. In W. Hartup & Z. Rubin (Hrsg.), *Relationships and development* (S. 57–71). Hillsdale, NJ: Lawrence Erlbaum Associates.

Sroufe, L. & Rutter, M. (1984). The domain of developmental psychopathology. *Child Development Perspectives, 3*(3), 178–183.

Stadler, R. (2014). *Vater, Mutter, Staat. Das Märchen vom Segen der Ganztagsbetreuung.* Berlin: Ludwig.

Stamm, M. (2013). Bildung braucht Bindung. Ein Fundament für das Vorschulalter. Dossier 13/4. Swiss Education/Swiss Institute for Educational Issues. https://www.margritstamm.ch/images/Dossier_Bildung_braucht_Bindung_komplett.pdf

Stamm, M., Brandenberg, K., Knoll, A., Negrini, L. & Sabini, S. (2012). FRANZ – Früher an die Bildung – erfolgreicher in die Zukunft? Familiäre Aufwachsbedingungen, familienergänzende Betreuung und kindliche Entwicklung. Schlussbericht zuhanden der Hamasil Stiftung und der AVINA Stiftung. https://www.margritstamm.ch/images/FRANZ%20Studie%20Schlussbericht.pdf

Stangl, W. (2023). Dissoziation. Online Lexikon für Psychologie & Pädagogik. https://lexikon.stangl.eu/872/dissoziation

Statista (2023). Betreuungsquote: Anteil der Kinder unter 3 Jahren in Kindertagesbetreuung nach Bundesländern im Jahr 2023. https://de.statista.com/statistik/daten/studie/36536/umfrage/besuchsquote-von-kindertagesstaetten-in-deutschland/

Stein, A., Malmberg, L. E., Peach, P., Barnes, J., Sylva, K. & FCCC Team (2013). The influence of different forms of early childcare on children's emotional and behavioural development at school entry. *Child: Care, Health and Development, 39*(5), 676–687. https://doi.org/10.1111/j.1365-2214.2012.01421.x

Stevenson-Hinde, J. & Shouldice, A. (1995). Maternal interactions and self-reports related to attachment classifications at 4.5 years. *Child Development, 66*(3), 583–596. https://doi.org/10.2307/1131936

Stolz, M. & Julius, H. (1998). Dissoziative Symptome bei sexuell missbrauchten Kindern. *Heilpädagogische Forschung, 24*, 50–57.

Strathearn, L., Fonagy, P., Amico, J. & Montague, P. R. (2009). Adult attachment predicts maternal brain and oxytocin response to infant cues. *Neuropsychopharmacology, 34*, 2655–2666.

Strauss, B., Buchheim, A. & Kächele, H. (2002). *Klinische Bindungsforschung. Theorien – Methoden – Ergebnisse*. Stuttgart: Schattauer.

Strüber, N. (2016). *Die erste Bindung: wie Eltern die Entwicklung des kindlichen Gehirns prägen*. Stuttgart: Klett-Cotta.

Suess, G. J., Bohlen, U., Carlson, E. A., Spangler, G. & Frumentia Maier, M. (2016). Effectiveness of attachment based STEEP™ intervention in a German high-risk sample. *Attachment & Human Development, 18*(5), 443–460. https://doi.org/10.1080/14616734.2016.1165265

Suess, G. & Pfeiffer, W.-K. (1999). *Frühe Hilfen. Die Anwendung von Bindungs- und Kleinkindforschung*. Gießen_ Psychosozial-Verlag.

Sulz, S., Walter, A. & Sedlacek, F. (Hrsg.). (2018). *Schadet die Kinderkrippe meinem Kind? Worauf Eltern und ErzieherInnen achten und was sie tun können*. Baden-Baden: CIP-Medien.

Summit, R. C. (1983). The child sexual abuse accomodation syndrome. *Child Abuse & Neglect, 7*(2), 177–193.

Swanson, L. W. & Sawchenko, P. E. (1980). Paraventricular nucleus: A site for the integration of neuroendocrine and autonomic mechanisms. *Neuroendocrinology, 31*, 410–417.

Swanson, L. W. & Sawchenko, P. E. (1983). Hypothalamic integration: Organization of the paraventricular and supraoptic nuclei. *Annual Review of Neuroscience, 6*, 269–324.

Tarullo, A. R. & Gunnar, M. R. (2006). Child maltreatment and the developing HPA axis. *Hormones and Behavior, 50*(4), 632–639. https://doi.org/10.1016/j.yhbeh.2006.06.010

Thiel-Bonney, C. & Cierpka, M. (2014). Exzessives Schreien. In M. Cierpka (Hrsg.), *Frühe Kindheit 0–3 Jahre* (S. 171–198). 2. Aufl. Berlin u. Heidelberg: Springer.

Tietze, W., Becker-Stoll, F., Bensel, J., Eckhardt, A. G., Haug-Schnabel, G., Kalicki, B. et al. (Hrsg.). (2013). *NUBBEK – Nationale Untersuchung zur Bildung, Betreuung und Erziehung in der frühen Kindheit. Forschungsbericht*. Kilianroda: verlag das netz.

Tops, M., van Peer, J. M., Korf, J., Wijers, A. A. & Tucker, D. M. (2007). Anxiety, cortisol, and attachment predict plasma oxytocin. *Psychophysiology, 44*, 444–449.

Törnhage, C. J., Serenius, F., Uvnäs-Moberg, K. & Lindberg, T. (1996). Plasma somatostatin and cholecystokinin levels in preterm infants during the first day of life. *Biology of the Neonate, 70*, 311–321.

Trombetta, T., Giordano, M., Santoniccolo, F., Vismara, L., Della Vedova, A. M. & Rollè, L. (2021). Pre-natal Attachment and Parent-To-Infant Attachment: A Systematic Review. *Frontiers in Psychology, 12*, 620942. https://doi.org/10.3389/fpsyg.2021.620942

Tryphonopoulos, P. D., Letourneau, N. & Azar, R. (2014). Approaches to salivary cortisol collection and analysis in infants. *Biological Research for Nursing, 16*(4), 398–408. https://doi.org/10.1177/1099800413507128

Turner, R. A., Altemus, M., Enos, T., Cooper, B. & McGuinness, T. (1999). Preliminary research on plasma oxytocin in normal cycling women: investigating emotion and interpersonal distress. *Psychiatry,* 62(2), 97–113. https://doi.org/10.1080/00332747.1999.11024859

Twardosz, S. & Lutzker, J. R. (2010). Child maltreatment and the developing brain: A review of neuroscience perspectives. *Aggression and Violent Behavior,* 15(1), 59–68. https://doi.org/10.1016/j.avb.2009.08.003

Umemura, T. & Jacobvitz, D. B. (2014). Nonmaternal care hours and temperament predict infants' proximity-seeking behavior and attachment subgroups. *Infant Behavior and Development,* 37, 352–365.

U. S. Department of Health and Services. (2009). Child maltreatment 2009. https://acf.gov/sites/default/files/documents/cb/cm2009.pdf

Uvnäs-Moberg, K. (1987). Gastrointestinal hormones and pathophysiology of functional gastrointestinal disorders. *Scandinavian Journal of Gastroenterology,* 22, 138–146.

Uvnäs-Moberg, K. (1989). The gastrointestinal tract in growth and reproduction. *Scientific American,* 261, 78–83.

Uvnäs-Moberg, K. (1996). Neuroendocrinology of the mother-child interaction. *Trends in Endocrinological Metabolism,* 7, 126–131.

Uvnäs-Moberg, K. (1997). Oxytocin-linked antistress effects – the relaxation and growth response. *Acta Physiologica Scandinavica,* 161, 38–42.

Uvnäs-Moberg, K. (1998a). Oxytocin may mediate the benefits of positive social interaction and emotions. *Psychoneuroendocrinology,* 23, 819–835.

Uvnäs-Moberg, K. (1998b). Antistress pattern induced by oxytocin. *News in Physiological Sciences,* 13, 22–25.

Uvnäs-Moberg, K. (2003). *The oxytocin factor. Tapping the hormone of calm, love, and healing.* Cambridge: Da Capo.

Uvnäs-Moberg, K. (2007). Die Bedeutung des Hormons Oxytocin für die Entwicklung der Bindung des Kindes und der Anpassungsprozesse der Mutter nach der Geburt. In K.-H. Brisch & T. Hellbrügge (Hrsg.), *Die Anfänge der Eltern- Kind-Bindung* (S. 183–213). Stuttgart: Klett-Cotta.

Uvnäs-Moberg, K. (2016a). *Oxytocin: the biological guide to motherhood.* Amherst, MA: Praeclarus Press.

Uvnäs-Moberg, K. (2016b). *Oxytocin, das Hormon der Nähe. Gesundheit – Wohlbefinden – Beziehung.* Hrsg. v. U. Streit & F. Jansen. Übers. v. M. Wiese. Berlin u. Heidelberg: Springer.

Uvnäs-Moberg, K., Björkstrand, E., Hillegaart, V. & Ahlenius, S. (1999). Oxytocin as a possible mediator of SSRI-induced antidepressant effects. *Psychopharmacology,* 142(1), 95–101. https://doi.org/10.1007/s002130050867

Uvnas-Moberg, K. & Petersson, M. (2005). Oxytocin, ein Vermittler von Antistress, Wohlbefinden, sozialer Interaktion, Wachstum und Heilung [Oxytocin, a mediator of anti-stress, well-being, social interaction, growth and healing]. *Zeitschrift fur Psychosomatische Medizin und Psychotherapie,* 51(1), 57–80. https://doi.org/10.13109/zptm.2005.51.1.57

Uvnäs-Moberg, K. & Petersson, M. (2011). Role of oxytocin and oxytocin related effects in manual therapies. In H. H. King, W. Jänig & M. M. Pattersson (Hrsg.), *The science and clinical application of manual therapy* (S. 127–136). Amsterdam: Elsevier.

Vandell, D. L., Belsky, J., Burchinal, M., Steinberg, L., Vandergrift, N. & NICHD Early Child Care Research Network (2010). Do effects of early child care extend to age 15 years? Results from the NICHD study of early child care and youth development. *Child Development,* 81(3), 737–756. https://doi.org/10.1111/j.1467-8624.2010.01431.x

van der Kolk, B. A., Roth, S., Pelcovitz, D., Sunday, S. & Spinazzola, J. (2005). Disorders of extreme stress: The empirical foundation of a complex adaptation to trauma. *Journal of Traumatic Stress,* 18(5), 389–399. https://doi.org/10.1002/jts.20047

Van IJzendoorn, M. H. (1995). Adult attachment representation, parental responsiveness, and infant attachment: a meta-analysis on the predictive value of the Adult Attachment Interview. *Psychological Bulletin,* 117(3) 387–403.

Van IJzendoorn, M. H. & Bakermans-Kranenburg, M. J. (1996). Attachment representations in mothers, fathers, adolescents, and clinical groups: A meta-analytic search for normative data. *Journal of Consulting and Clinical Psychology,* 64(1), 8–21. https://doi.org/10.1037/0022-006X.64.1.8

Vandell, D. L., Belsky, J., Burchinal, M., Steinberg, L., Vandergrift, N. & NICHD Early Child Care Research Network (2010). Do effects of early child care extend to age 15 years? Results from the NICHD study of early child care and youth development. *Child Development, 81*(3), 737–756. https://doi.org/10.1111/j.1467-8624.2010.01431.x

Verhage, M. L., Schuengel, C., Madigan, S., Fearon, R. M. P., Oosterman, M., Cassibbam, R., Bakermans-Kranenburg, M. J. & van IJzendoorn, M. H. (2016). Narrowing the transmission gap: A synthesis of three decades of research on intergenerational transmission of attachment. *Psychological Bulletin, 142*(4), 337–366. https://doi.org/10.1037/bul0000038 [Erratum in *Psychological Bulletin, 144*(4), 393. https://doi.org/10.1037/bul0000149].

Veríssimo, M., Torres, N., Silva, F., Fernandes, C., Vaughn, B. E. & Santos, A. J. (2017). Children's representations of attachment and positive teacher-child relationships. *Frontiers in Psychology, 22*, 2270. https://doi.org/10.3389/fpsyg.2017.02270

Vermeer, H. J. & Groeneveld, M. G. (2017). Children's physiological responses to childcare. *Current Opinion in Psychology, 15*, 201–206.

Vermeer, H. J., Groeneveld, M. G., Larrea, I., Van IJzendoorn, M. H., Barandiaran, A. & Linting, M. (2010). Child care quality and children's cortisol in Basque country and the Netherlands. *Journal of Applied Developmental Psychology, 31*(4), 339–347. https://doi.org/10.1016/j.appdev.2010.05.001

Vermeer, H. J. & Van IJzendoorn, M. H. (2006). Children's elevated cortisol levels at daycare: A review and meta-analysis. *Early Childhood Research Quarterly, 21*(3), 390–401. https://doi.org/10.1016/j.ecresq.2006.07.004

Wascher, C. A. F., Scheiber, I. B. R. & Kotrschal, K. (2006). Heart rate modulation in bystanding geese watching social and non-social events. *Proceedings of the Royal Society B: Biological Sciences, 275*(1643), 1653–1659. https://doi.org/10.1098/rspb.2008.0146

Watamura, S. E., Coe, C. L., Laudenslager, M. L. & Robertson S. S. (2010). Child care setting affects salivary cortisol and antibody secretion in young children. *Psychoneuroendocrinology, 35*, 1156–1166.

Weaver, I. C. G., Cervoni, N., Champagne, F. A., D'Alessio, A., Sharma, S., Seckl, J., Dymov, S. I., Szyf, M. & Meaney, M. J. (2004). Epigenetic programming by maternal behavior. *Nature Neuroscience, 7*(8), 847–854.

Werner, E. E. (1989). High-risk children in young adulthood: A longitudinal study from birth to 32 years. *American Journal of Orthopsychiatry, 59*(1), 72–81. https://doi.org/10.1111/j.1939-0025.1989.tb01636.x

Werner, E. E. & Smith, R. S. (1992). *Overcoming the odds: High risk children from birth to adulthood.* Ithaca, NY.: Cornell University Press.

Winner, A. & Erndt-Doll, E. (2009). *Anfang gut? Alles besser? Ein Modell für die Eingewöhnung in Kinderkrippen und anderen Tageseinrichtungen für Kinder.* Berlin: Verlag das Netz.

Wismer Fries, A. B., Ziegler, T. E., Kurian, J. R., Jacoris, S. & Pollak, S. D. (2005). Early experience in humans is associated with changes in neuropeptides critical for regulating social behavior. *Proceedings of the National Academy of Sciences of the United States of America, 102*(47), 17237–17240. https://doi.org/10.1073/pnas.0504767102

Wu, S., Jia, M., Ruan, Y., Liu, J., Guo, Y., Shuang, M., Gong, X., Zhang, Y., Yang, X. & Zhang, D. (2005). Positive association of the oxytocin receptor gene (OXTR) with autism in the Chinese Han population. *Biological Psychiatry, 58*, 74–77.

Yutang, L. & Süskind, W. E. (1982). *Weisheit des lächelnden Lebens: Das Geheimnis erfüllten Daseins.* Hamburg: Rowohlt.

Zahn, A., Kast-Zahn, A., Morgenroth, H. & von Katte, I. (2014). Einschlafhilfen, Durchschlafen und Elternstress. Prävalenzdaten aus der Kinder- und Jugendarztpraxis. *Kinder -und Jugendarzt, 45*(8), 404–405.

Zemp, M., Bodenmann, G. & Zimmermann, P. (2019). *Außerfamiliäre Betreuung von Kleinkindern: Bindungstheoretische Hinweise für Therapeuten, Pädagogen und Pädiater.* Berlin u. Heidelberg: Springer.

Ziegenhain, U., Fries, M., Bütow, B. & Derksen B. (2006). *Entwicklungspsychologische Beratung für junge Eltern: Grundlagen und Handlungskonzepte für die Jugendhilfe.* Weinheim u. München: Juventa.

Ziegenhain, U. & Wolff, U (2000). Der Umgang mit Unvertrautem. Bindungsbeziehung und Krippeneintritt. *Psychologie in Erziehung und Unterricht, 47,* 176–188.

Ziegler, C., Richter, J., Mahr, M. et al. (2016) MAOA gene hypomethylation in panic disorder – reversibility of an epigenetic risk pattern by psychotherapy. *Translational Psychiatry, 6,* e773. https://doi.org/10.1038/tp.2016.41